पेंगुइन स्वदेश

ब्यूटी डाइट

ब्यूटी डाइट

डाइट से पाएँ शानदार नया रूप

शोनाली सभरवाल

पेंगुइन स्वदेश
पेंगुइन रैंडम हाउस इम्प्रिंट

पेंगुइन स्वदेश

यूएसए। कनाडा। यूके। आयरलैंड। ऑस्ट्रेलिया। सिंगापुर
न्यू ज़ीलैंड। भारत। दक्षिण अफ्रीका। चीन

पेंगुइन स्वदेश, पेंगुइन रैंडम हाउस ग्रुप ऑफ़ कम्पनीज़ का हिस्सा है,
जिसका पता global.penguinrandomhouse.com पर मिलेगा

पेंगुइन रैंडम हाउस इंडिया प्रा. लि.,
चौथी मंजिल, कैपिटल टावर-1, एम जी रोड,
गुड़गांव 122 002, हरियाणा, भारत

पेंगुइन
रैंडम हाउस
इंडिया

सहयोगी प्रकाशक
मंजुल पब्लिशिंग हाउस प्राइवेट लिमिटेड

प्रथम संस्करण 2013 में प्रकाशित
यह हिन्दी संस्करण पेंगुइन स्वदेश में पेंगुइन रैंडम हाउस द्वारा 2023 में प्रकाशित

अनुवाद: वंदना माथुर

10 9 8 7 6 5 4 3 2

ISBN 978184004687

मुद्रकः रेप्रो इंडिया लिमिटेड

www.penguin.co.in

FSC www.fsc.org MIX Paper from responsible sources FSC® C047271

This is a legitimate digitally printed version of the book and therefore might not
have certain extra finishing on the cover.

समर्पण

मेरे पिता को,
जिन्होंने मैक्रोबायोटिक्स से मेरा परिचय कराया
और ब्रायन को,
जिसके बिना यह संभव ना हो पाता
आप सभी पाठकों को —
आशा है आप के लिये इस किताब के गुर सहायक सिद्ध होंगे
और उस दिव्य को,
जिसके लिये मैं एक माध्यम मात्र हूँ

विषय-सूची

प्रस्तावना

जिस प्रकार एक सुडौल देह के लिये व्यायाम आवश्यक है, उसी प्रकार सम्पूर्ण सौन्दर्य के लिये भोजन महत्त्वपूर्ण है, जिसमें छरहरा बदन, दमकती त्वचा और स्वस्थ बाल शामिल हैं। जब आप ठीक से खाते हैं तो आप अपने शरीर को पोषित करते हैं और आपके रक्त प्रवाह और पाचन क्रिया को बढ़ावा मिलता है। इससे तुरंत ही एक समग्र शक्ति और सुस्पष्ट कांति का सृजन होता है। आज की ज़िन्दगी में केवल अच्छा दिखना ही महत्त्वपूर्ण नहीं है, बल्कि अपने बारे में आत्मविश्वास से परिपूर्ण होना भी उतना ही आवश्यक है। और ये सिर्फ स्वस्थ और सुन्दर महसूस करने से ही आता है। और कौन नहीं चाहता कि सुन्दरता उसके सद्‌गुणों में से एक हो, है ना? मैं भी ख़ूबसूरत दिखना चाहती थी। और यहीं पर मेरे लिये चुनौती खड़ी थी।

असली स्वास्थ्य खाद्य पदार्थ ढूँढना और उन्हें प्राप्त करने की जगह ढूँढना बहुत ही कठिन है। जब मैं पहली बार मुम्बई आई, तो मैंने ऐसे खाद्य पदार्थ ढूँढने के लिये बहुत संघर्ष किया जो कि स्वस्थ और पोषक भी हों, साथ ही मेरी भूख को भी शांत कर सके, क्योंकि जो भी उत्पाद बाज़ार में उपलब्ध थे, उनमें अधिकतर कृत्रिम और प्रोसेस्ड थे। मैं कुछ अलग ही ढूँढ रही थी। यही वो समय था जब मैंने पेपर में शोनाली के बारे में पढ़ा।

शोनाली एक जैविक, संतुलित और सादे आहार में विश्वास करती है, और भोजन के प्रति उसका नज़रिया मेरे नज़रिये से मेल खाता था। मैंने उसे तुरंत फ़ोन किया। यह दो साल पहले मेरी फ़िल्म 'अलादीन' के प्रोमोशन के समय की बात है। आज मुझे उसके साथ दो साल से ज़्यादा हो गये हैं।

जब मैंने शोनाली के मार्गदर्शन में भोजन करना शुरु किया तो मैं चिंतित थी कि उसके आहार में बहुत अधिक कार्ब्स सम्मिलित थे।

जब से मैंने अपने वज़न को नियंत्रित करना शुरु किया था, तब से मैं चावल, ब्रेड और बीन्स को दूर ही रख रही थी। लेकिन जल्दी ही मेरे सारे डर शांत हो गये क्योंकि शोनाली की पद्धति के लाभ जल्दी ही दिखने लग गये। पहला बदलाव जो मेरे और मेरे आस पास के लोगों के सामने स्पष्ट रूप से आया, वह था मेरी त्वचा और बाल दोनों ही स्वस्थ और चमकदार दिखने लगे। शोनाली से मिलने के पहले मैं PCOS (polycystic ovarian syndrome) और निरंतर पेट दर्द से ग्रस्त थी, और तरह-तरह के आहार के कारण मेरा वज़न भी घटता बढ़ता रहता था। लेकिन शोनाली की भोजन प्रणाली अपनाने के बाद ये मुद्दे दोबारा कभी लौट कर नहीं आये। तब जा कर मेरी समझ में आया कि अच्छी और दुबली दिखने की कोशिश में मैंने अन्य कई परेशानियों को निमंत्रण दे दिया था। लेकिन अब वह सब इतिहास की बातें हैं।

शोनाली की पद्धति अपनाने के बाद मैं पहले से और बेहतर दिखने लगी। मैं ज़्यादा ख़ुश और स्वस्थ थी, और मैं ज़्यादा गहन व्यायाम कर सकती थी, क्योंकि मुझमें ज़्यादा ऊर्जा थी। मैं वास्तव में एक बच्चे जैसा महसूस कर रही थी, मानों मुझे माँ का बनाया भोजन मिल रहा हो। मैं हमेशा शोनाली से मज़ाक करती हूँ कि शोनाली मेरी "टिफ़िन माँ" है। खैर, शोनाली के भोजन की सबसे अच्छी बात यह है कि उसे खाने के बाद आपके मन में हानिकारक भोजन के लिये इच्छा नहीं जागती। वो आहार को संतुलित रखती है और आपको सही मात्रा में कॉम्प्लेक्स कार्ब्स देती, इसीलिये मैं हमेशा बहुत तृप्त और भरा हुआ महसूस करती हूँ, और मुझे कभी ऐसा नहीं लगता कि मुझे किसी भी निषिद्ध आहार की आवश्यकता है, क्योंकि शोनाली के भोजन में हमेशा विविधता रहती है। शोनाली के भोजन के माध्यम से मैंने अपने एक नये पहलू को पहचाना है। मेरी त्वचा के ख़राब ना होने और मेरे बालों के घने और चमकदार होने के अलावा, मैं वास्तव में अपने वज़न को नियंत्रित कर पायी हूँ। जब मैं "मर्डर 2" के लिये शूटिंग कर रही थी, तब तक मैं प्राकृतिक रूप से सुडौल और स्वस्थ हो चुकी थी। यह फ़ायदा मिला है मुझे शोनाली की पद्धति को अपनाने का। "ब्यूटी डाइट" आपके लिये सौन्दर्य के वो द्वार खोलेगी जिनके होने का आपको ज्ञान तक न था। और मज़ेदार बात यह है कि इसमें ऐसा कुछ ख़ास

है ही नहीं। यहाँ पर एक संतुलित आहार के महत्त्व पर ज़ोर दिया जाता है। सभी प्राकृतिक भोजन आपके लिये अच्छे हैं, शकरकन्दी जैसे कार्ब्स भी। हर आहार में कार्ब्स, प्रोटीन्स और उत्तम फ़ैट्स का स्वस्थ मिश्रण सम्मिलित होना चाहिये, और यही अच्छे दिखने और महसूस करने का मूल मंत्र है। कृत्रिम और परिशोधित (refined) भोजन से दूर रहने से शरीर से विषाक्त पदार्थ दूर होते हैं और शरीर सुचारु रूप से काम करने लगता है। बस यहीं शोनाली हमारे जीवन में प्रवेश करती है। वो ना केवल भोजन का महत्त्व समझाती हैं, बल्कि यह भी समझाती हैं कि किस प्रकार का भोजन आपके लिये लाभकारी होगा। "ब्यूटी डाइट" हमारे रोज़ के आहार के रहस्यों से भरपूर है, वो वस्तुयें जिन्हें हम देखते तो हैं, लेकिन उनकी तरफ़ ध्यान नहीं देते। आपको और अधिक स्वस्थ और सुन्दर बनाने के लिये ये एक सबसे अधिक विस्तृत मार्गदर्शक (guide) है, और मेरा वो रहस्य भी, जो मैं अपने सभी फैंस और इस किताब के सभी पाठकों के साथ बाँटना चाहती हूँ।

एक आखिरी बात, अस्थायी डाइट को भूल जाइये— असली परीक्षा तो उसमें है कि हम वो अपनायें जो लम्बे समय तक हमारे लिये कारगर रहे और हम भी उसे निरंतर बनाये रखें ताकि वह हमारी रोज़मर्रे की ज़िन्दगी में रच-बस जाये। जब बेहतरीन दिखने की बात आती है, तो उसे हासिल करने के लिये अपने शरीर को बेहतरीन उपकरण दीजिये। कभी भी छोटा रास्ता मत अपनाइये। अच्छा भोजन जीवन भर के लिये निवेश है, जिसके रिटर्न्स बहुत अधिक हैं। स्वस्थ और सुन्दर दिखने की शक्ति पूर्ण रूप से आपके और केवल आपके हाथ में है। तो फिर आप किस बात का इंतज़ार कर रहे हैं— चलिये हम सब अच्छी सेहत को अपनायें और सुंदर बनें।

जैकलीन फ़रनैंडिज़
मुम्बई

भूमिका

ज़रा देवी काली की तस्वीर को देखिये। बिखरे बाल, क्रोध में जलती आँखें, शिव के ऊपर पैर रख कर खड़ी हुई, गले में नरमुंडों की माला और कमर में नर के कटे हुये हाथों की माला को वस्त्र के रूप में लपेटे हुये, पर क्या आपने कभी ध्यान से देखा है कि वह कैसे अपनी जीभ को दांतों तले काट रही हैं? मेरे मित्र रोहित आर्य ने, जो पुराण और आध्यात्म पर लिखते हैं, मुझे बताया कि जीभ काटना किस बात का प्रतीक है। जीभ हमारी लालसाओं का मुख्य प्रतीक है, क्योंकि यह स्वाद का केन्द्र है, जिसे केन्द्रीय लालसा माना जाता है। एक बार आप अपनी इच्छाओं को नियंत्रित कर लें– ना केवल भोजन के लिये, बल्कि सम्पूर्ण अर्थ में रस और स्वाद के लिये भी, तो समझ लीजिये आपने अपनी सभी लालसाओं को जीत लिया। काली का अपनी जीभ को काटना दुनिया की इच्छाओं पर नियंत्रण को मान्यता देना है। वस्तुतः उन्होंने स्वाद या रस की इच्छा को जीत लिया है जो योग में सबसे कठिन कार्य है। लेकिन दुःख की बात यह है कि हम इन्सान ऐसा नहीं करते; जहाँ भोजन की बात आती है, अधिकतर लोग जिनसे मैं मिलती हूँ, जीवन के हर रस का आनन्द प्राप्त करना चाहते हैं।

इससे मेरा यह अर्थ नहीं है कि आपको योगी बन जाना चाहिये, या सूखे मेवे और पत्ते खाने चाहिये या फिर जंगलों में रहना चाहिये। मेरा तात्पर्य अपनी इच्छाओं को नियंत्रित करने और एक संतुलित जीवन जीने से है। संतुलन महत्त्वपूर्ण है। यही शरीर और मन को सही, स्वस्थ और समन्वित रखता है। इस किताब के माध्यम से मैं आपको समझाऊँगी कि किस तरह संतुलन अच्छे स्वास्थ्य और सौन्दर्य का राज है।

सुन्दरता वास्तव में एक आंतरिक गुण है, और इसीलिये भोजन और सौन्दर्य बहुत करीबी रूप से जुड़े हुए हैं। हम सभी सुन्दर बनना चाहते हैं, लेकिन क्या अच्छी समानुपातिक शरीरिक विशेषतायें होना

मात्र ही सौन्दर्य है? या फिर वह दमक जो आपकी शारीरिक विशेषताओं से ऊपर उठ कर चमकती है, जिसे मैं आपके व्यक्तित्त्व की तेजस्विता कहती हूँ? यदि सुन्दर होना हमारी प्राथमिकता या अधिकार है, तो यह आवश्यक हो जाता है कि हम स्वस्थ हों। वो "दमक" और "तेजस्विता" अच्छे स्वास्थ्य का ही परिणाम है, ना कि सौन्दर्य प्रसाधनों और उत्पादों का, जो कि आपको केवल ऊपरी स्तर पर ही सुन्दर बनाते हैं। वो भोजन ही है जिसके ऊपर आपके सौन्दर्य का सम्पूर्ण ढाँचा टिका हुआ है। आप किस प्रकार के भोजन का चुनाव करते हैं और आपके अंग उस भोजन को पचाने के लिये कैसे कार्यरत रहते हैं, इसी का परिणाम आपकी त्वचा, बाल और नाखूनों में दिखता है। कम से कम 80% समय स्वस्थ भोजन खाइये– और आप सच्चे सौन्दर्य से पुरस्कृत होंगे।

सच्ची सुन्दरता प्राप्त करने के लिये जो महत्त्वपूर्ण कारक हैं, वे हैं केवल अच्छे, पौष्टिक और प्राकृतिक भोजन का आहार, खान-पान के प्रति एक संतुलित नज़रिया, नियमित जीवन-शैली, व्यायाम और शरीर की नियमित देखभाल। जैसे जैसे इस किताब का प्रत्येक अध्याय इस रहस्य को खोलेगा कि वास्तव में भोजन आपके लिये कैसे काम करता है, आप यह समझ पायेंगे कि आप जो भी खाते हैं, उसका सीधा असर इस पर होता है कि आप कैसे दिखते हैं और आप में तेजस्विता कितनी है।

मैं इन सब से कैसे जुड़ी?

खुद को सुन्दर बनाने की चाहत के साथ मेरा जुड़ाव तब हुआ जब 1998 में मेरे पिता का प्रॉस्टेट कैंसर डायग्नोज़ हुआ। कैंसर उनकी ग्रंथियों के बाहर तक बढ़ चुका था और हड्डियों तक फैल चुका था, और डॉक्टर ज़्यादा कुछ नहीं कर सकते थे। उन्होंने हमें बताया कि रेडियेशन और चिकित्सा के लिये पेन मेडिकेशन के साथ मेरे पिता के जीवन काल की संभावना तीन साल तक है। हम टूट चुके थे, लेकिन ज़िन्दगी के काम करने का तरीक़ा कुछ अलग ही होता है। उनका कैंसर अपने साथ हमारे लिये एक उपहार लेकर आया– एक ऐसा उपहार जिसने मेरा जीवन पूरी तरह बदल दिया। मैं अपने परिवार में

तीन बच्चों में पहली संतान हूँ और अपने पिता के सबसे करीब। वह अक्सर मुझे अपना Twin Soul बुलाते थे, और जब यह त्रासदी घटी, तो वह हर तरह से मुझमें सहारा ढूँढ़ने लगे। मेरे पास उन्हें बचाने के लिये सिर्फ़ तीन साल थे।

कैंसर बहुत कठिन होता है, रोगी के लिये भी, और उसके परिवार के लिये भी। मुझे अच्छी तरह याद है कि कैसे हमारा जीवन एक प्रोस्टेट स्पेसिफ़िक एंटिजन टेस्ट (PSA test) से दूसरे टेस्ट के बीच बीत रहा था (PSA test खून में प्रोस्टेट ग्रंथि द्वारा बनाये गये प्रोटीन की जाँच करता है। बढ़ा हुआ स्तर संकेत है कि कैंसर ग्रंथि के बाहर फैल चुका है। PSA जितना अधिक होगा, उतनी ही कैंसर कोशिकायें शरीर में होंगी)। मेरे पिता का पी एस ए पूर्ण रूप से नियंत्रण के बाहर हो चुका था। एक दिन एक मित्र की माँ ने हमें मैक्रोबायोटिक्स नामक एक नयी पद्धति के बारे में बताया जो कैंसर के प्रभाव को उलट सकती थी। यहाँ से मेरी अपने पिता के जीवन के लिये एक विकल्प ढूँढने के लिये खोज शुरु हुई।

हमारी खोज हमें देहरादून में एक अमरीकी महिला मोना श्वाट्ज़ तक ले गयी जो इस पद्धति की एक पुरानी समर्थक थीं। मोना ने मेरी माँ को और मुझे मैक्रोबायोटिक्स में प्रयोग किये जाने वाले भोजन के मूल सिद्धान्तों के बारे में बताया। हमने उसके किचन में प्रशिक्षण लिया और इस पद्धति के बारे में सीखा। लेकिन वहाँ करीब दस दिन रहने के दौरान जो मुझे पढ़ने को मिला वो ज़्यादा ज्ञानवर्धक था। मैं पहले से ही विपासना ध्यान करती थी और शरीर में ऊर्जा के प्रभावों को समझती थी, लेकिन यह नहीं जानती थी कि भोजन और पकाने की विधि में भी ऊर्जा के घटक थे, और उनका सही मेल हमारे शरीर में सूक्ष्म ऊर्जा पैदा कर सकते थे। बस यही मैं चाहती थी। मैं यह समझ गयी थी कि मैं इस पद्धति के बारे में और अधिक जानना चाहती थी, और यह कि मुझे मेरे जीवन का सही उद्देश्य मिल गया था।

मुम्बई वापस आकर मेरी माँ और मैंने इस पद्धति को मेरे पिता के जीवन पर लागू करना शुरु कर दिया। लेकिन हम अभी नौसिखिए थे। यह आवश्यक है कि जो व्यक्ति रेडियेशन और ढेर सारी दवाइयाँ

ले रहा है, उसके लिये भोजन बहुत रोचक और रुचिकर बनाया जाये। दुर्भाग्यवश, क्योंकि उन दिनों मैं उतनी प्रशिक्षित नहीं थी जितनी आज हूँ, मैं अपने सीमित ज्ञान के चलते बहुत थोड़ा ही कर पाई। जहाँ भोजन और स्वाद की बात आती है, मेरे पिता पक्के उत्तर भारतीय थे, और जल्दी ही उन्होंने हमारे भोजन को छोड़ दिया और अपनी पुरानी भोजन शैली पर आ गये। 2001 में वो गुज़र गये।

2005 में मैंने मैक्रोबायोटिक्स के बारे में और अधिक जानने के लिये खोज शुरु की। तब तक मुझे भी स्लिप डिस्क की परेशानी शुरु हो चुकी थी। मुझे ज़रा भी ज्ञात नहीं था कि मेरा शरीर मेरी खाने की ग़लत आदतों के विरुद्ध विद्रोह कर रहा था। मैंने दो कोर्स करने का निर्णय लिया– पहला, मेसाचुसेट्स के कुशी इंस्टिट्यूट से काउंसेलर और शेफ़ सर्टिफ़िकेशन और दूसरा, ऑस्ट्रेलिया से योग पाइलेट्स। बस, यहीं से मेरी वो यात्रा शुरु हुई जिसने मेरे लिये स्वास्थ्य की परिभाषा और मेरे जीवन की दिशा ही बदल दी।

जब मैं एक शेफ़ और स्वास्थ्य सलाहकार के रूप में प्रशिक्षित हो गयी, तो मैं जानती थी कि कुछ ठोस करने के लिये मुझे इन दोनों भूमिकाओं को मिलाना होगा। मैं यह भी जानती थी कि लोगों को इस बात के लिये आश्वस्त करने में मुझे थोड़ा समय लगेगा कि किस प्रकार इस पद्धति से गंभीर स्वास्थ्य परिस्थितियों को सुधारा जा सकता है। मैं बहुत ही चाव के साथ पकाती हूँ, जैसे कोई निर्देशक अपने दृश्यों को सावधानी से रूप देता है या कोई लेखक अपनी कहानी के अलग-अलग पहलुओं को जोड़ता है। मैं जानती थी कि सबसे पहला काम जो मुझे करना था, वो था अपने भोजन को लोगों तक पहुँचाना। इसीलिये मैं बाज़ार गई और अपने लिये एक नया फ्रिज, खाना पकाने के उपकरण और ज़रूरत की मुख्य चीज़ें खरीद कर लाई। मैंने पाँच ग्राहकों से शुरुआत की और ना कोई विज्ञापन दिया और ना ही प्रचार किया। लेकिन जो भोजन मैं लोगों को परोस रही थी, वह स्वयं ही अपने गुणों को व्यक्त करने लगा, और यही वो समय था जब सब कुछ अपनी जगह पर ठीक होने लग गया।

"फ़ूड एनर्जेटिक्स" नामक किताब के लेखक स्टीव गैने कहते हैं, "जब आप अपने भोजन की कोशिकाओं को चुनते, ग्रहण करते,

पचाते, आत्मसात और अवशोषित करते, प्रयोग और चैतन्य करते हैं, तो मात्र ईंधन जलाने अर्थात पाचन क्रिया से कहीं अधिक महत्त्वपूर्ण एक प्रक्रिया आरंभ होती है। निश्चय ही आप उन भोज्य पदार्थों के साथ एकात्म हो जाते हैं। वे आप बन जाते हैं, और आप भी उनका रूप हो जाते हैं। इस एकात्म से क्या उभर कर आता है? ना केवल एक सुचारु रूप से चलने वाली ईंधन से भरपूर मशीन, बल्कि आपका एक नया रूप भी। यह मात्र उपभोग ही नहीं है, बल्कि एक जीवंत मिलन है, "एकात्मीयता" इसके लिये उचित शब्द होगा! अपना भोजन चुनने की प्रक्रिया में आप केवल पोषित होने का चुनाव नहीं करते, बल्कि आप अपने भोजन में कुछ विशेष गुणों को चुनते हैं जो आपमें उन्हीं गुणों को समाहित करते हैं।"

गैने के कहने का यह अर्थ है कि अपने शरीर में बदलाव लाने के लिये हमें अपना ध्यान मात्र खाने से हटा कर पोषण पर केन्द्रित करना चाहिये। और बस यही करना "ब्यूटी डाइट" का उद्देश्य है। इस किताब के माध्यम से मैं आपको बताऊँगी कि किस तरह अपने भोजन और उसकी ऊर्जा को समझा जाये, वो भोजन जो आपके लिये काम करेगा, और वो भोजन जो अन्य खाद्य पदार्थों के नकारात्मक प्रभावों को कम करने में मदद करेगा। मैं आपको अपने स्वाद को संतुलित करने और अपने शरीर तंत्र को स्वच्छ करने के लिये भोजन का उपयोग करने की कला सीखने में मदद करूँगी। सौन्दर्य प्रकृति में निहित है और हम सादे रोज़मर्रा के भोजन से अपने आप को और सुन्दर बना सकते हैं। प्रकृति में अपनी आस्था रखिये, और वह आपको पुरस्कृत करेगी। जैसा कि महान कवि विलियम वर्ड्स्वर्थ ने कहा था, "वस्तुओं की वास्तविकता के प्रकाश में आओ, प्रकृति को अपना गुरु बनाओ।"

मैक्रोबायोटिक्स क्या है?

मैक्रोबायोटिक्स, या जीवन का विशाल नज़रिया (ग्रीक भाषा में मैक्रो का अर्थ होता है बड़ा या विशाल और बायोस का अर्थ होता है जीवन) का पहली बार साहित्य में प्रयोग एक जर्मन भौतिक शास्त्र के वैज्ञानिक क्रिस्टॉफ़ विल्हम हॉफ़लैंड के द्वारा किया गया। उनकी किताब "मैक्रोबायोटिक्सः द आर्ट ऑफ प्रोलौंगिंग ह्यूमन लाइफ" मैक्रोबायोटिक्स का एक विज्ञान के रूप में अन्वेषण करती है जिसका उद्देश्य जीवन को लम्बे समय तक बेहतर बनाना है। हॉफ़लैंड के अनुसार, मैक्रोबायोटिक्स चिकित्सा के रोगहारी, निरोधक, या स्वास्थ्य स्तर से कहीं ऊँचे स्तर का एक चिकित्सकीय दर्शन शास्त्र है।

जॉर्ज ओसावा, मैक्रोबायोटिक्स के संस्थापक, ने हौफ्लैंड के कार्य से अपने आप को सुपरिचित करके आहार और स्वास्थ्य पर अपने अलग ही सिद्धांत सूत्रबद्ध किये। ओसावा स्वयं भी एक मिलिटरी डॉक्टर की सिफ़ारिश पर स्वास्थ्यप्रद भोजन का उपयोग करके फेफड़ों के क्षय रोग से उबरे थे। उन्होंने मैक्रोबायोटिक्स पर अपने सिद्धांत बनाये और अपने विचारों को फैलाने के लिये विश्व भर में भ्रमण किया। उनके एक छात्र मिचिओ कुशी ने 1960 में इस पद्धति का अमरेका में प्रचार करने का निर्णय लिया। उन्होंने एक प्राकृतिक खाद्य वितरक के रूप में शुरुआत की और फिर 1978 में कुशी इंस्टिट्यूट की स्थापना की, जहाँ से मैंने इस पद्धति का अध्ययन किया।

मैक्रोबायोटिक्स में प्रयोग किये जाने वाले खाद्य पदार्थों के रोगहारी गुण तब रोशनी में आये जब डॉ. ऐंथनी जे. सेटिलारो ने अपनी किताब "रीकॉल्ड बाय लाइफ़" प्रकाशित की, जिसमें उन्होंने प्रॉस्टेट कैंसर से अपने स्वस्थ होने तक की यात्रा का अनुरेखन किया है। इसी समय मैक्रोबायोटिक्स ने एक कैंसर के इलाज की पद्धति के रूप में पहली बार लोकप्रियता प्राप्त की। और फिर इस पद्धति ने गति पकड़ी क्योंकि जिन लोगों ने इसे अपने जीवन में अपनाया, उन्होंने इसके रहस्यों को सबके

सामने व्यक्त किया। मैक्रोबायोटिक्स ना तो कोई लोक चिकित्सा है, ना ही यह कोई रहस्यमयी, उपशामक, धार्मिक, वैज्ञानिक, आध्यात्मिक या लक्षणात्मक तकनीक है। यह तो पूर्वी दर्शन और चिकित्सा का एक जीव वैज्ञानिक और शारीरिक प्रयोग है, भोजन की ऊर्जाओं को समझ कर उन्हें जीवन में अपनाने का उपक्रम है। साधारण भाषा में, यह पद्धति सही भोजन को चुनने, उन्हें पकाने के तरीक़ों और उन पर अमल करने के तरीक़ों पर केन्द्रित है।

मैक्रोबायोटिक्स पद्धति भारतीय वातावरण के लिये बिलकुल उपयुक्त है और उसकी प्रकृति से सहज रूप से घुली मिली हुई है, क्योंकि अपनी अनायास या निरभिप्राय रचना के चलते, मैक्रोबायोटिक्स एक आदर्श सात्त्विक आहार पद्धति है। यह शरीर की बेहतरीन कार्यप्रणाली के लिये नाड़ियों को शुद्ध करने पर ध्यान केन्द्रित करती है।

भारत सांस्कृतिक और ऐतिहासिक रूप से मैक्रोबायोटिक विचारधारा के प्रति सहज ही ग्रहणशील है। हमारे भोजन में मुख्य रूप से अनाज और सब्ज़ियाँ होती हैं। हक़ीक़त में हम भारतीयों को मैक्रोबायोटिक आहार को अपनाने के लिये अपनी आदतों में कोई बड़े बदलाव करने की आवश्यकता नहीं है, केवल कुछ छोटे बदलाव करने पड़ेंगे। इसे कोई भी, कभी भी, कहीं भी, अपने दैनिक जीवन में अपना सकता है, यदि सचमुच वे अपने सभी शारीरिक और मानसिक तनावों से मुक्त रहना चाहते हैं।

इस किताब को कैसे पढ़ें?

इस किताब को लिखने का मेरा उद्देश्य है कि मैं आपको एक स्वस्थ और सुन्दर व्यक्तित्त्व पाने के लिये ऐसे रहस्य बताऊँ जो आपको आपके दैनिक आहार से प्राप्त हो सकते हैं। चूँकि इस किताब के विषय स्वस्थ खाने, सुदृढ़ रोग प्रतिरक्षा को बनाने और आपको आपके सादे दैनिक भोजन से सच्ची सुंदरता देने के सम्पन्न इतिहास पर आधारित एक प्रणाली से जुड़े हैं, इस किताब को इसके मूल से ही शुरु करना और इसे आरंभ से पढ़ना शुरु करना ही उचित होगा।

भाग 1 हमारी बदली हुई जीवन शैली से जुड़ी हुई आदतों के सन्दर्भ में "क्या काम करता है" और "क्या काम नहीं करता है", इन सब की बुनियाद तय करता है। जब मेरे ग्राहक मेरे पास आते हैं, तो उनके स्वास्थ्य की स्थिति को जानने के लिये एक प्रशिक्षित मैक्रोबायोटिक सलाहकार और शेफ़ के रूप में मैं कई जाँच उपकरणों का प्रयोग करती हूँ। मैं इन उपकरणों का प्रयोग यह भी जानने के लिये करती हूँ कि उनके अंग किस प्रकार कार्य कर रहे हैं, क्यूँकि यह इस तथ्य से बहुत करीब से जुड़ा हुआ है कि हम कैसे दिखते हैं। इन सब को मैंने भाग 1 में बहुत ही सादे और सुगम्य तरीके से समझाने का प्रयास किया है। यहाँ मैं दूध और दुग्ध उत्पादों से जुड़े कई मिथकों का भी पर्दाफ़ाश करुँगी। भाग 1 आपको वो मूलभूत नियम भी सिखाता है जो– आपके स्वस्थ और सुन्दर होने, किस प्रकार आपके अंग आपके दैनिक आहार को पचाने और उसे आत्मसात करने में मदद करते हैं, आपके सौन्दर्य आहार की मूलभूत पद्धति, विशेष आहारों की पौष्टिकता और साथ ही भोजन का वह मेल जो आपके लिये काम करे, और कैसे ये आहार आपके भावनात्मक भाग को प्रभावित करते हैं– इन सब तथ्यों से जुड़े हुये हैं। इसी के साथ जब मैं एक शेफ़ के रूप में अपनी निपुणता को शामिल करती हूँ और आपको रसोई से जुड़े हुये कुछ प्रश्नों के उत्तरों तक ले जाती हूँ (FAQs), तो यह सोने पर

सुहागा हो जाता है। मैंने जिन मशहूर हस्तियों और ग्राहकों के साथ काम किया है, उनके वृत्तों (case histories) का मैंने खुल कर उपयोग किया है ताकि आपको बता सकूँ कि कैसे मैंने उन्हें उनके लक्ष्य तक पहुँचने में मदद की।

भाग 2 आपको अपने सुन्दर व्यक्तितत्त्व को प्राप्त करने के लिये एक वास्तविक योजना बनाता है। यहाँ मैं आपको उन आहारों के बारे में बताती हूँ जो आपको भाग 1 में बताये गये स्वास्थ्य और सौन्दर्य को निजी जीवन में अपनाने में मदद करेंगे। यह भाग महत्त्वपूर्ण विषयों से शुरु होता है, जैसे कि शरीर को विषाक्त पदार्थों से मुक्त करने का क्या अर्थ है, इसे कैसे किया जाता है, और एक तीन और सात दिन का शरीर को विषाक्त पदार्थों से मुक्त करने के लिये आहार, आपके चेहरे, त्वचा, बाल, शक्ति, और आपकी बढ़ती हुई उम्र की प्रक्रिया को धीमा करने के लिये कौन से खाद्य पदार्थ काम करते हैं। मुझे लगता है कि इस भाग का यू एस पी (USP) है हर सौन्दर्य तत्त्व के लिये एक सात दिन की आहार योजनाः इसलिये हमारे पास हैं चेहरे, त्वचा और बालों के लिये आहार, एक शानदार शरीर के लिये एक स्वस्थ वज़न बनाये रखने के लिये आहार, और उम्र को धीमा करने लिये आहार। मीठा खाने की लालसा और मोटापे से छुटकारा पाने जैसे कुछ उद्देश्यों के लिये मैं बहुत ही साधारण घरेलू उपचारों का प्रयोग करती हूँ। यह बताने के लिये कि आप को कहाँ से शुरुआत करनी है और आप कहाँ तक पहुँच गये हैं, इस किताब में एक अभ्यास पृष्ठ भी है, अतः भाग 2 करने के बाद भाग 1 में दिये गये उपकरणों से आपने खुद का छोटा सा निरीक्षण कर लिया होगा, और यह भी जान लिया होगा कि कौन सी समस्या कहाँ और क्यों हो रही है, और अब इस ब्यूटी डाइट को अपने जीवन में लागू करने के लिये आपको भाग 3 की आवश्यकता है।

भाग 3 क्रियात्मक विभाग है, जहाँ असल में मैंने आपको कुछ उपयोगी व्यंजन विधियाँ दी हैं, जिन्हें मैंने अपनी आहार योजनाओं (diet plans) में इस्तेमाल किया है और पूरी किताब में कई जगह दोहराया है। मेरे लिये यह इस किताब का सबसे व्यावहारिक विभाग है, जो इस किताब को प्रयोग करने में आसान बनाता है और क्या

खाना है, किस व्यंजन विधि का प्रयोग कैसे करना है आदि मुद्दों के लिये किसी प्रकार की शंका के लिये स्थान नहीं छोड़ता। मुझे लगता है कि केवल आहार काफ़ी नहीं है, लेकिन सही व्यंजन विधि से आपके लिये अपने उद्देश्य को जल्दी प्राप्त करने की संभावना बढ़ जाती है। यही नहीं, ये व्यंजन विधियाँ बनाने में आसान हैं और आप इन्हें अपने दैनिक आहार में सम्मिलित कर सकते हैं और अपनी जीवन शैली का हिस्सा बना सकते हैं।

मैंने इस किताब में चार्ट्स और तालिकायें देकर इसे दिलचस्प बनाने का प्रयास किया है जो इसे पढ़ने में रोचक बनाते हैं। पूरी किताब में जगह-जगह विशेष टिप्स, अतिरिक्त परिशिष्ट पर विवरण, जिनकी आपको आवश्यकता हो सकती है, और सौन्दर्य नुस्खे दिये गये हैं जो आपके लिये काम करेंगे। मैं जो कुछ भी कहती हूँ, उसे अपने निजी जीवन से सम्बद्ध करती हूँ, कि कैसे मैंने अपने स्वास्थ्य सम्बंधी मुद्दों का निपटारा किया, और अपने बेहतरीन स्वास्थ्य के मुकाम तक पहुँचने में, आदर्श वज़न प्राप्त करने में, और अपनी उम्र से कहीं कम दिखने में मेरे लिये क्या सहायक सिद्ध हुआ।

क्या यह अब आपको भी आकर्षक लग रहा है? तो आगे बढ़िये और एक नये और शानदार व्यक्ति होने के लिये इस किताब को पढ़िये। मैं आपके इस रूपांतरण के लिये हर पृष्ठ को उपयोगी बनाऊँगी।

भाग—1

1

भोजन और सौन्दर्य

सौन्दर्य अनमोल है

रविवार का दिन, और आप खरीददारी करने बाज़ार के लिये निकल पड़े। शानदार सौन्दर्य उत्पाद, जिनमें डेड सी बेदिंग सॉल्ट से लेकर डार्क चॉकलेट स्क्रब और कैवियार क्रीम शामिल है, आपको ऐसे आकर्षित कर रहे थे जैसे पतंगे को शमा। आपने अपनी बास्केट को इन उपहारों से भर लिया, जो आपको जवान दिखने और वो दमक देने का वादा करते हैं जिन पर लोग मर मिटें, और आप अपने बारे में बहुत अच्छा महसूस करने लगे, हालाँकि आपकी जेब काफ़ी हल्की हो गयी।

खैर, आपको कौन दोष दे सकता है? आप भड़काऊ विज्ञापन और त्वरित परिणाम के वादे के बहकावे में आ गये। लेकिन क्या आपको सचमुच लगता है कि 5000 रुपये की एक इंच ऊँची कावियर क्रीम की बोतल का इस्तेमाल करके ज़्यादा जवान और सुन्दर दिख सकते हैं? यदि हम को मालूम होता कि कौन सी जादुई औषधि हम पर काम करेगी, तो क्या हम सभी हर वक़्त शानदार ना दिखते? माफ़ कीजियेगा, वो टब भर क्रीम आप की त्वचा को नमी देने और आपके बैंक खाते को खाली करने से ज़्यादा कुछ नहीं कर सकती। सुन्दरता किसी पात्र या ट्यूब में नहीं आती। इसे खरीदा नहीं जा सकता। बात ख़त्म।

हर किसी को अपनी सुन्दरता के बारे में एक अंदाज़ा होता है– निष्कलंक, दमकती हुई त्वचा, सिर पर स्वस्थ, चमकते बाल, दुबली काया, साफ़ आँखें, मोतियों से चमकते दाँत और बिना कारण कभी ना टूटने वाले नाखून। आप सुन्दर होना चाहते हैं। अपने पसन्दीदा हॉलीवुड

स्टार की तरह हर वक़्त दर्शनीय दिखना चाहते हैं। आज लोग पहले से भी ज़्यादा इस बारे में जागरुक हो गए हैं कि वो कैसे दिखते हैं। पहला प्रभाव, यानि फ़र्स्ट इम्प्रेशन बहुत मायने रखता है, और आप अपना पहला प्रभाव शानदार बनाना चाहते हैं। किसी भी चमकदार भड़कीली पत्रिका को उठा लीजिये और "जवान दिखने वाली त्वचा पाने के 10 तरीके" या "दुबला शरीर पाने के 5 सरल उपाय" मिलना निश्चित है। आपके ऊपर अच्छे दिखने, स्वस्थ रहने, और सबसे महत्त्वपूर्ण, जवान दिखने का बहुत दबाव है। लेकिन जब आपके पास 24 घंटे में सैकड़ों काम करने को हैं, तो आप यह कैसे हासिल कर सकते हैं? आप जीवन की अंधी दौड़ में भागने के लिये निरंतर कार्यरत हैं और इसीलिये आपका स्वास्थ्य और जीवन शैली पृष्ठभूमि में चले जाते हैं। लेकिन फिर भी आप शानदार दिखना चाहते हैं।

अब पते की बात सुनिए। आप वो सैकड़ों काम भी कर सकते हैं और उन्हें करते हुये भी शानदार दिख सकते हैं। अपने आप को सुन्दर बनाने के लिये आपको केवल एक ही मार्ग अपनाना है। वो मार्ग, जिसमें आपकी पूँजी का एक बड़ा हिस्सा महँगे लोशन, औषधियों, शैम्पू और क्रीमों पर खर्च नहीं होता। और वो मार्ग है भोजन का। मैं मज़ाक नहीं कर रही हूँ। हम जो खाते हैं, सुन्दरता उसी में निहित है, ना कि उसमें जो हम अपनी त्वचा पर लगाने में बर्बाद कर देते हैं। जिस प्रकार प्रदूषित तेल कार के इंजन को बर्बाद कर कर देगा, उसी तरह खाने पीने की ग़लत आदतें हमारे शरीर को नुकसान पहुँचाने से ज़्यादा कुछ नहीं करतीं। वो पुरानी कहावत सही है– सुन्दरता सचमुच भीतर से ही शुरु होती है। और इसका हर संबंध आप जो भी खाते हैं, उससे है।

जैसा भोजन वैसे आप

अच्छे दिखने के पीछे जो सिद्धांत है, वो वास्तव में बहुत सरल है। प्राकृतिक सुन्दरता के लिये इस पुरानी कहावत से बढ़ कर और कोई दलील नहीं हो सकती कि "जैसा भोजन वैसे आप"। एक पोषण भरा, स्वास्थ्य और सौन्दर्य भोजन वाला आहार शुरु करने के लिये आपके वर्तमान भोजन में कुछ मूलभूत, किंतु स्वस्थ बदलाव लाने की

आवश्यकता है। भोजन हमारे शरीर की कोशिकाओं पर असर करता है, और परिणाम स्वरूप हमारी हस्ती के हर पहलू पर भी– मूड, ऊर्जा स्तर, भोजन की लालसा, सोचने की क्षमता, सेक्स की इच्छा, और सोने के तरीक़ों पर। अगर आप अपने शरीर को अपनी सहूलियत के अनुसार जंक फ़ूड खिलायेंगे ओ उसके परिणाम अवश्य दिखाई देंगे, और यकीन मानिये, कोई फैंसी क्रीम उस नुकसान को छिपा नहीं पायेगी। मूल बात यह है कि सुन्दरता मात्र आहार से कहीं ज़्यादा है। यह एक जीवन शैली है।

अब आप सोच रहे होंगे, "मुझे सवेरे मुश्किल से ब्रश करने का समय मिल पाता है, भला मैं अपने लिये एक सम्पूर्ण पौष्टिक नाश्ता कैसे तैयार करुँ? यह तो बड़ा ही बोझिल और व्यर्थ का काम है, जबकि मेरे ऑफिस के बगल में ही लज़ीज़ व्यंजन परोसने वाला कैफ़े है। और फिर वो जादुई डाइट भी तो है जो मुझे एक हफ़्ते में पाँच किलो वज़न घटाने में मदद करेगी। तो फिर नाश्ते की किसको ज़रूरत है?

ग़लत, ग़लत, और एक बार फिर ग़लत। बेहिसाब खाना और फिर क्रैश डाइट, अप्राकृतिक उपचार और डाइट से जुड़े हुये मिथकों पर निर्भरता आपके शरीर को ऐसा नुकसान पहुँचा सकते हैं जिसको बदलना संभव नहीं है। सही तरीके से खाना शुरु में मुश्किल ज़रूर लग सकता है, ख़ास तौर पर यदि आप सालों से ग़लत तरीके से खाने के आदी रहे हों। लेकिन यकीन मानिये, इसका और कोई विकल्प नहीं है। बाकी सब कुछ अस्थायी और धोखा है!

यहाँ मैं आपके जीवन में कदम रखती हूँ। मैं अपने अनुभव के आधार पर बात करती हूँ। मैक्रोबायोटिक्स से जुड़ने से पहले, मैं चिड़चिड़ी थी, मुझे अपनी जाँघों से नफरत थी, और मुझे निरंतर कैंडिडा की परेशानी रहती थी। लेकिन एक बार मैं इसमें जुड़ गई तो मैक्रोबायोटिक्स ने मेरा जीवन ही बदल दिया। छः साल तक इसका दृढ़ता से पालन करने के बाद, और उससे चार साल पहले करीब 70% पालन करने के बाद, मैं उस स्थिति में पहुँच गयी हूँ कि पिछले दस साल से मैंने कोई दवाई नहीं ली है, मुझमें बहुत ऊर्जा है, और मैं नियमित वज़न बनाये हुये हूँ। मुझसे अकसर यह भी पूछा जाता

है कि मैं कौन सा फाउंडेशन इस्तेमाल करती हूँ (जबकि मैं फाउंडेशन इस्तेमाल करती ही नहीं) और मेरे बाल ऐसे हैं जिन्हें काटना मेरे स्टाइलिस्ट को बेहद पसन्द है क्योंकि वे बहुत घने हैं। मैं बहुत उत्साहित और केन्द्रित हूँ और निरंतर अपना नवनिर्माण कर रही हूँ। इससे ज़्यादा मैं कुछ नहीं माँग सकती थी। इसे एक विशेष कारण से "ब्यूटी डाइट" कहा जाता है, और यह आपके शरीर की आवश्यकताओं के अनुसार भोजन को समझने के मूल मुद्दों पर काम करती है। एक स्वास्थ्य व्यवसायी के रूप में मैं यह जानती हूँ कि स्वस्थ रहने से जुड़ी हुई कई ग़लतफहमियाँ चारो ओर फैली हुई हैं। हम जीवन शैली से जुड़े रोगों को बढ़ते और स्वास्थ्य को बिगड़ते देख रहे हैं, जो कि हमें अपने स्वास्थ्य और जीवन पर गौर करने पर मजबूर कर देता है। लाइफ़स्टाइल डिज़ीजेज़ फ्रॉम ऐन इंडियन पर्स्पेक्टिव (Lifestyle Diseases from an Indian Perspective) नामक लिखे गये पेपर में झिलम रुद्र रे, एन एस एच एम कॉलेज ऑफ़ मैनेजमेंट एंड टेकनोलॉजी कोलकाता में लेक्चरर लिखते हैं कि हाल ही में किये गये एक अध्ययन में वर्ल्ड हेल्थ ऑर्गनाइज़ेशन (WHO) ने भारत को एक ऐसे राष्ट्र के रूप में घोषित किया है जहाँ निकट भविष्य में सबसे अधिक जीवन शैली संबंधित रोग होंगे। उदाहरण के लिये, हृदय रोगियों की संख्या में यूएस/यूके में 7% और चीन में 4% की तुलना में भारत अपनी जनसंख्या के 10% के साथ सबसे आगे है। पाँच करोड़ लोग हृदय की समस्यायों से ग्रस्त हैं और ये संख्या 2010 में दुगुनी हो गयी; इनमें सबसे अधिक दर युवा ऐग्ज़िक्यूटिव्ज़ की थी– इनमें आठ में से एक व्यक्ति चालीस से कम उम्र का था। लगभग तीन करोड़ रोगियों की संख्या के साथ भारत विश्व की मधुमेह राजधानी यानि diabetic capital कहलाता है, और यह संख्या दिन प्रति दिन बढ़ती जा रही है। लेकिन, क्योंकि जहाँ स्वास्थ्य को पुनः प्राप्त करने की बात आती है, भारतीय आश्चर्यजनक रूप से चमत्कारी सिद्ध हो सकते हैं, इसलिये एक व्यवसायी और शेफ़ के रूप में मेरा काम और भी उत्साहपूर्ण हो जाता है। यहाँ पर शिक्षा मुख्य है और यह जान लेना महत्त्वपूर्ण है कि यह ज़रूरी नहीं कि जो एक व्यक्ति के लिये लाभकारी होगा वो दूसरे के लिये भी लाभकारी होगा। उदाहरण के लिये, यदि मुझे थाइरॉइड

और आपको हाइपोग्लाइसीमिया है, तो हमारी डाइट भले ही मूल रूप से समान हो, लेकिन फिर भी हमारे लिये यह जानना ज़रूरी है कि कौन से खाद्य पदार्थ हमारे रोग के उपचार में बेहतर काम करेंगे। मैक्रोबायोटिक डाइट भोजन से जुड़े कई मिथकों का पर्दाफ़ाश करती है और एक स्वस्थ और संतुलित आहार के आवश्यक घटकों को सामने लाती है जो आपके शरीर के लिये चमत्कारी सिद्ध होते हैं। यह डाइट थोड़ी कठिन और उलझी हुई प्रतीत होती है, पर ऐसा है नहीं। मूल मुद्दा है आपके लिये सही भोजन ढूँढना (मैं इसे सोल फ़ूड कहती हूँ) और एक बार आप इस से जुड़ गये, तो मैं गारंटी देती हूँ कि आप इसे कभी नहीं छोड़ेंगे। ज़रा कैटरीना कैफ़ से पूछिये।☺

कैटरीना कैफ़ और ब्यूटी डाइट

"मुझे यकीन नहीं होता कि एक कटोरी भर के ब्राउन राइस दलिया मेरा वज़न नहीं बढ़ायेगा!" कैटरीना ने मेरे द्वारा बताये गये व्यंजन की सलाह पर हिचकिचाहट जताई।

मैंने उसे दृढ़ता से कहा, "मैं कोई नायिका नहीं हूँ, तुम हो, लेकिन जब भोजन की बात आती है तो मैं सही सामग्री का चुनाव करना जानती हूँ। इसलिये, तुम अपनी बेहतरीन अदाकारी पर ध्यान दो और मै अपने द्वारा पकाए सेहतमन्द खाने पर ध्यान दूँगी। और अगर तुम्हारा वज़न बढ़ा, तो हम इसे रोक देंगे।

लेकिन हमने इसे नहीं रोका। कैटरीना की मुझसे अचानक ही मुलाकात हुई थी। उसके घर के पास के एक स्टोर का मालिक जानता था कि मैं अपने किचन से अपने ग्राहकों के लिये रोज़ सेहतमन्द खाना उपलब्ध कराती हूँ। उसने कैटरीना से मुझसे मिलने के लिये कहा। वह किसी ऐसे व्यक्ति को ढूँढ रही थी जो उसके लिये रोज़ पौष्टिक और रुचिकर खाना बना सके, और उसे उसकी डाइट के बारे में सलाह दे सके।

मैं कुछ दिनों बाद उससे उसकी एक शूटिंग के दौरान मिली। यह एक छोटी सी मुलाकात थी, लेकिन उसने दो बातें बहुत जल्दी मेरे सामने निश्चित कर दी।

1. वह अपनी ऊर्जा का स्तर अधिक रखना चाहती थी क्योंकि उसके काम की यही माँग थी।
2. वह अपना वज़न नियंत्रित रखना चाहती थी।

कैटरीना ने यह भी बताया कि वह कार्बोहाइड्रेट्स से दूर रहना चाहती थी (जिससे मैं सहमत नहीं थी, लेकिन मैंने निर्णय किया कि मैं इस विषय में उसे बाद में आश्वस्त कर लूँगी), और यह कि वह शाम के भोजन में मछली लेना चाहती थी। हमने इतने से ही शुरुआत की। मैंने उसकी निजी सहायक सईदा को सिखाया कि कहाँ से सामान खरीदा जाये, कैसे उसे भंडार घर में रखा जाये, आदि।

भोजन को रुचिकर बनाना मेरे लिये सबसे कम चिंता का विषय है क्योंकि एक शेफ़ के रूप में यही मेरी सारी निपुणता है। लेकिन सबसे मुश्किल भाग होता है ग्राहक के उद्देश्यों को पूरा करते हुये यह सुनिश्चित करना कि भोजन भौतिक स्तर पर दिखने वाले लाभ से कहीं ज़्यादा लाभ पहुँचाये। मैं जानती थी कि मैं उसकी डाइट में से कॉम्प्लेक्स कार्बोहाइड्रेट्स नहीं हटाने वाली थी क्योंकि ये हमारे शरीर का आधार हैं, हालाँकि वह नहीं चाहती थी। बहुत आश्वासन देने के बाद मैंने उसे सुबह वो कटोरी भर ब्राउन राइस दलिया खाने के लिये मना ही लिया (व्यंजन विधि के लिये पृष्ठ 279 देखें)।

कैटरीना के आहार में कॉम्प्लेक्स कार्ब्स ब्राउन राइस या रोटी के रूप में सम्मिलित थे। दोपहर का भोजन बीन्स या मछली (35%) की बजाय सब्ज़ियों की अधिकता (65%) पर केन्द्रित था और उसके रात के भोजन में पाचक ऐंज़ाइम्स और सब्ज़ियों को क्रियाशील बनाने के लिये हमेशा मज़ेदार सूप के साथ मिसो होता था (सूप के लिये व्यंजन विधि विभाग देखें)। कैटरीना को जो बात सबसे अधिक पसंद थी वो थी मेरे बनाये भोजन में विविधता जो मैं भोजन को रुचिकर बनाने के लिये लाती थी। हमने मोरॉक्कन से लेकर ग्रीक, इटैलियन, मेक्सिकन, भारतीय, कैरीबियन, और थाई से लेकर जापानी तक सब प्रकार की विधियाँ अपनायीं, और इससे भी ज़्यादा बहुत कुछ किया। इससे उसकी उत्सुकता बनी रही और वह और भी अधिक की माँग करने लगी। जो लोग कहते हैं कि डाइट नीरस और अरुचिकर होती है, उन्होंने शायद मेरे हाथ का बना भोजन नहीं खाया होगा।

जो भोजन मैं उसे दे रही थी, वो शर्करा, दुग्ध उत्पाद, महीन सफ़ेद आटा, ख़मीर और ग्लूटेन से मुक्त था और उसके ब्लड शुगर के स्तर को भी बनाये रखता था। सही तेल (लिक्विड फ़ैट) का प्रयोग भी उसके वज़न को नियंत्रित रखने के लिये बहुत महत्त्वपूर्ण था। उसके ऊर्जा स्तर को अधिक बनाये रखना मेरी पहली प्राथमिकता थी। मैंने उसका भोजन पकाने के विभिन्न तरीक़ों में अपने रहस्यों का प्रयोग किया (जो मैं जल्दी ही आप के साथ बाँटने वाली हूँ), इसलिये वो हमेशा ऊर्जा से परिपूर्ण रहती थी। मैंने विशेष रूप से उन तरीक़ों का प्रयोग किया जो ऊर्जा को दिन में बाहर और ऊपर की तरफ़ फैलाते थे (सॉटे करना, उबालना और ब्लाँच करना), और शाम को बेक करने और मछली को ग्रिल करने, और प्रेशर कुक करने जैसे तरीके जो ऊर्जा को भीतर की ओर समेट देते थे, क्योंकि उस वक़्त मैं चाहती थी कि उसकी ऊर्जा शांत रहे।

ऐसा ही एक तरीक़ा है निशिमे (विधि के लिये पृष्ठ 284 देखें) जिसका मैं बहुत प्रयोग करती हूँ। निशिमे का अर्थ है "बिना पानी के पकाना"; सब्ज़ियों को उनके अपने ही रस में पकाया जाता है। यह ब्लड शुगर के स्तर को नियंत्रित करता है, तनाव को दूर करता है और धीमी तथा लम्बे समय तक बनी रहने वाली ऊर्जा देता है। मेरे प्रशिक्षण में पकाने की विधि केवल मात्र भोजन ही नहीं देती बल्कि ऊर्जा भी देती है। निशिमे विधि आपके शरीर के लिये एक स्टीम इंजन की तरह काम करती है जो ऐसी ऊर्जा देता है जैसी एक टर्बाइन पम्प बिजली पैदा करने के लिये इस्तेमाल करता है! इसका मुख्य कारण है सब्ज़ियों को पकाने का तरीक़ा लोहे के भारी बर्तन में पकाओ, कम से कम पानी का प्रयोग करो, और करीब बीस मिनट तक उसे छेड़ो मत। ऐसे में बर्तन के अन्दर जो ऊर्जा पैदा होती है, वो सब्ज़ियों के पानी छोड़ने और अपने ही रस में धीमी आँच पर पकने का परिणाम होती है। यह ऊर्जा ऊपर और भीतर की ओर फैलती है और इसी प्रकार प्रवाहित होती है। तो जब मैं पकाने के यिन और यैंग को देखती हूँ, तो इस विधि में दोनों ही तत्त्व संतुलन में हैं, क्योंकि बर्तन के अन्दर बीस मिनट तक मानो एक स्टीम इंजन (इंटर्नल जेनरेटर) जैसा रहता है, जो हर प्रयोग करने वाले को वही ऊर्जा देता है। कम ऊर्जा वाले कैंसर रोगियों और जिन्हें अपनी ऊर्जा में बढ़ोतरी करनी है, उन लोगों के लिये मैं इस निशिमे पद्धति की

ज़ोरदार सिफ़ारिश करती हूँ। मैं कैटरीना के लिये इसका इस्तेमाल करती हूँ क्योंकि दिन भर चुस्त बने रहने के लिये उसे इस ऊर्जा की आवश्यकता होती है। यह बहुत आसान है, इसलिये किताब के अंत में दिये गये व्यंजन विधि भाग में इसे ज़रूर देखें।

मैंने सब्ज़ियों का भी बड़ी चतुराई से प्रयोग किया। चूँकि वह दोपहर या रात के भोजन में अनाज के रूप में बहुत अधिक कॉम्प्लेक्स कार्बोहाइड्रेट्स नहीं चाहती थी, मैंने अनाज की जगह ज़्यादा सब्ज़ियों (50-60%) को सम्मिलित किया। मैंने ऊपर की ओर उगने वाले हरे पत्तों, हरी प्याज़, गाजर और सफ़ेद मूली का खूब इस्तेमाल किया (यह बहुत कम ज्ञात है कि सफ़ेद मूली में फ़ैट्स को घुला देने वाले फ़ाइबर होते हैं, जो कैटरीना पर यिन का हल्का प्रभाव छोड़ते थे (अध्याय 2 में वर्णित)। शाम को मैं गोल सब्ज़ियों का अधिक प्रयोग करती थी जैसे शलजम, स्क्वाश, और चुकन्दर जिनको निशिमे, धीमा उबालना, स्ट्यू करना और ग्रिल करना जैसी गहन विधियों से पकाने पर वे एक भीतरी यैंग प्रभाव डालते हैं (अध्याय 2 में वर्णित) जो उसकी ऊर्जा को शांत रखते हुये भी उसे चुस्त रखते हैं।

बदलाव हमेशा शुरु में नहीं दिखता, लेकिन जब बदलाव आता है, तो उसे कोई नज़रअंदाज़ नहीं कर सकता। कैटरीना ने बहुत प्रशंसा की और जो भोजन वो खा रही थी और उसके लाभ के बारे में उसने प्रेस के सामने दिल खोल कर बात की– एक प्रमाण कि यह काम कर रहा था। "यह सचमुच एक अचंभा है कि इस भोजन में कितनी विविधता है, और कैसे ये भोजन मुझे इतनी ऊर्जा देता है। मैं बहुत अच्छा महसूस करती हूँ," कैटरीना ने इस पद्धति के बारे में बताया। एक अच्छी डाइट रातोंरात परिणाम नहीं दिखाती। उसे ऐसा करना भी नहीं चाहिये। अगर आप एक अनियमित डाइट पर हैं और जल्दी वज़न घटाना चाहते हैं, तो ऐसी डाइट को तुरंत छोड़ दीजिये। जब मेरे ग्राहक मेरे पास बैठक के लिये आते हैं तो मैं उन्हें हर हफ़्ते के हिसाब से उनकी डाइट को "पर्त दर पर्त लगाना" सिखाती हूँ। प्रोग्राम के एक तत्त्व को लीजिए और हर हफ़्ते उस पर आगे जोड़ते चलिये। हम यहाँ किसी सौन्दर्य प्रतियोगिता में भाग नहीं ले रहे, हमारा उद्देश्य

सिर्फ़ वज़न घटाना ही नहीं है, बल्कि सेहत बनाना, अपने रक्त की स्थिति को बदलना है– चूँकि शरीर को सारे वाइट ब्लड सेल्स बदलने में दस दिन लगते हैं, गहन जीवन शक्ति वाले भोजन का आपके रक्त की स्थिति पर अवश्य प्रभाव पड़ेगा। चार महीने में शरीर सारे रेड ब्लड सेल्स बदल देता है; इसलिये इतने समय के लिये स्वस्थ डाइट लेना आपकी रक्त स्थिति को प्रभावित करने के साथ ही उसकी सभी बाहरी अभिव्यक्तियों जैसे त्वचा, बाल, उम्र और जीवन शक्ति को भी प्रभावित करती है और आपको वो दमक देती है जिस पर लोग मर मिटें।

आपका चेहरा– आपके शरीर का आइना

आप अपने शरीर की आंतरिक स्थिति के बारे में जितना जानते हैं, आपका चेहरा उससे कहीं ज़्यादा व्यक्त करता है। आपके चेहरे के अवयवों के पीछे आपके शरीर, रक्त, और उससे जुड़े रोगों का इतिहास छिपा है। मैं अपने ग्राहकों के साथ बहुत अधिक समय बिताती हूँ, और क्योंकि मैं एक दिन में एक ही कंसल्टेशन करती हूँ, मैं सामने वाले व्यक्ति को भरपूर समय देती हूँ। मेरी डायगनोसिस ग्राहक के अन्दर कदम रखते ही शुरु हो जाती है। मैं आपकी अंगुलियों और गोखरुओं को देख कर बता सकती हूँ की बचपन में आपकी डाइट में बहुत ज़्यादा सैचुरेटेड फ़ैट्स थे, और यह कि आप बहुत ज़्यादा चिकन और मीट खाते हैं या नहीं। यह सब मैं कैसे जानती हूँ? आसान है। शरीर कुछ प्रकार के खाद्य पदार्थों को पचा नहीं पाता, और वो सब शरीर के कुछ भागों में जा कर जमा हो जाते हैं (आपके गोखरू बहुत ज़्यादा सैचुरेटेड फ़ैट्स और चिकन का परिणाम हैं)। विश्वास नहीं होता ना, लेकिन यह सच है। मुँहासे आपके शरीर का आपके द्वारा अधिक मात्रा में खाये गये भोजन को बाहर निकालने का एक तरीक़ा है। अगर ये आपकी पलकों के आस पास हैं, तो ये आपके शरीर का अत्यधिक मात्रा में फल और मीट खाने के कारण जमा हुये प्रोटीन, फ़ैट और शुगर को बाहर निकालने का तरीक़ा है। बल्कि जब आप गर्भ में थे, तब आपकी माँ ने क्या खाया था, यह भी बड़ी आसानी से निर्धारित किया जा सकता है। पलकों का सूजना, लाल या बैंगनी होना संकेत है अत्यधिक मात्रा में फल, शुगर, और अन्य मिठाइयों, सोडा, सॉफ्ट

ड्रिंक्स, शराब और अन्य उत्तेजक पदार्थों के सेवन का। और यह तो डायगनोसिस की शुरुआत है। यह सब कुछ आपके चेहरे पर साफ़ लिखा हुआ है। लेकिन इन सब के बारे में अधिक जानकारी भाग 2 में मिलेगी (देखें पृष्ठ २०८)।

जब पेंटर लिली मेनन मेरे पास आयी तो वह बाकी डाइट्स को पहले ही छोड़ चुकी थी। उसने मुझे बताया कि वह बहुत ही फूला हुआ महसूस करती थी और इस कारण उसे बहुत असुविधा भी थी, और इस कारण से उसकी गतिविधियाँ बहुत प्रतिबंधित थीं। उसे ऐसा लगता था जैसे वह एक बूढ़े शरीर में कैद है और यह अहसास उसकी गति को धीमा कर रहा था। तब वह यह नहीं जानती थी कि उसका शरीर ही सुस्त होना शुरु हो गया था।

उसका लार्ज इंटेस्टाइन मेरीडियन (large intestine meridian) छूने पर तकलीफ का संकेत दे रहा था, उसकी जीभ पर भी एक पर्त जमी हुई थी, सामान्यतः जीभ को गुलाबी होना चाहिये। पर्त लगी जीभ कैंडिडा की संकेतक है (कैंडिडा आपके शरीर में वो हानिकारक बैक्टीरिया/यीस्ट हैं जो लम्बे समय तक ऐसा भोजन खाने के कारण जमा हो जाते हैं जिन्हें आपका शरीर ठीक से आत्मसात नहीं कर पाता और यह शरीर के अंदर सड़ने लगते हैं)। कैंडिडा से कई परेशानियाँ हो सकती हैं, और लिली के प्रकरण में ये फूले हुये शरीर, सूजे हुये चेहरे और थकान के रूप में उभर कर आया। मैं अच्छी तरह जानती थी कि इस समस्या से कैसे निपटना है। लिली को जिस बात से हैरानी हुई, वह यह थी कि डायगनोसिस बिलकुल सही निशाने पर थी और यह पद्धति उस की आवश्यकताओं के अनुसार ही बनी थी।

उसकी कैंडिडा की बढ़त को रोकने के लिये मुझे दो काम करने थेः

1. उसके शरीर के आंतरिक स्वास्थ्य को पुनःस्थापित करना, ताकि उसकी कैंडिडा की बढ़त की रोकथाम हो सके।
2. उसके पाचन तंत्र की आंतरिक क्षमता को विकसित करना और बनाये रखना ताकि उन लाभकारी और अच्छे बैक्टीरिया को बनाये रख सकें जिनका होना उसके प्राकृतिक संतुलन को पुनःस्थापित करने के लिये बहुत ज़रूरी था।

उसकी रोग प्रतिरक्षक क्षमता और संतुलन को पुनःस्थापित करने के लिये यह एक दोतरफ़ा हमला था।

इसीलिये, जहाँ एक तरफ़ लिली की डाइट में मुख्य रूप से अनाज, बीन्स, सब्ज़ियाँ, और थोड़ी मछली ही थे, मैंने उसकी डाइट में से ख़मीर को बढ़ाने वाले पदार्थों जैसे ब्रैड, वाइन, शराब, शुगर ऐंटीबायोटिक्स और दुग्ध उत्पादों को बिलकुल हटा दिया, जो शरीर को अंदर से नम रखकर हानिकारक बैक्टिरिया को बढ़ने में मदद करते हैं। मैंने प्राकृतिक ख़मीरयुक्त भोजन (जो लाभकारी बैक्टीरिया के पुनर्निर्माण में मदद करते हैं) जैसे सूप में मीसो (ख़मीरयुक्त भोजन विभाग के अंतर्गत अध्याय 5 में इसके लाभ देखें), ब्राउन इडली जिन्हें मीसो से ख़मीरा गया था, क्विक पिकल्स, और प्रेस्ड सलाद (विधि के लिये सब्ज़ियों के विभाग को देखें) को उसके भोजन में शामिल किया।

इस ब्यूटी डाइट को अपनाने के बाद लिली का ये कहना है:

इस पद्धति ने मेरे लिये जो किया वो यह है कि इसने मुझे मेरा शरीर और स्वास्थ्य दोनों लौटा दिये। मेरे लिये सामान्य हो जाना और तन्दुरुस्त महसूस करना एक बहुत बड़ा अहसास है। यह पद्धति मुझे एक डाइट से एक जीवन शैली की ओर ले गयी और मुझे खाने और अच्छी तरह जीने की स्वतंत्रता दी। एक डाइट और जीवन शैली में बदलाव में अंतर आप तभी समझ सकते हैं जब आप स्वयं इसका अनुभव करें। मैं अब कभी इसे रोकना नहीं चाहूँगी। शायद मैं अपने आप को कुछ छूट दे दूँ, लेकिन जो चीज़ें सर्वथा मना हैं, उन्हें कभी नहीं लूँगी।

इस पद्धति के बारे में अच्छी बात यह है कि इसे भारतीय जलवायु के साथ साथ भारतीय ज़ायके के अनुसार भी अपनाया गया है। यह जीवन शैली में एक सम्पूर्ण बदलाव है और इस पर बने रहना भी आसान है, भारतीय सन्दर्भ में भी और अंतर्राष्ट्रीय सन्दर्भ में भी। एक बार आप इसे समझ जायें, तो आप इस पर काम कर सकते हैं। नहीं भी करें, तो भी खुद को संतुलित करना तो सीख ही जाते हैं।

खाने की आज़ादी

चूँकि हम मनुष्य 24 घंटे भोजन के बारे में सोचते हैं, भोजन के प्रति किसी भी नज़रिये में एक आज़ादी का भाव होना चाहिये– आज़ादी एक बेहतरीन स्वास्थ्य और परेशानियों से मुक्त मन के साथ जीने की, और उन सभी सीमाओं से आज़ादी जो एक डाइट आप पर लागू करेगी। आप को यह पता होना चाहिये की हर एक निवाला जो आप अपने मुँह में डालते हैं, उसका सीधा असर इस आज़ादी पर पड़ता है। आप जितना ज़्यादा प्राकृतिक भोजन लेंगे, आपका अंतर्मन उतनी ही आज़ादी से बहेगा।

जेसिका पोर्टर, मैक्रोबायोटिक शेफ़ और मशहूर किताब *द हिप चिक्स गाइड टू मैक्रोबायोटिक्स* की लेखिका कहती हैं कि चतुराई इसमें है कि आप अपने आंतरिक कंपास (inner compass) पहचानें और फिर उसके निर्देशन पर चलें; एक बार आप ऐसा कर लें, फिर सारी सीमायें निराधार हो जाती हैं। हर व्यक्ति की आवश्यकतायें और उद्देश्य अलग हैं। मेरे शरीर की प्रतिक्रिया आपसे अलग होगी क्योंकि हमारी बनावट और परिस्थितियाँ अलग हैं। आज़ादी इस भाव के साथ भी आती है कि आप इस किताब को पढ़ते, इसके सुझावों को लागू करते और उसके परिणामों को देखते हुये अपने चुनाव करने के लिये आज़ाद हैं।

जब मैंने पहले इस पद्धति को शुरु किया, तो मैं अपने प्रति बहुत सख़्त थी और मुझे बहुत बुरा लगता था जब मैं नयी पद्धति और पुरानी आदतों के बीच झूलती रहती थी। मैं एक स्वस्थ शरीर पाना चाहती थी– जल्दी। लेकिन धीरे-धीरे मेरी समझ में आया कि जब तक आप इसका अभ्यास नहीं करेंगे, इसे जीवन में लागू नहीं करेंगे, और अपनी गलतियों से नहीं सीखेंगे, तब तक मज़ा नहीं आयेगा। और मैंने वही किया– मैंने अपने लिया पकाना शुरु किया, फिसली, उठी, जो कुछ सीखा था उसका फिर से प्रयोग किया और अपने अनुभव से और भी बहुत कुछ सीखा। आध्यात्मिक स्तर पर, मुझमे शांति का एक आंतरिक आभास है और अपने आस पास के वातावरण से जुड़ाव है। अब मेरे जीवन में नकारात्मकता का कोई स्थान नहीं है। मैं यह

कह सकती हूँ कि मेरे किसी के साथ कोई नकारात्मक सम्बन्ध नहीं हैं; मैं सहानुभूति और कृतज्ञता से परिपूर्ण हूँ। मेरे लिये यह सेहत और सौंदर्य का प्रतीक है।

हम किन मुद्दों पर काम करेंगे

इस किताब में तीन मुख्य मुद्दे हैं जिन पर डाइट आधारित है। यह तीन मुद्दे आपमें बदलाव लाने की बुनियाद हैं। और इनमें कोई बहुत बड़े बदलाव नहीं हैं। आने वाले अध्यायों में हम इन तीन महत्त्वपूर्ण मुद्दों पर ध्यान देंगे:

1. भोजन की मूल बनावट और उसकी ऊर्जा को समझना
2. हमें क्यों और क्या खाना चाहिये या नहीं खाना चाहिये
3. भोजन हमें किस प्रकार बदल सकता है

अगर आपको ये सिद्धांत सही समझ में आ गये, तो समझ लीजिये कि आप स्वस्थ होने की राह पर चल दिये हैं।

धीमा बदलाव

> मेरे लिये वो दमक मायने रखती है जो मैक्रोबायोटिक भोजन खाने से मिलती है, और जहाँ हम पूरा खाना खाते हैं और भूखे नहीं रहते या कार्ब्स से नहीं घबराते। वो दमक सही भोजन खाये बिना कभी नहीं आएगी। शोनाली का भोजन ये करता है! वो दमक महत्त्वपूर्ण है क्योंकि वो स्वास्थ्य और खुशहाली का प्रतीक है।
>
> जैकलीन फरनैंडिज़— नायिका

अब आता है मुश्किल भाग। असली बदलाव हमारे मन से शुरु होना चाहिये। लेकिन मन हमेशा बदलाव का ज़ोर से विरोध करता है, हालाँकि बाद में चीज़ों या जीने के तरीक़ों का आसानी से आदी भी हो जाता है। इसिलिये तो हम आदतें डालते हैं। एक बार आप स्वस्थ होने का प्रयास शुरु कर देंगे तो हो सकता है कि जंक फ़ूड के लिये आपकी

लालसा बढ़ जाये, क्योंकि आपका मन आपके द्वारा शरीर को दिये जाने वाले पौष्टिक आहार का प्रतिरोध करेगा। लेकिन धीरज रखिये, कोई भी बड़ा काम एक दिन में सिद्ध नहीं किया जाता।

इन भोजनों के प्रभाव को शुरु होने में, और सही पौष्टिक तत्त्वों को आपकी लालसाओं को कम करने के लिये काम शुरु करने में समय लगता है। हमारा शरीर हमारी सोचने की प्रक्रिया की तुलना में बहुत धीमी गति से बदलता है। अपने आपको गलतियाँ करने दो– उन्हें स्वीकार करो और आगे बढ़ जाओ। अपने साथ बहुत अधिक कठोर मत बनिये, क्योंकि यह आपके काम के प्रति एक नकारात्मक प्रतिक्रिया है। थोड़ा साँस लीजिये। जो चीज़ और पेपेरोनी पीट्ज़ा आपने दोपहर के भोजन में लिया था, वो आपको मारेगा नहीं। जाने दीजिये, कोई बात नहीं। अगर आप बहुत अधिक कठोर बनेंगे और अपने आप पर ज़रूरत से ज़्यादा प्रतिरोध लगायेंगे, तो आपके शरीर की इंसुलिन का स्तर असंतुलित हो जायेगा। कठोर मत बनिये। आप गलतियाँ नहीं करेंगे। कवायद में एक सार्जेंट की तरह, मैं फिर से दोहराती हूँ; याद रखिये, एक संतुलित डाइट सिर्फ़ एक डाइट मात्र नहीं है, बल्कि एक जीवन शैली है। यही मैक्रोबायोटिक्स और स्वस्थ जीने की कुंजी है। इस पर चलते रहिये, और आप शहर के चुनिन्दा ख़ूबसूरत लोगों में गिने जायेंगे।

पहला रहस्य यह है। सुन्दरता एक संतुलित जीवन शैली से आती है। जब आपकी दादी माँ आपकी प्लेट को सब्ज़ियों से भर दें, और बड़बड़ाती रहें, "जैसा भोजन वैसे आप", तो नाराज़ मत होना। वो सही कह रही हैं। तो अगर आप अपने भोजन के साथ अपने संबंध को बदलने और खुशहाली के ऊँचे स्तर को पाने के लिये तैयार हैं, तो चलिये शुरु किया जाये।

2

भोजन की ऊर्जा

हम क्यों और क्या खाते हैं?

दोपहर के 1.30 बजे हैं और आपके पास सिर्फ़ पंद्रह मिनट हैं जल्दी से कुछ खाकर वापस अपने डेस्क और उस प्रेज़ेंटेशन पर पहुँचने के लिये जिस पर आप काम कर रहे थे। आपके पेट में चूहे कूद रहे हैं और आप जानते हैं कि आपको कुछ खाना ही होगा - कुछ भी। लेकिन पंद्रह मिनट आराम से भोजन करने के लिये काफ़ी नहीं हैं, इसलिये आप सैंडविच खाने का फैसला करते हैं। देखा, भूख और भोजन, दोनों का काम हो गया। हम में से ऐसे कितने हैं जिन्होंने ऐसा किया है, या जब मैं यह कह रही हूँ, तब उस सैंडविच की तरफ़ हाथ बढ़ाया है? मान जाइए, हम सब इसके दोषी हैं। इसी के साथ एक बहुत ही रोचक प्रश्न सामने आता है– हम क्यों खाते हैं? क्या हम सिर्फ़ इसलिये खाते हैं कि हमें भूख लगी है, या हम दूसरे कारणों से भी खाते हैं?

अधिकतर लोग इसलिये खाते हैं क्योंकि हम जानते हैं कि अब खाने का समय हो गया है, या इसलिये खाते हैं कि ये हमारी एक मूल प्रवृत्ति को शांत करता है, और वो है भूख। भूख भोजन के लिये हमारी शारीरिक आवश्यकता है। यह एक ऐसी चीज़ है जिसे हमें संतुष्ट करना ही होगा। लेकिन इस तरह जीने के लिये खाना खाने की प्रक्रिया को एक नीरस नित्यक्रम बना देती है। आप इसके बारे में दो बार सोचते तक नहीं और ना ही आपको यह होश रहता है कि आप मुँह में क्या डाल रहे हैं। आप तो बस– खा लेते हैं।

लेकिन भोजन जीने के उपक्रम से कहीं ज़्यादा है। भोजन हमारे शरीरों को पुष्ट करता है और हमें जीवित रखने के लिये मूलभूत शारीरिक प्रक्रियाओं को करने के लिये आवश्यक ऊर्जा देता है। हमें

अपने दैनिक जीवन की गतिविधियों को कार्य रूप देने के लिये इस ऊर्जा की आवश्यकता होती है। भोजन बहुत महत्त्वपूर्ण है। इतना महत्त्वपूर्ण कि सही भोजन में चार महीनों में आपके रक्त की परिस्थिति को बदल देने की क्षमता है, जैसा कि मैंने पहले ज़िक्र किया है (सही भोजन से आपके सारे रेड ब्लड सेल्स चार महीनों में बदल जाते हैं!), और आपकी सेल्स की सारी बनावट सिर्फ़ दो सालों में! यह हमें सेरोटीन जैसे न्यूरोट्रांस्मीटर्स भी प्रदान करता है, जो हमें एक संतुलित और शांत मन की दिशा में ले जाते हैं। तो अगला रहस्य यह है। आप उचित भोजन के द्वारा सचमुच अपने नये व्यक्तित्त्व का निर्माण कर सकते हैं।

हम सभी अपने जीवन काल में साधारण ज़ुकाम, खाँसी से लेकर एलर्जी, पीठ दर्द, मासिक पूर्व पीड़ा आदि छोटी बड़ी बीमारियों से गुज़रते हैं। लेकिन सिर्फ़ जब कोई बड़ी बीमारी हम पर या हमारे परिवार के किसी सदस्य पर हमला करती है, तभी हम सचेत होते हैं और ध्यान देना शुरु करते हैं कि हमारे जीवन में क्या ग़लत हो रहा है। लेकिन हम में से कितने सचमुच अपनी डाइट को दोष देते हैं? इसका मुख्य कारण यह है कि औसतन लोग इस बात से अनभिज्ञ और बेख़बर हैं कि "अच्छी सेहत" किन चीज़ों से बनती है।

जब आपका शरीर कोई लक्षण प्रकट करता है, चाहे वो छोटा हो या बड़ा, तो असल में यह एक तरीक़ा है आपके शरीर का यह कहने का कि "मेरी तरफ़ देखो। यहाँ कुछ ग़लत हो रहा है। तुमने कुछ ऐसा किया है जिसके कारण ये सब हो रहा है।" लेकिन, जैसे ही हम डॉक्टर के पास जाते हैं और वो हमारी जाँच कर लेते हैं, तो हम उन ऐंटीबायोटिक्स और दवाइयों को लेकर संतुष्ट हो जाते हैं। पर हक़ीक़त यह है। ये छोटी छोटी बीमारियाँ लौट कर ज़रूर आयेंगी– तीन, चार पाँच महीनों में नहीं तो एक साल बाद, क्योंकि हमने एक जल्दबाज़ी का समाधान अपनाया था। और जल्दी ही हम खुद को फिर से डॉक्टर के क्लीनिक में पायेंगे जहाँ वो हमारे लिये नयी दवाइयों के साथ नये प्रेस्क्रिप्शन लिख रहा होगा। यही वो चक्रव्यूह है जिसमें हम में से अधिकतर लोग फँसे हुये हैं।

अगर आप ये किताब पढ़ रहे हैं, तो निश्चित ही आपको किसी चीज़ ने और अधिक स्वस्थ बनने के लिये प्रेरित किया होगा, और जब आप स्वस्थ होते हैं, तो आप स्वतः सुन्दर हो जाते हैं। सही खाने का एक सिद्धांत ये है कि अगर हम इस धरती से जन्मे हैं, तो उसमें हमें चंगा करने की शक्ति भी है। भोजन करने के पीछे हमारा उद्देश्य होता है जीवंत महसूस करना, ना कि उसका त्याग कर के अपने आप को शक्तिहीन कर देना। भोजन की अपनी प्रतिक्रियायें भी होती हैं, इसलिये, अगर आप ग़लत भोजन को खायेंगे, तो ऐसे भोजन के द्वारा शुरु की गयी प्रतिक्रिया आपको और भी अधिक ग़लत भोजन को खाने की दिशा में ले जायेगी, जो आपको बीमार करेगा, वज़न बढ़ायेगा, त्वचा को ख़राब करेगा और त्वचा में विकार पैदा होंगे, और बाल झड़ेंगे। और आप तो इन सब से दूर रहना चाहते हैं, है ना? लेकिन पहले, आइये हम भोजन की मूल बनावट को समझें, जिसके बाद मैं आपको ख़ूबसूरत बनाने के पाँच मंत्र बताऊँगी।

सही संतुलन

पूर्वी दर्शनशास्त्र यह मानता है कि हर जीव में ऊर्जा होती है, चाहे वो आप हों, आपके पालतू जानवर हों, सब्ज़ियाँ हों (पृष्ठ 45 पर यिन और यैंग भोजनों पर चार्ट देखें), यहाँ तक कि एक पत्थर में भी। और ये ऊर्जायें वो जीवन शक्ति हैं, जो संतुलित किये जाने पर नकारात्मक और सकारात्मक के समन्वय का कारण बनती हैं। यह नियम इतना सरल है कि विशाल परिप्रेक्ष्य में यह गहन हो जाता है।

किसी भी प्राकृतिक रूप से घटने वाली घटना को देखिये और आप इसे पायेंगे। सूर्य और चंद्रमा, रात और दिन, जल और अग्नि, शीत ऋतु और ग्रीष्म ऋतु। चतुर चीनी दार्शनिकों ने इसे यिन और यैंग के चिन्ह के रूप में सरल बना दिया।

दो जीवन शक्तियाँ: यिन और यैंग

बाहरी वृत्त "सम्पूर्ण" का प्रतिनिधित्व करता है, जबकि काले और सफ़ेद आकार दो ऊर्जाओं का प्रतिनिधित्व करते हैं– यिन (काला) और यैंग (सफ़ेद)। लेकिन, वे पूर्णतः काले या सफ़ेद नहीं हैं, ठीक वैसे ही जैसे जीवन में कुछ भी कभी भी काला या सफ़ेद नहीं होता, और एक दूसरे के बिना उनका कोई अस्तित्त्व भी नहीं हो सकता।

यिन काला, निष्क्रिय, निम्नगामी, ठंडा, सिकुड़ने वाला और कमज़ोर होता है।

यैंग चमकदार, सक्रिय, ऊर्ध्वगामी, गर्म, फैलने वाला और शक्तिशाली होता है।

इस चिन्ह के यिन और यैंग भाग का आकार असल में आपको इन दोनों ऊर्जाओं के निरंतर गतिमान होने का आभास देता है, यिन से यैंग, और यैंग से यिन, हर घटना के होने का कारण उत्पन्न करते हुये, ठीक वैसे ही जैसे वस्तुयें फैलती और सिकुड़ती हैं, और तापमान गर्म से ठंडे में परिवर्तित हो जाता है। इन दो ऊर्जात्मक प्रक्रियाओं का प्रयोग भोजन पकाने की विधियों, स्वास्थ्य परिस्थितियों की जाँच, किसी व्यक्ति के स्वभाव, शारीरिक गतिविधियाँ, शरीर के अंग का निरीक्षण, किसी भी काम के लिये किया जा सकता है।

आपको हैरत हो रही होगी कि इस ऐतिहासिक चीनी दर्शनशास्त्र का भोजन से क्या सम्बंध है, और कैसे ये सब आपको ख़ूबसूरत बना सकता है। लेकिन थोड़ा धीरज रखिये, और आपको इनाम के रूप में ज्ञान के वो हीरे मिलेंगे जो भोजन के प्रति आपके सारे नज़रिये को ही बदल देंगे।

आप जो भोजन खाते हैं, उसमें भी अंतर्जात ऊर्जायें निहित होती हैं। बस हम उन्हें देखना नहीं चाहते। चलिये एक उदाहरण से शुरु करें। भीषण गर्मी का मौसम है और आप तैरने के लिये जाते हैं। जब आप वापस आते हैं, तो ढेर सारा पानी गटक जाते हैं क्योंकि आपके शरीर में तरल पदार्थ सूख गये हैं। अगर आप पर्याप्त पानी नहीं

पियेंगे, तो डीहाईड्रेटेड महसूस करेंगे, और संभवतः अगले दिन आपकी त्वचा रूखी सूखी नज़र आयेगी (क्या आपने कभी ध्यान दिया है कि कैसे गर्मियों में आपकी एड़ियाँ फटने लगती हैं ?)। जल्दी ही यह एक गंभीर परिस्थिति में बदल जायेगी जिसके परिणाम स्वरूप आपका पाचन तंत्र शुष्क हो जायेगा, जिससे आपको क़ब्ज़ भी हो सकता है। इसे यैंग स्थिति कहते हैं। आपको खुद को संतुलित करने के लिये तरल पदार्थों की आवश्यकता पड़ेगी, अर्थात यिन की। यहाँ यिन पानी है।

नीचे दिया गया चार्ट भोजन के परिप्रेक्ष्य में आपको यिन और यैंग के बारे में जानकारी देता है:

यैंग खाद्य पदार्थ	यिन खाद्य पदार्थ
गहन, कठोर, घने	हल्के
नीचे की ओर उगने वाले	ऊपर की ओर उगने वाले
रेशेयुक्त, शुष्क, गर्म, पकाये हुये	गीले, ठंडे, कच्चे
माँसयुक्त, नमकीन, ज़्यादा समय तक ताज़ा रहने वाले	मसालेदार, मीठे, रसीले, तैलीय, जल्दी ख़राब होने वाले
शुष्क, ठंडे, मोटे, धीरे बढ़ने वाले जैसे ट्यूबर्स	मोटे, जल्दी बढ़ने वाले

तो, यह बहुत ही सरल सी बात है, कि आपको संतुलित रखने के लिए यैंग को यिन की आवश्यकता है और यिन को यैंग की।

ब्यूटी डाइट पारम्परिक चीनी चिकित्सा (Traditional Chinese Medicine) TCM के सिद्धांतों और यौगिक आहार पर आधारित है– दोनों ही पूर्वी फ़िलोसॉफ़ी हैं। पूर्वी दृष्टिकोण से आहार में संतुलन पश्चिमी दृष्टिकोण से बहुत अलग है। आधुनिक आहार विज्ञान भोजन के रसायनिक घटकों और उनके शरीर पर होने वाले बायोकेमिकल प्रभाव पर आधारित है। पश्चिमी न्यूट्रीशनिस्ट विभिन्न पोषक तत्त्वों जैसे प्रोटीन, कार्बोहाइड्रेट्स और फ़ैट्स की मात्रा नापते हैं, और खाद्य पदार्थों का उसी के अनुसार वर्गीकरण करके सबके लिये एक ही आहार की सलाह देते हैं। लेकिन पूर्वी ज्ञान इस विषय की जड़ तक जाता

है और लोगों की निजी आवश्यकताओं के अनुसार समाधान देता है।

फ़ूड पिरामिड

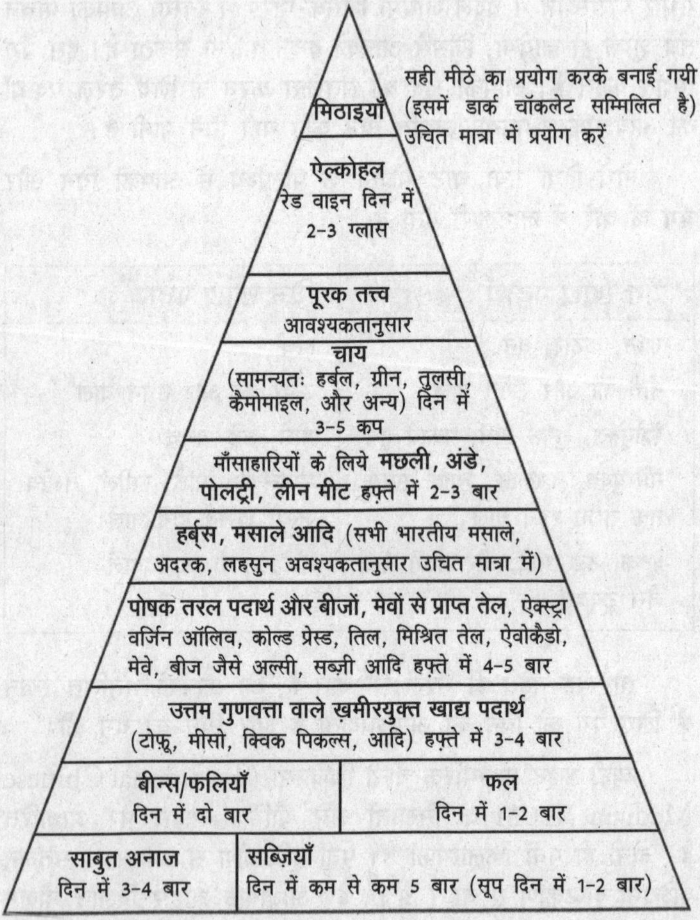

उदाहरण के लिये पश्चिमी अध्ययन के अनुसार फ़ूड पिरामिड ब्रेड, पास्ता, अनाज और आलू को कार्बोहाइड्रेट्स के रूप में एक साथ वर्गीकृत करता है, और पाँच से आठ बार लेने की सलाह देता है। लेकिन टी सी एम के अनुसार, ब्रेड और पास्ता नमीयुक्त और ठंडे हैं

और इसलिये अधिक वज़न वाले, फूले हुये, और साइनस कंजेस्शन से पीड़ित व्यक्ति के लिये इनको लेने की सलाह नहीं दी जाती। इनकी जगह अन्य कार्बोहाइड्रेट्स जैसे अंकुरित अनाज, राई, और वाइल्ड राइस की सलाह दी जाती है जो नमी नहीं पैदा करते क्योंकि उनके ऊर्जात्मक गुण आटे के गुणों से भिन्न हैं और वे ऐसी यिन परिस्थितियों वाले लोगों के लिये वास्तव में मददगार सिद्ध हो सकते हैं। यहाँ पर हर व्यक्ति के लिये पद्धति भिन्न है।

"भोजन को अपनी औषधि बनने दो, और औषधि को अपना भोजन।" अब इस उक्ति को समझना ज़्यादा आसान है। वास्तव में आप भोजन को खुद को संतुलित करने और अपनी ऊर्जा या भावनाओं को बदलने के लिये इस्तेमाल कर सकते हैं। बस इतना जानना ज़रूरी है कि कैसे। खाद्य पदार्थों में निहित यह जीवंत ऊर्जा (देखें पृष्ठ 138) उन सब कारकों का कुल जमा परिणाम है जिनका इस ऊर्जा के विकास में योगदान है, जैसे कि, खाद्य पदार्थ कैसे उगता है, कहाँ उगता है, किस मौसम में उगता है, और उगने के बाद इसको पकाने के लिये किस प्रकार प्रयोग किया जाता है।

खाद्य पदार्थों की इसी ऊर्जा का प्रयोग करते हुये, मेरा काम है कि आपको अत्यधिक शक्कर, मीट, दुग्ध उत्पादों के लुभावने झूले से उतारना और साबुत अनाज, बीन्स, सब्ज़ियों, मेवों, बीजों और पौष्टिक फ़ैट्स की स्वस्थ नाव में सवारी कराना। जल्दी ही आपकी इच्छाओं में बदलाव खुद ही दिखाई देने लगेगा। और जैसे जैसे हानिकारक वस्तुओं के लिये आपकी लालसा घटेगी, आप अपने शरीर को भी बदलते हुये, त्वचा को दमकते हुये, बालों को बढ़ते हुये देखेंगे और आपका मन भी शांत और सुन्दर हो जायेगा। इस किताब में दी गयी जानकारी के साथ आप उस नाव में सवार हो कर स्वयं अपने जीवन की दिशा में आगे बढ़ सकते हैं, चाहे हवायें कितनी ही तेज क्यों ना हों।

3

पाँच मूलभूत नियम

ये ब्यूटी डाइट खाने की प्रक्रिया को समग्र रूप से समझने का काम करती है। आप जो कुछ भी खाते हैं, ये उसके पीछे छिपे रहस्यों को समझती है, और यह भी समझती है कि आपके लिये उसे खाना आवश्यक है कि नहीं। लेकिन ये सारी जानकारी व्यर्थ हो जायेगी यदि आप इसकी शुरुआत बिलकुल शुरु से नहीं करेंगे– जो कि, आपको कहाँ से खाद्य पदार्थ खरीदने चाहिये, कैसे खाना चाहिये और क्या खाना चाहिये– इन सब के मूल सिद्धांत हैं।

यहीं मैं आपके लिये सब कुछ बहुत आसान बना देती हूँ। इस डाइट को अपनाने से पहले मेरे पास आपके लिये पाँच मूलभूत नियम हैं जिनका आपको पालन करना होगा। और अगर आप सुन्दर बनने की इस राह पर आगे बढ़ना चाहते हैं, तो आपको इन नियमों का अनिवार्य रूप से पालन करना होगा। ये नियम एक बेहतरीन जीवन शैली की बुनियाद हैं।

पाँच मूलभूत नियम

1. सदा स्थानीय ही खरीदें

किसी भी सुपर मार्केट के सब्ज़ियों वाले भाग में जाइये, और आपको वहाँ पर सब्ज़ियाँ ऐसे रखी हुई मिलेंगी जैसे वो बीमारियों और अभावों से जूझती हुई देश के सुदूर कोने से सफ़र करती हुई यहाँ तक आयी हैं। ये सब स्थान वास्तव में सब्ज़ियों के श्मशान हैं। आपको पता होना चाहिये कि पहले से ही पैक किया हुआ और तोला हुआ उत्पाद कई दिनों या हफ़्तों तक यात्रा में या कोल्ड स्टोरेज में रहते हैं जिससे उनकी पौष्टिकता काफ़ी नष्ट हो जाती है। इससे आपके भोजन के स्वाद पर

भी प्रभाव पड़ता है। खाना बिलकुल बेस्वाद हो जाता है। इससे तो अच्छा है कि आप सब्ज़ी उस ठेलेवाले से खरीदें जो रोज़ आपके पड़ोस के मोहल्ले में आता है, या फिर सब्ज़ी की उस दुकान से जो आपके नज़दीक के मार्केट में है। उसके पास ज़्यादा ताज़ी और स्वस्थ सब्ज़ियाँ होने की संभावना है।

स्थानीय दुकानों से खरीदने का अर्थ है कि आप स्वतः ही मौसमी उत्पादों का सेवन करेंगे। गर्मियाँ अपने शिखर पर हैं और आप अपने लिये संतरा छील रहे हैं। आपको लग रहा होगा कि इससे आपको ताज़गी मिलेगी। लेकिन इसे तुरंत फेंक दीजिये। यह संतरा अब निष्प्राण हो चुका है। क्या आपने कभी अपने स्थानीय सब्ज़ीवाले को सर्दियों में परवल बेचते हुये देखा है? मुझे नहीं लगता। लेकिन अगर देखा है, तो आपको मालूम होना चाहिये कि वो ताज़ा नहीं है। मौसमी वस्तुओं को खाने के कई फायदे हैं। ज़रा फ्रेंच लोगों को देखिये। केवल 10% फ्रेंच वयस्क मोटे होते हैं, ब्रिटेन के 22% और अमरीका के 33% की तुलना में। फ्रेंच लोगों की आयु दर भी लम्बी होती है। और ये सब इसलिये है कि वे इस बारे में बहुत गम्भीर हैं कि वे क्या खाते हैं। उन्हें अपने स्थानीय उत्पादों पर गर्व है और वे केवल मौसमी वस्तुयें ही खाते हैं। आप मौसम के अनुसार कपड़े पहनते हैं, तो फिर यही बात अपने भोजन पर लागू क्यों नहीं करते? तो गर्मियों में लौकी और कद्दू खाइए, जिनमें जल की मात्रा अधिक है, जो कि गर्मियों में होने वाली पानी की कमी को पूरा करता है। और सर्दियों में अपनी प्लेट में फूलगोभी, गाजर, ब्रोकोली, और बीन्स भर लीजिये।

हम चार मौसमों का आनन्द लेते हैंः सर्दियाँ (जनवरी और फरवरी), गर्मियाँ (मार्च से मई तक), मानसून (जून से सितम्बर तक), और एक मानसून के बाद का मौसम (अक्टूबर से दिसम्बर तक)। तो क्या हम पूरे समय एक सा खाना खा सकते हैं या पकाने की एक ही विधि का प्रयोग कर सकते हैं? बिलकुल नहीं। जब मैं किसी ऐसे व्यक्ति से मिलती हूँ जो मुझसे कहता है कि “मैं सारे साल कच्चा सलाद खाता हूँ”, तो मैं यह सोचे बिना नहीं रह पाती कि सर्दियों में यह कितना नुक्सानदायक होता होगा, ख़ास कर उत्तरी भारत की सर्दियों में, या फिर जब कोई कहता है कि वो रोज़ दिन में एक बार

मीट (कोई भी मीट) नियमित रूप से खाता है, तो वह अपने शरीर को भीषण गर्मियों में कितना नुक्सान पहुँचाता होगा।

ऐसा इसलिये होता है क्योंकि मीट यैंग खाद्य पदार्थ है और शरीर पर एक शुष्क, सिकुड़ने वाला प्रभाव छोड़ता है, और गर्मी के साथ मिल कर ये जान लेवा हो जाता है, और आपके शरीर को और भी अधिक शुष्क कर देता है। इसलिये, भीषण गर्मियों में रोज़ मीट खाने को या तो हरी सब्ज़ियों के स्वस्थ आहार के साथ संतुलित करना चाहिये या फिर कम से कम मात्रा में रखना चाहिये। इन सब का आधार है, मौसम के अनुसार तापमान में बदलाव के सिद्धांत के अनुरूप चलना और इस बात को समझना कि उस समय आपके शरीर की क्या प्रतिक्रिया रहेगी।

हम सभी जानते हैं कि फ़्लू के लिये सबसे बेहतरीन इलाज है चिकन सूप (माँसाहारियों के लिये) और शाकाहारियों के लिये शीरा, जो कि सूजी से बनाया जाता है। ये क्यों काम करते हैं? क्योंकि चिकन मीट होने के कारण गर्मी पैदा करता है जो फ़्लू के कारण उत्पन्न नम परिस्थितियों में लाभकारी है। यही बात शीरे पर भी लागू होती है, जो सूखा भूनने पर व्यंजन को गर्मी देता है; सूखे मेवे मिलाने पर ये गर्मी और बढ़ जाती है।

मौसम के अनुसार खाने का ये भी मतलब है कि आप कम पैसा खर्च करेंगे, क्योंकि गैर मौसमी सब्ज़ियाँ महँगी होती हैं।☺

और भला ये किसने कहा कि स्थानीय और मौसमी भोजन नीरस होता है। दुनिया के महानतम शेफ़ भी आपसे यही बात कहेंगे। यहाँ भोजन से तात्पर्य सिर्फ़ खाने मात्र से नहीं है। आपको हर भोजन को पाककला का एक रोचक नमूना बनाना होगा।

मेरा ये मानना है कि भोजन के बारे में हमारा चुनाव नैतिक, पोषक और मानव और प्राकृतिक वातावरण दोनों के लिये सहायक होना चाहिये। बढ़िया भोजन बनाने के लिये आपको महँगे घटकों की आवश्यकता नहीं है, बस केवल ताज़े खाद्य पदार्थ और ज़ायके– जैसा कि प्रकृति चाहती है। और भोजन बहुत ही संवेदनशील है, यह एक सम्पूर्ण दिखने वाला उपहार है।

काइली क्वोंग (शेफ़ और रेस्तराँ की मालकिन)

और तो और, आप साथ ही अपनी स्थानीय अर्थव्यवस्था को भी सुदृढ़ करेंगे और वातावरण की भी सुरक्षित करेंगे क्योंकि स्थानीय उगाये गये खाद्य पदार्थ ज़्यादा दूर तक नहीं भेजे जाते। अगली बार उन न्यूज़ीलैंड से लाये गये सेबों की तरफ़ हाथ बढ़ाने से पहले दो बार सोच लेना।

> **#टिप**: कभी भी अपने रेफ्रिजिरेटर को जीवन भर के लिये ना लादें। अगर आप सब्ज़ी खरीदने रोज़ नहीं जा सकते, तो केवल उतना ही खरीदें जितना एक या दो दिन के लिये पर्याप्त हो। या फिर अपने सब्ज़ीवाले से आपके घर एक निश्चित समय पर आने को कहिये और अपनी आवश्यकता अनुसार जो चाहिये वो खरीद लीजिये। उसे शुरु में ही एक टिप दे दीजिये। वो अगली बार ज़रूर आयेगा।

नियम 2: पारम्परिक बनिये

जब मैं बड़ी हो रही थी, मुझे अच्छी तरह याद है कि मेरा अधिकतर भोजन घर का बना हुआ होता था। हम कभी-कभी ही बाहर खाते थे और वो भी अधिकतर विशेष अवसरों पर। भारतीय लोगों को अपने भोजन से बड़ा प्यार है, और उनके पास देश के विभिन्न कोनों से विविध व्यंजनों में से चुनने का विकल्प भी होता है। इसीलिये करीब एक दशक पहले तक परिवारों में पारम्परिक तरह से खाने का ही प्रचलन था। लेकिन, भारतीय अर्थव्यवस्था में बढ़ोत्तरी के साथ अमरीकी फास्ट फ़ूड और पश्चिम से प्रोसेस्ड फ़ूड भी अनिवार्य रूप से भारत में आ गये। परिणाम स्वरूप, हम पहले से कहीं अधिक अपने पारम्परिक खाने के तरीके से दूर होने लगे हैं। साथ ही, पैकैज्ड फ़ूड की तरह फ़ास्ट फ़ूड भी बनाने में आसान और नये फ़ैशन का है, और अधिकतर लोग इसे घर के बने भोजन का एक सरल विकल्प मानते हैं। हम लोग धीरे-धीरे बिलकुल अमरीकी लोगों की तरह बनते जा रहे हैं– प्रोसेस्ड भोजन खाने वालों का देश। और मुझे यह बताने की आवश्यकता नहीं है कि हम ग़लत दिशा में जा रहे हैं, हृदय रोगों के खतरे को पहले से भी अधिक बढ़ाते हुये।

पारम्परिक तरीके से मेरा मतलब है आधुनिक हाई स्ट्रेस भोजन, जैसे प्रोसेस्ड फ़ूड्स, आर्टिफ़िशियल स्वीटनर्स, शुगर्स, मक्खन, डेयरी, हाई फ्रुक्टोज़ कॉर्न सिरप, वाइट ब्रेड, फ़ैट्स (ट्रांस फ़ैट्स, हाइड्रोजेनेटेड), सॉफ्ट ड्रिंक्स, और कैफ़ीन और अन्य हानिकारक वस्तुओं से भरी हुई बेवरेजेज़, और पैकेज्ड मीट्स। पारम्परिक पोषण हमेशा ही साबुत अनाज, सब्ज़ियों, बीन्स, मछली, ऑरगैनिक मीट्स, ऑरगैनिक डेयरी, मेवों, बीजों और फलों पर केंद्रित था। दाल, सब्ज़ियों और रोटी का स्थायी भारतीय आहार बहुत पौष्टिक है और भारतीय परिप्रेक्ष्य में कमाल का काम करता है।

> **#टिप**: अगर आप बाहर खा रहे हैं तो रोटी, दाल और एक सब्ज़ी ही खाने की कोशिश करिये (ख़ास कर एक हरी पत्तेदार सब्ज़ी) या मछली। अगर आप कॉन्टिनेंटल खाना चाहते हैं तो टोमॉटो-बेस्ड सॉस के साथ होल ग्रेन पास्ता (ना कि ब्रेड)। मक्खन और मैदा से बने वाइट सॉस और रिफ़ाइंड सिम्पल कार्ब्स से बने अन्य जंक फ़ूड को छोड़ दीजिये। इस प्रकार आपको स्वाद भी मिल जायेगा और आप परम्परिक रहने का नियम भी पूरा कर पायेंगे।

नियम 3 : पकाने के तरीके

चलिये मान लिया कि आप सिर्फ़ मौसमी सब्ज़ियाँ और फल ही खाते हैं। पर क्या जानते थे कि वही सिद्धांत खाना पकाने के तरीक़ों पर भी लागू किया जा सकता है? भोजन और उन्हें पकाने के तरीके, यदि इन दोनों को समझदारी से मिला दिया जाये, तो इनकी अपनी ही ऊर्जा होती है और इसलिये इनमें आपकी ऊर्जा को प्रभावित करने की शक्ति भी होती है। यदि हम पकाने के तरीक़ों में भी वही यिन और यैंग शक्तियों को लागू करें, तो हम ये देखेंगे,

- स्टीमिंग, उबालना, सॉटे करना ऊर्ध्वगामी शक्तियाँ हैं, इसलिये उन्हें पकाने का यिन तरीक़ा माना जायेगा।
- प्रेशर कुकिंग, धीमा पकाना, पिक्लिंग, ग्रिलिंग और बेकिंग अन्दर की ओर ऊर्जा उत्पन्न करते हैं, इसलिये ये सब पकाने के यैंग तरीके माने जायेंगे।

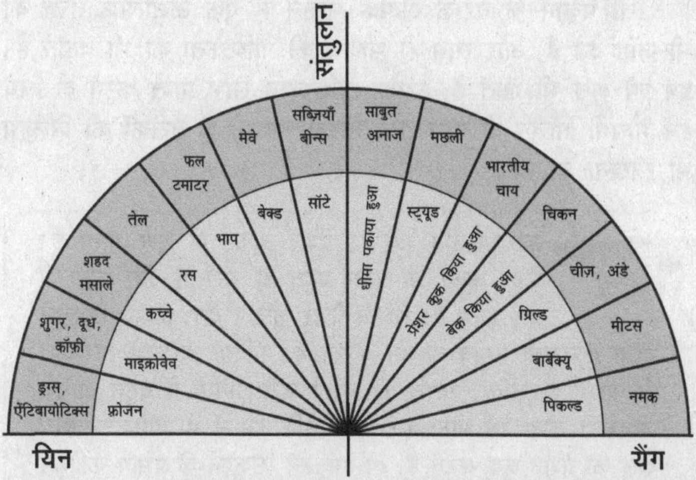

भोजन और पकाने के तरीक़ों में संतुलन

ऊपर दिया गया चार्ट हमें दिखाता है कि कुछ भोजन, यदि एक विशेष विधि से बनाये जायें, तो यिन से यैंग का प्रभाव उत्पन्न करते हैं। हमें इसके साथ संतुलन ढूँढना सीखना है। यहाँ कुछ संकेत दिये गये हैंः

1. गहन पकाने की विधियाँ, जैसे पिकलिंग, बार्बेक्यूइंग, ग्रिलिंग और बेकिंग यैंग हैं क्योंकि ये ऊर्जा को अन्दर की ओर उत्पन्न करते हैं और आपके अन्दर गर्मी पैदा करेंगे, और इसलिये गर्मी के महीनों में इनका उपयोग बड़ी समझदारी से करना चाहिये।
2. अगर ऊपर बताई गयी विधियों का गर्मियों में उपयोग किया जाता है, तो आहार को संतुलित करने के लिये अधिक यिन तरीक़ों जैसे स्टीमिंग, उबालने, और सॉटे करने जैसी विधियों से प्रभावहीन कर देना चाहिये।
3. वहीं दूसरी ओर मानसून के महीनों में स्ट्यूइंग और धीमा पकाने जैसी विधियों के साथ हल्के गहन तरीके जैसे ग्रिलिंग या प्रेशर कुकिंग को जोड़ कर पकाना उत्तम रहता है, जो कि आपको अन्दरूनी गर्म ऊर्जा देता है।

तो पकाने के तरीके आपके भोजन में एक ऊर्जात्मक तत्त्व को भी जोड़ देते हैं, और साथ ही भोजन की पौष्टिकता को भी बढ़ाते हैं। हम जो कुछ भी खाते हैं, उसका अधिकतम लाभ प्राप्त करने के लिये हमें मौसमी भोजन के साथ साथ मौसमी पकाने के तरीक़ों को मिलाना भी सीखना चाहिये।

हर भारतीय परिवार प्रेशर कुकर के गुण गाता है। प्रेशर कुकर में खाना बहुत ही सरलता और तेजी से बन जाता है। लेकिन प्रेशर कुकिंग यैंग, अर्थात सिकुड़ने वाला अन्दरूनी प्रभाव उत्पन्न करता है। सर्दियों के लिये तो बहुत ही अच्छा है, लेकिन भारत की सुस्ती भरी गर्मियों में बहुत अधिक अन्दरूनी ऊर्जा हमें धीमा कर देगी। चूँकि हम में से अधिकतर लोग दाल को प्रेशर कुक करते हैं, तो हम उस सिकुड़ने के प्रभाव को कम करने और अपनी ऊर्जा को ऊपर या बाहर की ओर प्रेरित करने के लिये बाकी के भोजन को सॉटे, ब्लांच या उबाल कर यैंग ऊर्जा को संतुलित कर सकते हैं। इसलिये अगर आप दाल और चावल को प्रेशर कुक करते हैं, तो थोड़ी सी गाजर या हरी सब्ज़ी को सॉटे करना एक बेहतरीन संतुलन का तरीक़ा होगा।

#टिप: किसी भी समय के भोजन में विविध पकाने की विधियों का उपयोग करने का प्रयास करें, क्योंकि विविध विधियाँ भोजन में फ़ाइटोन्यूट्रिएंट्स को बढ़ाती हैं।

नियम 4 : सही तरीके से खाना

हाल ही की बात है, एक वो भी समय था, जब बोर्डिंग स्कूल में बच्चों को भोजन के समय मौन रहने के लिये कहा जाता था, लेकिन इसके पीछे एक बहुत ही उचित कारण था। भोजन के समय मौन धारण करने के पीछे भावना ये थी कि आप इस बात पर अपने विचार और ध्यान केंद्रित कर सकें कि आप क्या खा रहे हैं। खैर, ये सब तो बीते समय की बातें हैं। पर आज कल जो हो रहा है, वो एक अंधाधुंध गतिविधियों की एक धुंधली सी तस्वीर है जिसमें खाना एक गौण प्रक्रिया हो कर रह गयी है, एक जगह ठहर कर खाना या मौन हो कर खाना तो

बहुत दूर की बात है। "व्यस्त रहना" ऐसे दो शब्द हैं जो शायद हमें और किसी भी चीज़ से ज़्यादा स्वास्थ्य संबंधी मुद्दों और वज़न बढ़ने की समस्याओं की ओर ले जा रहे हैं। हमारा जीवन हमारे पूर्वजों की अपेक्षा अधिक भागदौड़ भरा है क्योंकि हम उपलब्ध 24 घंटों में बहुत कुछ समाहित करने की चाह रखते हैं। इस प्रयास में हम अपना संतुलन भी खो देते हैं। खैर, चूँकि हम मनुष्य हमेशा ही संतुलन की तलाश में रहते हैं, हमारा शरीर छोटे मोटे खाँसी ज़ुकाम, माइग्रेन, बदन दर्द, हाजमे की परेशानियों जैसी समस्यायें उत्पन्न करके अपनी प्रतिक्रिया दिखाता है। आप जैसे खाते हैं, ये इस बात पर प्रकाश डालता है कि आप किस प्रकार के इंसान हैं। आप सुनिश्चित करना चाहते हैं कि आप आज़ादी और बिना किसी रोकटोक के भोजन करें, इसलिये, अपने को उस अधिकार से वंचित करने का प्रश्न ही नहीं उठता। यह जानते हुये कि आप को कुछ खाद्य पदार्थ नहीं खाने हैं क्योंकि वे आपके लिये हानिकारक हैं, अपने भोजन के प्रति सजग रहिये।

यहाँ मैं एक सख़्त मेट्रन बन जाती हूँ। जब आप अनियमित रूप से खाते है, और मेरा मतलब भोजन छोड़ने से भी है, तो आपका शरीर हैरान हो जाता है कि आप उसके साथ ऐसा बर्ताव क्यों कर रहे हैं और आपके इस बर्ताव से उसे खतरा महसूस होने लगता है। इसकी सुरक्षा प्रणाली आपके शरीर के फ़ैट्स पर आक्रमण करती है और शरीर के मेटाबॉलिज़्म को धीमा कर देती है, जो भविष्य में आपके लिये बीमारियों का कारण बनेगा। हमें शांति से खाने की ज़रूरत है बस। फ़ोन पर बातचीत नहीं करना। टेलीविज़न नहीं देखना। पीट्ज़ा के टुकड़े को हाथ में लेकर इधर उधर नहीं घूमना। एक निश्चित स्थान बनाओ, बैठ जाओ, और वैसे खाओ जैसे हमें हमेशा से खाना चाहिये था। आप अपनी खाने की आदतों में जितने व्यवस्थित होंगे, उतनी ही अधिक संभावना है कि आपका वज़न, स्वास्थ्य परिस्थितियाँ और भोजन के बाद किस प्रकार आपका भोजन आत्मसात होता है, ये सब आपके नियंत्रण में होगा।

भोजन करने का एक समय निश्चित करिये, नियमित रहिये और बैठ कर खाइये

पारम्परिक चीनी चिकित्सा पद्धति (टी सी एम) के अनुसार, शरीर के हर अंग का अपनी अधिकतम क्षमता में काम करने का एक निहित समय होता है (अगले पृष्ठ पर चित्र देखें)। पेट के लिए सही समय सुबह 7 से 9 होता है, जो नाश्ते का समय होना चाहिये। इसी प्रकार पेट की सबसे कम गतिविधि का समय उसकी अधिकतम गतिविधि के समय से 12 घंटे बाद है। आपके दोपहर का भोजन मध्यान से 1.00 बजे के बीच में हो जाना चाहिये, और ये आपका दिन का सबसे बड़ा आहार होना चाहिये। अगर आप दिन में केवल दो ही आहार ले रहे हैं, अर्थात केवल नाश्ता और रात का भोजन, तो इसमें अंतर आ सकता है, और तब आपको अपना नाश्ता रात के भोजन से ज़्यादा भारी रखना होगा। खैर, भारतीय लोग दिन में तीन समय आहार, यानी नाश्ता, दोपहर का भोजन और रात का भोजन, के आदी हैं, और सुबह खाने से कम से कम एक घंटे पहले आप को उठ जाना चाहिये, ताकि शरीर और उसके अंगों को सक्रिय ऊर्जा के साथ धीरे धीरे समन्वित होने का समय मिल जाये। वैसे बेहतर यही होगा कि आप तभी खायें जब शरीर आपको भूख लगने का संकेत दे। ऐसी स्थिति में नाश्ता दोपहर के भोजन से कम मात्रा में होना चाहिये और रात का भोजन 7 बजे के पहले ले लेना चाहिये, और अगर आप 10 से 10.30 बजे के बीच में सो जाते हैं, तो रात का भोजन कम मात्रा में होना चाहिये। भोजन को लिवर के अधिकतम गतिविधि समय (सुबह 1 से 3 बजे के बीच में) से जितना बाद में लेंगे, लिवर अपना काम उतनी ही अच्छी तरह करेगा। ज़्यादातर लोग रात का भोजन देर से करते हैं, जिससे लिवर पर ज़ोर पड़ता है और उसकी अन्य गतिविधियों में हस्तक्षेप होता है, ख़ास तौर पर रक्त शुद्धिकरण के कार्य पर, जो कि सबसे महत्त्वपूर्ण कार्य है, और अच्छे स्वास्थ्य और रक्त परिस्थितियों को बनाये रखने के लिये बहुत आवश्यक है।

अंगों की गतिविधि का समय

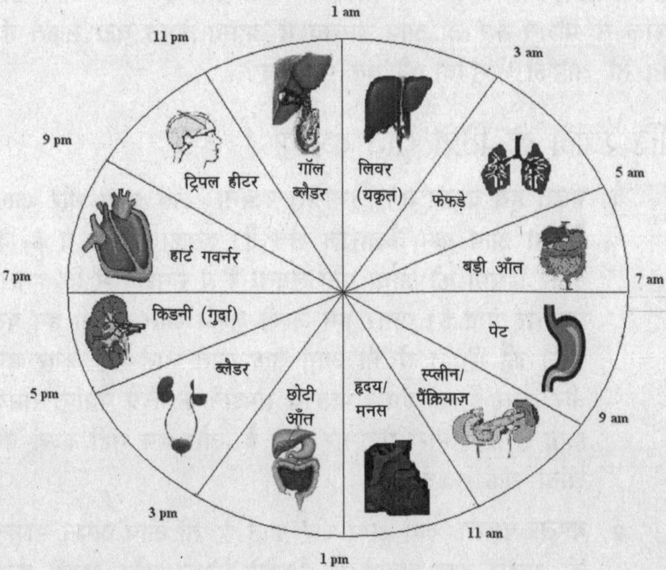

ये तो सही है कि इन गतिविधियों की समय तालिका के हिसाब से चलना बहुत कठिन है और आपको अपने हिसाब से सबसे उचित वो नियम बनाने होंगे जो आप के लिये सबसे बेहतर हों। लेकिन शरीर के अंगों को भोजन को आत्मसात करने के लिये समय का अनुसरण करना मुख्य केंद्र बिन्दु है।

कृपया बैठ कर खायें। मैं बता नहीं सकती कि किसी प्रकार के संतुलन को प्राप्त करने के लिये बैठ कर खाना कितना अनिवार्य है– चाहे आप वज़न घटाने का प्रयास कर रहे हों या फिर डायबिटीज़, थायरॉयड या किसी अन्य स्वास्थ्य संबन्धी मुद्दे से जूझ रहे हों। ये आपको और अधिक एकाग्र होने में मदद करेगा, और भोजन को अच्छे से चबा कर खाने के लिये प्रेरित करेगा, और साथ ही ये आपको अपने परिवार के साथ समय बिताने का मौका भी देगा। भोजन के समय को एक पवित्र धार्मिक रस्म की तरह मानना चाहिये।

याद रखिये, जब आपके शरीर को शांत वातावरण में भोजन

मिलता है, तो ये पौष्टिक तत्त्वों से तर रहता है। अच्छा चलिये, मैं इसे आपके लिये और भी अधिक आकर्षक बना देती हूँ– यदि आप सही तरीके से भोजन करें तो आप वास्तव में अपना वज़न घटा सकते हैं। अब तो आपकी उत्सुक्ता भी बढ़ गयी ना?

धीरे खाने के लिये पाँच कारण

1. **बढ़ते हुये वज़न को नियंत्रित रखना:** जब आप धीरे खाते हैं, तो आप कम कैलोरीज़ लेते हैं। इसका कारण ये है कि हमारे दिमाग को आधा घंटा लगता है ये समझने में कि हमारा पेट भर गया है। अगर हम जल्दी जल्दी खाते हैं, तो हम पेट भरने की स्थिति से भी आगे तक खाते जाते हैं। अगर हम धीरे खाते हैं, तो हमारे पास ये समझने के लिये पर्याप्त समय होता है कि हमारा पेट भर गया है, और हम सही वक़्त पर खाना रोक सकते हैं।
2. **बेहतर पाचन:** जब आप धीरे खाते हैं, तो आप अपने भोजन को अच्छी तरह चबाते हैं, जिससे भोजन और अच्छी तरह पचता है। वास्तव में पाचन क्रिया मुँह में ही शुरु हो जाती है; इसलिये आपका मुँह जितना अधिक परिश्रम करेगा, आपके पेट को उतना ही कम परिश्रम करना पड़ेगा।
3. **अपने भोजन का आनन्द लें:** अगर आप अपने भोजन का आनन्द ही नहीं ले सकते, तो भोजन करने का क्या मतलब? अपना टीवी बन्द करिये, फ़ोन बन्द करिये और उस पर ध्यान दीजिये जो आप खा रहे हैं इससे आपको प्रसन्नता मिलेगी।
4. **कम तनाव:** धीरे खाना और अपने भोजन पर ध्यान देना एक प्रकार का मानसिक व्यायाम होता है। आगे क्या करना है, इस सोच में जल्दी जल्दी खाने की बजाय इस पल में जियो। ये आपको कम तनावयुक्त जीवन की ओर ले जायेगा।
5. **परिवार का साथ:** भोजन के लिये जो समय निश्चित किया जाता है, उसके पीछे एक कारण है। यही वो समय है जब

सारा परिवार एक साथ बैठता है। इससे आपसी सम्बन्ध बेहतर होते हैं और एक दूसरे से जुड़ने का ये एक अच्छा समय है। तो अगली बार अपना भोजन लेकर अपने कमरे में मत जाइयेगा।

भोजन चबाने की कला

आपका मुँह ptyalin नामक ऐंज़ाइम स्रावित करता है, जिसका भोजन के साथ भली भाँति मिलना आवश्यक है, ताकि पाचन क्रिया में मदद मिल सके। कॉम्प्लेक्स कार्बोहाइड्रेट्स अपनी शर्करा (और अन्य विटामिन और मिनरल्स) को सबसे पहले मुँह में निस्तारित करते हैं ताकि आपका शरीर उसे आत्मसात कर सके। साथ ही, आपका सलाइवा (थूक) क्षार गुण वाला है, जो भोजन को भी क्षारयुक्त बना देता है। अगर आप भोजन को चबायेंगे नहीं तो आपका पेट फूल जायेगा और आप भारी, दिशाहीन और फूला हुआ महसूस करेंगे। आप अपने भोजन को अच्छी तरह चबा कर अपनी पाचन क्रिया को सरल बना सकते हैं, जो आपमें और आपके शरीर में हल्कापन लाता है। तो अगर आप वज़न घटाना चाहते हैं, तो अपने भोजन को अच्छी तरह चबा कर खाइये!

नियम 5 : अपने भोजन में विविधता लायें

जब ग्राहक मेरे पास पहली बार आते हैं, तो मैं उनसे मूल्याँकन पुस्तिका के अंत में लिखवाती हूँ कि वे कैसा भोजन करते हैं– सुबह उठने से लेकर सोने तक। इससे मुझे संकेत मिल जाते हैं कि वे क्या खाते हैं और जहाँ तक भोजन का सम्बन्ध है, उनकी पसन्द और लतें क्या हैं। कुछ लोग रोज़ सब्ज़ी और रोटी खाते हैं, जबकि कुछ लोग अपना वज़न कम रखने के लिये अपने सभी आहारों में से अनाज को निकाल देते हैं। चालीस वर्षीय राजीव कुछ समय से मेरा ग्राहक है। जब वह पहले मेरे पास आया तो उसकी खाने की आदतों की डायरी से पता चला कि वह रोज़, सुबह शाम, एक ही सा खाना खाता था। उसके दोपहर और शाम के भोजन में भी सालों से कोई अंतर नहीं आया था। जब मैंने उससे पूछा, तो उसने मुझे बताया कि वो पिछले पंद्रह सालों से नाश्ते में टोस्ट और अंडे या म्यूसली ले रहा था। जब

तक मैंने उसे नहीं बताया, तब तक उसे अहसास ही नहीं था कि वह आदतों का ग़ुलाम हो गया था। शायद ये भी एक कारण था कि वो निरंतर किसी न किसी बीमारी से जूझ रहा था और उसका वज़न भी नहीं घट रहा था।

भोजन का समय कुछ भी खा लेने का समय नहीं होता, बल्कि बुद्धिमानी से खाने का होता है, ताकि आप जो भी खायें, उससे आप को पोषण मिले। यदि आप सुबह शाम वही खाना खायेंगे, तो आपके शरीर को उसकी आदत पड़ जायेगी और वह सुस्त हो जायेगा, ख़ास कर अगर वो भोजन प्रोसेस्ड या पैकेज्ड हो। ऐसा करने का ये भी मतलब है कि आप उन सभी अन्य पोषक तत्त्वों से वंचित हो रहे हैं जो आपके लिये ज़रूरी हैं। यहाँ उद्देश्य है विविध पकाने की विधियों, सामग्रियों और खाद्य पदार्थों का प्रयोग करना। इससे शरीर के विभिन्न पोषक तत्त्वों को आत्मसात करने की क्षमता बढ़ती है, साथ ही आपके मन की स्थिति और मूड को प्रभावित करने की क्षमता भी। एक नया जायका या स्वाद आपके शरीर के लिये उपहार स्वरूप है, जो इस नये तत्त्व को समझने और आत्मसात करने के लिये जागरुक हो जाता है, ठीक उसी तरह जैसे अगर आप एक ही काम करते रहें तो आपका दिमाग सुस्त हो जाता है। आपके पास चुनाव करने के लिये अनाज, सब्ज़ियों और मछली की एक पूरी श्रंखला है, तो आपने सीमित ज्ञान तक ही अपने को क्यों सीमित रखा है? अपने भोजन से प्यार करिये, प्रयोग करिये और नयी चीज़ों को आज़माइये।

#टिप: यह अवश्य सुनिश्चित करें कि भोजन में टेक्स्चर और रंग का प्रभाव हो। आप अपने सूप को एक दरदरा टेक्स्चर देने के लिये दो कप सूप में दो टेबलस्पून ब्राउन राइस मिला कर अच्छे से ब्लेंड कर सकते हैं। रंग का प्रभाव लाने के लिये, सूप में प्रयोग में लाने वाली सब्ज़ियों को स्टीम करें और अलग से ब्लेंड करें ताकि रंग का प्रभाव दिखे। उदाहरण के लिये, आप ब्रोकली सूप के साथ ऐसा कर सकते हैं– स्टीम करने से उसका हरा रंग बना रहेगा और एक बार ब्लेंड करने पर सूप में रंग आ जायेगा।

संक्षेप में....

- "जैसा भोजन वैसे आप" क्योंकि आप जो भी भोजन खाते हैं, वो आपके लिये स्वादिष्ट होने और आपके ज़ायके की ललक को संतुष्ट करने से भी एक कदम आगे बढ़ कर काम करते हैं, वो आपको पोषण देने में मदद करते हैं और जब वो आपके शरीर में अपनी जगह बना लेते हैं तो अपने लिये अपना समुचित स्तर खोज लेते हैं।
- हर जीवंत भोजन की अपनी ऊर्जा, प्राण या जीवन शक्ति होती है, जैसा कि हम भारतीय कहते हैं। यह जीवन शक्ति हम में से प्रत्येक के अंदर की जीवन शक्ति को प्रभावित करती है। हम अपनी जीवन शक्ति को बदलने के लिये भोजन की जीवन शक्ति का प्रयोग करते हैं।
- मौसम के अनुसार खाइये।
- भोजन का समय बहुत पावन है। इसके लिये समय निकालें।
- अपने अहसास को बदलने के लिये मौसम के अनुसार अपने भोजन और पकाने की विधि में विविधता लाइये।

चलिये अब अपना ध्यान ऐसे खाद्य पदार्थों पर केंद्रित करें जो हमें आजीवन स्वस्थ रखेंगे। आइये हम मात्र डाइट से परे एक जीवन शैली की ओर बढ़ें। अपनी कैलोरीज़ को गिनना, खुद को खाने से रोकना, कच्चा खाना और रसों के सहारे व्रत रखना, या फिर ग्लानि के साथ मिठाइयाँ खाना बन्द करिये। आइये हम अपने शरीर को ऐसा आहार दें जो उसका पोषण करे और उसे क्षमता और शक्ति के साथ एक अलग ही स्तर पर कार्य करने में मदद करे। साथ ही, उसी भोजन का भविष्य में बीमारियों की सम्भावना घटाने, रोग प्रतिरोधक तंत्र को सशक्त करने चेहरे पर दमक लाने, ख़ूबसूरत बाल पाने, और बढ़ती उम्र की रफ़्तार को कम करने के लिये भी इस्तेमाल करें। आइये हम भोजन को दवा के रूप में, और सुन्दर बनने के लिये एक मज़ेदार रूप में इस्तेमाल करें।

4

क्या नहीं खाना चाहिये

अगर आप इस अध्याय का शीर्षक पढ़ कर जम्हाई लेते हुये सोच रहे हैं कि, "हाँ हाँ, मुझे पहले से ही पता है कि क्या नहीं खाना चाहिये.... तली हुई चीज़ें, जलेबियाँ", तो .... आप आंशिक रूप से ग़लत हैं। हमें क्या खाना चाहिये और क्या नहीं खाना चाहिये, इस विषय पर सलाहों की बरसात हम पर रोज़ होती रहती है। तो फिर हम किस पर विश्वास करें?

यकीनन आपको उस समोसे से तो दूर ही रहना चाहिये, और गली के उस स्टोर से डोनट के कॉम्बो बॉक्स को भी नहीं खरीदना चाहिये, इसके अलावा और भी बहुत कुछ है। अब आप सोचेंगे, ओह नहीं! और इस बार आप बिलकुल सही सोच रहे हैं। इस सूची में ऐसे और बहुत से नाम हैं जो हमें नुकसान पहुँचाने के सिवाय और कुछ नहीं करते, और हमें उन दोषियों को तुरन्त पहचानना होगा। इसके अलावा, आपका शरीर नित्य बदल रहा है। इसलिये, हो सकता है कि जो आज आपके लिये लाभकारी है, वो आज से दस साल बाद की आपकी डाइट से भिन्न हो। हमारी खान पान की कुछ आदतें हमारे साथ इतने ज़्यादा समय से जुड़ी हुई हैं कि हमने मान लिया है कि वे हमारे लिये काम करेंगी। पाँच दशक पहले तक मगरमच्छ के चमड़े के जूते और मिंक कोट पहनना फ़ैशन के अनुकूल माना जाता था, लेकिन आज कल ये क्रूरता और हिंसा के प्रतीक हैं, और हम जानबूझ कर इन सबसे दूर रहते हैं। क्या हो अगर हम यही सब अपने भोजन के साथ भी करें और उस परम्परा पर कुछ प्रश्न करें जो हमें पीढ़ियों से प्राप्त होती चली जा रही हैं? मैं इस अध्याय में भोजन से सम्बन्धित ऐसे ही कुछ मिथकों का खंडन करने जा रही हूँ।

1) दुग्ध उत्पादों को ना कहें

गुरनूर, जिसे सब "जी" बुलाते हैं, अपनी कॉफ़ी टेबल पर पैर फैला कर बैठी है, और चैनल सर्फ़ कर रही हैं। तभी वह एक गोरेपन की क्रीम का विज्ञापन देखती हैं और बड़े तिरस्कार के भाव से कहती हैं, "उँह, क्या बकवास है, मुझे देखो, मैं कभी अपने चेहरे पर कोई क्रीम भी नहीं लगाती, गोरेपन की क्रीम तो भूल ही जाओ, और देखो... मेरी त्वचा कितनी गोरी और मुलायम है, और एक भी मुहाँसा नहीं है। ये सब उस दूध और दही का कमाल है जो मैं पीती हूँ, और हाँ, मेरे पंजाबी वंशानुगत गुणों का भी असर है। ये सब विज्ञापन तो बकवास हैं।"

"जी" सही भी हैं और ग़लत भी। अपने वंशानुगत गुण के बारे में सही और दूध और दुग्ध उत्पादों की डाइट के बारे में ग़लत। लेकिन टीवी पर विज्ञापन को देखने के बाद उसके क्रोध को देख कर मैं उससे ये बात उसी वक़्त कहने की हिम्मत नहीं कर सकती थी। असल में भारतीयों में ये इतना विवादास्पद विषय है कि मैं इस नतीजे पर पहुँची हूँ कि मैं बाहर निकल कर इस पर चर्चा ही नहीं करूँगी क्योंकि बात गरमागरमी तक पहुँच जाती है। हमें इस बात को मानना पड़ेगा की हम भारतीयों को दुग्ध उत्पादों से बहुत प्रेम है। हम इसे अपना सबसे प्रिय हितैषी मानते हैं और ऐसा मानने के लिये हमारे पास कई बहाने हैं, जैसे, ये एक सरल भोजन है, हमारे पूर्वजों का आहार है, कैल्शियम का स्त्रोत है, ताकत, चमकदार बालों के लिये अति आवश्यक है, और भी बहुत कुछ।

जब मैं बड़ी हो रही थी, तो एक उत्तर भारतीय परिवार में जन्म लेने के फलस्वरूप मैं रोज़ आसानी से लगभग एक लीटर दूध पी जाती थी। मुझे याद है, हमारी आया हाथ में दूध का ग्लास लेकर बस स्टॉप तक पीछे-पीछे भागती हुई आती थी। और दूध के साथ साथ दोपहर के भोजन में रोज़ दही, जो हमारे लिये खाना ज़रूरी था, और पनीर, चीज़, और भी बहुत कुछ होता था। क्या इन सबने मुझे ज़्यादा शक्तिशाली बनाया, या मेरी त्वचा को ज़्यादा गोरा बनाया? मुझे तो नहीं लगता। लेकिन मैं ये ज़रूर जानती हूँ कि जब से मैंने डेयरी

उत्पादों का सेवन बन्द किया है, तब से मैंने अपने शरीर के आकार में बहुत अधिक बदलाव पाया है। मैं पहले से ज़्यादा दुबली हो गयी, मेरी जाँघों पर से फ़ैट गायब हो गया, मेरी कमर पतली हो गयी और मेरा पेट कभी नहीं फूला। ये सच है। हम जितना सोचते हैं, उतना अधिक हमें डेयरी उत्पादों की आवश्यकता नहीं है। डेयरी को पशु आहार माना जाता है। जॉन मेकडूगल, एमडी, लेखक और पोषण विशेषज्ञ का कहना है कि डेयरी उत्पाद पाचन तंत्र में विकार, मासिक पूर्व लक्षण, ऐलर्जी, फेफड़ों से जुड़े मुद्दे, स्तन कैंसर से लेकर ऑटोइम्यून विकार सम्बन्धी परेशानियाँ पैदा कर सकते हैं, और उन्होंने इन सब को करीब चालीस से अधिक अन्य बीमारियों से जोड़ा है। फ्रैंक ऑस्की, "डोंट ड्रिंक यॉर मिल्क" के लेखक का कथन है कि दूध मनुष्य के शरीर को बदल देता है, और वो इसे हानिकारक खाद्य पदार्थ मानते हैं।

अब अगला सवाल उठता है कि क्यों।

दूध ऊर्जा और हॉर्मोंस के नज़रिये से एक शिशु को उसकी माँ से जोड़ने के लिये होता है और ये जुड़ाव उसके स्तनपान को छोड़ते ही ख़त्म हो जाता है। ये भोजन के साथ हमारा पहला सम्पर्क या नाता है, और इसलिये, इसे छोड़ना बहुत कठिन होता है, साथ ही ये एक सरल आहार भी है।

जब दूध को हज़म करने की बात आती है तो आपके फेफड़े और बड़ी आँत एक टीम की तरह काम करते हैं। हम सभी जानते हैं की फेफड़े ऑक्सीजन को लेकर कार्बन डायऑक्साइड को बाहर फेंकते हैं। लैक्टेज एक एंजाइम है बड़ी आँत में पाया जाता है और इसका मुख्य काम है लैक्टोज़ (दूध में पायी जाने वाली शर्करा) को सरल शक्कर के रूप में पचाना। ये बचपन में तो बहुत अधिक होता है, लेकिन उसके बाद ये घटने लगता है, विशेषकर चार साल की उम्र के बाद से। जब दूध को भारी मात्रा में लिया जाता है, तो हमारे पाचन तंत्र में लैक्टोज़ की मात्रा लैक्टेज से अधिक हो जाती है। इसके पीछे आत्मसात करने की क्षमता का प्राकृतिक सिद्धांत है।

एक सरल सा उदाहरण देखिये। एक ग्लास में पानी लीजिये और उसमें नमक मिलाइये। नमक अवश्य घुल जायेगा। अब उसमें और

नमक मिलाते रहिये, और आप एक ऐसे बिन्दु पर पहुँच जायेंगे जहाँ पानी अपनी घोलने की चरम क्षमता तक पहुँच जायेगा और अधिक नमक को नहीं घोल पायेगा। यही हाल डेयरी या किसी भी चीज़ के साथ है, अगर उसे ज़रूरत से ज़्यादा लिया जाये। जितना भी अतिरिक्त दूध है, वो सब जा कर जमा हो जायेगा, जहाँ ये सड़ना शुरु करेगा और आपकी आँत में उपस्थित बैक्टीरिया के साथ रिऐक्ट करेगा। ये सड़ा हुआ अतिरिक्त दूध फिर कार्बन डायऑक्साइड और लैक्टिक ऐसिड में परिवर्तित हो जायेगा, जो आपके टिशूज़ पर पानी का दबाव बनाते हैं। आपके फेफड़े ऑक्सीजन ग्रहण करके कार्बन डायऑक्साइड बाहर निकालते हैं, जिसकी अधिकता रक्त को अम्लीय या ऐसिडिक बनाती है, जो आपकी रफ़्तार को कम और मस्तिष्क को सुस्त कर देगा। ऐसिडिक रक्त कीचड़ की तरह (गंदा और गाढ़ा) होता है। ये रक्त के प्रवाह को कठिन और अंगों को आलसी बना देता है।

कुछ पीछे चल कर अपने पूर्वजों को देखें, गुफा मानवों को। कोई भी व्यक्ति केवल तब तक लैक्टोज़ लेता था जब तक वह शिशु रूप में अपनी माँ से दूध प्राप्त करता था। उसके बाद से, वो जीवन भर कभी दूध नहीं पीते थे। ये तो ऋषि और पशु पालन के अविष्कार के बाद ही वयस्कों के लिये दूध उपलब्ध होने लगा। हम डेयरी का उपयोग करने के लिये नहीं बने हैं। इस प्रकरण से संकेत को समझिये।

7 कारण कि डेयरी आपके लिये क्यों हानिकारक है

1) डेयरी में सैचुरेटेड फ़ैट्स की अधिकता होती है, जिससे हमारी धमनियों में कॉलेस्ट्रॉल जमा हो जाता है। जैसा कि पहले बताया गया है, डेयरी का फ़ैट शरीर में जमा हो जाता है जिससे आपकी माँसपेशियों पर मोटी परतें बन जाती हैं। ये जमा हुआ फ़ैट ऑक्सीजन की गति को धीमा करता है और उसे आस पास की टिशूज़ में जाने से रोकता है और ऑक्सीजन की कमी आपके शरीर के विकास को धीमा करती हुई आपके शरीर को सुस्त बना देती है, और अंततः आपके शरीर का वज़न बढ़ जाता है।

2) टी कॉलिन कैम्पबेल द्वारा लिखी गयी "द चाइना स्टडी" के

अनुसार केसिन एक प्रोटीन है जो हमारे पाचन तंत्र में नहीं पचता, और डेयरी में ये बहुत अधिक मात्रा में है। गाय के दूध में 18% और छाछ में 40% केसिन होता है। ज़रा कल्पना कीजिये कि केसिन आपके पेट में जा कर दही बन रहा है, जो आपकी आँतों की दीवारों पर चिपक कर रह जाता है। इससे पाचन तंत्र की अन्य खाद्य पदार्थों से पोषक तत्त्वों को आत्मसात करने की क्षमता में विघ्न पड़ता है और शरीर में फ़ैट जमा हो जाता है।

3) आम तौर पर, सॉफ्ट टिशूज़ में जमा हुआ पदार्थ चिपका रह जाता है, और कुछ समय बाद घातक सिद्ध हो सकता है। इसीलिये कैंसर के प्रकरण, विशेषकर स्तन कैंसर के प्रकरण भारत में बढ़ गये हैं। जो महिलायें पशु आधारित आहार अधिक लेती हैं और उनके साथ शाकाहार की मात्रा कम कर देती हैं, वे यौवनवस्था में जल्दी पहुँचती हैं, और उनका मासिक धर्म देर से समाप्त होता है, और इस प्रकार उनके प्रजनन काल में वृद्धि होती है। उनमें जीवन पर्यंत फीमेल हॉर्मोंस (जिनमें ईस्ट्रोजन भी शामिल है) का स्तर अधिक ऊँचा रहता है। जीवन भर के लिये ईस्ट्रोजन की अधिकता महिलाओं में स्तन कैंसर के जोखिम को बढ़ा देती है। इस ईस्ट्रोजन की मात्रा को बढ़ाने में डाइट एक मुख्य भूमिका निभाती है। ईस्ट्रोजन और उससे सम्बन्धित हॉर्मोंस के बढ़े हुये स्तर का कारण है आम पश्चिमी डाइट, जिनमें प्रचुर मात्रा में फ़ैट और पशुओं से प्राप्त प्रोटीन होता है, और डाइटरी फ़ाइबर कम होता है। गाय के दूध में पाया जाने वाला प्रोटीन कैंसर को बढ़ाने वाला एक शक्तिशाली घटक है। द चाइना स्टडी द्वारा किये गये एक प्रयोग में केसिन का, जो कि गाय के दूध का 87% घटक है, चूहों पर प्रयोग किया गया और उन्हें इससे कैंसर हो गया। अधिकांश महिलायें जिन्हें स्तन कैंसर हुआ है, डेयरी का भारी मात्रा में सेवन करती हैं।

4) लैक्टेज़ हमारी आँतों में एक साल की उम्र तक रहता है, जिसके बाद ये घटने लगता है। चार साल के बाद इसका

अस्तित्त्व ख़त्म हो जाता है, जिससे दूध को हज़म करना कठिन हो जाता है। अधिकतर लोग ये बात नहीं जानते, और जीवन भर ऐसिडिटी और अन्य पाचन सम्बन्धी मुद्दों के साथ जीते हैं, लेकिन फिर भी डेयरी उत्पादों का सेवन करते रहते हैं।

5) दूध का pH balance 6.5 है, जो कि इसे थोड़ा ऐसिडिक बना देता है। जब हम इसका सेवन करते हैं, तो ये हमारे शरीर में और भी अधिक गरम हो जाता है, जिससे इसका ऐसिड का स्तर और भी बढ़ जाता है। ये हानिकारक बैक्टीरिया के पनपने के लिये बहुत ही अनुकूल वातावरण बनाता है। यदि आप कफ़ सम्बन्धी परेशानियों जैसे कैंडिडा, नाक का बहना, अस्थमा, ऐलर्जी, साइनस, या फिर अन्य परेशानियों जैसे क़ब्ज़, अधिक वज़न, ख़राब त्वचा या जीभ पर एक मोटी जमी सफ़ेद पर्त से परेशान हैं, तो शायद आप अपनी डाइट में से डेयरी को कम करना चाहेंगे। मेरा कैंडिडा का मुद्दा (जिसके बारे में आगे चर्चा की गयी है) इसीलिये शुरु हुआ क्योंकि मैंने बचपन में बहुत अधिक दूध पिया था।

6) पाश्चुरीकरण (ग्राहकों के लिये दूध के बैक्टीरिया को मारने के लिये दूध को उबालने की प्रक्रिया, जो कि अक्सर पैक करने के पहले की जाती है) के कारण आवश्यक विटामिन खो जाते हैं और लाभकारी ऐंज़ाइम्स भी नष्ट हो जाते हैं, साथ ही दूध में कैल्शियम का स्तर भी बदल जाता है। होमोजेनाइजेशन (दूध को ऐसी प्रक्रिया से तैयार करना जिससे दूध का फ़ैट छोटे छोटे हिस्सों में बँट जाये, ताकि वो उबल कर गिरे नहीं और फटे भी नहीं, और ग्राहक को समान रूप से बँटा हुआ दूध प्राप्त हो सके) से दूध के सड़ने और शरीर में ऑक्सिडेशन पैदा करने की सम्भावना बढ़ जाती है, जिससे और अधिक केसिन की मात्रा वाले नये फ़ैट का निर्माण होता है। साथ ही, होमोजेनाइजेशन से आपके रक्त में ज़ैनथाइन ऑक्सिडेज़ नामक एक ऐंज़ाइम का स्राव होता है, जो, जब आपके हृदय और रक्त में प्रवेश

करता है तो झिल्लियों को क्षति पहुँचा कर घाव बनाता है, जबकि कोलेस्ट्राल जमा होता जाता है और आपकी धमनियों में रुकावट पैदा करता है। शरीर में कैल्शियम का उपयोग करने में विटामिन डी एक अहम भूमिका निभाता है। इस कारण से डेयरी उद्योग दूध में विटामिन डी का कृत्रिम रूप (कैल्सिफ़ैरॉल) मिला कर उसे सशक्त करते हैं। मैग्नीशियम कैसिटोन (हॉर्मोन) के उत्पादन को उद्दीप्त करता है, जो हड्डियों में कैल्शियम को बढ़ा कर उसे शरीर की टिशूज़ में आत्मसात होने से रोकता है। लेकिन सशक्तिकरण कृत दूध में मिलाया गया कृत्रिम विटामिन डी मैग्नीशियम को शरीर से निकाल देता है। फलस्वरूप, जहाँ हमें कैल्शियम को आत्मसात करने के लिये मैग्नीशियम की आवश्यकता होती है, वहीं सशक्तीकृत दूध मैग्नीशियम के भंडार को ख़त्म कर देता है। तो फिर विटामिन डी का क्या फ़ायदा अगर हमारे पास उसे सोखने के लिये मैग्नीशियम ही नहीं? और बिना मैग्नीशियम के, हड्डियों में कैल्शियम को बढ़ाने के लिये कैल्सिटोन का उत्पादन कैसे होगा? इसलिये, क्योंकि दूध में कैल्शियम होता है, ये ज़रूरी नहीं है कि आप उसे आत्मसात कर सकते हैं। दुनिया के कई लोग अपनी कैल्शियम की आवश्यकताओं के लिये डेयरी पर निर्भर नहीं करते, और फिर भी उनकी हड्डियाँ और दाँत मज़बूत होते हैं। मेरी तरह!

7) गायों को दूध का उत्पादन बढ़ाने के लिये ग्रोथ हॉर्मोंस दिये जाते हैं। जब हम दूध पीते हैं, तो हम भी उस हॉर्मोन की कुछ मात्रा ग्रहण कर लेते हैं क्योंकि दूध की ऊर्जाओं के बारे में स्टीव गैने ने गाय के दूध को अनस्ट्रक्चर्ड टिशू कहा है। चूँकि आपके शरीर में इस अनस्ट्रक्चर्ड टिशू को हज़म करने की क्षमता नहीं होती, इसमें उपस्थित केसिन आपकी टिशू के साथ मिल जाता है और सम्भावना है कि वह उन पर नकारात्मक प्रभाव डाल सकता है। मैं क्योंकि डेयरी से मुक्त हूँ, अगर मैं चीज़ का एक छोटा सा टुकडा भी खा लूँ, तो मुझे कुछ ही घंटों में अपने शरीर की टिशूज़ में फ़र्क़ समझ

में आ जाता है– मेरा पेट तुरंत बाहर को निकल आता है और ये सचमुच हैरत की बात है कि शरीर कितनी जल्दी प्रतिक्रिया दिखाता है।

कैल्शियम और डेयरी से जुड़े मिथक

अब अगला तर्कसंगत सवाल जो आप करेंगे वो होगा, "अगर मैं दूध नहीं पियूँ, तो मुझे मेरा कैल्शियम कहाँ से मिलेगा? हमें हमेशा कहा गया है कि दूध पियो क्योंकि इससे हड्डियाँ मज़बूत होती हैं। लेकिन अगर इस कैल्शियम सिद्धांत की वजह से दूध पिया जाता है, तो फिर ऐसा क्यों है कि एक समय के बाद एक गाय का बच्चा अपनी माँ का दूध पीना छोड़ देता है (जैसा कि हम इंसान भी करते हैं), लेकिन फिर भी उसकी हड्डियाँ बड़ी और मज़बूत होती हैं और वह बड़ा होने पर दूध भी देता है? उनको कैल्शियम कहाँ से मिलता है? जवाब है कि गायों को उनका कैल्शियम उस घास से मिलता है (जिसमें क्लोरोफ़िल और मैग्नीशियम प्रचुर मात्रा में होते हैं) जो वो खाती हैं।

दूध का कैल्शियम केसिन से बँधा हुआ है। और जैसा कि आप जानते हैं, केसिन शरीर में आसानी से आत्मसात नहीं होता। केवल 12% कैल्शियम ही शरीर द्वारा उपयोग में लाया जाता है, बाकि सारा शरीर में अनपचा ही रह जाता है। अनपचा केसिन ऊपरी आँत में जमा हो जाता है, जो विषाक्त पदार्थ पैदा करता है जिससे शरीर के तंत्र कमज़ोर पड़ जाते हैं और म्यूकस जमा होने लगता है। फिर शरीर इस म्यूकस को अलग करने के लिये सिस्ट और ट्यूमर बनाने लगता है। साथ ही, ये विषाक्त पदार्थ किडनी और गॉल ब्लैडर में भी जमा हो कर स्टोन का रूप ले सकते हैं। और क्योंकि डेयरी का सेवन शरीर में एसिडिक स्थिति पैदा करता है, ये धीरे धीरे "सीरम कैल्शियम" (वो थोड़ा सा कैल्शियम जो आपके रक्त और हड्डियों में होता है) को खाना शुरु कर देता है। तो जहाँ एक ओर विक्रेता कहते हैं कि डेयरी आपको कैल्शियम दे रही है, वहीं वो इस बात को बताने से इंकार कर देते हैं कि जो आपको मिल रहा है, वो केसिन है, जो अनपचा होने पर हड्डियों से कैल्शियम को ख़त्म कर देता है। लोगों को ऑस्टिओपोरोसिस भी इसीलिये होता है क्योंकि वो ऐसे अन्य खाद्य पदार्थ भी ले रहे हैं

जो उनके शरीर से कैल्शियम को ख़त्म कर दे रहे हैं, जैसे कोला, कॉफ़ी, शुगर, डेयरी, मीट, और तम्बाकू, इसलिये नहीं कि शरीर में कैल्शियम की कमी है। व्यायाम का अभाव और तनाव भरा जीवन भी मुख्य कारण हैं। तो इस प्रकार, डेयरी से कैल्शियम प्राप्त करने के प्रयास में हम, असल में, अतिरिक्त कैल्शियम जमा कर रहे हैं, जो हमारे लिये हानिकारक है।

एक बात और। कैल्शियम को हज़म होने के लिये मैग्नीशियम और विटामिन सी और डी जैसे सहकारकों की आवश्यकता होती है। जो लोग ऑस्टियोआर्थराइटिस से पीड़ित हैं, जो कि हड्डियों के जोड़ों का एक विकार है, उन्हें अपने आहार में मैग्नीशियम से भरपूर भोजन को शामिल करना चाहिये। कुछ मैग्नीशियम से भरपूर खाद्य वस्तुयें हैं स्पाइरुलिना (क्योंकि क्लोरोफ़िल के केन्द्र में मैग्नीशियम होता है जो कैल्शियम को आत्मसात करने में मदद करता है), वीट ग्रास, सोय बीन्स, और उसके उप उत्पाद– टोफ़ू, मीसो, साबुत बीन्स, ख़ास कर मूंग, काली बीन्स, अनाज (जवार, मक्का, बाजरा, और ब्राउन राइस), और तिल। इसके अलावा मेवे और बीज तो हमेशा ही अच्छे माने जाते हैं (अपनी टेबल पर मसालों के लिये रेसेपी विभाग देखें)। आपको विभिन्न स्त्रोतों से कैल्शियम की आवश्यकता होती है, ख़ास कर तब जब आप हृदय रोग, हड्डियों के विकार, उच्च रक्तचाप, नर्वस सिस्टम की परेशानियों आदि से पीड़ित हों, बढ़ती उम्र (युवावस्था और बचपन में), और महिलाओं में मासिक धर्म रुकने के बाद।

शरीर में आत्मसात हो जाने वाला कैल्शियम वास्तव में हरी पत्तेदार सब्ज़ियों, मेवे और बीजों, बीन्स और साबुत अनाज से मिलता है। डेयरी की जगह क्लोरोफ़िल या मैग्नीशियम से भरपूर भोजन जैसे स्पाइरुलिना, कोम्बु (कुछ गिने चुने विशिष्ट स्टोर्स में ही उपलब्ध), और बाजरा/गेहुँ की अंकुरित घास। ये सब बेहतरीन खाद्य पदार्थ हैं जो ना केवल मैग्नीशियम, बल्कि अन्य खनिज पदार्थों से भी भरपूर हैं, कैल्शियम का बेहतर स्त्रोत हैं, और हड्डियों से सम्बन्धित मुद्दों के लिये अति उत्तम हैं। इसीलिये, जितना हो सकें, डेयरी से दूर रहें। और अगली बार जब आप किसी को कहते हुये सुनें कि, "इसे पियो, ये तुम्हारे लिये अच्छा है", आप उनकी धारणा को बदल सकते हैं।

अपने कैल्शियम के बारे में जानें

कैल्शियम के नाशक

1. शराब, मारिजुआना, सिगरेट, और अन्य मादक पदार्थ।
2. पशुओं से प्राप्त भोजन का प्रोटीन और साधारण प्रोटीन की आवश्यकता से अधिक मात्रा।
3. शुगर या किसी भी काँसेंट्रेटेड स्वीटनर की अधिकता।
4. कॉफ़ी और सॉफ्ट ड्रिंक्स।
5. बहुत कम या बहुत अधिक व्यायाम।
6. अधिक नमक।
7. सब्ज़ियाँः टमाटर, आलू (शकरकन्दी नहीं), बैंगन, और शिमला मिर्च का सेवन कम करें, जिनके छिलके में सॉलनाइन (एक ऐल्कलॉइड जो विषाक्त होता है और पकाने पर भी नष्ट नहीं होता) पाया जाता है।

कैल्शियम के स्त्रोत

1. कैल्शियम, मैग्नीशियम और क्लोरोफ़िल से भरपूर भोजन खाना जैसे अनाज, हरे पत्ते, और बीन्स।
2. सभी प्रकार के बीन्स और अनाजों को पहले से पानी में भिगो कर रखें। ये उनमें उपस्थित फैटिक ऐसिड को सक्रिय करता है जो कैल्शियम और मैग्नीशियम को सोखने में मदद करती है।
3. डेयरी की जगह फर्मेंटेड डेयरी का उपयोग करें।
4. कैल्शियम को बेहतर सोखने के लिये विटामिन डी की दैनिक मात्रा प्राप्त करने के लिये रोज़ तीस मिनट के लिये सुबह की धूप में बैठें।
5. व्यायाम, व्यायाम, व्यायाम!

क्या आप डेयरी को नहीं छोड़ पा रहे? तो कुछ विकल्प प्रस्तुत हैं:

1) फुल फ़ैट, कच्चा दूध और दुग्ध उत्पादों का उपयोग करें। अपने दूधवाले से कहिए। वो आपको फुल फ़ैट, अपाश्चुरीकृत दूध दे पायेगा। कम से कम शुरुआत के लिये ये ठीक है।

2) दूध और दुग्ध उत्पादों को अपने आहार का मुख्य अंग ना बनायें। इसके बजाय उन्हें एक सहायक की भूमिका दीजिये।

क्या आप जानते हैं?

पनीर का अधिक सेवन आपके शरीर में ख़ुश्की पैदा करता है और त्वचा पर झुर्रियाँ बढ़ाता है; जबकि बहुत अधिक मक्खन का सेवन नमी पैदा करता है और मस्तिष्क में रक्त के प्रवाह में रुकावट पैदा करता है तथा शरीर को सुस्त बनाता है।

3) अगर आप पाश्चुरीकृत दूध का प्रयोग करते हैं, तो उसे पहले उबाल कर ठंडा करना याद रखें। दूध को उबालने से उसके प्रोटीन की श्रंखला खंडित होती है और उसे आत्मसात करना आसान हो जाता है (जिससे उसे शिशु भी आसानी से हज़म कर सकते हैं)। पाश्चुरिकरण बॉइलिंग तापमान से भी निम्न तापमान पर किया जाता है, इसलिये इससे प्रोटीन की श्रंखला केवल आंशिक रूप से ही खंडित होती है। अगर आप पाश्चुरिकृत दूध का प्रयोग कर रहे हैं, तो उसे उबालने से प्रोटीन पूर्ण रूप से खंडित हो जायेंगे।

स्किम्ड दूध के विषय में क्या कहें?

"मैं तो केवल स्किम्ड दूध ही पीती हूँ क्योंकि मैं वज़न नहीं बढ़ाना चाहती। तो फिर इतनी बहस क्यों?" अधिकतर लोग, जो अपने वज़न का ध्यान रखते हैं, सोचते हैं कि स्किम्ड दूध एक बेहतर विकल्प है क्योंकि उसमें से फ़ैट को निकाल दिया गया है, लेकिन ज़रूरी विटामिन्स को सुरक्षित छोड़ दिया गया है। लेकिन मैं आपको बता दूँ कि **स्किम्ड दूध को पीना पानी पीने जैसा है क्योंकि उसमें आपको फ़ायदा पहुँचाने लायक कुछ भी नहीं है।** बल्कि स्किम्ड दूध पी कर आप अधिक खनिज पदार्थ खो देंगे क्योंकि ये दूध का उप उत्पाद है और शरीर के लिये व्यर्थ है। ये हज़म नहीं होता, जिसके कारण सिस्ट बन जाते हैं, और आपकी त्वचा पर भी ये झलकता है क्योंकि त्वचा का रंग बदल जाता है। इसके बजाय कच्चा दूध ही उपयोग में लायें।

4) जिस व्यक्ति को लैक्टोज़ माफ़िक नहीं आता, उसे फर्मेंटेड मिल्क उत्पाद लेने चाहिये, जैसे दही, छाछ, और पनीर। और जिन लोगों को यीस्ट इंफेक्शन और कैंडिडा है, उन्हें डेयरी उत्पादों को पूर्ण रूप से त्याग देना चाहिये, यहाँ तक कि दही भी, क्योंकि ये शरीर में अधिक नमी पैदा करता है।

5) घर पर ही दूध बनायें (देखें रेसेपी विभाग)। ये विकल्प अधिक पौष्टिक हैं और सामान्य दूध के साथ आने वाले हानिकारक तत्त्वों से रहित हैं।

क्या सोय दूध एक बेहतर विकल्प है?

सोय दूध को प्रोटीन का एक अच्छा स्रोत माना जा रहा है और अधिकतर लोग जो दूध छोड़ देते हैं, तुरंत ही सोय दूध को दूध के विकल्प के रूप में अपना लेते हैं। लेकिन ये भी अपने नुकसानों के पिटारे के साथ आता है। प्रोसेस होने के बाद सोय दूध अपने गुण खो देता है और सोयबीन जैसा लाभकारी नहीं रह जाता। सोयबीन में शक्तिशाली एंजाइम अवरोधक होते हैं। ये अवरोधक उन एंज़ाइम्स की गति को रोकते हैं, जिनकी शरीर को प्रोटीन्स को हज़म करने के लिये आवश्यकता होती है। हमारी किडनी को भी इन्हें शरीर से बाहर निष्कासित करने में बहुत मेहनत करनी पड़ती है। सोय दूध शरीर में कीचड़ भी पैदा करता है, और आप फूला हुआ महसूस कर सकते हैं, साथ ही आपको गैस की परेशानी भी हो सकती है।

आप अपने को फर्मेंटेड सोय उत्पाद जैसे मीसो ओर टोफ़ू तक ही सीमित रखिये, क्योंकि फर्मेंट करने से ये एंज़ाइम्स निष्क्रिय हो जाते हैं और हाजमे को सरल बना देते हैं। और जो लोग वज़न घटाना चाह रहे हैं, उन्हें तो इन सब से पूर्ण रूप से दूर ही रहना चाहिये।

2) एक होता है विष और एक होता है शक्कर

अंतर केवल इतना है कि विष जल्दी मारता है और शक्कर से मौत धीरे धीरे और कई जटिलताओं को साथ लेकर आती है। और यहाँ भारत में इससे बचने का कोई रास्ता नहीं है। हमें मानना पड़ेगा कि

हम भारतीय मीठे के शौकीन हैं और इस हद तक कि ये घातक सिद्ध हो सकता है। कुछ लोग तो यहाँ तक भी बहस करते हैं कि ये एक लत की तरह है। शक्कर हर जगह है। किसी भी भोजन का अंत थोड़े से (काश ये सचमुच थोड़ा ही होता) हलवे, फल या बर्फी से होता है। और ये तब जब हम शक्कर को अन्य रूपों में भी ले रहे हैं जैसे सॉफ्ट ड्रिंक्स, कैंडी, केक, कुकीज़, आइसक्रीम, बोतलबंद चाय, कॉफ़ी, आदि। इस अनंत सूची में शक्कर के वो अज्ञात उत्पाती रूप भी जुड़ जाते हैं जो ऐसी जगह छिपे बैठे हैं जिनकी आप कल्पना भी नहीं कर सकते, जैसे, सलाद ड्रेसिंग, सूप, ब्रेड, पीट्ज़ा पास्ता सॉस, साल्सा, और बोतलबंद पानी में भी। चाहे वो वाइट शुगर के रूप में हो, या फ्रुक्टोज़ कॉर्न सिरप, गन्ने का रस, या शहद, ज़्यादा शक्कर तो ज़्यादा शक्कर ही होती है। शक्कर एक धूर्त शैतान है, ललचाने वाला, चतुर और बुरी तरह लत लगाने वाला।

मैं आपको अपनी कहानी बताती हूँ। मेरे पूर्वजों में से केवल मेरी नानी जीवित थीं। उन्होंने कभी भी अपने बच्चों को रात के भोजन में नियमित आहार नहीं दिया। बल्कि वो दिन का अंत “हाई टी” से करती थीं। इस हाई टी में प्रोसेस्ड जंक फ़ूड की भरमार होती थी, जैसे पेस्ट्री, कुकीज़, सैंड्विच, और दूध। बच्चों की खान पान की आदतें पहले सात साल में पड़ जाती हैं, और मेरी नानी ने अपने बच्चों में सदा के लिये मीठे की आदत डाल दी थी। मेरी माँ आज भी नाश्ते, दोपहर के भोजन या रात के भोजन के बाद मीठा ले सकती है, और भोजन और चाय के बीच में भी, जो की दिन भर के लिये बहुत अधिक है। मैं जैसे जैसे बड़ी होती गयी, मैंने ध्यान देना शुरु किया कि माँ को बहुत गुस्सा आता है, और अक्सर दिन भर उनका गुस्सा किसी ना किसी बात पर फूट कर निकल पड़ता था। खैर, ये गुस्सा हम तीनों (मेरे भाई, बहन, और मुझ पर) पर ही निकलता था, लेकिन जब मैंने आखिरकार शक्कर के पीछे छिपे रहस्य को समझ लिया, तब मैंने जाना कि असली अपराधी कौन है।

दो साल पहले मेरी माँ हड्डियों में दर्द की शिकायत करने लगीं। तब तक मैं मैक्रोबायोटिक शेफ़ बनने की राह पर आगे बढ़ चुकी थी और जानती थी कि शुगर हमारे शरीर में कैसे काम करता है। जाँच

करने पर उनका कैल्शियम का स्तर और हड्डियों का घनत्व, दोनों ही बढ़िया निकले, और तकनीकी रूप से उन्हें कुछ नहीं हुआ था। एक बहुत ही काबिल हड्डियों के डॉक्टर ने जाँच करके बताया कि उनके शरीर में उम्र ढलने के कारण बदलाव आ रहे हैं और दर्द बढ़ जाने की स्थिति में स्टेरोइड लेने की सलाह दी। मैंने उनकी स्थिति का निरीक्षण किया और जाना कि सब कुछ विटामिन बी12 की कमी की ओर संकेत कर रहा था। मेरी माँ अंडे और डेयरी का सेवन करती हैं, तो इस कारण से उनके शरीर में बी12 का भंडार होना चाहिये था। लेकिन मैं जानती थी कि प्रचुर मात्रा में शुगर विटामिन बी12 के उन भंडारों को नष्ट कर देता है, जिससे हड्डियों में दर्द होने लगता है। मैंने उन्हें सलाह दी कि वो विटामिन बी12 टेस्ट करायें। उनकी जाँच के परिणाम में विटामिन बी12 की कमी निकली। इलाज के लिये मैंने उनके पूरक आहार की सूची में ग्लुकोसमाइन (एक कम्पाउंड जो प्राकृतिक रूप से शरीर में पाया जाता है, और जो बढ़ती उम्र के साथ ख़त्म हो जाता है और जो स्वस्थ कार्टिलेज़ बनाये रखने के लिये बहुत ज़रूरी है) और बी12 मिला दिया। अब वो बिलकुल ठीक हैं, लेकिन अभी भी वो शुगर को छोड़ने से साफ़ इंकार करती हैं। उनका मूड बदलता रहता है, हालाँकि अब इसमें कमी आ गयी है, लेकिन चाहे शुगर हो या शुगर के बिना, मैं फिर भी उनसे बेहद प्यार करती हूँ।

मुझे किसी भी न्युट्रीशनिस्ट ने उन खाद्य पदार्थों में छिपे शुगर का अर्थ नहीं समझाया था, जो मैं स्टोर्स की शेल्फ़ से उठाती थी। मुझे मेरी ग्रेनोला बार, ब्रेड और डाइट कोक बहुत पसन्द थे। और जिस पर भी "शुगर फ़्री" या "फ़ैट फ़्री" लिखा रहता था, मैं आम तौर पर उस पर आँख मूँद कर विश्वास कर लेती थी। मैं कभी भी पैकेज़ के पीछे का लेबल नहीं पढ़ती थी और सिम्पल शुगर और कॉम्प्लेक्स शुगर में फ़र्क़ भी नहीं जानती थी, और मुझे लगता था कि जो पौष्टिक है, उसे मैं खाती रही। शुगर के साथ दिक़्क़त ये है कि ये इतने बड़े पैमाने पर इस्तेमाल होती है, और इतनी सारी चीज़ों में डाली जाती है कि इनसे बचना असम्भव है। इसलिये हम शुगर पर इस अभ्यास को करेंगे और सीखेंगे कि शुगर को उसी के खेल में कैसे मात दी जाये।

चलिये एक बार फिर से याद करें कि साधारण शुगर क्या असर

करती है। शुगर खाये जाने पर शरीर में तुरंत सोख ली जाती है और ब्लड शुगर के स्तर को एक दम से बढ़ा देती है। ये आपके शरीर के लिये एक अकस्मात झटके जैसा होता है– आपके पैंक्रियाज़ उस ब्लड शुगर के स्तर को पुनः नीचे सामान्य स्तर पर लाने के लिये इन्सुलिन को स्रावित करते हैं। इसीलिये आप पहले शुगर हाई (इंसुलिन बर्स्ट) महसूस करते हैं और फिर एकदम से इस स्तर में गिरावट महसूस करते हैं– जिसे हम शुगर ब्लूज़ कहते हैं। तो आप वास्तव में अपने मेटाबॉलिज़्म को थका रहे हैं और साथ ही अपने फ़ैट सेल्स को भी बढ़ा रहे हैं। शुगर स्तर का यूँ बढ़ना और गिरना निम्न कारणों से हानिकारक हैः

- ये आपको बीमार करता हैः आपकी रोग प्रतिरोधक प्रतिक्रिया को दबा देता है।
- आपको मोटा करता हैः आपमें भोजन की इच्छा को बढ़ाता है और एक बार इनसुलिन के स्रावित हो जाने के बाद आपके कैलोरी के सेवन की मात्रा को बढ़ाता है।
- आपकी थकान को बढ़ाता हैः शुगर हाई के बाद आप को नींद का अहसास हो सकता है क्योंकी उसे खंडित करने में आपके शरीर ने दुगुनी मेहनत की है।

शुगर के अन्य हानिकारक प्रभाव

- ये समय के साथ आपके शरीर से खनिज, और सबसे महत्त्वपूर्ण, हड्डियों से कैल्शियम ख़त्म कर देता है, जिससे ऑस्टिओपोरोसिस और ऐनीमिया होता है। शुगर से कैविटीज़ होती है, जिनके कारण आपको महँगे डेंटल बिल भरने पड़ते हैं। तो और किसी कारण से ना सही, ख़र्चे बचाने के लिये शुगर को कम करिये!
- चूँकि शुगर में फैलनी वाली ऊर्ध्वगामी ऊर्जा होती है, ये व्यर्थ में मस्तिष्क को सक्रिय करता है (यदि अधिक लिया जाये), जिसके कारण मेलोड्रामा, चिंता, मूड का बदलना, खिन्नता और अनिद्रा जैसी परेशानियाँ होती हैं।

- शुगर के निम्न और उच्च स्तर से चिड़चिड़ाहट और सिरदर्द होता है, और ट्रिप्टोफ़ैन (अमीनो ऐसिड) का नाश होता है, जिसकी आवश्यकता मस्तिष्क में संतुलन बनाये रखने के लिये होती है। आप अपने सभी बी विटामिन खो देते हैं, जिनमें आपके बी12 का छोटा सा भंडार भी शामिल है, और खनिजों के नष्ट हो जाने से आपके बाल झड़ने लगते हैं।
- शुगर आपके रक्त का pH balance भी बिगाड़ देती है और शरीर में बलगम बनने लगता है, जो यीस्ट और हानिकारक बैक्टीरिया के पनपने के लिये बहुत ही अनुकूल वातावरण है।
- अत्यधिक शुगर से जो अंग सबसे अधिक प्रभावित होते हैं वो हैं स्प्लीन और पैंक्रियाज़, जहाँ पर इंसुलिन सक्रिय होता है।

लेबल पर छिपे हुये शुगर को पहचानना सीखिये

आपके लिये ये जानना बहुत ज़रूरी है कि आपके मीठे में किस प्रकार की शुगर है। जो आपके शरीर के लिये हानिकारक हैं, उन्हें पहचानिये। जब आप सामग्रियों की सूची को पढ़ते हैं, तो इन कुछ बातों का ध्यान रखेंः

1) यदि आपकी ट्रीट में सुक्रोज़, माल्टोज़, लैक्टोज़, ग्लूकोज़ और फ्रुक्टोज़, या फिर कोई भी ऐसे पदार्थ जिनके नाम के अंत में "ओज़" आता है, तो उन पदार्थों से दूर रहें। ये सब शुगर हैं।
2) हर उस चीज़ से दूर रहें जिसमें "कॉर्न" शब्द आता हो, जैसे कॉर्न सिरप, कॉर्न सिरप सॉलिड्स, हाई फ्रुक्टोज़ कॉर्न सिरप, और ऑरगैनिक कॉर्न सिरप। 1980 से खाद्य पदार्थों में इस्तेमाल होने वाला हाई फ्रुक्टोज कॉर्न सिरप एक बहुत ही रिफ़ाइंड, कृत्रिम उत्पाद है और स्वयं शुगर से भी ज़्यादा ख़तरनाक है। ये खाद्य पदार्थों और पेय पदार्थों में मिलाये जाने वाले कृत्रिम स्वीटनर्स में से 40% का प्रतिनिधित्व करता है, क्योंकि ये बहुत सस्ता है। ये शुगर के जैसा ही है, लेकिन इसमें कैलोरीज़ की मात्रा अधिक है। रिसर्च से पता चला है

कि ये शरीर में लेप्टिन को पैदा करता है— एक हार्मोन जो आपको ये बताता है कि आप भरपेट खा चुके हैं - और फिर जो आपको और अधिक खाने के लिये प्रेरित करता है।

3) मोलासेज़, इंवर्ट शुगर सिरप, सोर्गम सिर्प, अगाव नेक्टर, और केन और मॉल्ट शुगर जैसे स्वीटनर्स से सावधान रहें, जो कि साधारण शुगर हैं, और शरीर में वही उत्पात मचाते हैं जो शुगर मचाती है।

कृत्रिम स्वीटनर्स

कृत्रिम स्वीटनर्स जैसे ऐस्पर्टेम, सुक्रालोज़, ऐकेसुल्फ़ेम के और सैकरीन में ऐसे केमिकल्स होते हैं जिनका हृदय पर दूरगामी प्रभाव पड़ता है और ये भी माना जाता है कि इनसे कैंसर होता है। ऐसा माना जाता है कि ऐस्पर्टेम से सिर दर्द से लेकर न्यूरोसाइकियेट्रिक विकार होते हैं जैसे घबराहट, मूड में बदलाव, दृष्टिभ्रम, और अवसाद।

दूसरी ओर देखा गया है कि सैकरिन को कुछ समय तक लेते रहने से श्वास तंत्र में घरघराहट, जी मिचलाना, दस्त, फफोले, सिर दर्द, और अन्य बहुत से विकार उत्पन्न होते हैं। स्वीटनर्स

कुछ स्वीटनर्स अपने विज्ञापन में बड़े ज़ोर शोर से घोषणा करते हैं कि उनमें "ऐस्पर्टेम" नहीं है, पर उनमें सुक्रालोज़ होता है, जिससे आपका थाइमस ग्रंथि (आपके रोग प्रतिरोधकता का केन्द्र) सिकुड़ जाती है। सुक्रालोज़ आपके शरीर में अनियमित निद्रा, वज़न का बढ़ना और यौन सम्बन्धी विकार से लेकर त्वचा के रोग, डीज़ेनेरेटिव रोग और कैंसर तक पैदा कर सकता है। कुछ इस तरह समझिये कि जब भी आप ऐसे स्वीटनर्स लेते हैं जिनमें सुक्रालोज़ होता है, तो आप थोड़ी थोड़ी मात्रा में क्लोरीनयुक्त कीटनाशक निगल रहे हैं।

कुछ स्वीटनर्स में ऐस्पर्टेम, सुक्रालोज़ और ऐकेसुल्फ़ेम का मिश्रण होता है जिनसे हर प्रकार के ट्यूमर, ल्युकेमिया और स्थायी श्वास सम्बन्धी रोग होते हैं।

4) उन चॉकलेट बार्स से सावधान रहिये जो कहते हैं कि वे शुगर फ्री हैं। उनमें माल्टिटोल, ज़ाइलिटोल, एरिथ्रिटोल, और शुगर

एल्कोहल रहते हैं जिन्हें शुगर की जगह प्रयोग में लाया जाता है क्योंकि उनमें कम कैलोरीज़ होती हैं। हालाँकि ये बहुत रिफ़ाइंड होते हैं, लेकिन फिर भी ये आँतों में ख़मीर बन कर पेट का फूलना, गैस या डायरिया पैदा कर सकते हैं।

5) जहाँ तक "नो ऐडेड शुगर" शब्दों का तात्पर्य है, इसका अर्थ ये है कि ऐसे खाद्य पदार्थ जिनमें प्राकृतिक रूप से शुगर है, उनमें कोई शुगर (प्रोसेस्ड शुगर जैसे सुक्रोज़) नहीं मिलाई गयी है। उदाहरण के लिये जैम, जैलीज़, अन्य प्रिज़र्वेटिव्ज़, दूध और टोमाटो सॉस में पहले से ही कुछ मात्रा में शुगर (फ्रुक्टोज़) होता है, इसलिये उनमें और शुगर की आवश्यकता नहीं होती। "नो ऐडेड शुगर" सिर्फ़ सुनने भर के लिये ही एक बड़ा स्वस्थ विकल्प लगता है, इसलिये उस डाइट ड्रिंक को छूना भी मत!

6) किसी भी प्रोसेस्ड या डिब्बाबन्द खाद्य पदार्थ में शुगर अनिवार्य रूप से होगी।

मधुमेह और शुगर फ्री उत्पाद

मधुमेह के बारे में कई ग़लतफ़हमियाँ फैली हुई हैं। अधिकतर लोग यह सोचते हैं कि मधुमेह बस एक ऐसा रोग है जिसमें आप सिर्फ़ शुगर नहीं खा सकते। कृत्रिम शुगर बनाने वाले उद्योग इसकी ऐसे मार्केटिंग करते हैं जैसे कि ये मधुमेह रोगियों के लिये पूर्णतः हानिरहित हो, और उन्हें ये विश्वास करने के लिये लुभाती है कि वे शरीर के साथ चालाकी करके जो चाहे खा या पी सकते हैं।

क्या शहद और गुड़ आम शुगर से बेहतर हैं?

भारतीय लोग अक्सर ये विश्वास करते हैं कि शहद और गुड़ शुगर का एक अच्छा विकल्प हैं, जबकि सच ये है कि ये दोनों भी आम शुगर की ही श्रेणी में आते हैं। लेकिन शहद में एक ऐसा एंजाइम है जो उसे शुगर से थोड़ा अलग ढंग से पचाने में मदद करता है। इसलिये ये रक्त प्रवाह में धीरे-धीरे आत्मसात होता है, और इसका ग्लाइसेमिक इंडेक्स

का स्तर भी निम्न होता है। इसमें शुगर की अपेक्षा कैलोरीज़ ज़्यादा हैं, और इसमें ऐंटीऑक्सीडेंट गुण हैं। हालाँकि शहद शुगर का एक सुरक्षित विकल्प है, पर ये शुगर की श्रेणी में ही आयेगा। मैं तो ये सलाह दूँगी कि इसे और बेहतर स्वस्थ विकल्पों से बदल लें।

दूसरी ओर गुड़ एक अशुद्ध शुगर है। ये शरीर में शुगर की ही तरह काम करता है और इसे शुगर के विकल्प के रूप में नहीं सुझाया जा सकता। इसमें कैलोरी की मात्रा शुगर के बराबर ही होती है। हालाँकि गुड़ फेफड़ों, पेट, आँत, भोजन नली और श्वास नली को स्वच्छ करता है, लेकिन फिर भी इसको शुगर के विकल्प के रूप में इस्तेमाल नहीं किया जा सकता।

स्टीविया: भारत में सुरक्षित शुगर

स्टीविया एक सम्पूर्ण वनस्पति भोजन है। ये एक पौधा है जो लैटिन अमरीका में उगाया जाता है और अब सारे संसार में व्यवसायिक रूप से प्रयोग में लाया जा रहा है। खाद्य और पेय पदार्थों में मिठास लाने के अलावा ये शारीरिक और मानसिक थकावट दूर करता है, पाचन क्रिया को ठीक करता है, रक्तचाप को नियंत्रित करता है और वज़न घटाने में मदद करता है क्योंकि इसमें कैलोरीज़ बिलकुल नहीं होतीं। ये आपको पावर और सत्व, दोनो ही रूप में मिल सकता है। इसका उपयोग कैंडिडा से ग्रस्त लोग भी कर सकते हैं जिनके लिये साधारण स्वीटनर्स की सलाह नहीं दी जाती।

लेकिन इसका उपयोग कम मात्रा में करें, क्योंकि अधिक इस्तेमाल से कमज़ोरी हो जायेगी। स्टीविया को लेने के बाद मुँह में एक अजीब सा स्वाद रह जाता है, इसलिये इसके स्वाद का आदी होने के लिये कम मात्रा लेने से शुरुआत करिये। स्टीविया सत्व की दो या तीन बूँदे एक कप तरल पदार्थ को मीठा कर देगी। इसका इस्तेमाल मीठे पदार्थों, पेयों, चाय, कॉफ़ी और बेकिंग तक में किया जा सकता है। ये मेरे मधुमेह के रोगियों के लिये भी लाभकारी है।

अपना शुगर लेने में होशियारी बरतें

क्या आपको यिन और यैंग का संतुलन चार्ट याद है और ये कि यिन और यैंग की ऊर्जाओं की चरम सीमा से नहीं खाना चाहिये? असल में शुगर अत्यधिक यिन है और यिन ऊर्जा फैलती है, तो ये आपको फैला देगी, यानि आपका वज़न बढ़ा देगी। और चूँकि यिन ऊर्जायें ऊर्ध्वगामी ऊर्जायें हैं, ये आपके मस्तिष्क में जल्दी चढ़ती हैं और आपको चिड़चिड़ा, असंतुलित और क्रोधी बनाती हैं।

शुगर को अपने जीवन से एकदम निकाल देना असम्भव है। आपको ये करना चाहिये कि इसे संतुलित करें। उसके लिये निम्नलिखित उपाय हैं:

शुगर को संतुलित करना

1. यिन को संतुलित करने के लिये कुछ यैंग लें। जिस दिन आप तय करें, या किसी कारणवश किसी भी रूप में शुगर लें, तो सुनिश्चित करें कि उसका मुकाबला करने के लिये कुछ यैंग (निम्नगामी ऊर्जा) भी लें। अपने लिये ढेर सारी गोल सब्ज़ियाँ और हरे पत्ते डाल कर बढ़िया ब्राउन राइस पुलाव बनायें (देखें राउंड वेजिटेबल सूप रेसेपी पृष्ठ 316), और अगर आप माँसाहारी हैं तो इसे थोड़ी मछली, मीट या चिकन के साथ खायें।
2. क्या आप शराब पीने के लिए बाहर जा रहे हैं? तो फिर ये सुनिश्चित करें कि आप मीट या मछली (एक बेहतर विकल्प) ज़रूर लेंगे, और अगर आप शाकाहारी हैं तो कुछ गरिष्ठ करीयुक्त सब्ज़ियाँ लेंगे। जिस दिन आप पीने का निर्णय लें उस दिन ध्यानपूर्वक मिठाइयों से दूर रहें।
3. जिस दिन आप किसी शादी या पार्टी में जायें और शुगर से बचना चाहें, तो दिन के आखिरी आहार में मीठी सब्ज़ियों के साथ ब्राउन राइस का बड़ा कटोरा भर के लें (रेसेपी पृष्ठ 283 देखें), या फिर स्वीट वेजिटेबल ड्रिंक लें (पृष्ठ 322 देखें)। इससे आपको शादी या पार्टी में शुगर खाने की इच्छा नहीं होगी।

4. अपने साबुत अनाज, फलियों और सब्ज़ियों को खूब अच्छे से चबा कर खायें, क्योंकि इससे आपके शरीर में आवश्यक स्तर को संतुलित करने और अधिक समय तक बनी रहने वाली शुगर निस्तारित होगी। जैसे-जैसे संतुलित आहार आपके दैनिक आहार नियम का हिस्सा बनता जायेगा, शुगर के लिये आपकी चाहत कम होती चली जायेगी।
5. फ्रुक्टोज़, ब्राउन शुगर, माल्टिटॉल, ज़ाइलिटॉल, सोर्बिटॉल, केन और बीट शुगर जैसे शुगर से सावधान रहिये, जिनको प्राकृतिक कहा तो जाता है, पर ये वास्तव में प्राकृतिक नहीं हैं।
6. डेज़र्ट्स को फलों के रस और गूदे, स्टीविया और शुद्ध मेपल सिरप से मीठा करें (सुझावों के लिये रेसेपी विभाग देखें)।
7. अपने भोजन में मीठी सब्ज़ियों जैसे गाजर, पत्तागोभी, प्याज़, और लाल कद्दू को लगभग रोज़ शामिल करें। इस प्रकार आप को एक प्राकृतिक स्रोत से शुगर मिल जायेगी और आपकी शुगर की लालसा भी शांत हो जायेगी।
8. अंकुरित अनाज या अंकुरित उत्पादों का इस्तेमाल करें, क्योंकि ये स्टार्च को हज़म करने लायक शुगर में परिवर्तित कर देते हैं। जो सूक्ष्मजीव अंकुरन प्रक्रिया में सहायक होते हैं, वे स्टार्च को पहले ही शुगर के रूप में हज़म कर लेते हैं, और आपको आपके रक्त प्रवाह में शुगर को नियंत्रित करने के लिये उचित प्रोटीन भी देते हैं।
9. अपनी शुगर की लालसा को खट्टे, मसालेदार या तीखे ज़ायकों से प्रभावहीन करिये। ये ज़ायके स्प्लीन और पैंक्रियाज़ (जो हमारी शुगर की लालसा होने पर सक्रिय होते है) की पाचन प्रक्रिया को सुधारते हैं, और इस प्रकार हमारी इस शुगर की लालसा को वश में करने का प्रयास करते हैं। लालसा साधारणतः खाने की ग़लत आदतों की वजह से होती है, जैसे बहुत अधिक यिन भोजन खाना और फिर एकदम से यैंग भोजन की ओर आ जाना, या फिर अनियमित रूप से

खाना। ऐसा करने से आपके शुगर का स्तर अनियंत्रित हो जाता है और आपकी शुगर की लालसा और अधिक बढ़ जाती है।

10. भोजन में छिपी हुई शुगर से बचने के लिये बाहर के खाने की अपेक्षा अधिक से अधिक घर का बना खाना ही खायें।
11. इस बदलाव को अपने जीवन में धीरे-धीरे ही लायें, रातों रात पुरानी आदतों को ना त्यागें ना ही एकदम न्यूनतम करें, या उन्हें सुझाये गये उपायों के साथ साथ बीच-बीच में लागू ना करें।
12. ऐसिड के झटके, जो आपकी शुगर की लालसा को बढ़ाते हैं, को प्रभावहीन करने के लिये कैमोमाइल चाय का सेवन करें।
13. लालसा के शांत होने तक मन को कुछ देर के लिये कहीं और लगायें, जैसे गहरी साँसें लेना। या फिर अपने लिये एक कप चाय बनाइये और उसमें एक स्लाइस नींबू का निचोड़ दीजिये।

शुगर से हमेशा ही और शुगर की लालसा बढ़ती है। ये इस पद्धति का एक सिद्धांत है। तो फिर इस आदत से कैसे छुटकारा पायें ? तो, ये भी बाकी आदतों की तरह ही होगा– धीरे और नियम से। इसको एकदम से मत छोड़ियेगा, वरना आपको अत्यधिक कमज़ोरी लाने वाले परिणामों withdrawal symptoms से गुज़रना पड़ेगा। जैसे-जैसे आप इन सुझावों पर अमल करते जायेंगे, आप अपने लिये अनुकूल कॉम्प्लेक्स शुगर को सिम्पल शुगर की जगह प्रतिस्थापित करते जायेंगे और आपकी शुगर की चाहत धीरे-धीरे कम हो जायेगी।

3) फ़ैट्स पर बारीक विचार

हम सब को फ़ैट्स की आवश्यकता है, लेकिन फ़ैट हमें भ्रमित कर सकता है। मुझे ये समझने में बहुत समय लग गया कि मेरा ये सारा अच्छा फ़ैट कहाँ से आता है। इससे पहले कि मैं अच्छे फ़ैट्स के छिपे तंत्र को समझ पाती, मेरे सामने ये सवाल था कि तेल (तरल फ़ैट्स) का प्रयोग करना चाहिये कि नहीं। फ़ैट्स के बारे में बहुत कुछ लिखा

गया है और इस विषय पर इतना विवाद हो चुका है कि ये सब हमें बहुत भ्रम में डाल सकता है। सत्य तो ये है कि हमे फ़ैट्स की आवश्यकता हैं एक स्वस्थ शरीर, सामान्य वज़न, बढ़िया त्वचा, और बालों के लिये। और अगर आपने अपने फ़ैट लेने की मात्रा कम कर दी है, शाकाहारी हो गये हैं, डेयरी को त्याग दिया है, तो आपके लिये अच्छे गुणवत्ता वाला वनस्पति फ़ैट अपने आहार में शामिल करना और भी आवश्यक हो जाता है। कुछ फ़ैट्स हमारे स्वास्थ्य पर सकारात्मक प्रभाव डालते हैं, जबकि कुछ हृदय रोग के खतरे को बढ़ा देते हैं। अगर आवश्यकता से अधिक मात्रा में लिया जाये तो फ़ैट आपको मोटा बना देगा। इसमें लिक्विड फ़ैट (जो तेल आप खा रहे हैं) भी शामिल है, जो आपकी कमर और जाँघों पर गद्देदार पर्तें बना देता है और सेल्युलाइट के बनने का कारण होता है। आपको ये सीखना है कि किन फ़ैट्स की आपको आवश्यकता है और किनके बिना आप रह सकते हैं। साथ ही आपको "बिना तेल के भोजन" वाले मंत्र पर भी पुनर्विचार करना है।

अगर हम ज़रा पीछे जा कर अपने संतुलन चार्ट को देखें, तो फ़ैट्स यिन हैं क्योंकि ये सुरक्षा और भार की अनुभूति कराते हैं। तो जो लोग पहले से ही बहुत मोटे हैं, मानसिक रूप से परेशान हैं या बहुत ज़्यादा भावुक हैं, उनके लिये ग़लत फ़ैट्स उनकी परिस्थिति को और भी अधिक बिगाड़ सकते हैं। क्या आपने कभी सोचा है कि कुछ चिकनाईयुक्त आहार खाने के बाद आप भारी और सुस्त क्यों महसूस करते हैं? ऐसा इसलिये है क्योंकि सम्भव है आपका भोजन सैचुरेटेड फ़ैट्स से भरपूर हो, जो आपके शरीर में रह जाता है और आपके रक्त को कीचड़ जैसा बना देता है, जिससे आप सुस्त महसूस करते हैं। फ़ैट्स, जब सही हों और जब मनुष्य शरीर में प्रवेश करते हैं, तो वे गतिमान हो कर सभी अंगों को पोषक तत्त्व पहुँचाने वाले साधन बन जाते हैं; वो आपको गर्मी और ऊर्जा देता है (यैंग प्रवृत्ति अपनाते हुये)। अतः अच्छे फ़ैट्स आपके शरीर तंत्र को उसकी चरम सीमा तक कार्य करने में सुगमता प्रदान करेगा और आपको एक आधार और सुरक्षा की अनुभूति भी करायेगा।

जिन लोगों के शरीर में अधिक गर्मी है, उन्हें फ़ैट्स सीमित मात्रा में लेने चाहिये, जो कि चेहरे के लाल होने, आँखो के रक्ताभ

होने, उच्च रक्तचाप, जिन्हें दूसरों से ज़्यादा गर्मी लगती है, या जिन्हें कैंडिडा– शरीर में यीस्ट है (अध्याय 5 में वर्णित)– टयूमर, सिस्ट और इडीमा है, इन सब लक्षणों के रूप में उभर कर आता है।

फ़ैट्स के हानिकारक रूप

आपने इस विषय में बहुत सुना है। लेकिन अगर आपने इन पर ध्यान नहीं दिया है, तो ये पहले प्रकार के फ़ैट्स हैं जिन्हें आपको अलविदा कहना है। ट्रांस फ़ैट्स सभी प्रकार के व्यवसायिक रूप से पैक्ड खाद्य सामग्री में पाये जा सकते हैं– बिस्किट्स, केक, पेस्ट्रीज़, फ्रेंच फ्राइज़, चिकन नगेट्स, बर्गर, पीट्ज़ा, माइक्रोवेव पॉपकॉर्न, मार्ज़रीन और भी बहुत कुछ और रेस्तराँ का सारा स्वादिष्ट खाना। इनकी श्रेणी इतनी विस्तृत है कि आप अनायास ही इन ट्रांस फ़ैट्स को बड़ी मात्रा में ग्रहण कर जाते हैं। 2000 कैलोरी के आहार में ट्रांस फ़ैट्स की मात्रा 2 ग्राम तक सीमित होनी चाहिये। ट्रांस फ़ैट्स और सैचुरेटेड फ़ैट्स की मात्रा न्यूनतम रखिये। हमें अपने फ़ैट्स को प्राकृतिक भोजन और अच्छी गुणवत्ता वाले तेलों से प्राप्त करना चाहिये।

छिपे हुये ट्रांस फैट्स की गणना करना

किसी भोजन के पैकेट में कितना ट्रांस फ़ैट है, इसकी गणना आप स्वयं कर सकते हैं, ख़ास कर तब जब इसका ज़िक्र पैकेट पर न किया गया हो। खाने के लेबल के कुल फ़ैट्स वाले भाग पर जाइये और पॉलीअनसैचुरेटेड, मोनोअनसैचुरेटेड, और सैचुरेटेड फ़ैट्स की संख्या को जोड़िये। यदि इसकी कुल जमा संख्या लेबल पर दी गयी कुल फ़ैट्स की संख्या से कम है, तो बाकी की बची हुई संख्या ट्रांस फ़ैट्स की है।

धुआँ निकलने का समय बिन्दु (स्मोक पॉइंट)

खाने के तेल और फ़ैट्स की गर्मी के प्रति अलग प्रतिक्रिया होती है। लेकिन आम तौर पर ये जितना ज़्यादा गरम होते जाते हैं, उतना ही ज़्यादा खंडित होते जाते हैं और फिर उनमें से धुआँ निकलने लगता है। धुआँ निकलने का समय बिन्दु ही वो तापमान है जिसके बाद अलग

अलग तेल खंडित होने लगते हैं और उनकी पौष्टिकता नष्ट हो जाती है। बस इतना याद रखें:

- **स्मोक पॉइंट जितना ऊँचा होगा, तेल उतना ही गुणकारी होगा।** (कैनोला, घी, एवोकाडो, नारियल, सरसों, राइस ब्रान, एक्स्ट्रा वर्जिन ऑलिव ऑइल)।
- **स्मोक पॉइंट जितना निम्न होगा, तेल उतना ही हानिकारक होगा।** (मक्खन, वसा, हाइड्रोजेनेटेड वनस्पति तेल, सूरजमुखी का तेल, और निम्न गुणवत्ता वाला ऑलिव ऑइल)।

लेकिन,

- कुछ तेल तलने और सॉटे करने के लिये दूसरे तेलों से बेहतर होते हैं (मक्खन का स्मोक पॉइंट नीचा है और ये सॉटे करने के लिये अच्छा है, जबकि सरसों के तेल का स्मोक पॉइंट ऊँचा है और ये तलने के लिये अच्छा है)।

#टिप: भोजन को तलते समय उसको छोटी-छोटी मात्रा में तेल में डालने से तेल जल्दी खंडित होता है, जिससे उसका स्मोक पॉइंट और भी नीचा हो जाता है। इस प्रकार वो दोबारा तलने के योग्य नहीं रहता।

स्वस्थ तेल का चुनाव करना

स्वस्थ खाने के तेल का चुनाव करना शायद स्वास्थ्य की दुनिया में सबसे अधिक ग़लत समझा जाने वाला विषय है। न्यूट्रीशनिस्ट्स और डाइटीशियंस आम तौर पर पॉलीअनसैचुरेटेड ऑइल्स जैसे कॉर्न और सोयबीन तेल, और साथ ही मोनोअनसैचुरेटेड फ़ैट्स जैसे ऑलिव और कैनोला को इस्तेमाल करने की सलाह देते हैं। पॉलीअनसैचुरेटेड वनस्पति तेल, जैसे कॉर्न, सूरजमुखी और सोयबीन में लिनोलेक ऐसिड (एक ज़रूरी फ़ैटी ऐसिड) नामक पदार्थ होता है। गर्म करने पर, जैसा कि हम भारतीय खाना पकाते समय करते हैं, ये अस्थिर हो जाता है और पॉलीअनसैचुरेटेड प्रकृति के होने के कारण खंडित हो जाता है। इससे शरीर में "फ्री रैडिकल्स" बनते हैं। ये ज़रूरी फ़ैटी ऐसिड, जो

वास्तव में आपके लिये मददगार होनी चाहिये, खंडित होकर आपको नुकसान पहुँचाती है।

कल्पना कीजिये एक साफ़ दीवार (आपकी सेल्स की बनावट) की जिसमें कई दरारें और छेद हैं। फ्री रैडिकल्स दरारें और छेद हैं। इन दरारों और छेदों को भरने के लिये आपको एक प्राइमर (सही ऐंटीऑक्सिडेंट और सही तेल) की आवश्यकता है। लेकिन उसकी बजाय हम उन्हीं तेलों को निरंतर खाते हुए दरारों और छेदों की संख्या बढ़ाते जाते हैं। दरारों और छेदों की संख्या बढ़ जाने से आप सब प्रकार के रोगों के लिये, अपनी कल्पना से भी पहले आक्रमण करने के लिये मंच तैयार कर देते हैं।

पॉलीअनसैचुरेटेड वनस्पति तेल, जैसे अल्सी, सूरजमुखी, सब्जा, अखरोट और सोयबीन को उनके कच्चे रूप में ही खाना चाहिये और कच्चा ही प्रयोग में लाना चाहिये। वो सभी तेल जिनकी पॉलीअनसैचुरेटेड प्रकृति है, सलाद ड्रेसिंग के लिये सर्वोत्तम हैं, लेकिन खाना पकाने के लिये नहीं। **अगर आप पॉलीअनसैचुरेटेड तेल इस्तेमाल करना ही चाहते हैं, तो ये सुनिश्चित कर लें कि आप कोल्ड प्रेस्ड तेल ही खरीदें। तेल से धुआँ ना उठने दें। धुआँ उठने पर ही तेल हानिकारक हो जाता है।**

हम खाना किसमें पकायें?

मोनोअनसैचुरेटेड फ़ैट्स खाना पकाने के लिये सर्वोत्तम हैं, ख़ास कर जब उन्हें अन्य तेलों के साथ सम्मिश्रित करके इस्तेमाल किया जाये। ये फ़ैट्स पॉलीअनसैचुरेटेड फ़ैट्स की तरह ही होते हैं, क्योंकि इनसे हमें ई एफ ए, यानि essential fatty acids प्राप्त होते हैं, जो कि हमारे कई शारीरिक कार्यों को सम्पन्न करने में मदद करते हैं जिनमें स्वस्थ त्वचा बनाये रखना भी एक है। मोनोअनसैचुरेटेड फ़ैट्स के कई स्रोत विटामिन ए के भी अच्छे स्रोत हैं जो कि एक बढ़िया ऐंटीऑक्सिडेंट है। ये तेल खंडित नहीं होते और अस्थिर भी नहीं होते।

खाना पकाने के लिये उत्तम तेल हैं ऑलिव ऑइल (कोल्ड प्रेस्ड, जिसे एक्स्ट्रा वर्जिन भी कहा जाता है), तिल का तेल, राइस ब्रान

ऑइल और कुछ मिश्रित तेल। मिश्रण करने से कुछ तेलों के प्रयोग करने की गुणवत्ता जैसे शेल्फ लाइफ, स्मोक पॉइंट, तलते समय तेल की स्थिरता, स्वाद और गन्ध बढ़ जाती है। भारतीय मार्केट में जो मिश्रण के लिये प्रयोग में लाये जाते हैं, वो तेल हैं करडी का तेल, राइस ब्रान ऑइल, सोयबीन तेल, और कॉर्न का तेल। उदाहरण के लिये, राइस ब्रान ऑइल और करडी के तेल को अलग-अलग इस्तेमाल करने की बजाय अगर उन दोनों के मिश्रण को प्रयोग में लाया जाये तो ये कॉलेस्ट्राल को कम करने में मदद कर सकता है। याद रहे, अपने तेल को स्मोक पॉइंट से ज़्यादा गर्म ना करे, या उसका दोबारा उपयोग ना करें।

तिल के तेल (कोल्ड प्रेस्ड) को अधिक तापमान तक गर्म किया जा सकता है। अगर आप स्टिर फ्राई (हल्का सा चला कर पकाना) कर रहे हैं, दाल में तड़का दे रहे हैं, या स्ट्यू या करी बना रहे हैं, तो तिल के तेल का प्रयोग करें। पकाने के इस तरीके से तेल की गन्ध भी ख़त्म हो जाती है। मैंने ये तथ्य तब समझा जब मैं उड़ीसा में तिल के तेल पर कई अध्ययन कर रही थी। उड़ीसा भारतीय मार्केट में तिल के तेल का सबसे बड़ा उपभोक्ता है।

अच्छे गुणवत्ता वाले ऑलिव ऑइल (एक्स्ट्रा वर्जिन) का स्मोक पॉइंट उच्च होता है और ये तलने के लिये उत्तम है।

अल्सी के बीज के तेल को गरम ना करें क्योंकि इससे ऑमेगा 3 नष्ट हो जाती है। इसको सलाद और जूस में कच्चा इस्तेमाल करना ही बेहतर है, और इसे फ्रिज में ही रखना चाहिये।

चीया के बीज— हमारा अपना सब्जा

सब्जा के बीज में सोडियम और कॉलेस्ट्राल की मात्रा कम होती है, और ये फाइटोन्यूट्रिएंट्स से भरपूर उत्तम आहार या "जीवंत आहार" हैं और इनका उपयोग आपको रोगमुक्त और सशक्त करने के लिये किया जाता है। कहते हैं कि जब एज़्टेक और अपाचे योद्धा युद्ध के लिये जाते थे तो इन बीज़ो को साथ ले जाते थे। ये कैल्शियम, फॉस्फोरस, मैंगनीज, डाइटरी फ़ाइबर, प्रोटीन, कॉम्प्लेक्स

कार्बोहाइड्रेट्स, ज़रूरी फ़ैट्स, कई विटमिंस और खनिज से भरपूर हैं, और इनमें ऐंटीऑक्सीडेंट्स की मात्रा भी बहुत ज़्यादा है। अल्सी के बीज के अलावा सब्जा के बीज ऑमेगा 3 के दूसरे घने स्रोत हैं और ज़रूरी फ़ैटी ऐसिड्स प्रदान करके ये बेहतर पाचन स्वास्थ्य को बनाये रखने में सहायता करते हैं, जो कि हृदय के लिये बहुत आवश्यक हैं। ये बेहतर शुगर स्तर को बनाये रखने और शुगर की लालसा को कम करने के लिये भी बहुत बढ़िया है।

इन्हें कैसे खाया जाये?

- इन्हें पानी में नर्म होने तक या उनका आकार बड़ा होने तक भिगोयें क्योंकि ये पानी सोखते हैं। इन्हें यूँ ही खायें या किसी भी चीज़ में मिला कर खायें।
- इन्हें अपने प्रोटीन ड्रिंक्स या जूस में मिलायें।
- सुबह के नाश्ते में ओट्स या किसी भी दलिये में मिलायें।
- चीला, डोसा के ऊपर छिड़कें या इडली के घोल में मिलायें।
- आटे में मिलायें।
- सलाद, पास्ता सॉस में मिलायें या सब्ज़ियों के ऊपर छिड़कें।
- पोहा, अरबी या बाजरा में मिलायें (देखें रेसेपी विभाग)

अच्छे सैचुरेटेड फ़ैट्स

मेरे अधिकतर दोस्त घबरा जाते हैं जब मैं उन्हें बताती हूँ कि मैं खाना घी या नारियल के तेल में बनाती हूँ, और उनकी विशेषताओं के बारे में कम ही संतुष्ट हो पाते हैं। आइये इस विषय पर अपने आपको शिक्षित करने के लिये कुछ समय व्यतीत करें।

फ़ैटी ऐसिड चेंस तीन प्रकार की होती हैं- लम्बी, मध्यम और छोटी। लम्बी चेन फ़ैटी ऐसिड्स को बाइल सॉल्ट्स (गॉल ब्लैडर द्वारा स्रावित) के द्वारा हज़म करने की आवश्यकता होती है; छोटी चेन फ़ैटी ऐसिड्स लिपिड डाइजेशन के दौरान सीधे ही सोख ली जाती हैं, अर्थात जब हम लिक्विड फ़ैट (तेल) खाते हैं। छोटी और मध्यम चेन फ़ैटी ऐसिड्स, सलाइवा और गैस्ट्रिक जूसेज के एंज़ाइम्स द्वारा लगभग तुरंत

ही खंडित कर लिये जाते हैं, जिससे पैंक्रियाज़ के फ़ैट को हज़म करने वाले एंज़ाइम्स की आवश्यकता ही नहीं पड़ती। और इसलिये पैंक्रियाज़ और पाचन तंत्र पर कम ज़ोर पड़ता है और इनको सीधा ही ऊर्जा के लिये इस्तेमाल कर लिया जाता है और ये उस प्रक्रिया को लाँघ जाते हैं। इनका उन लोगों पर कोई नकारात्मक प्रभाव नहीं पड़ता जिन्हें कॉलेस्ट्राल है हृदय रोग है। नारियल तेल और घी, दोनों में ही मध्यम चेन फ़ैटी ऐसिड्स हैं (MCFAs)।

MCFAs: ऊर्जा का शक्तिकेन्द्र

एक रोचक अध्ययन प्रस्तुत है। एक दौड़ में, तीन घंटे तक पैडल करने वाले प्रत्येक साइक्लिस्ट को आखिरी घंटे में एक पेय पीने के लिये दिया गया। जिन्हें मध्यम चेन फ़ैटी ऐसिड युक्त पेय मिला, उन्होंने दूसरों से बेहतर प्रदर्शन किया। हेल्थ फ़ूड स्टोर्स पर बिकने वाली कई स्पोर्ट्स और एनर्जी ड्रिंक्स में एम सी एफ ए होता है जो तुरंत ऊर्जा प्रदान करते हैं।

1) घी

भारतीय खाने में घी हर जगह दिखायी देता है। और इसका एक अच्छा कारण भी है। आयुर्वेदिक परम्पराओं के अनुसार घी ओजस को बढ़ाता है, एक ऐसा सत्व जो शरीर की टिशूज़ को नियंत्रित करता है और हॉर्मोंस को संतुलित करता है। इसके अलावा, घी का स्मोक पॉइंट बहुत ऊँचा है और ये पकाते समय जल्दी से नहीं जलता। इसके सचुरेटेड बॉन्ड्स अधिक स्थिर हैं और इसलिये पकाते समय फ्री रैडिकल्स के बनने की सम्भावना कम है। घी को बनाने के लिये दूध को स्वच्छ करने की प्रक्रिया के दौरान प्रोटीन्स नष्ट हो जाते हैं और ये लैक्टोज़ से मुक्त हो जाता है, जिससे इसकी पौष्टिकता बढ़ जाती है। घी में समाविष्ट फ़ैटी ऐसिड (ब्यूटिरिक ऐसिड) में ऐंटी वाइरल गुण हैं और इसे कैंसर के ट्यूमर्स को बढ़ने से रोकने में भी सक्षम माना जाता है। इसमें ऐंटीऑक्सिडेंट गुण भी हैं और भोजन से खनिज और विटामिन्स को सोखने में मदद करता है।

ठीक है, लेकिन इसका ये अर्थ नहीं है कि आप इसे चम्मच भर भर के खाना शुरु कर दें। दिन भर में एक बड़ा चम्मच भर के घी ही आपकी त्वचा को दमकता हुआ और भोजन में लज़्जत लाने के लिये पर्याप्त है। अधिक कॉलेस्ट्राल वाले लोगों के लिये चेतावनीः लाख गुणों के बावजूद घी सैचुरेटेड फ़ैट है और इसे बहुत ही सावधानी से खाना चाहिये।

2) नारियल तेल

वर्षों से ट्रांस फ़ैट्स से भरपूर, तले हुये भोजन और अन्य हानिकारक फ़ैट स्रोत को खाने से लोगों के लिये फ़ैट को हज़म करना मुश्किल हो जाता है। और नतीजा क्या होता है? वो आपके फ़ैट सेल्स में चला जाता है। चूँकि नारियल तेल में एम सी एफ ए (लौरिक ऐसिड 50%) होता है, इसे हज़म करने के लिये बाइल की आवश्यकता नहीं होती। शरीर इन फ़ैटी ऐसिड्स को सीधा ऊर्जा में परिवर्तित कर देता है, और इसलिये ये वज़न घटाने के लिये उपयुक्त है। 1998 में, मेक्गिल यूनिवर्सिटी के शोधकर्ताओं ने देखा कि अन्य फ़ैटी ऐसिड्स की तुलना में एम सी एफ ए (नारियल तेल में पाया जाने वाला) हज़म होने के समय ऊर्जा का उपयोग करते हैं और वज़न घटाने के घटक के रूप में कार्य करते हैं। लौरिक ऐसिड ऐंटी बैक्टीरियल और ऐंटी फंगल सिद्ध हुई है, और ये आपकी रोग प्रतिरोधक शक्ति को सशक्त रखने में मदद करती है। नारियल तेल लौरिक ऐसिड का सबसे शक्तिशाली स्रोत है और इसीलिये विशेषज्ञ कहते हैं कि इसे "एसेंशियल फ़ैटी ऐसिड" कहलाना चाहिये।

नारियल तेल को केन्द्रिय भूमिका डॉ. मैरी एनिग, फ़ैट्स पर एक अंतर्राष्ट्रीय विशेषज्ञ के कारण मिली, जब उन्होंने नारियल तेल को उसके विशिष्ट गुणों के कारण सैचुरेटेड फ़ैट्स की रानी कहा। इसका "एक तापजनक प्रभाव" होता है, जो आपके शरीर के तापमान को बढ़ाता है और आपकी ऊर्जा और विकास के दर को भी बढ़ाता है, जिससे वज़न घटता है। एनिग के अनुसार, फ़ैट्स को पूर्ण रूप से त्याग देना या कम फ़ैट वाला भोजन लेना आपके शरीर में अधिक फ़ैट्स के जमा होने का कारण बनता है। हानिकारक कार्ब लेने से ब्लड शुगर में

उतार चढ़ाव आ सकते हैं। परिणाम स्वरूप आप में निरंतर एक सी ऊर्जा की कमी हो जाती है और आप भूख का अनुभव करते हैं। सही प्रकार के फ़ैट्स खाने से ब्लड शुगर का स्तर स्थिर होता है और दिन भर शरीर को नियमित रूप से ईंधन मिलता है। जब आप उचित मात्रा में अच्छी गुणवत्ता वाले सैचुरेटेड फ़ैट्स खाते हैं तो शरीर को ओमेगा 3 और ओमेगा 6 (एसेंशियल फ़ैटी ऐसिड्स) की कम आवश्यकता पड़ती है। आपमें अपने कार्य, व्यायाम और सामाजिक गतिविधियों के लिए अधिक ऊर्जा आ जाएगी, जो कि प्रत्यक्ष रूप से आपको एक बेहतर जीवन शैली की ओर ले जायेगा। अगर आपको फ़ैट्स को हज़म करने में कठिनाई होती है या आप कम फ़ैट्स या बिना फ़ैट्स की डाइट से बाहर आने का प्रयास कर रहे हैं तो नारियल तेल से शुरुआत करना ही उत्तम होगा।

वज़न घटाने के लिये नारियल तेल का प्रयोग कैसे करें?

- अपने आहार में नारियल को निम्न रूपों में शामिल करें: नारियल तेल, नारियल का दूध, शक्कर रहित घिसा हुआ सूखा नारियल, नारियल की मलाई, नारियल पानी, या अपनी पसन्द के किसी भी रूप में।
- हर आहार से बीस मिनट पहले, गर्म पानी या हर्बल चाय में थोड़ा सा कोल्ड प्रेस्ड नारियल तेल डालें (आहार में फ़ैट शामिल करने से आहार का ग्लाइसेमिक इंडेक्स कम हो जाता है। इसका मतलब यह है कि खाना हमारी शुगर के स्तर को झटके के साथ बढ़ाने के बजाय ब्लड स्ट्रीम में धीरे-धीरे आत्मसात होता है)।
    - अगर आपका वज़न 40 से 60 किलो तक है, तो दिन भर में तीन बड़े चम्मच के हिसाब से हर आहार से पहले एक बड़ा चम्मच नारियल तेल लें।
    - अगर आपका वज़न 60 से 80 किलो है, तो दिन भर में कुल 41/2 बड़े चम्मच के हिसाब से हर आहार से पहले 11/2 चम्मच नारियल तेल लें।
    - अगर आपका वज़न 80 किलो से ज़्यादा है, तो दिन भर

में 6 बड़े चम्मच के हिसाब से हर आहार से पहले 2 बड़े चम्मच नारियल तेल लें।

- करी, स्टयू, सब्ज़ियों के रस, सूप, सब्ज़ी, सलाद ड्रेसिंग, केक (दूध की जगह), ब्राउन राइस (पुलाव), और स्मूदीज़ में नारियल के दूध का प्रयोग करें।

नोटः किसी भी डाइट में आपको अपने फ़ैट्स की आधी मात्रा अच्छे सैचुरेटेड फ़ैट्स से लेनी चाहिये वरना आहारों के अंतराल में अपनी ऊर्जा को बनाये रखने में आपको परेशानी होगी, जिससे आपके मन में कार्बोहाइड्रेट्स के लिये लालसा बढ़ जायेगी। आपको 2 से 6 ग्राम ओमेगा 3 लेना ही चाहिये, और बाकी के ओमेगा 9 हो सकते हैं (फ़ैट्स का टेबल देखें)। अगर आप अपने रोज़ के आहार में ओमेगा 3 शामिल करना चाहते हैं, तो नाश्ते से पहले एक छोटा चम्मच कॉड लिवर ऑइल या अल्सी का तेल ले सकते हैं।

फ़ैट्स		
सैचुरेटेड	अनसैचुरेटेड	
	मोनोसैचुरेटेड फ़ैट्स (एम यू एफ ए)	पॉलीअनसैचुरेटेड फ़ैट्स (पी यू एफ ए)
• मीट, डेयरी भोजन, मक्खन या मार्जरीन, हाइड्रोजेनेटेड ऑइल, नारियल तेल, घी	• एवोकाडो, ऑलिव, कद्दू, बादाम, काजू, तिल, मूंगफली, और राइस ब्रान।	• अल्सी, सूरजमुखी, कॉर्न, अखरोट, करडी, मछली का तेल, साल्मन
	• अनाज/फलियाँ, बकवीट, छोले, बाजरा, मीसो, क्विनोआ, ब्राउन राइस, सोयबीन	• ओमेगा 3 केवल अल्सी और सब्जा के बीजों में पाया जाता है।
ये फ़ैट्स टिशूज़, धमनियों और रक्त में जमा होते हैं। इनके कारण हृदय आघात, लकवा, और कई अन्य घातक रोग होते हैं, और चूंकि सैचुरेटेड फ़ैट्स आत्मसात नहीं होते, ये रक्त को चिपचिपा बनाते हैं, घी और नारियल तेल को छोड़कर, जो अच्छे सैचुरेटेड फ़ैट्स माने जाते हैं।	• खाना पकाने के लिये बेहतर हैं।	इनमें सारे ओमेगा-3, 6 और 9 होते हैं। एसेंशियल फ़ैटी ऐसिड्स (ई एफ ए) = रोज़ की कैलोरी आवश्यकता का 10%
	• बढ़े हुये पेट के वज़न को कम करने में मदद करते हैं, फ़ैट के भंडार का दहन करते हैं, कॉलेस्ट्राल	ओमेगा 3 सूजन को कम करता है, आर्थराइटिस, त्वचा के मुद्दों, अवसाद, रक्त और कार्डियोवैस्कुलर मुद्दों के विरुद्ध सुरक्षा

	को कम करते हैं और लकवे के खतरे को भी कम करते हैं।	प्रदान करता है, फ़ैट में घुलने वाले विटामिन को सोखता है, स्वस्थ मस्तिष्क, त्वचा, हड्डियाँ और दाँत बनाये रखता है, और एल डी एल और कॉलेस्ट्राल के स्तर को कम करता है।
		• ओमेगा 6 त्वचा, बाल और नाखूनों को स्वस्थ बनाये रखता है। • भावनात्मक और हॉर्मोनल संतुलन बनाये रखने में मदद करता है। • पी एम एस को नियंत्रित करने में मदद करता है। सब्जा के बीजों का प्रयोग अधिकतर सुगम मल त्याग के लिये किया जाता है।
	• अपनी डाइट में फ़ैट्स का प्रयोग करने के टिप्सः ऑलिव ऑइल में कम आँच पर सॉटे करें। • एवोकाडो से मक्खन बनायें और टोस्ट पर लगायें। • नट बटर को घर पर बनायें और सब्ज़ियों के लम्बे टुकड़ों, जैसे	• अल्सी के तेल का सलाद में प्रयोग करें, बीज को पीस कर पाउडर बनाकर पानी या रस में मिला कर पीयें, या रोटी के आटे में मिलायें। • सब्जा के बीजों को रात में पानी में भिगो कर नर्म होने के बाद ही इस्तेमाल

	मूली, गाजर और खीरे के साथ डिप के रूप में इस्तेमाल करें। • ½ कप कद्दू के बीज स्नैक के रूप में रोज़ लें।	करें। आपके फालूदा में जो काली वस्तु तैरती रहती है, वो यही है। • मछली के तेल को पूरक के रूप में लिया जा सकता है।

कुकीज़ के एक डिब्बे पर लिखे न्यूट्रीशनल तथ्यों को पढ़ना

फूड लेबल	
कुकीज़	
न्यूट्रीशन तथ्य	
सर्विंग साइज 15 कुकीज़ (30 ग्राम)	
सर्विंग साइज प्रति कंटेनर 12	
कैलोरीज़ प्रति सर्विंग	
फ़ैट 40 से 140 कैलोरी	
	% दैनिक मूल्य
कुल फैट 4.5 ग्राम	7%
सैचुरेटेड फ़ैट 1 ग्राम	5%
कॉलेस्ट्राल 0 एमजी	0%
सोडियम 280 एमजी	12%
कुल कार्बोहाइड्रेट्स 20 ग्राम	7%
डाइटरी फाइबर्स 1 ग्राम से कम	3%
शुगर 1 ग्राम से कम	
प्रोटीन 4 ग्राम	
विटामिन ए 0% विटामिन सी 0%	
कैल्शियम 4% लौह 6%	

दैनिक मूल्य का प्रतिशत 2000 कैलोरी डाइट पर आधारित है।	
कुल फ़ैट 65 ग्राम से कम	
सैचुरेटेड फ़ैट 20 ग्राम से कम	
कॉलेस्ट्राल 300 एमजी से कम	
सोडियम 2400 एमजी से कम	
कुल कार्बोहाइड्रेट्स 300 ग्राम	
डाइटरी फ़ाइबर 25 ग्राम	
सामग्री: जौ का आटा, लौह, फॉलिक ऐसिड, एंज़ाइम्स, ठोस दूध, शुगर, शॉर्टनिंग कैनोला ऑइल, यीस्ट, खाने के सुरक्षित रंग	

ऊपर दिये गये फूड लेबल की व्याख्या	
सर्विंग साइज 15 कुकीज़ (30 ग्राम)	एक संख्या (जैसे 11 चिप्स), वज़न (28 ग्राम), या परिमाण (1 कप)।
सर्विंग साइज प्रति डिब्बा 12	इस संख्या पर एक नज़र डालते ही आपको अन्दाज़ हो जायेगा कि इसका सर्विंग साइज़ आपको संतुष्ट करने के लिये पर्याप्त है या नहीं। इस डिब्बे में 12 कुकीज़ की सर्विंग है। कई लोग डिब्बे का एक चौथाई भाग आराम से खा लेंगे- कम से कम तीन सर्विंग।
प्रति सर्विंग मात्रा	
कैलोरीज़: 140 फ़ैट से प्राप्त कैलोरी: 40	लिखित सर्विंग साइज से प्राप्त कैलोरीज़। इस डिब्बे में, एक सर्विंग में 140 कैलोरीज़ हैं।
% दैनिक मूल्य	
कुल फैट 4.5 ग्राम 7%	प्रति सर्विंग फ़ैट ग्राम की मात्रा। इन कुकीज़ की हर सर्विंग में 4.5 ग्राम फ़ैट है। फ़ैट के हर ग्राम में 9 कैलोरीज़ हैं। अगर आप अपने दैनिक

	आहार में फ़ैट की मात्रा को सुझाये गये 15% तक ही सीमित रखना चाह रहे हैं, तो 2000 कैलोरीज़ प्रति दिन के आधार पर 15 क्रैकर्स की एक सर्विंग आपके दिन भर की फ़ैट की मात्रा का 13% ले लेती है।
सैचुरेटेड फ़ैट 1 ग्राम 5%	
कॉलेस्ट्राल 0 एमजी 0%	मिलिग्राम प्रति सर्विंग
सोडियम 280 एमजी 12%	मिलिग्राम प्रति सर्विंग
कुल कार्बोहाइड्रेट्स 20 ग्राम 7%	तीन प्रकार के कार्बोहाइड्रेट्स के मिश्रण का कुल डाइटरी फ़ाइबर, सिम्पल शुगर और कॉम्प्लेक्स कार्बोहाइड्रेट्स
डाइटरी फाइबर 1ग्राम से कम 3%	**फाइबरः** ग्राम प्रति सर्विंग। प्रति दिन फ़ाइबर की सुझाई गयी मात्रा 25 से 35 ग्राम है। इन कुकीज़ की एक सर्विंग में फ़ाइबर की मात्रा 1 ग्राम से भी कम है।
शुगर 1 ग्राम से कम	प्रति सर्विंग सिम्पल शुगर की ग्राम्स में संख्या। इस उदाहरण में 20 ग्राम कार्बोहाइड्रेट्स का एक भाग सिम्पल शुगर्स (सुक्रोज़, फ्रुक्टोज़, शहद) से आता है। इसके पीछे इरादा आपके आहार को कॉम्प्लेक्स कार्बोहाइड्रेट्स से प्राप्त होने वाले कैलोरीज़ और प्रोटीन्स से भर देने का है।
प्रोटीन 4 ग्राम	ग्राम प्रति सर्विंग
विटामिन ए 0% **विटामिन सी** 0%	सुझाई गयी दैनिक मात्रा के आधार पर सूचीबद्ध किया गया
कैल्शियम 4% **लौह** 6%	
दैनिक मूल्य का प्रतिशत 2000 कैलोरी डाइट पर आधारित है।	ये कॉलम कृषि विभाग द्वारा सुझाये गये आहार में फ़ैट से प्राप्त 30% कैलोरीज़ की मात्रा को सूचीबद्ध करता है। निर्देशों में प्रति दिन 2000

	कैलोरीज़ युक्त आहार की कल्पना की गयी है, जिसमे फ़ैट्स से 600 से अधिक कैलोरी नहीं प्राप्त करनी चाहिये।
कुल फैट 65 ग्राम से कम	**फ़ैट से कैलोरीज़:** सर्विंग से प्राप्त कैलोरीज़ में से कितनी फ़ैट से प्राप्त होती हैं। यदि आप अपने फ़ैट लेने की मात्रा को अपनी दैनिक कैलोरीज़ के 15% तक सीमित करने का प्रयास कर रहे हैं, तो इस प्रकार के अधिक फ़ैट फ़ूड को आपको ऐसे खाद्य पदार्थों के साथ संतुलित करना होगा जिनमें फ़ैट लगभग नहीं के बराबर है।
सैचुरेटेड फैट 20 ग्राम से कम	कुल फ़ैट ग्राम्स में से, सैचुरेटेड फ़ैट्स की ये संख्या अलग से सूचीबद्ध की जाती है, क्योंकि ये वो वर्ग है जिनके बारे में माना जाता है कि इनसे हृदय रोगों का खतरा बढ़ जाता है। इस सूची में ट्रांस-हाइड्रोजेनेटेड फ़ैटी ऐसिड्स शामिल नहीं हैं, जो पॉलीअनसैचुरेटेड फ़ैट्स हैं, जिन्हें उत्पाद की शेल्फ लाइफ बढ़ाने के लिये रसायनिक पद्धति से बदला जाता है। इन ट्रांस-हाइड्रोजेनेटेड फ़ैट्स को कॉलेस्ट्राल के स्तर को बढ़ाते हुये देखा गया है। इन फ़ैट्स को फ़ूड लेबल के सामग्री भाग में "पार्शियली हाइड्रोजेनेटेड ऑइल" के रूप में पहचाना जा सकता है।
कॉलेस्ट्राल 300 एमजी से कम	
सोडियम 2400 एमजी से कम	
कुल कार्बोहाइड्रेट 300 ग्राम	
डाइटरी फ़ाइबर 25 ग्राम	
सामग्री: जौ का आटा, लौह, फॉलिक ऐसिड, एंज़ाइम्स, ठोस दूध, शुगर, शॉर्टनिंग (पार्शियली हाइड्रिजेनेटेड) कैनोला ऑइल, यीस्ट, खाने के लिये सुरक्षित रंग।	

फ़ैट्स को संतुलित और शुद्ध करने के 6 तरीके

1. तले हुये खाद्य पदार्थ घिसी हुई मूली के साथ खाये जायें तो जल्दी आत्मसात होते हैं क्योंकि मूली का काम ही है फ़ैट्स को प्रभावशाली तरीके से घोलना (देखें पृष्ठ 128)। अब मैं ये समझ रही हूँ कि आप हर जगह तो मूली साथ नहीं ले जा सकते, लेकिन कम से कम जब किसी रेस्तराँ में हो तो इसकी माँग कर सकते हैं। सब्ज़ियाँ जो फ़ैट्स को घोलने में मदद करती हैं, वो हैं सफ़ेद मूली, लाल मूली, प्याज़, लीक, और शलजम।
2. थोड़ा सा अतिरिक्त नमक खाये हुये तेल को संतुलित कर देगा। इसलिये जिस दिन आपका भोजन ज़्यादा तेलयुक्त हो, उस दिन ज़्यादा नमक का प्रयोग करें (यकीनन काला नमक या सी सॉल्ट ही हो)। इसी तरह, आपके आहार में बहुत ज़्यादा नमक भी आपके मन में तले हुये भोजन के रूप में हानिकारक फ़ैट्स के लिये और भी अधिक इच्छा जगायेगा। इसिलिये बहुत अधिक नमक के प्रति भी सावधान रहिये।
3. पशु आधारित भोजन जिसमें डेयरी शामिल है, रिफ़ाइंड और हाइड्रोजेनेटेड तेल, सभी प्रकार के तले हुये और पैक्ड खाद्य पदार्थ (चाहे उस पर फ़ैट फ़्री लिखा हुआ हो), सिम्पल स्वीटनर्स जैसे शुगर, केन शुगर अन्य सभी शुगर और शुगर के उप उत्पादों को कम से कम प्रयोग में लायें।
4. भूनते समय, तेल-पानी सॉटे पद्धति का प्रयोग करें, अर्थात सॉटे शुरु करने के लिये दोनों की आधी-आधी मात्रा का प्रयोग करें)।
5. कोल्ड प्रेस्ड, उन रिफ़ाइंड तेलों को चुनें और अपने आहार के साथ मेवों, बीजों और मछली के तेल (यदि आप माँसाहारी हैं), (अल्सी, सब्जा, सूरजमुखी, कद्दू, और कॉड लिवर) का प्रयोग पूरक के रूप में करें।
6. खाना पकाने के लिये पॉलीअनसैचुरेटेड तेल, जैसे सूरजमुखी, सोय, करडी के उपयोग से बचें, जब तक कि वे मिश्रित रूप

में ना हों। मोनोसैचुरेटेड तेल, जैसे अल्सी, सब्जा, का उपयोग करें और सलाद और ड्रेसिंग के लिये कद्दू के बीज के तेल का उपयोग करें।

वज़न घटाने की योजना हो तो:

- तेल को 1 बड़े चम्मच तक ही सीमित रखना बेहतर होगा। बाकी का फ़ैट भोजन स्रोतों से ही प्राप्त करें, जब तक कि आप मेरे द्वारा सुझाये अनुसार वज़न घटाने के लिये नारियल तेल पद्धति का उपयोग नहीं कर रहे।
- लाल मीट और फ़ैटी मछली जैसे साल्मन और ट्राउट को खाना कम करें, जो वैसे आपके लिये गुणकारी हैं, लेकिन वज़न घटाने के लिये नहीं।
- मेवे (और साथ में नट बटर) में फ़ैट प्रचुर मात्रा में होता है, इसलिये हालाँकि आपको इनकी ज़रूरत है, फिर भी वज़न घटाने के लिये इनका उपयोग कम कर दें।
- सभी ट्रांस फ़ैट्स और सैचुरेटेड फ़ैट्स (नारियल तेल और घी को छोड़ कर) से बचें यानी कि सभी प्रोसेस्ड और पैकेज उत्पाद से बचें।
- डेयरी को तो ज़रूर कम से कम लेना चाहिये। इसलिये मक्खन, मार्जरेन, पनीर, दही, चीज़ और ठोस दूध को बाहर करिये।
- पशु आधारित भोजन भी कम करना चाहिये।
- अल्सी, एवोकाडो, कद्दू, सूरजमुखी और सब्जा के बीजों से अच्छे फ़ैट्स प्राप्त करें।
- फ़ूड लेबल्स को ध्यान से पढ़ें।

4) पशुओं से प्राप्त प्रोटीन

प्रोटीन्स के दो मुख्य कार्य होते हैं: एक होता है शरीर के विकास को बढ़ावा देना, शरीर की टिशूज़ (जिनमें त्वचा, बाल और नाखून शामिल हैं) को सुधारना, और दूसरा है हॉर्मोंस, न्यूरो-ट्रांस्मिटर्स, ऐंटिबॉडीज और ऊर्जा का निर्माण करना। प्रोटीन सेल्स, टिशूज़, एंज़ाइम्स को

बनाता है और भोजन को पचाने में मदद करता है। हमारे मस्तिष्क के रसायनों को मस्तिष्क के समस्त रसायनों का निर्माण करने के लिये प्रोटीन की आवश्यकता होती है। जिन लोगों के आहार में प्रोटीन की कमी होती है, वो अक्सर शुगर खाकर और कॉफ़ी लेकर इसकी पूर्ति कर लेते हैं– क्योंकि ये कुछ देर के लिये उनके मस्तिष्क के रसायनों को सक्रिय कर देते हैं।

जब भी हम प्रोटीन्स के बारे में सोचते हैं, हम स्वतः ही पशुओं से प्राप्त प्रोटीन के बारे में ही सोचते हैं। मुझसे अक्सर पूछा जाता हैः शाकाहार आधारित डाइट में प्रोटीन कहाँ होता है? (देखें पृष्ठ 104 प्रोटीन के शाकाहारी स्रोत कहाँ पायें)। मेरे बहुत से ग्राहक अपनी पसन्दीदा पोल्ट्री को छोड़ने के विचार से ही हिचकिचाते हैं क्योंकि उनके फ़िटनेस इंस्ट्रक्टर्स उन्हें निरंतर कहते रहते हैं कि उन्हें अपनी माँस पेशियाँ बनाने के लिये मीट आधारित (माँसाहारी) डाइट को अपनाना चाहिये। और अगर वो रेड मीट से दूर रहेंगे तो वो स्वस्थ रहेंगे। जैसा कि अध्याय 2 में वर्णन किया गया है, सभी पशु आधारित भोज़न यैंग है। यदि आप अत्यधिक यैंग ऊर्जा वाला भोजन करेंगे, तो आप खुद के लिये कई स्वास्थ्य सम्बन्धी मुद्दों को जन्म देंगे। अत्यधिक यैंग शरीर में गहन संकुचित ऊर्जा पैदा करता है, जिसको कि निस्तारित करना अनिवार्य हो जाता है। कोई भी यैंग वस्तु यिन चाहती है, इसलिये मीट खाने वाले को या तो बहुत अधिक शुगर (यिन) खानी पड़ेगी, या एल्कोहल (यिन) या फिर ढेर सारा पानी (यिन) पीना पड़ेगा। एक और वजह, कि बहुत ज़्यादा मीट की सलाह क्यों नहीं दी जाती, वो ये है कि इससे बहुत ज़्यादा यूरिक ऐसिड जमा हो जाता है, जिसके कारण हमारी किडनियों को इन्हें शरीर से बाहर निकालने के लिए ज़्यादा मेहनत करनी पड़ती है। इसलिये इस मुद्दे का हल बहुत सीधा सा है, पशु आधारित प्रोटीन सीमित मात्रा में खाओ (लगभग 120 ग्राम अगर रोज़ खाते हैं तो), और उसे अच्छी गुणवत्ता वाले कार्बोहाइड्रेट्स, जैसे साबुत अनाज, फलियाँ/बीन्स, और सब्ज़ियों से संतुलित करो।

6 कारण कि आपको पशु आधारित प्रोटीन क्यों कम करना चाहिये:

1. चूँकि पशु प्रोटीन देर से हज़म होता है, ये शरीर के भार को बढ़ा देता है और रक्त में अम्ल के स्तर को भी बढ़ा देता है।
2. इनमें फ़ैट अधिक होने के अलावा ये बिना इस्तेमाल किये हुए अमीनो ऐसिड का भी निर्माण करता है, जो कि फ़ैट के रूप में जमा हो जाता है।
3. मीट और सभी पशु आधारित भोजन की संरचना, उनके माँस का घनत्व और उनकी सिकुड़ने की प्रवृत्ति अनेक कार्यों को करने के लिये उपलब्ध ऊर्जा के निर्बाधित बहाव में रुकावट डालती है, क्योंकि इनको हज़म होने में ज़्यादा समय लगता है।
4. मीट और सभी पशु आधारित भोजन आपकी आँतों को फैलाते और सिकोड़ते हैं, तो आपके सभी अंग अधिकतम भार की स्थिति में चले जाते हैं। इसका अर्थ ये है कि पशु आधारित भोजन हज़म होने में ज़्यादा समय लेता है। इसलिये आप के शरीर में बहुत गर्मी पैदा हो जाती है, भीतर भी और बाहर भी। क्योंकि शरीर इस समय अधिक कार्य कर रहा है, आप आसानी से क्रोधित भी हो जाते हैं और आलसी भी। ये आपको क्रोधी स्वभाव की ओर ले जाता है।
5. माँस को हज़म करने की प्रक्रिया में शरीर में कुछ ऐसे ऐसिड्स का उत्पादन होता है, जिनको प्रभावहीन करने के लिये शरीर के कैल्शियम का उपयोग करना पड़ता है। तो असल में अंततः ये आपके कैल्शियम को ख़त्म कर देगा।
6. सल्फ़र, जो मीट में उपस्थित होता है, आपके शरीर में कैल्शियम इकट्ठा होने की प्रक्रिया को सीमित करता है।

वो सभी मीट खाने वाले, जो मीट नहीं छोड़ सकते, उन्हें मीट की जगह मछली खानी शुरु कर देनी चाहिये। इनमें मीट की अपेक्षा कम सैचुरेटेड फ़ैट होने के अलावा ये ज़्यादा स्वस्थ, और अमीनो

ऐसिड्स, विटामिन्स, खनिज और एसेंशियल फ़ैटी ऐसिड्स से भरपूर है। मछली में विटामिन बी12 और विटामिन डी भी अधिक होता है। अगर आप एक सर्विंग लेते हैं, तो आपकी दिन भर के प्रोटीन की आधी आवश्यकता की पूर्ति हो जाती है। और अगर आप बिलकुल ही नहीं छोड़ सकते, तो अपने माँसाहारी आहार के साथ सलाद (कच्चे/पकाये हुये), और अच्छे गुणवत्ता वाले डेज़र्ट्स लेने का प्रयास करें– जो कि प्राकृतिक स्वीटनर्स से बने हों ना कि शुगर से।

पशु आधारित भोजन से प्राप्त प्रोटीन को संतुलित करना

क्या कभी ऐसा हुआ है कि आप तीन से चार महीने के लिये जिम गये, कार्ब्स को कम किया, प्रोटीन्स खाये, अच्छे तरह रहे, और पाँचवे महीने में अपना वज़न नापने पर पाया कि आपने वास्तव में ज़्यादा वज़न नहीं घटाया है? ऐसा शायद इसलिये है, कि आपने इस दौरान बहुत ज़्यादा मीट खाया और ज़रूरी कार्ब्स को नज़रअंदाज़ कर दिया। आवश्यक प्रोटीन (जो हज़म हो जाता है) की मात्रा शरीर में इस्तेमाल हो जाने के बाद शरीर का संतुलन बल्गम के विषाक्त जमाव की ओर जाता है, जो आपको सुस्त बनाता है। फिर ये आपको शुगर, एल्कोहल, या कॉफ़ी, जो सभी यिन हैं, की ओर आकर्षित करता है जिससे आपकी वज़न घटाने की सारी योजना डाँवाडोल हो जाती है। आपको पशु आधारित भोजन से प्राप्त प्रोटीन्स को संतुलित करना सीखने की आवश्यकता है, और ये जानने की कि उन्हें कैसे खाया जाये।

पशु आधारित प्रोटीन से होने वाली हानि के जोखिम को कम करने के लिये आपको रोज़ 1/3 कि.ग्रा. से भी कम मीट खाना चाहिये। मीट से मेरा तात्पर्य है, रेड मीट, चिकन, बीफ़ और चीज़।

दूसरी ओर, प्रोटीन के शाकाहारी स्रोतों को (नीचे सूची देखें), जिनमें प्रोटीन गहन रूप में होता है, बिना किसी खतरे के पशु आधारित प्रोटीन से भी दुगुनी मात्रा में लिया जा सकता है।

शाकाहारी प्रोटीन के अच्छे स्रोत:

1. **सभी फलियाँ और बीन्सः** इसमें टोफ़ू भी शामिल है, जो कि फर्मेंटेड सोयबीन है। प्रोटीन पाउडर से धोखा ना खायें,

क्योंकि ये बहुत ही गाढ़े होते हैं और आसानी से आत्मसात और हज़म नहीं होते।

2. **अनाज:** सभी अनाज, विशेष रूप से राजगीरा और क्विनोआ, जिनमें अन्य अनाजों से प्रोटीन की मात्रा अधिक होती है।
3. **सभी हरी और पीली सब्ज़ियाँ:** लिवर में प्रोटीन की सिंथसिस में मदद करती हैं, जो कि बहुत आवश्यक है, ख़ासकर वज़न घटाने के लिये।
4. **अच्छी गुणवत्ता वाले ख़मीरयुक्त खाद्य पदार्थ:** ये आसानी से हज़म हो जाते हैं क्योंकि ये पहले से ही अच्छे बैक्टीरिया द्वारा विखंडित कर दिये जाते हैं, और प्रोटीन से भरपूर होते हैं।
5. **मेवे और बीज:** प्रोटीन और फ़ैट, दोनों के ही गहन स्रोत। इनमें अल्सी, कद्दू, सूरजमुखी, अखरोट और बादाम शामिल हैं।
6. **स्पाइरुलिना:** ये ट्रेस मिनरल्स और क्लोरोफ़िल से भरपूर है, और प्रोटीन का सबसे गहनतम स्रोत है (पश्चिमी मार्केट में इसकी ज़्यादा विशाल श्रेणी मिलेगी)।

अंडे

अंडे भी यैंग और सिकुड़ने वाली प्रवृत्ति के हैं। एक अंडे में 50% पानी, 34% फ़ैट्स, और 16% प्रोटीन होता है, और उसकी जर्दी में रोज़ के लिये आवश्यक कॉलेस्ट्राल की मात्रा एक तिहाइ से ज़्यादा होती है। ये शरीर को संकुचित ऊर्जा प्रदान करते हैं और उनके लिये लाभकारी हैं जो कमज़ोरी महसूस करते हैं। चूँकि ये पशु आधारित भोजन का सघनतम रूप हैं, यदि इन्हें अधिक मात्रा में लिया जायेगा तो ये शरीर में शुष्कता पैदा कर सकते हैं और आपके अन्दर मीठे, मसालेदार भोजन, सोडा और कोला के लिये लालसा पैदा कर सकते हैं, क्योंकि ये सभी खाद्य अस्थायी रूप से उनकी यैंग प्रवृत्ति को संतुलित करते हैं। इसीलिये आप देखते हैं कि अधिकतर लोग जो अंडे खाते हैं, अपने भोजन में तीखे सॉस, हरी प्याज़, और अन्य ऐसे भोजन शामिल करते हैं जो अंडों की संकुचित प्रवृत्ति को संतुलित और हज़म करने में मदद करें। अंडों में उपस्थित फ़ैट (34%), यदि

अधिक मात्रा में लिया जाये, तो हज़म नहीं होता, बल्कि शरीर में जमा हो जाता है (विशेष रूप से महिलाओं के प्रजनन अंगों में जहाँ बल्गम पैदा होता है), थाइरॉइड ग्रंथि पर विपरीत प्रभाव डालता है और हाज़मे की परेशानियाँ पैदा करता है।

बी 12 और शाकाहारी

आपके शरीर को तेरह तरह के विटामिन्स की आवश्यकता होती है (जिनमें से कुछ का निर्माण शरीर में नहीं होता), जो टिशूज़ का गठन करते हैं, आपके अंगों को सुदृढ़ रखते हैं, रोग प्रतिरोधक शक्ति बढ़ाते हैं, भोजन को आत्मसात करने में मदद करते हैं, विषाक्त पदार्थों को शरीर से बाहर निकालते हैं, आपकी सेल्स की संरचना को मज़बूत रखते हैं, और बहुत से अन्य कार्य भी करते हैं। आपको ये सुनिश्चित करना होगा कि आपको अपने आहार से सभी आवश्यक विटामिन्स मिल रहे हैं। विटामिन्स का बी समूह अनिवार्य है और आपको इसे अपने दैनिक आहार में शामिल करना चाहिये, चाहे भोजन के माध्यम से, चाहे पूरकों के माध्यम से। तेरह में से, विटामिन बी12 सबसे महत्त्वपूर्ण विटामिन है। विटामिन बी12 की थोड़ी सी कमी एनीमिया, थकान, मेनिया और अवसाद पैदा कर सकती है, जबकि लम्बे समय तक इसकी कमी आपके मस्तिष्क और केन्द्रीय तंत्र प्रणाली को स्थायी रूप से क्षति पहुँचा सकती है। ये पाचन, रक्त प्रवाह और श्वास तंत्र से सम्बन्धित मेटाबॉलिक प्रक्रियाओं में सहायक हैं। ये रेड ब्लड सेल्स के निर्माण में भी सहायक हैं और केन्द्रीय तंत्र प्रणाली के स्नायु तांत्रिक प्रक्रियाओं को बनाये रखने में भी मदद करते हैं। हालाँकि विटामिन बी12 मुख्यतः पशुओं से प्राप्त प्रोटीन में पाया जाता है, निम्न खाद्य पदार्थ भी बी12 से भरपूर हैं:

- साबुत अनाज से लेकर दालों तक सभी बीन्स जब उन्हें अंकुरित किया जाये।
- स्पाइरुलिना।
- ख़मीरयुक्त भोजन जैसे टोफ़ू (सोयबीन से बना), मीसो (आजकल भारतीय मार्केट में उपलब्ध), घर में बनाये गये

क्विक पिकल्स (साउरक्राउट की रेसेपी पृष्ठ 299 देखें), बादाम के दूध और बीजों के दूध से बनाया गया दही।

बी12 को नष्ट करने वाली वस्तुयें: अत्यधिक शुगर, नशीले पदार्थ जैसे मारिजुआना, ड्रग्स, और शराब, ऐंटीबायोटिक्स, निष्क्रिय लिवर, गर्भ निरोधक गोलियाँ। तनाव और लम्बी बीमारी का भी बी12 को नष्ट करने में मुख्य योगदान है।

5) बस एक चुटकी नमक

ज़रा अपने खाने की प्लेट पर एक नज़र डालिये। उसमें एक कटोरी चावल, सब्ज़ियाँ, दाल, एक या दो रोटी, थोड़ा ताज़ा कटा सलाद, और... रुकिये.... वो खीरे के पास नमक का वो छोटा सा ढेर क्या है? खाने से भरी एक आम भारतीय प्लेट ऐसी ही दिखती है। हमें मानना ही पड़ेगा, हम भारतीयों को अपना नमक बेहद प्रिय है। इतना कि कई बार तो हमारे भोजन में नमक का ही स्वाद होता है, क्योंकि हम इसे इतना ज़्यादा इस्तेमाल करते हैं। ये सब्ज़ियों, दालों या हम जो कुछ भी खाते हैं, उसके स्वाद पर एक आवरण सा बना देता है। माना कि हमने नमक के लिये लड़ाई लड़ी थी, लेकिन इसका ये तो मतलब नहीं कि हम अपने भोजन को इसमें डुबा दें।

अधिकतर लोग आम तौर पर कम से कम एक बड़ा चम्मच अतिरिक्त नमक रोज़ खाते हैं। ये उस प्रोसेस्ड भोजन के अलावा है जो वो रोज़ खाते हैं, जिनमें भी नमक की मात्रा अधिक होती है। एक ओर जबकि हमें अपने सेल्स के कार्य करने और शरीर में पोषक तत्त्वों को बनाये रखने के लिये सोडियम की निश्चित ही आवश्यकता है, दूसरी ओर अत्यधिक सोडियम हानिकारक सिद्ध हो सकता है। सोडियम एक पम्प की तरह काम करता है (अतिरिक्त विषाक्त पदार्थों को सेल्स से बाहर निकालना और पोषक तत्त्वों को उन तक पहुँचाना) और आहार में सोडियम का उच्च स्तर ना सिर्फ़ आपके शरीर में जल प्रतिधारण को बढ़ा कर वज़न बढ़ाता है, बल्कि उच्च रक्त चाप का कारण भी बनता है (क्योंकि शरीर में रक्त चाप सोडियम के द्वारा ही नियमित होता है)। वयस्कों को 2400 मिलिग्राम से कम सोडियम की आवश्यकता होती है,

जो कि 1 बड़ा चम्मच नमक के बराबर है (जिसका 40% सोडियम है)।

कॉमन टेबल सॉल्ट (या जिसे हम रिफ़ाइंड सॉल्ट के नाम से भी जानते हैं) में रसायनों की भारी मात्रा होती है, जिनका 99.5% सोडियम क्लोराइड, डेक्स्ट्रोज़ (शुगर), पोटैशियम आयोडाइड, और भी अन्य कई चीज़ों की होती है। इस नमक में से इसके खनिज को निकाल दिया गया है और पोषक मूल्य के नाम पर ये स्वाद के अलावा और कुछ नहीं दे सकता। ये रक्त को अम्लीय बनाता है, और पाचन को कमज़ोर करता है। जो लोग सोडियम अधिक मात्रा में लेते हैं, उनमें उच्च रक्तचाप और लकवे की सम्भावना अधिक होती है।

सोडियम के उच्च स्तर वाले खाद्य पदार्थ

- विविध डेयरी उत्पाद जैसे चीज़, मक्खन, अंडे, फेंटे हुये टॉपिंग्स, आइसक्रीम, और सुगन्धित दही।
- सोय सॉस और अन्य बॉटल स्रोतों जैसी सामग्री जो ताज़े बनाये हुये नहीं होते।
- सभी प्रोसेस्ड मीट (सलामी, हैम, बेकन, सॉसेजेस, आदि)।
- डिब्बाबन्द खाद्य जैसे सूप, सब्ज़ियाँ, और रिफ़ाइंड खाद्य पदार्थ।
- ब्रेड, टमाटर सॉस, केक, और बिस्किट।

सही नमक

हम इस तथ्य से बच नहीं सकते कि हमें अपने रोज़ के भोजन में नमक चाहिये। इसलिये सही नमक खाना अनिवार्य है। काला नमक या सेन्धा नमक आम टेबल सॉल्ट की अपेक्षा एक बेहतर विकल्प है क्योंकि इनमें अधिकतर सोडियम क्लोराइड ही होता है, और अन्य तत्त्वों (खनिज) का केवल अंश भर ही होता है, क्योंकि दोनों ही अपने खनिजों को बनाए रखते हैं, विशेष रूप से सेन्धा नमक। आम नमक से उसके सारे खनिज निकाल दिये जाते हैं। काला या सेन्धा नमक, क्षार या खारा होने के कारण अम्लीय खाद्यों के प्रभाव को भी न्यून करते हैं। उदाहरण के लिये, अनाज ऐसिड फ़ूड ग्रुप से है (हमें अम्ल और क्षार, दोनों ही तरह के भोजन चाहिये), और अगर हम उसमें

एक चुटकी नमक मिला दें, तो ये उसके अम्ल को न्यून कर देता है। यह एक कारण है कि लोग मीट में नमक मिलाते हैं, क्योंकि मीट एसिडिक रक्त स्थिति उत्पन्न करता है। अच्छी गुणवत्ता वाला नमक आपके पाचन को सशक्त करेगा और आपके मल त्याग में भी मदद करेगा, जबकि ख़राब गुणवत्ता वाला नमक इसका ठीक उल्टा करेगा। अगर आप शुगर के स्तर को स्थिर रखने, वज़न घटाने, और अपनी इच्छाओं को नियंत्रित करने का प्रयास कर रहे हैं, तो सही नमक एक महत्त्वपूर्ण घटक है। नमक की प्रवृत्ति है भोजन को एक सोंधा ज़ायका देना, और आपके शरीर को वही सोंधापन देना।

हमारी किडनियों का काम है शरीर से विषाक्त पदार्थों को निकाल कर शरीर के तरल पदार्थों को नियंत्रित करना। शरीर का ठीक वज़न बनाये रखने के लिये विषाक्त पदार्थों का सही निकास अनिवार्य है। उदाहरण के लिये, जल प्रतिधारण एक संकेत है कि किडनियाँ ठीक से कार्य नहीं कर रही हैं। तो इस प्रकार किडनियों की इस मेटाबॉलिक प्रक्रिया के लिये सही नमक खाना (जो पारम्परिक चीनी चिकित्सा प्रणाली में किडनियों से जुड़ा हुआ स्वाद है) एक आवश्यक और नियंत्रक घटक हो जाता है।

नमक का प्रयोग कैसे करें

अम्ल/क्षार का संतुलन बनाये रखने के लिये, शरीर में सोडियम/पोटैशियम (ये भी शरीर में उपस्थित होते हैं) को भी बनाये रखना अनिवार्य है। पोटैशियम को अधिक मात्रा में ग्रहण करने से सोडियम का रक्त चाप पर पड़ने वाला प्रभाव उल्टा हो जाता है। पोटैशियम फलों और सब्ज़ियों में पाया जाता है (विशेष रूप से पालक और अजमोद (पार्स्ले में))।

- सब्ज़ियों को अधिक पकाने की बजाय हल्का सा ही पका कर खायें। जब पालक बहुत अधिक पक जाता है, तो इसका लगभग 50% पोटैशियम खो जाता है।
- नमक की इच्छा को उचित यिन खाद्यों के साथ संतुलित करें; अपने भोजन में शहद (पोटैशियम), मीठी सब्ज़ियाँ (देखें घरेलू उपाय

विभाग), फल जैसे कैंटालूप, खजूर, किवी, सूखे अंजीर, संतरा और नाशपाति को अपने आहार में शामिल करें। इस पद्धति में सुझाये गये सम्पूर्ण प्राकृतिक भोजन को खाने से आप आवश्यक सोडियम/ पोटैशियम संतुलन को बनाये रख सकते हैं।

- नमक आपके आहार के अन्य स्वादों पर हावी रहता है। इसका प्रयोग केवल भोजन में स्वाद लाने के लिये क़रें। रेसेपी की किताबों में "नमक स्वादानुसार" एक उचित कारण से ही लिखा रहता है।
- साधारण नमक अथवा सेंधा नमक का प्रयोग करें।
- यदि बहुत ज़्यादा नमक की इच्छा होती है, तो सेसमे सॉल्ट या गोमासियो सेसमे सॉल्ट (देखें रेसेपी पृष्ठ 331) का प्रयोग कर के देखें। इस नमक के तेल और खनिज मिश्रण आपके रक्त को अधिक क्षारीय रहने में मदद करते हैं आपको आवश्यक कैल्शियम भी प्रदान करते हैं।

किसी भी नये आहार के प्रति परिवर्तन हमेशा बहुत धीरे-धीरे होना चाहिये, क्योंकि आपके शरीर के लिये ये समझना बहुत ज़रूरी है कि इसे किन परिवर्तनों से गुज़रना पड़ेगा। आपको अपने शरीर को इसका अभ्यस्त बनाना पड़ेगा। यदि आप जीवन भर मीट और अंडे खाते रहे हैं, तो अचानक एक दिन इनका त्याग ना करें। इन्हें धीरे-धीरे छोड़ें। क्योंकि कल फिर आयेगा। एक बार में एक ही चीज़ का त्याग करें, जैसे पहले रेड मीट, फिर पॉल्ट्री। इससे आपके शरीर को झटका नहीं लगेगा, ना ही इसको उन चीज़ों की कमी होगी जिनकी इसको इच्छा होती है। अगर मेरे ग्राहकों से कोई चूक हो जाती है तो मैं कभी उनके साथ सख़्ती नहीं करती। साथ ही, ध्यान रहे, हो सकता है आप उन अनुभवों से भी गुज़र सकते हैं जिसे मैं "डिस्चार्ज" कहती हूँ, जैसे सिरदर्द, बदन का दर्द, सर्दी, फ़्लू, शरीर से दुर्गन्ध, बल्गम, असंतुलित हाजमा (पेट दर्द या क़ब्ज़), नींद या अनिद्रा, दाने, मुँहासे, आदि। लेकिन ये सब अस्थायी हैं, क्योंकि आपका शरीर इन नये पौष्टिक भोजनों का अभ्यस्त हो रहा है। फिर भी, इस परिवर्तन को आसान करने के लिये कुछ टिप्स दिये जा रहे हैं।

ब्यूटी डाइट में परिवर्तित होने के लिये टिप्स:

1. अगर आप सफ़ेद चावल खाते हैं, तो उसे ब्राउन राइस से बदल दीजिये।
2. अगर आप बाज़ार की सफ़ेद ब्रेड रोज़ खाते हैं, तो उसको कम करके उसके बदले में रोटी खायें - यदि आपको आटे का लस बर्दाश्त नहीं होता, तो कोई दूसरा आटा इस्तेमाल करें, जैसे ज्वार, राजगीरा, चीना, कुट्टू ये सब लस रहित आटे हैं।
3. अगर आप सलाद खाते हैं– तो बाज़ार की बोतलबन्द रेडीमेड ड्रेसिंग की जगह अपनी सलाद ड्रेसिंग घर पर ही बनायें; और सलाद को कच्चा खाने की बजाय अधिकतर पका कर ही (उबाल कर, ब्लांच कर, सॉटे कर) खायें।
4. अगर आप रोज़ चॉकलेट लेते हैं, तो उसके स्थान पर शुरु में 70% डार्क चॉकलेट लेने पर विचार करें, और फिर उससे अधिक डार्क चॉकलेट की ओर जायें।
5. अगर आप रोज़ नाश्ते में अंडे और टोस्ट लेते हैं, तो इसे हफ़्ते में तीन बार ही लें। बाकी दिन इसकी जगह पका हुआ दलिया या अनाज लें (देखें अनाज रेसेपी), और ये डिब्बाबंद सीरियल्स पर भी लागू होता है। दलिये में दूध की जगह बादाम का दूध (देखें रेसेपी पृष्ठ 277), या पानी का प्रयोग करें।
6. अगर आप बीच-बीच में जंक फ़ूड को स्नैक्स के रूप में लेते हैं, तो उसकी जगह घर के बने स्नैक्स को अधिक मात्रा में लें और जंक स्नैक्स को कम से कम लें।
7. अगर आप भारतीय काली चाय या कॉफ़ी बहुत ज़्यादा पीते हैं, तो शुरुआत में इनके बीच में ग्रीन या हर्बल चाय लें, या फिर उसमें से शुगर को निकाल दें।
8. अगर आप अपनी चाय या कॉफ़ी में बहुत ज़्यादा शुगर लेते हैं, तो उसकी जगह स्टीविया लें– यही बात मिठाइयों पर भी लागू होती है।

9. दो आहारों के बीच में एक फल खा लें, तब जब आपका पेट भोजन को हज़म कर चुका हो, यानि 1 से 2 घंटे बाद।
10. ये सुनिश्चित कर लें कि आप दिन का एक आहार सूप से शुरू करेंगे (हम सूप विभाग में समझेंगे कि ये कैसे काम करता है)।
11. अगर आप टेबल सॉल्ट का प्रयोग करते हैं, तो उसकी जगह काला या सेन्धा नमक प्रयोग में लायें।
12. अगर आप रिफ़ाइंड तेल का प्रयोग करते हैं, तो उसकी जगह कोल्ड प्रेस्ड तिल, ऑलिव, राइस ब्रान या मिश्रित तेलों का प्रयोग करें।
13. अगर आप डेयरी उत्पादों का प्रयोग करते हैं, तो उनके विकल्प ढूँढने का प्रयास करें, जैसे व्यंजनों को मलाइदार बनाने के लिये सिल्कन टोफ़ू या साधारण टोफ़ू और दूध कि जगह मेवों का दूध।
14. अगर बीजों का सेवन बिलकुल नहीं करते– तो कृपया उन्हें अपने दैनिक आहार में शामिल करना शुरु कर दें, अगर वज़न घटाने की योजना है, तो मेवों का सेवन कम कर दें।

5

क्या खाना चाहिये

आपने "क्या नहीं खाना चाहिये" पर एक पूरा अध्याय पढ़ा। लेकिन अब हम असली मुद्दे की ओर बढ़ते हैं, यानि कि "हमें क्या खाना चाहिये" की सूची की ओर। क्योंकि यही वो भाग है जो आपके जीवन को बदल देगा, और आपको सुन्दरता की राह पर ले चलेगा। यहाँ पर मूल मंत्र हैं अनाज, बीन्स, हरी सब्ज़ियाँ, फल, मछली और ख़मीरयुक्त खाद्य पदार्थ– आपके नये रूप के निर्माण के घटक। इस बात को ध्यान में रखें और आप कभी भी ग़लत नहीं जायेंगे। लेकिन पहले, मैं आपको ये बताना चाहूँगी कि कैसे मैंने नेहा धूपिया को वज़न घटाने में मदद की, लेकिन उससे भी ज़्यादा महत्त्वपूर्ण ये कि उसे उसकी सेहत कैसे पुनः वापस मिली।

नेहा धूपिया और ब्यूटी डाइट

मैं कभी नहीं भूलूंगी कि जब हम पहली बार मिले थे तो नेहा ने मुझसे क्या कहा था, "मैं सब कुछ खाती हूँ, इसलिये कृपया शाम को मुझे कार्ब्स से दूर मत रखना। मुझे विश्वास है कि तुम जानती हो कि तुम क्या कर रही हो, और मैं उसे स्वीकर कर लूँगी।" ऐसा बहुत कम होता है कि कोई आप पर इस तरह से आँख मूंद कर विश्वास कर ले, और उसने किया। उसका लक्ष्य था वज़न घटाना लेकिन साथ ही स्वस्थ भी रहना।

एक सलाहकार और स्वास्थ्य शेफ़ होने के नाते, मैं आँखों पर ब्लिंकर्स लगे एक घोड़े की तरह हो जाती हूँ, और मेरा सारा ध्यान शरीर में भोजन के ठीक तरह से आत्मसात होने पर लग जाता है, ताकि उसके पोषक तत्त्वों का 100% इस्तेमाल हो सके। जब आप ऐसा करते हैं, तो फ़ैट को बढ़ाने वाले अतिरिक्त तत्त्वों की कोई सम्भावना

ही नहीं रहती। अगर आप याद करें कि पिछले अध्याय में मैंने क्या कहा था, तो आप जानेंगे कि पशु आधारित खाद्यों और डेयरी से प्राप्त फ़ैट्स महिलाओं के मोटापे की प्रवृत्ति वाले अंगों में जमा हो जायेगा, ख़ास कर उनकी जाँघों और कमर में। अच्छी गुणवत्ता वाले पोषक भोजन के मिश्रण का प्रयोग कर के ब्यूटी डाइट इस फ़ैट को नष्ट करने और आपको संतुलित करने का प्रयास करती है। इस पद्धति का लाभ ये है कि जो भी आपमें अतिरिक्त वज़न है, वो स्वतः ही घटने लगेगा, अगर वो कठिन जगहों पर हो तब भी।

मैंने नेहा के लिये खाना पकाने का वही तरीक़ा अपनाया– ढेर सारी हरी सब्ज़ियाँ रोज़, साबुत अनाज (शुरु में छः महीने के लिये दोनों समय के भोजन में, उसके बाद सिर्फ़ दोपहर के भोजन में), बीन्स और मछली (रात के भोजन में हफ़्ते में तीन बार), सब्ज़ियाँ, ढेर सारा अच्छी गुणवत्ता वाला ख़मीरयुक्त भोजन, और रोज़ मीसो के साथ सूप। मैंने संतुलन बनाये रखने के लिये अलग अलग पकाने के तरीक़े अपनाये, जिनसे उसे अपनी शूटिंग के लिये खूब ऊर्जा मिली और वो भोजन भी मिला जो उसकी रूची और उत्साह को बनाये रखता था।

जल्दी ही मैंने गौर किया कि उसका वज़न घटना शुरु हो गया था, और मैंने उसे इसके बारे में बताया। इसके लिये उसकी प्रक्रिया थी, "लोग कहते हैं की मेरा वज़न घटा है, और मैं सारी दुनिया को तुम्हारे बारे में बताती हूँ।" ये सच है कि वह बहुत व्यायाम करती है, और इससे सम्पूर्ण प्रक्रिया में अतिरिक्त लाभ मिला। मेरे लिये जीत की बात यह नहीं थी कि उसका वज़न घट रहा था, बल्कि यह थी कि वह भोजन की इस पद्धति के बारे में सब कुछ जानना चाहती थी। तो मैंने उसे शिक्षित किया, हमने आपस में चर्चा की, और उसने बताया कि कभी-कभी उसका ब्लड काउंट सामान्य श्रेणी में नहीं रहता था; जैसा की हॉर्मोंस से सम्बन्धित प्रकरणों में होता है। मैं जानती थी कि इसका सम्बन्ध उसके वज़न बढ़ने से था, जिसके बारे में वो अधिक चिंतित तो नहीं थी, पर ये समस्या उभरती अवश्य थी। मैंने उसे आश्वासन दिया कि इस पद्धति के साथ उसे अपने ब्लड काउंट की चिंता नहीं करनी चाहिये। ये आपके शरीर की कार्य प्रणाली को संतुलित रखने के लिये सबसे संतुलित पद्धति है। कुछ दिन पहले उसने कहा कि वह अपने

रक्त की जाँच कराना चाहती थी और मैंने कहा कि ये अच्छा विचार है। अगली सुबह जब मैं उठी, तो मुझे उसका संदेश मिला, "शोनाली, तुम्हारा धन्यवाद करने के लिये मेरे पास शब्द नहीं है। मेरी रिपोर्ट्स बिलकुल नॉर्मल हैं और इन सब का श्रेय तुम्हारे भोजन को जाता है!" आज करीब दो साल से ज़्यादा तक इस पद्धति से जुड़े रहने के बाद उसका ये कहना है:

> मैंने सीख लिया है कि सही तरीके से कैसे खाया जाता है और धीरे-धीरे मैं इस पद्धति की अभ्यस्त हो गयी हूँ। शोनाली आपको "बीच का रास्ता" सिखाती है, जिससे मैं चाहे कहीं भी जाऊँ, मेरा खाना उसके दिये गये मापदंडों में ही रहता है। मेरे ब्लड काउंट ठीक हो गये हैं और मुझे लगता है उनका सम्बन्ध मेरे शरीर के फ़ैट्स के साथ था। ये डाइट आपको रोज़ शुद्ध कर रही है, तो वो आपकी त्वचा, बाल, और आपके मन और आचरण में भी दिखता है। मेरा शरीर शारीरिक और मानसिक, दोनों ही रूप से बहुत संतुलित महसूस करता है। आपको इस पद्धति के कमाल के बारे में तभी पता चलेगा जब आप वास्तव में इसे अपनाने का प्रयास करेंगे।
>
> नेहा धूपिया— नायिका

तो अब यहाँ कुछ ऐसे डाइट से सम्बन्धित नियम दिये जा रहे हैं जिनकी अवहेलना आपको कभी नहीं करनी चाहिये। और इनमें से कुछ भी छाँटना या बीनना नहीं है, कि "ना, मुझे सब्ज़ियों से नफ़रत है", या "उँह! मैं कार्ब्स नहीं खाती"। सुन्दर बनने के लिये आपको अपने शरीर को वो सब देना होगा जो प्रकृति ने आपके लिये प्रस्तुत किया है।

"क्या खाना चाहिये" के लिये कुंजी:

1) अनाज
2) हरे पत्ते और सब्ज़ियाँ
3) बीन्स
4) मछली (अगर आप माँसाहारी हैं)

5) फल

6) अच्छी गुणवत्ता वाला ख़मीरयुक्त भोजन

और इनमें सबसे महत्त्वपूर्ण तीन हैं- अनाज, हरे पत्ते और बीन्स।

1) अनाज खायें: कार्ब्स को हाँ कहें। यानि सही कार्ब्स को।

जब मैंने भारत में साबुत अनाज के पक्ष में बात करते हुये काम शुरु किया तब मुझे अहसास हुआ कि मैं एक बहुत बड़े मिथक के विरुद्ध काम कर रही थी जो वज़न घटाने को उत्सुक लोगों में प्रचलित था। बिना कार्ब वाली डाइट। सिर्फ़ मिथक। मिथक। मिथक! एक कार्ब रहित डाइट आपको उन आवश्यक ईंधनों से ही वंचित कर देती है जिनकी आपको ना सिर्फ़ वज़न घटाने के लिये, बल्कि आपके पाचन तंत्र को एक बढ़िया तेल लगी मशीन की तरह काम करने के लिये भी ज़रूरत है। अगर आप ऐसा करते हैं तो आप दिन के अंत में थके हुये और चिड़चिड़े हो जायेंगे। सीधी सच्ची बात ये है कि हमें स्वास्थ्य के स्वस्थ मंच पर आगे बढ़ते समय कॉम्प्लेक्स कार्ब्स के काम करने की आवश्यकता है।

कार्ब रहित डाइट के बदले, अपनी डाइट में कार्ब्स की मात्रा बढ़ा दीजिये; और समझ लीजिये कि आप वज़न घटाने की राह पर आगे चल दिये हैं। साथ ही, ये आपको लम्बे समय तक परिपूर्ण भी रखता है, क्योंकि शुगर धीरे-धीरे खंडित होती है, और वो आपके फ़ैट सेल्स में सोखी भी नहीं जाती। हम सभी को उन कार्बोहाइड्रेट्स की ज़रूरत है, क्योंकि ये तीन में से एक मैक्रोन्यूट्रिएंट है, और फ़ैट्स और प्रोटीन्स बाकि के दो हैं।

सदियों से साबुत और टूटा अनाज मनुष्य के लिये पोषक तत्त्वों का महत्त्वपूर्ण स्रोत रहे हैं। ये स्व परिरक्षित होते हैं, और खनिज, फ़ाइबर, विटामिन्स, और फ़ाइटोकेमिकल्स से भरपूर होते हैं, जो आपके स्प्लीन और पैंक्रियाज़ को मज़बूत करते हैं और आपके पेट को आराम पहुँचाते हैं। साबुत अनाज में ना घुलने वाला फ़ाइबर होता है, और ये वास्तव में वज़न का बढ़ना, कैंसर, और अन्य रोगों की रोकथाम

करते हैं। ये आपके खाने के लायक सम्पूर्ण आहार हैं। साबुत अनाज हमें सम्पूर्ण बनाते हैं, ठीक वैसे ही जैसे वो खुद अपने आप में सम्पूर्ण हैं। अगर आप कॉम्प्लेक्स कार्बोहाइड्रेट्स को कम कर देंगे, तो आपकी मीठी चीज़ों के प्रति लालसा बढ़ जायेगी, और अगर आप सिर्फ़ कच्चे सलाद और रस पर ही जीवित रहेंगे, तो आप भूखे रह जायेंगे। इसलिये लालसाओं को कम करने और वज़न घटाने के लिये अपने साबुत अनाज को खायें (अनप्रोसेस्ड)।

नोटः अगर आपको मल त्याग में परेशानी के लक्षण (इरिटेबल बॉवेल सिंड्रोम) या विकार (इरिटेबल बॉवेल डिसॉर्डर) हैं तो बहुत अधिक साबुत अनाज खाने के प्रति सावधान रहें (ख़ास कर ब्राउन राइस)। बहुत अधिक फ़ाइबर आपके पेट को नुकसान पहुँचा सकता है। लेकिन अगर आप इन रोगों से परेशान हैं, तो सीमित मात्रा में साबुत अनाज खाना लाभकारी है क्योंकि फ़ाइबर मल को फुला कर पाचन तंत्र को स्वस्थ रखते हैं।

अनाज से आपके मस्तिष्क को लाभ

हमारे आजकल जैसे तनावग्रस्त समय में, हमें अपने मस्तिष्क को प्रसन्न और शांत रखने की आवश्यकता है। हम जो खाना खाते हैं, वो इसमें एक महत्त्वपूर्ण भूमिका निभाता है। क्या आप जानते हैं कि क्यों योग में मीट और अन्य गर्मी और सुस्ती पैदा करने वाले भोजनों की बजाय ताज़ी सब्ज़ियों और फलों के सत्त्विक आहार का समर्थन किया जाता है ? ये किसी सांस्कृतिक या पारम्परिक कारणों से नहीं है। ऐसा इसलिये है क्योंकि सब्ज़ियाँ और साबुत अनाज ऊर्जा के प्रथम स्रोत हैं। मस्तिष्क की ऊर्जा का प्रमुख स्रोत है ग्लुकोज़ लेकिन, ग्लुकोज़ की आवश्यकता का ये अर्थ नहीं हैं कि सॉफ्ट ड्रिंक्स, डेज़र्ट्स और मिठाइयों को ज़्यादा खाने से आप बड़ी समझदारी का प्रदर्शन करेंगे।

साबुत अनाज कॉम्प्लेक्स कार्बोहाइड्रेट्स को खंडित करता है, जो ब्लड शुगर के स्तर को शांतिपूर्ण तरीके से बढ़ाता है और न्यूरोट्रांस्मिटर्स के उत्पादन में भी वृद्धि करता है– न्यूरोट्रांस्मिटर्स वो केमिकल्स हैं जो मस्तिष्क के सेल्स या न्यूरोंस के बीच संचार को सुगम बनाते हैं। उदाहरण के लिये, न्यूरोट्रांस्मिटर सेरोटोनिन नींद और दर्द

को नियंत्रित करता है और मनोदशा को भी प्रभावित करता है। जब सेरोटोनिन की पूर्ति कम मात्रा में होती है, तो ये अनिद्रा और अवसाद जैसी मनोदशा के रूप में प्रकट होती है।

जब बात भोजन से एक सम्पूर्ण पौष्टिक रूपरेखा प्राप्त करने की आती है, तो साबुत अनाज आपको वो सब देते हैं जो आपको चाहिये। लेकिन हम पहले ब्राउन राइस पर एक नज़र डालें जिसके इर्दगिर्द इस आहार में बाकी सब कुछ निर्मित किया गया है।

5 कारण कि क्यों आपको ब्राउन राइस को चुनना चाहिये

भारत में हम ब्राउन राइस (देखें रेसेपी विभाग) को पुनः खोजने की प्रक्रिया में हैं, और मैं ब्राउन राइस को ठीक वैसे प्रमुख आहार के रूप में देखना चाहूँगी जैसे हमारे खाने की टेबल पर गेहूँ होता है। भोजन की अपनी ऊर्जाएँ होती हैं, और अगर आप यिन और यैंग के चार्ट को दोबारा देखें, तो अनाज यैंग हैं और इनमें भी ब्राउन राइस में यिन के विरुद्ध बहुत ही सबल यैंग ऊर्जा है, जो ऊर्जा को विस्तृत करती है। इसे अपने शरीर के लिये दैनिक अमृत के रूप में मानिये। "द हिप चिक्स गाइड टू मैक्रोबायोटिक्स" की लेखिका जेसिका पोर्टर कहती हैं, "ब्राउन राइस खनिज, प्रोटीन और कार्बोहाइड्रेट्स के बीच में ऐसे संतुलन स्थापित करता है कि ये प्रकृति की ऊर्जाओं को बड़ी ख़ूबसूरती से प्रतिबिम्बित करता है।"

1) ब्राउन राइस ब्लड शुगर को सकारात्मक रूप से प्रभावित करता है। एक कॉम्प्लेक्स कार्बोहाइड्रेट, जब ठीक तरह से चबा कर खाया जाए, आपको सही शुगर स्थायी रूप से प्रदान करता है, जो आपको दिनभर ऊर्जावान रखते हैं।
2) इसमें लगभग सत्तर ऐंटी एजिंग ऐंटीऑक्सीडेंट्स हैं, विशेष रूप से विटामिन ई, जो की सर्वविदित है कि आपके सुन्दर रूप के लिये सर्वोत्तम है।
3) ब्राउन राइस बी विटामिनों और ट्रेस मिनरल्स से भरपूर है, और बस यही वो तत्त्व हैं जो आपके चेहरे पर दमक लाने,

घने और काले बालों, और नाखूनों के लिये काम करते हैं (जिनकी हमारी भारतीय डाइट में कमी है)।

सुपर अनाजः राजगीरा और कीनोआ

राजगीरा एक साबुत अनाज है (आटे के रूप में भी प्रयोग किया जाता है) जिसमें दूध की अपेक्षा कैल्शियम और प्रोटीन का स्तर ज़्यादा है। जब अन्य अनाजों के साथ मिलाया जाये, तो इसकी अमीनो ऐसिड प्रोफ़ाइल मीट से ज़्यादा ऊँची हो जाती है। अगर आप इस अनाज को अंकुरित कर लें, तो ये ऊर्जा और पोषण की एक अनमोल ख़ुराक है। ये उन लोगों के लिये उत्तम है जो प्रोटीन का एक भरपूर स्रोत ढूँढ रहे हैं, या वज़न घटाने का प्रयास कर रहे हैं, और स्तन पान कराने वाली माताओं तथा नन्हे बच्चों के लिये भी बढ़िया है, ख़ास कर अगर आपका बच्चा दूध पसन्द नहीं करता। साथ ही, अगर आप माँसाहारी से शाकाहारी बनने की प्रक्रिया में हैं, और आपका शरीर अभी भी शाकाहारी स्रोतों से प्राप्त होने वाले प्रोटीन के प्रति अभ्यस्त हो रहा है, तो आप राजगीरा को किसी अन्य अनाज (जैसे गेहूँ या ज्वार) के साथ मिलाने के बारे में विचार करें, और अपने शरीर में प्रोटीन को बनाये रखने के लिये इसे हफ़्ते में दो बार अवश्य खायें। ये कैल्शियम से भरपूर है, जो खाँसी, सर्दी और फ़्लू से लड़ता है। मैं राजगीरा के आटे को रोटी के लिये प्रयोग करती हूँ, और उसके साथ पालक या मेथी मिलाती हूँ। इसका टेक्स्चर शानदार होता है और जब भी मेरे घर मेहमान आते हैं, वे मुझे बधाई देते हुए बताते हैं कि उसे खाना उन्हें कितना अच्छा लगता है। मैं राजगीरा में ज्वार का आटा मिला कर मफिंस भी बनाती हूँ; ये उन्हें चिपचिपाहट रहित और प्रोटीन से भरपूर स्नैक का रूप देता है।

कीनोआ एक अमीनो ऐसिड (प्रोटीन) और मैग्नेशियम से भरपूर बीज है। ये दक्षिण अफ़्रीका की मूल उपज है, और एक ज़माने में इसे "द गोल्ड ऑफ द इंकाज़" या इंका लोगों का स्वर्ण कहा जाता था, जिन्होंने अपने योद्धाओं में आंतरिक शक्तिको बढ़ाने के लिये इसकी कीमत को पहचाना। ये अनाज आपकी रक्त वाहिनियों को शिथिल करते हुये सिरदर्द को कम करता है (माइग्रेन के रोगियों के

लिये उत्तम) और उच्च रक्तचाप और लकवे की सम्भावना को भी कम करता है। ये चिपचिपाहट रहित और हज़म करने में आसान है। किनोआ को पोहे मे मिला कर लिया जा सकता है या फिर सवेरे दलिया में मेवे और मेवे के दूध के साथ मिला के भी लिया जा सकता है।

4) ये Q10 (शरीर में निर्मित होने वाला) जैसे ऐन्टीऑक्सिडेंट्स से भी भरपूर है, जो फ़ैट्स और शुगर को ऊर्जा में परिवर्तित करने, मोटापे को कम करने, बढ़ती उम्र की रफ़्तार को रोकने आदि में मदद करता है, और डायबेटिक्स के लिये अति उत्तम है। गामा ओरिज़ेनोल, एक और ऐंटीऑक्सिडेंट, जो फ़ैट को लीन बॉडी मास में परिवर्तित करता है, के होने के कारण ब्राउन राइस वास्तव फ़ैट को घटाने में मदद करता है। ब्राउन राइस में एक एंजाइम ऐंटीऑक्सिडेंट है जो शरीर में बल्गम को कम करता है और फेफड़ों को मज़बूत करता है। इसमे आल्फ़ा लिपोइक ऐसिड भी है, एक और ऐंटीऑक्सिडेंट, जो लीवर को युवा रखता है और उम्र की रफ़्तार को धीमा करता है।

5) राइस ब्रान को यदि ख़मीरा जाये, तो ये आपके आंतरिक अंगों को सशक्त करता है, विशेषकर थाइमस, एड्रीनल्स और थाइरॉइड को। जब मेरे पिता को कैंसर था, तो हमने उन्हें राइस ब्रान और शिताक मशरूम का सत्व (MGN-3) दिया जो प्राकृतिक सेल्स को सक्रिय करता है और रोग प्रतिरोधक शक्ति को बढ़ाता है। उनके डॉक्टर्स को हमेशा अचम्भा होता था कि उनका ब्लड काउंट और आवश्यक मापदंड हमेशा सामान्य रहते थे और वे मुझसे पूछते थे कि मैं उन्हें क्या दे रही थी। ब्राउन राइस आपकी रोग प्रतिरोधक क्रियाओं में सहायक सिद्ध होगा।

#स्वादिष्ट ब्राउन राइस रेसेपीज़ के लिये देखें रेसेपी विभाग।

अपने भोजन में ग्लूटेन (आटे की लस) के बारे में जानें।

ग्लूटेन के प्रति असहिष्णुता का क्या अर्थ है?

यदि कोई व्यक्ति ग्लूटेन के प्रति असहिष्णु है, तो इसका अर्थ ये है कि वो आटे और ओट्स, पास्ता, मैदा, प्रोसेस्ड आटा और बाजरे का आटा जैसे अन्य उत्पादों के प्रति लगभग तुरंत ही प्रतिक्रिया दिखायेगा, जिनमें सबमें ग्लूटेन होता है। लक्षणों में डकार आना, साँसों में घरघराहट, गैस, मल त्याग में परेशानी, थकान, और अस्थिर मनोदशा हो सकते हैं। कुछ लोग इस समस्या को पहचाने बिना ही सालों तक ग्लूटेन के प्रति असहिष्णुता के साथ जीते हैं। और सबसे बड़ी बात, कि कोई भी डॉक्टर इस समस्या को तुरंत पहचान भी नहीं सकता; यदि आप इन लक्षणों का कारण नहीं समझ पाते, तो आपको एलर्जी टेस्ट कराने की सलाह दी जाती है।

आपको सफ़ेद आटे और अन्य ग्लूटेन आटों (ऊपर बताये गयी आटे) से बने प्रोसेस्ड फ़ूड जैसे पास्ता (रिफ़ाइंड आटा), केक, पीट्ज़ा, सफ़ेद ब्रेड, पाइज़, कुकीज़, गेहूँ, अधिकतर रेडीमेड सलाद ड्रेसिंग्स, सोय सॉस और अन्य सॉस को त्याग देना चाहिये।

आप कैसे जानेंगे कि आप ग्लूटेन के प्रति असहिष्णु हैं?

एक भोजन डायरी बनाकर रखना और ग्लूटेन युक्त खाद्यों के प्रति अपनी प्रतिक्रिया को समझना मददगार साबित हो सकता है। एक और तरीक़ा है ग्लूटेन युक्त भोजन को अपने आहार में से निकाल कर उसका प्रभाव देखना। साथ ही सभी फ़ूड लेबल्स की भी जाँच करें, क्योंकि अधिकतर पैकेज्ड उत्पादों जैसे बेक्ड बीन्स, बेकिंग पाउडर, बीयर, कैन में रखा मीट और अन्य कैन में रखा खाद्य, सलाद ड्रेसिंग, सॉस, और चीज़ उत्पादों की लेबल पर ग्लूटेन स्टार्च, एमल्सिफ़ायर्स, फ़्लेवरिंग्स, हाइड्रोजेनेटेड प्लांट प्रोटीन या स्टेबिलाइजर के रूप में दिखता है। सौभाग्य से ग्लूटेन के प्रति असहिष्णु व्यक्ति के लिये कई विकल्प हैं। ये हैं ज्वार, अमरंथ (अधिकतर दुकानों मे राजगीरा के नाम से जाना जाता है), बकवीट या कुट्टू या विशेष स्टोर्स में मिलने वाला सोबा नूडल्स, कॉर्न मील– आम दुकानों में

मक्के का आटा और विशेष स्टोर्स में पोलेंटा के नाम से जाना जाने वाला, ब्राउन राइस आटा जिसको घर पर भी गेहूँ की तरह पीस कर बनाया जा सकता है, और कीनोआ जो केवल विशेष स्टोर्स मे ही उपलब्ध होता है। इन सब को किसी भी ग्लूटेन अनाज की जगह आपके आहार में इस्तेमाल किया जा सकता है।

शेखर कपूर मेरे प्रोग्राम से जुड़े क्योंकि वो ग्लूटेन के प्रति असहिष्णु थे, और मैं समझती थी कि उनकी ज़रूरतों को कैसे पूरा किया जाये। शेखर के लिये विदेश में ग्लूटेन रहित पद्धति का पालन करना आसान है, लेकिन जब वो यहाँ होते हैं, तो मुझसे ही अपना भोजन मँगवाते हैं। मेरे द्वारा बतायी गई ग्लूटेन रहित डाइट लेने के बाद शेखर का ये कहना हैः

शोनाली की भोजन पद्धति एक ऐसी पद्धति है जिसका डॉक्टर्स ने कभी सुझाव ही नहीं दिया। मैंने कभी सोचा ही नहीं था कि एक डाइट मेरे सोचने के तरीके तक को इतने महत्त्वपूर्ण तरीके से बदल सकती है। काश मुझे ये सब पहले पता होता। पहले मैं यही सोच के हैरान रहता था कि मैं इतना थका हुआ क्यों रहता हूँ, लेकिन वो सब शोनाली की ग्लूटेन रहित डाइट मिलने के बाद बन्द हो गया। और मुझे अपने अन्दर के पंजाबी के साथ भी कभी समझौता नहीं करना पड़ा। जब कभी मुझे देसी खाना खाने की इच्छा होती है तो वो मेरे लिये स्वादिष्ट राजमा चावल भी बना देती है।

शेखर कपूर– फ़िल्म निर्देशक

आप कैसे जानेंगे कि आप साबुत अनाज खा रहे हैं

कोई भी भोजन जिसमें साबुत अनाज का अल्प भाग भी है, उसे "साबुत अनाज" का नाम दिया जा सकता है। अगर लेबल पर पहली सामग्री की जगह 'एनरिच्ड' या 'स्टोन ग्राउंड' लिखा हो, तो उसे वहीं शेल्फ पर वापस रख दीजिये। आपको लेबल पर पहली सामग्री की जगह 'होल' या 'सबुत' शब्द ढूँढना चाहिये। दुर्भाग्य से भारत में, खाद्य सम्बन्धी नियम इतने सख़्त नहीं हैं कि पैकेज पर सभी सामग्री लिखी जाये। यहाँ तक कि ब्रेड जिसमें 'वीट ब्रान' या 'साबुत अनाज होने का दावा किया जाता है, उसमें भी प्रोसेस्ड वाइट आटे की कुछ मात्रा

अवश्य होगी। साबुत अनाज की एक अच्छी सर्विंग में प्रति सर्विंग 3 ग्राम या अधिक फ़ाइबर होगा।

डायबेटिक लोगों की ये धारणा होती है कि सारे चावल उनके लिये हानिकारक हैं। ये धारणा बिलकुल ग़लत है। डायबेटिक लोगों के लिये ब्राउन राइस या कोई भी अन्य साबुत अनाज खाना बिलकुल सुरक्षित है। कृपया साबुत अनाज की सूची को देखें। अनाजों के लिये अनुशांसित शॉपिंग लिस्ट देखें (पृष्ठ 162)।

2) सुंदर हरी सब्ज़ियाँ

आप चाहे बुरा माने या भला मानें, हमें इस तथ्य को तो स्वीकार करना ही पड़ेगा कि हमारे शरीर के लिये हमारी सब्ज़ियों से बेहतर कुछ नहीं है। उनमे प्रोटीन, कार्बोहाइड्रेट्स, फ़ाइबर, खनिज, विटामिन्स, फाइटोकेमिकल्स (ऐंटीऑक्सीडेंट्स), और अन्य आवश्यक तत्त्व होते हैं जो हमें बनाये रखते हैं। अनाज के साथ खाये जाने पर वे संतुलन पैदा करते हैं और इनमें रोगहारी प्रवृत्ति होती है। सब्ज़ियों मे जो एंज़ाइम्स होते हैं वो पाचन तन्त्र को स्वच्छ करने में मदद करते हैं और माँसाहारी भोजन के साथ मिला कर खाने पर माँसाहारियों के लिये विशेष रूप से लाभकारी हैं क्योंकि माँसाहारी भोजन यैंग है, जिसे हरी पत्तेदार सब्ज़ियाँ, जो यिन है, संतुलित करती हैं। इन्हें आपके दैनिक भोजन की ख़ुराक का 25 से 30 प्रतिशत भाग बनाना चाहिये।

हर सब्ज़ी की अपनी विशेषता होती है और आपको इन्हें खाने के लिये चुनने से पहले कुछ तथ्य ध्यान में रखने चाहिये। मैं उन्हें आपके लिये सरल बना कर प्रस्तुत करती हूँः

(1) जो सब्ज़ियाँ जमीन से ऊपर उगती हैं उनमें ऊर्ध्वगामी ऊर्जा होती है। ये आपके शरीर के ऊपरी अंगों को प्रभावित करते हैं, विशेष रूप से फेफड़े, गला, और हृदय, और ये शरीर में हल्कापन और ताज़गी लाते हैं, क्योंकि ये शरीर को ऑक्सीजन देकर हमारी सेल्स की संरचना को हीमोग्लोबिन उत्पन्न करने में मदद करते हैं। सभी हरे पौधों में क्लोरोफ़िल नामक एक तत्त्व होता है जो उन्हें हरा बनाता है।

क्लोरोफ़िल और कैरोटीन मिल कर रक्त को बनाने और शुद्ध करने, टिशूज़ के पुनर्निर्माण करने, आँतों को स्वस्थ रखने, लिवर के कार्य को सुधारने, एंज़ाइम्स, ख़ास कर वो जो ई, ए और के, जो आपके सुन्दर दिखते रहने के लिये ज़रूरी हैं, को उत्पन्न करने का काम करते हैं। इन सभी सब्ज़ियों में क्लोरोफ़िल होता है, ये रक्त की हालत को सुधारते हैं और रक्त की कमी को भी दूर करते हैं।

उदाहरणः हरी पत्तेदार सब्ज़ियाँ जैसे हरी प्याज़, पालक, मेथी, ब्रोक्कली, पार्स्ले, हरा धनिया, कासनी, और चाइनीज पत्तागोभी।

(2) जो सब्ज़ियाँ आड़ी उगती हैं, या जमीन के समानांतर उगती हैं, उनमें फैलने वाली ऊर्जा होती है। वो शरीर के निचले और ऊपरी भागों को प्रभावित करेंगी जैसे पेट, आँत, और जननेन्द्रियाँ।

उदाहरणः खीरा, तोरई, कमल ककड़ी, और आलू।

(3) जो सब्ज़ियाँ जमीन के नीचे उगती हैं लेकिन अपने पत्तों को ज़मीन के ऊपर भेजती हैं, उनमें निम्नगामी ऊर्जा होती है। वो आपके पाचन तंत्र को ऊर्जा देते हैं और स्थिरता, ऊर्जा और आत्म विश्वास प्रदान करते हैं।

उदाहरणः जड़ के रूप में सब्ज़ियाँ जैसे गाजर, सफ़ेद और लाल मूली, शलजम और चुकन्दर।

(4) जो सब्ज़ियाँ जमीन की सतह के पास उगती हैं, उनमें आंतरिक ऊर्जा होती है। ये जड़ के रूप में सब्ज़ियों के समान ही होते हैं। उनका फूला हुआ गोल आकार हमारे शरीर के निचले अंगों को संतुलित करने में मदद करता है, ख़ास कर पका कर खाने के बाद। ये पेट में एक ऊष्ण आन्तरिक ऊर्जा भी उत्पन्न करते हैं (राउंड वेजिटेबल सूप के लिये रेसेपी विभाग देखें)।

उदाहरणः गोल सब्ज़ियाँ जैसे प्याज़, कद्दू, पत्तागोभी, फूलगोभी, और लाल कद्दू।

ये आपके लिये क्या मायने रखता है?

एक सलाहकार के रूप में, मैं लोगों का इलाज करने के लिये

सब्ज़ियों का प्रयोग उनके गुणों को देखते हुए करती हूँ। उदाहरण के लिये श्वास की नली या फेफड़ों से जुड़ी परेशानियों के लिये घरेलू इलाज है कमल ककड़ी से बनी ड्रिंक। आइये देखें कि ये कैसे काम करती है। कमल की जड़ पानी में उगती है और काफ़ी गहरे तक नीचे जाती है। इसमें आड़ी या फैलने वाली ऊर्जा होती है, और जब इसे काटा जाता है, तो ये हमारे फेफड़ों के आंतरिक कोष्ठ की तरह दिखते हैं और फेफड़ों के अन्दर के एल्वियोली और ब्राँकियोल्स की तरह इनमें जाले जैसे आकर बने रहते हैं। इन सभी बताये गए तत्त्वों के कारण इस सब्ज़ी में फेफड़ों में गहरे जाकर उनकी सफ़ाई करके (बल्गम निकाल के) उनमें संतुलन को पुनः स्थापित करने की क्षमता होती है। आपको इसकी आरोग्य प्रदान करने की शक्ति के बारे में तभी पता चलेगा जब आप इसका सेवन करेंगे। इन सब के पीछे कारण है कि ये कैसे उगते हैं, कहाँ उगते हैं और इन तत्त्वों के कारण इनमें निहित ऊर्जा। लेकिन इसका ये मतलब नहीं है कि आप इसके पीछे पागल हो जायें।

हमें ये करना चाहिये कि संतुलन प्राप्त करने के लिये हम सही सब्ज़ियाँ, अनाज और बीन्स को सही पकाने कि विधि के साथ मिला कर खायें। जैसे, मूली मिट्टी से उगती है और कमल ककड़ी पानी में– और जब आप दोनों को खायेंगे तो दोनों का ऊर्जात्मक प्रभाव अलग अलग होगा। मूली ज़्यादा शक्तिशाली ऊर्जा वाली होगी जबकि कमल ककड़ी नरम, बहती हुई ऊर्जा वाली होगी। जब मैं आपको बताऊँगी कि इन सब्ज़ियों को हम घरेलू उपचार में कैसे इस्तेमाल करते हैं, तो आपके स्वास्थ्य के लिये इनका ऊर्जात्मक योगदान आपके लिये और भी स्पष्ट हो जायेगा। नीचे दिये गये उदाहरण मेरी बात को और भी स्पष्ट कर देंगे।

दृश्य 1: सर्दी का मौसम है और आपको ठंड लग रही है। साथ ही ऑफिस में आपका दिन बहुत ही कठिन गुज़रा। अब आपके लिये भोजन में सही ऊर्जात्मक सन्तुलन क्या होगा जो कि तृप्ति और पोषण, दोनों ही दिलाये?

यहाँ उद्देश्य होगा आपकी ऊर्जा को स्थिर करना और आपको कुछ गरमी प्रदान करना।

तो हम जानते हैं कि बाहर ठंड है, यिन, तो हम यैंग भोजन और यैंग पकाने की विधियों को चाह रहे हैं जो हमें गर्मी दें। मैं धीमी आँच पर पकाये गये स्ट्यू, जो मुख्यतः गोल सब्ज़ियों, जैसे शकरकन्दी, शलजम, स्क्वाश (सभी यैंग), और एक पौष्टिक बीन सूप जिसमें थोड़ा सा ब्राउन राइस मिलाया हुआ हो, की सलाह दूँगी - ये ना केवल आपको पोषण देगा, बल्कि आपकी ऊर्जा को भी स्थिर करेगा और आपके शरीर को ज़रूरी गर्मी भी प्रदान करेगा। सब्ज़ियों के साथ धीमे पकाने की विधि पेट/स्प्लीन में एक अन्दर की ओर जाने वाली ऊर्जा प्रदान करती है।

दृश्य 2: दूसरी ओर ये एक गरम दिन है, और आप बाहर धूप में तपते रहे हैं (यैंग ऊर्जा), और आप इस ऊर्जा को बिखेरना चाहते हैं, तो आप क्या करेंगे ? क्या आप ऊपर बताया गया आहार ले पायेंगे ? नहीं, ये आपको और भी अधिक गरम कर देगा।

यहाँ उद्देश्य होगा उस यैंग ऊर्जा के कुछ अंश को बिखेर कर आपको ठंडक पहुँचाना।

सम्भवतः आप आवश्यक संतुलन लाने के लिये आधा कच्चा और आधा ब्लांच किया हुआ सलाद लेंगे (यिन), और साथ में हरा प्याज़, एस्परागस, और हरी पत्तेदार सब्ज़ियाँ, खीरे का ठंडा सूप और शायद बाजरे जैसा कोई हल्का अनाज। यहाँ बाजरा ब्राउन राइस (यैंग) की तुलना में यिन है।

#स्वादिष्ट वेजिटेबल सूप की रेसेपीज़ के लिये रेसेपी विभाग देखें।

अद्भुत सब्ज़ियाँ जो आपकी लालसाओं को नियंत्रित और आपके वज़न को स्थिर रखती हैं

1) मीठी सब्ज़ियाँ: मीठी सब्ज़ियाँ जैसे लाल कद्दू (भोपला), पत्तागोभी, गाजर, प्याज़, शकरकन्दी, और चुकन्दर अच्छी गुणवत्ता वाले यिन खाद्य

हैं जो आपकी मीठे खाने की लालसा को कम कर देंगे। हालाँकि ये अपना असर दिखाने में समय लेंगे, लेकिन आपको फ़र्क़ नज़र आयेगा। इन सब्ज़ियों की मिठास आपके स्प्लीन, पैंक्रियाज़, और पेट को सशक्त करती है– पाचन और ब्लड शुगर के स्तर को नियंत्रित करने वाले तीन मुख्य अंग।

वज़न घटाने की योजनाओं में डाइटीशियंस जो पहली बात कहते हैं वो ये है की आपको मिठाइयों को छोड़ना होगा। लेकिन वो आपको ये नहीं बताते कि आपको सम्पूर्ण रूप से प्राकृतिक खाद्यों से मिलने वाली मिठास से अपने आप को वंचित नहीं रखना है। जब आपकी चॉकलेट केक खाने की इच्छा बलवती होती है, तो आपको कटोरी भर उबली हुई मीठी सब्ज़ियों से संतुष्टी नहीं होगी। लेकिन अगर आप ये मीठी सब्ज़ियाँ नियमित रूप से खायेंगे, तो उस चॉकलेट केक की पकड़ आप पर धीरे-धीरे ढ़ीली पड़ने लगेगी और आप इसे खाने से अपने आप को रोक पायेंगे। साबुत अनाजों और सब्ज़ियों से प्राप्त शुगर आपकी माँसपेशियों, नसों के लिये आवश्यक अस्त्र का काम करती है और आपके शरीर के अन्य सभी कार्यों के लिये ऊर्जा का स्रोत है। आप मीठे की इच्छा करना छोड़ देते हैं, क्योंकि आपका शरीर सही मिठास से सारे समय पोषित हो रहा है। एक बार आपकी ब्लड शुगर स्थिर हो जाए, तो आप भी स्थिर हो जाते हैं।

2) हरी सब्ज़ियाँ: क्या आप वज़न घटाना चाहते हैं? तो फिर ये सब्ज़ियों का वो समूह है जिसे आपको अपनी डाइट में रोज़ शामिल करना चाहिये। और मेरा मतलब है कि हर रोज़। लिवर आपके शरीर का सबसे शक्तिशाली अंग है और फ़ैट, प्रोटीन, और कार्बोहाइड्रेट्स को प्रोसेस करता है। ये मलिन रक्त और तरल पदार्थों को भी शरीर से बाहर निकालता है। अपने लिवर को जंक, चिकनाई युक्त और प्रोसेस्ड भोजन से लाद देने से आपको वज़न घटाने में मदद नहीं मिलेगी। सभी क्लोरोफ़िल युक्त पौधे कैरोटीन को विटामिन ए में बदलते हैं जो कि हरी सब्ज़ियों और स्पाइरुलिना में उपस्थित रहता है। ये शरीर में प्रोटीन के सही मेटाबॉलिज़्म के लिये आवश्यक है। हरी सब्ज़ियाँ आपके लिवर को स्वच्छ करके उसके भार को कम करती हैं। आपके लिवर को कड़वा स्वाद पसन्द है। कड़वी हरी सब्ज़ियाँ (प्रोविटामिन ए से

भरपूर) जैसे मेथी, अरुगुला, सरसों और एस्परागस सबसे उत्तम हैं। ये लिवर को फ़ैट और प्रोटीन को खंडित करने में मदद करते हैं जो लिवर में ख़राब रक्त की मात्रा को बढ़ाते हैं। नींबू और कड़वे स्वाद वाले हरे पत्तों का इस्तेमाल करने से लिवर को पुनः संतुलित करने में मदद मिलती है।

3) हर्ब्सः लिवर को हर्ब्स का तीखा ज़ायका बहुत पसन्द है, जैसे तेज़पत्ता, हल्दी, तुलसी, इलायची, जीरा, सुहा या सोआ, अदरक, काली मिर्च, और पुदीना। ये सब आपके वज़न को भी नियंत्रित रखते हैं।

4) सब्ज़ियाँ जो आपके फ़ै ट को पिघला देती हैं और लिवर को स्वच्छ करती हैं: आप जो फ़ैट और प्रोटीन खाते हैं, वो आपके शरीर द्वारा कभी भी पूरी तरह संसाधित नहीं किया जाता (अगर ख़राब गुणवत्ता वाला हो तो); इसलिये आपका वज़न बढ़ता जाता है। सफ़ेद और लाल मूली में वज़न को घटाने के लिये सब कुछ है (देखें रेसेपी पृष्ठ 324, साथ ही देखें गाजर-सफ़ेद मूली उपचार)। सफ़ेद मूली में वो सभी विटामिन्स और खनिज हैं, जो आपको वज़न घटाने के लिये चाहिये। ये आपके थाइरॉइड, ब्लड शुगर के स्तर को सक्रिय करती है, शुगर और ऊर्जा के लिये ग्लूकोज के प्रयोग को कार्यान्वित करती है। लेकिन इसका ये मतलब नहीं है कि आप इसे बेहिसाब खायें। शुरुआत के लिये इसे अपने आहार में थोड़ा थोड़ा करके शामिल करें। इसे सूप में अतिरिक्त सामग्री के रूप में प्रयोग करें (जो कि शरीर के लिये इसका इस्तेमाल करने की सबसे निपुण विधि है) या सब्ज़ी के रूप में पका कर खायें। साथ ही शलजम, प्याज़, हरी प्याज़ और लीक को भी शामिल करें। पीली सब्ज़ियाँ (गाजर, कद्दू, और शकरकन्दी) प्रोविटामिन ए से भरपूर हैं, जो आपके लिवर को साफ़ करने में मदद करती हैं।

5) स्पाइरुलिनाः हिपॉक्रेट्स ने कहा था, "प्रकृति का अपने चिकित्सक के रूप में इस्तेमाल करो"। इसीलिये कुत्ते अपने पाचन तंत्र को साफ़ करने के लिये पत्ते खाते हैं, जो क्लोरोफ़िल से भरपूर हैं। फिलहाल स्पाइरुलीन भारत में मिलने वाला एकमात्र समुद्री एलगी (शैवाल) है (पाउडर और कैपस्यूल रूप में उपलब्ध) और ये लिवर को साफ़ रखने में मदद करेगा, क्योंकि ये क्लोरोफ़िल से भरपूर खाद्य है। स्पाइरुलिना

क्लोरोफ़िल से भरपूर है, और क्लोरोफ़िल से भरपूर खाद्यों की विशेषता होती है लिवर से विषाक्त पदार्थों को निकाल कर उसकी कार्यक्षमता को बेहतर बनाना। क्लोरोफ़िल की आणविक संरचना हीमोग्लोबिन (रेड ब्लड सेल्स) जैसी ही होती है, इसलिये ये वास्तव में रक्त को समृद्ध बनाता है। जो खाद्य लिवर पर नकारात्मक प्रभाव डालते हैं, वो हैं गरिष्ठ, चिकनाई युक्त खाद्य और अत्यधिक पशु आधारित भोजन। ये खाद्य लिवर को सुस्त करते हैं और ये वज़न बढ़ने का एक मुख्य कारण है। लिवर रक्त को एकत्रित और शुद्ध करता है, जिससे शरीर में रक्त का प्रवाह बढ़े। क्लोरोफ़िल से भरपूर खाद्य जैसे स्पाइरुलिना इस रक्त प्रवाह में सहायक सिद्ध होते हैं। अगर ग़लत भोजन के कारण लिवर का बोझ बढ़ जाता है और इसका कार्य रुक जाता है, तो इसके परिणाम स्वरूप रक्त में अशुद्धियाँ उत्पन्न होती हैं जिनसे त्वचा में विकार, मुँहासे, ऐसिडोसिस और विषाक्त रक्त जैसी परेशानियाँ हो सकती हैं जिनसे अन्य स्वास्थ्य सम्बन्धी मुद्दे उठ सक सकते हैं।

स्पाइरुलिना पर एक नोटः अगर आपका स्वास्थ्य अच्छा है, तो आप दिन में दो बार 1 छोटा चम्मच या 5 ग्राम की टेबलेट ले सकते हैं। कुछ लोगों को इसका स्वाद पसन्द नहीं आता, तो शायद वो इसे किसी सब्ज़ी के रस (जैसे गाजर) में मिला कर लेना चाहें। अगर आप अभी शुरुआत ही कर रहे हैं, तो सिर्फ़ (छोटे चम्मच से ही करें, और भोजन से 11/2 घंटा पहले लें। सिरदर्द या थोड़ी सी बदहज़मी सामान्य है, क्योंकि ये संकेत है कि ये एलगी (शैवाल) आपके शरीर पर काम कर रहा है। 1 चम्मच स्पाइरुलिना 1 आउंस बीफ़ के बराबर होता है।

6) शीटाकी मशरूमः ये जादुई फफूँद रक्त को शुद्ध करता है, रोग प्रतिरोधक शक्ति को बढ़ाता है, आपके वज़न को बढ़ने नहीं देता, और आपके कॉलेस्ट्राल और रक्त चाप को कम करता है। ये आपके रक्त की स्थिति को प्रभावित करता है और आपके ब्लड शुगर के स्तर को नियंत्रित करता है। अगर हो सके तो इन्हें अपनी डाइट में शामिल करें, लेकिन कृपया इनका अत्यधिक सेवन ना करें।

#टिपः इनका इस्तेमाल करने से पहले इनको 20 मिनट तक पानी में भिगो कर रखना होता है।

7) पत्तागोभी परिवारः ब्रॉक्कली, हरी और लाल पत्तागोभी, पाक चोई, फूलगोभी, शलजम (पत्तों सहित), गाँठ गोभी, ये सब कैंसर की रोकथाम करते हैं। जब इन सब्ज़ियों को चबाया जाता है, तो ये कुछ ऐसे एंज़ाइम्स को स्रावित करते हैं जो लिवर को विषाक्त पदार्थों से मुक्त कर लिवर को बेहतर काम करने में मदद करते हैं। इनमें फ़ैट कम होता है, इसलिये ये आपके वज़न को भी नियंत्रित करने में मदद करेंगे।

सब्ज़ियों को पकाने के लिये टिप्स

1. सब्ज़ियों को कम से कम पानी में पकायें। उन्हें उनके अपने रस में ही पकने दें। इससे उसके पोषक तत्त्व नष्ट नहीं होंगे।
2. गर्मियों में उन्हें जितना जल्दी हो सके पकायें, और सर्दियों या मानसून में लम्बी पकाने विधि का प्रयोग करें। पोषक तत्त्वों को बनाये रखने और ज़ायके को सुरक्षित रखने के लिये ढक कर पकायें।
3. पकाते समय शुरु में ही नमक डाल देने से उनका रंग बना रहता है। सब्ज़ियों के रंग को उभारने के लिये बेकिंग सोडा या रंगों का प्रयोग ना करें, क्योंकि ये हानिकारक हैं।
4. स्टेनलेस स्टील, लोहे या नॉन स्टिक बर्तन में ही पकायें क्योंकि अधिकतर सब्ज़ियों में ऐसिड होता है और ऐल्युमीनियम और अन्य कुकवेयर प्रतिक्रियात्मक होते हैं और भोजन को बेस्वाद कर देते हैं।
5. जहाँ तक सम्भव हो, छिलकों समेत ही पकायें क्योंकि सारे पोषक तत्त्व छिलके में ही हैं। इस्तेमाल से पहले रगड़ कर साफ़ करने के लिये एक अच्छे वेजिटेबल ब्रश का प्रयोग करें।
6. सलाद के पत्तों को इस्तेमाल करने से पहले बर्फ़ के ठंडे पानी में डुबायें। इससे ये करारे हो जाते हैं।

3) उत्तम बीन्स और रसीली फलियाँ

सभी बीन्स में पोषक तत्त्व होते हैं और ये फ़ाइबर का एक अच्छ स्रोत हैं, क्योंकि इनमें सिर्फ़ अनसैचुरेटेड फ़ैट, प्रोटीन, फ़ोलेट, ट्रेस मिनरल्स, और साथ ही सभी बी विटामिन्स होते हैं जो हमें धीमी और निरंतर ऊर्जा प्रदान करते हैं जिससे रक्त की गुणवत्ता और अधिक सशक्त होगी। जब इन्हें साबुत अनाज के साथ मिला दिया जाता है, तो इनके प्रोटीन का भाग इतना ज़्यादा हो जाता है जितना कि आपको मीट उत्पादों से प्राप्त हो सकता है, वो भी सैचुरेटेड फ़ैट्स या कैलोरीज़ के बिना। ये हृदय रोग, कुछ प्रकार के कैंसर के खतरे को कम करते हैं, ब्लड शुगर के स्तर को स्थिर करते हैं ग्लाइसेमिक भार में कम होते हैं, कॉलेस्ट्राल को कम करते हैं और ऑस्टीओपोरोसिस और आर्थराइटिस जैसी हड्डियों की बीमारियों को भी दूर करते हैं। साबुत बीन्स में भारतीय परिप्रेक्ष्य में, ताज़ी साबुत बीन्स में राजमा, साबुत मूंग, और चौलाई शामिल हैं। सभी साबुत बीन्स सुखाने के बाद दलहन कहलाती हैं। जब दलहन के दानों को विभाजित कर दिया जाता है, तो ये दाल कहलाती हैं (छिलके समेत दालें बिना छिलके वाली दालों से ज़्यादा पौष्टिक होती हैं)। बीन्स में सोयबीन्स टोफ़ू और मीसो से रूप में ख़मीर करके प्रयोग करने में सबसे उत्तम है (क्योंकि इससे ये आसानी से हज़म हो जाती हैं)। हम आम तौर पर बीन्स को टमाटर (विटामिन सी) के साथ पका कर खाते हैं, और ये हमारे शरीर को इनमें पाये जाने वाले लौह को बेहतर रूप से आत्मसात करने में मदद करता है।

अधिकतर भारतीय 'बीनोफोबिया' से ग्रसित होते हैं, और उन्हें बिलकुल अनुमान ही नहीं है कि ये अद्‌भुत खाद्य उनके लिये क्या कर सकता है। मेरे ऐसे कई ग्राहक हैं जिन्होंने गैस हो जाने के भय से सालों तक बीन्स से दूर रहने के बाद आखिरकार बीन्स खाना शुरु कर दिया। इतने सालों तक जो मैं शाकाहारी रही हूँ, मैं कभी भी प्रोटीन की कमी से पीड़ित नहीं रही, और मैं खूब व्यायाम करती हूँ, और मेरी माँसपेशियाँ अभी तक सुदृढ़ हैं। लोगों की इस धारणा– कि प्रोटीन के माँसाहारी स्रोतों से माँसपेशियाँ सुदृढ़ होती हैं– के विरुद्ध मैं अपना सारा प्रोटीन शाकाहारी स्रोतों से ही प्राप्त करती हूँ।

#बीन्स/फलियों की स्वादिष्ट रेसेपी के लिये देखें रेसेपी विभाग।

गैस कम करने के लिये बीन्स को पकाने के टिप्स

1. साबुत बीन्स को अच्छी तरह भिगाना चाहिये, करीब आठ घंटे तक (ये यैंग होते हैं और इन्हें भिगा कर, हम इनमें यिन तत्त्व को शामिल करते हैं, इन्हें फैलाते हैं)। जिस पानी में इन्हें भिगोया जाता है, उसे फेंक दें; इससे गैस तत्त्व निकल जाता है। आप इनमें करीब आधे घंटे के लिये गरम पानी भी मिला सकते हैं जब तक ये अपने से दोगुने आकार तक ना फूल जाये, इससे ये ठोस रहते हैं और पकाने पर अपना आकार नहीं खोते।
2. अगर आपको लगता है कि आपको बीन्स को हज़म करने में परेशानी होती है, तो उन्हें प्रेशर कुक करें, क्योंकि इससे ये आसानी से हज़म करने लायक हो जायेंगी।
3. जैसे जैसे ये पकती जाये, इसका झाग निकालते जायें।
4. नमक और कोई भी ऐसिड प्रकृति की सामग्री जैसे टमाटर, या विनेगर मिलायें, लेकिन केवल अंत में, क्योंकि इनसे बीन्स गल नहीं पाते।
5. कोम्बु* नामक एक जापानी समुद्री सब्ज़ी का भी प्रयोग किया जा सकता है; जब आप बीन्स या दाल पकाना शुरु करें तो इसका एक छोटा सा टुकड़ा डालें (चार लोगों के लिये पकाते समय) और एक बार बीन्स पक जायें और तड़का लग जाये तो कोम्बु को निकाल दें। इससे बीन्स नरम हो जायेंगी और उनका प्रोटीन और फ़ैट आसानी से हज़म हो जायेगा। कोम्बु आपके भोजन में ट्रेस मिनरल्स भी शामिल कर देता है जिससे आपके भोजन की पौष्टिकता बढ़ जाती है।
6. इनमें मिठास लाने के लिये इन्हें पकाते समय इनमें अधिक मात्रा में मीठी सब्ज़ियाँ जैसे लाल कद्दू (भोपला), गाजर और प्याज़ को मिलाकर पकाएँ, तथा पानी कम ही डालें।

*कोम्बु बड़े शहरों में विशेष स्टोर्स में उपलब्ध है या फिर आप इसकी उपलब्धता ऑनलाइन देख सकते हैं।

बीन का स्वाद बढ़ाने के लिये टिप

इस विधि को 'शॉक मेथड' कहा जाता है। (आधे कप बीन्स को पकाने के लिये के लिये 11/4 कप पानी लें। जब बीन्स उबलने लगें, तो उनको ढक्कन से आधा ढक कर किनारे से ठंडा पानी डालें, फिर दोबारा ढक दें। इस पद्धति को आप तब तक दोहरा सकते हैं जब तक बीन्स पक ना जायें। एक बार वो पक जायें, तो आप उसमें मसाले या तड़का डाल सकते हैं।

4) शानदार ख़मीरयुक्त खाद्य

हम में से अधिकतर लोगों ने अनजाने में अपने पेट के सभी अच्छे बैक्टीरिया को ख़त्म कर दिया है, जिसका मतलब है कि हमने अपने भोजन को हज़म करने और आवश्यक विटामिन्स को आत्मसात करने की क्षमता के साथ समझौता कर लिया है। कुछ हफ़्तों का अत्यधिक पीना, शराब और कॉफ़ी दोनों ही, और कार्बोहाइड्रेट्स, शुगर से भरपूर और सोल्युबल फ़ाइबर रहित डाइट आपके पेट में स्थित अच्छे बैक्टीरिया को पागल कर देने के लिये काफ़ी है। बैक्टीरिया के असंतुलन का एक और कारण है ऐंटीबायोटिक्स और दर्द निवारक दवाइयाँ– ये सामने वाली हर चीज़ को मार देती हैं, यहाँ तक कि आपकी आँतों के गुणकारी बैक्टीरिया को भी। इसीलिये किसी भी बड़ी सर्जरी और भारी दवाइयों के बाद आपकी भूख ख़त्म हो जाती है, जो आपके शरीर में ख़राब बैक्टीरिया के होने का संकेत है। नतीजा? एक पाचन तंत्र जो अब सुचारु रूप से कार्य नहीं करता और एक रोग प्रतिरोधक प्रणाली जो अब कमज़ोर हो गयी है, और आप सर्दी, एलर्जी और फ़्लू के प्रति अतिसंवेदनशील हो गये हैं। खाना खाने के बाद बेचैनी, पेट का फूलना, सिरदर्द, क़ब्ज़, दस्त, यूरिनरी ट्रैक्ट इंफ़ेक्शन, मुँह में छाले, और मुँहासे, ये सभी चेतावनी देने वाले संकेत हैं कि आपके अच्छे बैक्टीरिया ख़त्म हो रहे हैं और उनकी जगह ख़राब बैक्टीरिया ले रहे हैं। जब ऐसा होता है तो आधुनिक चिकित्सा के पास हमें देने लायक कुछ अधिक नहीं है। जिस बात को आधुनिक चिकित्सा अब स्वीकार करने लगी है, उसका पारम्परिक चीनी चिकित्सा और आयुर्वेद हमेशा से ही समर्थन करते रहे हैं– कि गैस्ट्रोइंटेस्टाइनल ट्रैक्ट में अच्छे बैक्टीरिया का अभाव

आपके शरीर के प्रायः हर तंत्र को प्रभावित कर सकता है, श्वास तंत्र से लेकर पाचन तंत्र तक। कैंडिडायसिस, कैंडिडा की अत्यधिक बढ़त (फंगस, यीस्ट की वंशज, प्रतिकूल माइक्रोऑरगानिज़्म), कोई रोग नहीं है बल्कि एक स्थिति है जो आंतरिक असंतुलन की ओर संकेत करती है। इसके लक्षण अक्सर छिपे रहते हैं या दूसरे रोगों के साथ प्रगट होते हैं। जब आपका रोग प्रतिरोधक तंत्र कमज़ोर होता है, तो कैंडिडा आपके आँतों, साइनस, वजाइना आदि पर आक्रमण करता है और ये आपकी जीभ पर दिखाई देता है। डोना गेट्स, जिन्होंने कैंडिडा को शरीर से साफ़ करने के आधार पर बॉडी ईकोलॉजी डाइट को संस्थापित किया, इसका विवरण देते हुए कहती हैं कि ये एक कालीन के जैसा पिंड है, जो आपकी रीढ़ की हड्डी के चारों तरफ़ लिपट जाता है, आपके सभी अंगों में गहरे तक पैठ जाता है और आपके मस्तिष्क में जमा हो जाता है। ये आपके हृदय और लिवर में भी जमा हो सकता है और महिलाओं में प्रजनन सम्बन्धी मुद्दों और एंडोमेट्रिओसिस का मुख्य कारण होता है क्योंकि अधिकतर गर्भाशय में ही बल्गम जमा होता है क्योंकि ये एक खुला क्षेत्र है।

जब वज़न घटाने की बात आती है, तो पहले आपको एक स्वच्छ पाचन प्रणाली की आवश्यकता होती है; क्योंकि अच्छी पाचन ऊर्जा आपके शरीर को वज़न घटाने के लिये और अधिक ऊर्जा देती है, और आपके अंग बेहतर काम करते हैं। हमारा उद्देश्य है शरीर में ख़राब बैक्टीरिया से मुक्त होना और रोज़ अच्छे बैक्टीरिया को अपने अन्दर स्थान देना, साथ ही डेयरी, शुगर, शराब, और पशु आधारित खाद्य (मीट) जो ख़राब बैक्टीरिया को बढ़ाते हैं, उन्हें ना खाना।

ख़मीरयुक्त खाद्य शक्ति से परिपूर्ण होते हैं क्योंकि ये आपको माइक्रो ऑर्गेनिज़्म (अच्छे बैक्टीरिया) प्रदान करते हैं जो पाचन में सहायता करते हैं और रोग प्रतिरोधक तंत्र को सशक्त करते हैं। ख़मीरन की प्राचीन प्रक्रिया दो काम करती है (1) परिरक्षण (2) खाने को और अधिक पाचक बनाना। ख़मीरन से नये पोषक तत्त्वों जैसे बी विटामिन्स, फोलिक ऐसिड, रिबोफ़्लेविन, थायमिन, बायोटिन, और बी12 का भी सृजन होता है। ये स्वभाव से ऐंटीऑक्सिडेंट्स हैं और ऑमेगा 3 बनाने के लिये भी जाने जाते हैं। अंततः सार ये है कि

ख़मीरयुक्त भोजन लेने से आप अपने पोषण का स्तर बढ़ाते हैं।

प्रोबायोटिक भोजन में रोग प्रतिरोधक शक्ति को बढ़ाने की शक्ति होती है। ये ना केवल आपको सर्दी और बुख़ार से बचाते हैं, बल्कि पाचन तंत्र में अधिक कैंडिडा को बढ़ने से भी रोकते हैं, जिससे शरीर का फूलना और त्वचा के विकार दूर होते हैं। ये न केवल पूरकों में बल्कि भोजन के माध्यम से भी प्राप्त होते हैं। अच्छे बैक्टीरिया की पुनःपूर्ति रोज़ करनी चाहिये और हमारी डाइट में नित्य रहना चाहिये। किम्ची, मीसो, प्रोबायोटिक ड्रिंक्स जैसे लस्सी, ख़मीरयुक्त सब्ज़ियाँ (क्विक पिकल्स), और ब्राउन राइस इडली प्रोबायोटिक से भरपूर खाद्य हैं। पूरकों में सत्वों की विशाल श्रेणी होती है जो आपके पाचन तंत्र को ठीक करने में मदद कर सकती है। आंतरिक स्वास्थ्य को हासिल करने के लिये उपाय है नियमित रूप से अपने शरीर के अच्छे बैक्टीरिया के स्तर की पुनःपूर्ति करते रहना, साथ ही ऐसे खाद्यों से दूर रहना जो ख़राब बैक्टीरिया को बढ़ाते हैं। कम समय के लिये, प्रोबायोटिक्स (ख़मीरयुक्त खाद्यों के माध्यम से), चाहे वो गोली के रूप में हो चाहे ड्रिंक के रूप में, एक बढ़िया उपकरण हैं। अगर आप बहुत ही भीषण पाचन सम्बन्धी समस्या से ग्रस्त हैं, तो आपको ब्रेड, यीस्ट, शुगर और ख़मीरयुक्त भोजन को त्यागना पड़ेगा, साथ ही शराब को भी कुछ समय के लिये छोड़ना पड़ेगा। एक बार आप का शरीर ठीक हो जाये और आप इसे अच्छे बैक्टीरिया वाले भोजन का सहारा दें, तो आप बहुत बदलाव देखेंगे। भारतीय भोजनों में ख़मीरयुक्त भोजन की बहुत विविधता है; दही, लस्सी, और इडली इनमें से कुछ प्रकार हैं। भारतीय अचार इस श्रेणी में नहीं आते क्योंकि उनमें बहुत अधिक यैंग सामग्री होती है जो भोजन के ज़ायके को तो बढ़ाती है, लेकिन आपको संकुचित भी करती है। भारतीय पद्धति से बनाये गये अचार बहुत चिकनाई युक्त और बहुत अधिक लम्बे समय तक ढेर सारे नमक के साथ फर्मेंट किये जाते हैं, इससे यैंग स्थिति उत्पन्न होगी और आपको अन्दर से कसा हुआ और संकुचित होने का आभास करायेगी।

इसलिये उन्हें सीमित मात्रा में खायें। मैं हमारे भारतीय अचारों के त्वरित रूपांतरण की सलाह देती हूँ, जो नमक के पानी में बनाया जाता है, उदाहरण के लिये प्रेस्ड सलाद रेसेपी (देखें पृष्ठ 298) में

नमक और ख़मीरन की प्रक्रिया सब्ज़ियों की प्राकृतिक शुगर को लैक्टिक ऐसिड् में परिवर्तित कर देता है, जो आपके आंतरिक वातावरण को सशक्त करता है। मैं दालों और सूपों में मीसो मिलाने, सब्ज़ियों को दबाकर खाने (जैसे सलाद के रूप में) और कुछ क्विक पिकल्स बनाने की सलाह देती हूँ।

#अच्छे ख़मीरयुक्त खाद्य की रेसेपीज़ के लिये देखें रेसेपी विभाग

मीसो क्या है?

मीसो चीन में 2500 साल पहले उद्‌भूत एक ख़मीर किया गया सोयबीन पेस्ट है। इसे नमक और अनाज के साथ छः महीने से लेकर एक साल तक ख़मीर किया जाता है। ये कई प्रकारों और रंगों में आते हैं। भारत के लिये, मैं शुरु करने के लिये हल्के रूप की सलाह दूँगी, फिर धीरे-धीरे गाढ़े रूप को अपना सकते हैं। आम तौर पर 'सिल्वर बुलेट' के नाम से जाना जाने वाला, मीसो में जेनिस्टीन नामक ऐंटीकैंसर एजेंट होता है, जो एक प्लांट आइसोफ़्लेवोन होता है। मीसो में अन्य ख़मीर नहीं किये गये खाद्यों की अपेक्षा बीस गुना ज़्यादा आइसोफ़्लेवोन (फ़ाइटोकेमिकल्स जो ऐंटीऑक्सिडेंट्स का काम करते हैं) होते हैं। ख़मीरन की प्रक्रिया हमें लैक्टोबैसिलाय प्रदान करती है, जिससे हमारी पोषक तत्त्वों की मात्रा, उपलब्धता, पचाने और आत्मसात करने की क्षमता बढ़ती है, साथ ही पाचन तंत्र में pH balance भी अच्छा हो जाता है। इसमें विटामिन बी12 के अंश हैं जो फ़ैट और पकाने के लिये प्रयोग किये गये अतिरिक्त तेल को शरीर से बाहर निकाल फेंकने में मदद करते हैं। ये लोगों को पशु आधारित भोजन के नकारात्मक प्रभावों को संतुलित करने में भी मदद करते हैं।

मैं मीसो को सूपों और दालों (बीन्स) में इस्तेमाल करने की सलाह देती हूँ (देखें रेसेपी विभाग)।

6

आपकी मनोदशा को बदलने के लिये भोजन

मैं बचपन में स्वभाव से क्रोधी थी। मैं अपने क्रोध को नियंत्रण में नहीं रख पाती थी और ना ही मुझे अपनी ज़ुबान पर काबू था। मेरी एक बहुत ही प्यारी सहेली मुझे हमारी पहली मुलाकात के बारे में बताती है, और कहती है कि मैं उससे न केवल एक बहुत ही कठोर व्यक्ति के रूप में मिली, बल्कि मैं बहुत ही अप्रिय भी थी। बीस साल की उम्र बहुत कठिन होती है। ये वो समय है जब आप वयस्क हो जाते हैं और ज़िम्मेदारियाँ उठाने लगते हैं। मेरे लिये ये ख़ास तौर से कठिन समय था। और इसके साथ-साथ मुझमें खाने की ग़लत आदतें थीं। मेरा ब्लड शुगर अनियमित था जो मेरी मनोदशा को प्रभावित करता था, और मैं जो डेयरी खाती थी, उसने मुझे सुस्त बना दिया था। मुझे हाइपोग्लाइसीमिया था जो इस बात का संकेत था कि मेरे स्प्लीन/पैंक्रियाज़ पूरी तरह कार्य करने की क्षमता खो चुके थे। स्प्लीन/पैंक्रियाज़ व्यग्रता और चिंता के द्वारा नियंत्रित होते हैं (अंगों और उनसे सम्बन्धित भावनाओं और भोजन को दर्शाने वाला चार्ट देखें)– और दोनों ही भाव मेरे जीवन में प्रधान थे। इनको मैंने कॉफ़ी और शुगर से रोज़ बढ़ावा दिया। मैं चाहे कितना ही ध्यान लगाती, दोपहर तक ये भाव वापस आ जाते और रात को सोने तक मेरे साथ रहते। मुझे नींद की कमी भी थी, और मेरी डाइट मेरी कोई मदद नहीं कर रही थी। मै निष्प्राण भोजन ले रही थी और ये हर बात में प्रतिबिम्बित हो रहा था, यहाँ तक कि मैं जैसा दिखती थी, उसमें भी।

कमल ककड़ी के उदाहरण की तरह (देखें पृष्ठ 125) और जिस तरह ये अपनी जीवन शक्ति की मदद से आपकी जीवन शक्ति की मदद करता है, जो भोजन निष्प्राण हो चुके हैं (बॉक्स से निकाले गये,

जैसे ब्रेड, कुकीज़ या शुगर, अत्यधिक चीज़) अपने स्वभाव को भी दर्शायेंगे, और आपमें और आपके मन मस्तिष्क को नया आयाम देंगे।

जीवंत खाद्य क्या हैं?

ताज़े खाद्य जीवंत खाद्य हैं क्योंकि उनमें ऊर्जा है, और बदले में वे हमें ऊर्जा देते हैं। सकल खाद्य पकाये जाने के बाद भी एक हद तक अपनी जीवंत ऊर्जा को बनाये रखते हैं। इन जीवंत खाद्यों में ची, प्राण या जीवन शक्ति होती है, जो हमारी जीवन शक्ति को प्रभावित करती है। इनमें महत्त्वपूर्ण पोषक तत्त्व (विटामिन्स, खनिज, अमीनो ऐसिड्स, ऑक्सीजन) और जीवंत एंज़ाइम्स होते हैं, जो पकाने के दौरान नष्ट नहीं होते। इनके पोषक गुण मानव शरीर के कार्यों को सही प्रकार से करने के लिये आवश्यक हैं।

हमें जीवंत खाद्यों को कच्चा भोजन समझ कर भ्रमित नहीं होना चाहिये। कुछ स्वास्थ्य विशेषज्ञों का मानना है कि पकाने से सब्ज़ियों की पौष्टिकता नष्ट हो जा जाती है। ग़लत! पकाने से भोजन को ऊर्जा मिलती है और उसे बेहतर आत्मसात और हज़म करने के लिये इसके गुण और अधिक बढ़ जाते हैं। हमारा काम है इन 'जीवंत खाद्यों' का प्रयोग करना, और सही पकाने की विधि अपना कर हम भोजन से आत्मसात किये जाने वाले पोषक तत्त्वों की गुणवत्ता को बढ़ा सकते हैं, और किसी भी एक समय में आवश्यक ऊर्जा को प्रभावित कर सकते हैं। उदाहरण के लिये, क्या आप कह पायेंगे कि ब्राउन राइस पोहा की तुलना में कॉर्न फ़्लेक्स, जिनके डिब्बे पर ब्रान फ़्लेक्स लिखा रहता है और लिखा रहता है कि विटामिन्स से सशक्त किये गये, जीवंत खाद्य हैं? यकीनन फ़र्क़ साफ़ है - पोहा ही जीवंत खाद्य है। ब्रान फ़्लेक्स निष्प्राण हैं क्योंकि उन्हें प्रोसेस किया गया है, सशक्त किया गया है, और फिर पैक किया गया है।

जीवंत खाद्यों के उदाहरण

साबुत अनाजः ब्राउन राइस, बाजरा, गेहूँ, जौ, कुट्टू का आटा
बीन्सः दाल, लाल/काली/सफ़ेद राजमा, हरी मूँग, चौलाई, सोयबीन (साबुत या टूटी हुई)
सब्ज़ियाँः गोल, जड़ें, और हरी पत्तेदार

फलः सभी

बीजः कद्दू, तिल, अल्सी, सूरजमुखी

मेवेः अखरोट, बादाम, मूँगफली, काजू, पिस्ता

अच्छी गुणवत्ता वाले ख़मीरयुक्त खाद्यः क्विक पिकल्स, मीसो, टोफ़ू, इडली, घर की बनी प्रोबायोटिक ड्रिंक्स, और दही (डेयरी के अलावा अन्य स्रोतों से बने हुए को प्राथमिकता)

संरचना की दृष्टि से, मानव का मस्तिष्क उसके पेट जैसा दिखता है, और जिस प्रकार आपका मस्तिष्क नाड़ियों, रक्त और हड्डियों से बना है, आपके पेट में आंतरिक नस प्रणाली मस्तिष्क का काम करती है। आपका पेट आपकी समझ से कहीं ज़्यादा समझदार है। और सिर के बड़े मस्तिष्क की तरह, ये प्रणाली भी संदेश भेजती और प्राप्त करती है, अनुभवों को अभिलिखित करती है, और भावों के प्रति प्रतिक्रिया दिखाती है। आंतरिक नस प्रणाली भोजन नली, पेट, छोटी आँत और बड़ी आँत की टिशूज़ के अस्तर की पर्तों में स्थित है। इसकी नाड़ियों के सेल्स उन्हीं न्यूरोटांस्मिटर्स द्वारा पोषित और प्रभावित होते हैं जिनसे हमारा मस्तिष्क प्रभावित होता है। आपका पेट आपके मस्तिष्क को उसी प्रकार व्याकुल कर सकता है जिस प्रकार आपका मस्तिष्क आपके पेट को व्याकुल कर सकता है।

आपका पेट आपके सुख दुख में एक महत्त्वपूर्ण भूमिका निभाता है। हम सही दिशा पाने के लिये अपने gut instinct या gut reaction पर भरोसा करते हैं। ज़रा सोचिये, जब हम अत्यधिक डर या संत्रास का सामना करते हैं, तो इससे हमारे पेट में एक असहज सी भावना या उल्टी भी हो सकती है। मेरे सभी गैस्ट्रोइंटेस्टाइनल परेशानियों से ग्रस्त ग्राहक अपने दिमाग से बहुत तनाव ग्रस्त हैं, जो बदले में उनके पेट को प्रभावित करता है। आप जिस तरह का भोजन खाते हैं, उससे आपके पहले और दूसरे मस्तिष्क का वातावरण बदल सकता है। आपको ये करना चाहिये कि अपने मस्तिष्क और अंगों को मनोदशा को प्रभावित करने वाले भोजन खिलायें। लेकिन उसके पहले आपको ये समझना चाहिये कि न्यूरोट्रांस्मिटर्स क्या हैं। अपनी मनोदशा को बदलने में असली चुनाव ये है कि आप उन खाद्यों के माध्यम से,

जो काम करते हैं, न्यूरोट्रांस्मिटर्स की गुणवत्ता को कैसे बढ़ा सकते हैं।

हमारे मस्तिष्क को सेराटोनिन, डोपामाइन, और नोरेपिनेफ़्राइन जैसे ट्रांस्मिटर्स की आवश्यकता होती है - ये ब्रेन केमिकल्स की एक श्रेणी है जो आपकी मनोदशा के लिये मध्यस्थ का काम करते हैं। आइये उन पर एक नज़र डालें:

न्यूरोट्रांस्मिटर्स	सकारात्मक	नकारात्मक
सेरोटोनिन	सुरक्षा की भावना, कुशल क्षेम, आत्म विश्वास	मूडी, अवसादी, आक्रामक, निम्न आत्म गौरव और ऊर्जा, भ्रम, निम्न यौन इच्छा, अयोग्यता की भावना
डोपामाइन	ताकत, जीवन शक्ति, ऊर्जा	सुस्ती, कमज़ोरी, अत्यधिक डोपामाइन से चिंता और भय पैदा होते है।
नोरप्रिनेफ्राइन	उड़ान/युद्ध के प्रति अच्छी प्रतिक्रिया	डोपामाइन के समान ही

जब मैंने सही भोजन खाना शुरु किया और उन सब खाद्यों को छोड़ दिया जो न्यूरोट्रांस्मिटर्स की पूर्ति को अवरुद्ध कर रहे थे, तो तुरंत ही मैं ज़्यादा ख़ुश, और नतीजन ज़्यादा स्वस्थ महसूस करने लगी। मेरा पेट खुश था और मेरी 'गट फीलिंग' सही थी। मैंने ज़रूरी तौर पर ये किया कि अधिक स्ट्रेस पैदा करने वाले खाद्यों को बन्द कर दिया और अच्छे पौष्टिक खाद्यों को लेना शुरु कर दिया - ये सचमुच इतना सरल था। मेरी मनोदशा, भावनायें, और आदतों को बदलने में थोड़ा समय लगा, लेकिन वो बदलीं ज़रूर। और अच्छे के लिये। मेरा ब्लड शुगर का स्तर स्थिर हो गया, मेरा वज़न घट गया, शुगर की इच्छा नहीं हुई और मेरी ऊर्जा वापस मिल गयी।

खाद्य जो न्यूरोट्रांस्मिटर्स को निस्तारित करने में मदद करते हैं

कुछ लोगों को उनका सेरोटोनिन मिलता है, हालाँकि उन्हें ये ग़लत खाद्यों से मिलता है। जिन लोगों में सेरोटोनिन कम होता है, वो कुछ अवसादी से होते हैं और फिर उन्हें ज़रूरत पड़ती है खुद को कार्बोहाइड्रेट्स से भरपूर खाद्यों से संतुष्ट करने की - ग़लत प्रकार के खाद्यों से। ये उनके अवसाद को कम करता तो है, लेकिन केवल कुछ ही देर के लिये। आपका अवसाद लौट कर आता है, क्योंकि आपके स्प्लीन और पैंक्रियाज़ शुगर की वजह से असंतुलित हो जाते हैं, जिनसे इंसुलिन के स्तर में उतार चढ़ाव उत्पन्न होते हैं और आपको और अधिक मीठी चीज़ें खाने की लालसा होती है।

खाद्य जो न्यूरोट्रांस्मिटर्स को अस्थाई रूप से तेज गति प्रदान करते हैं, फिर उन्हें धीमा कर देते हैं

कॉफ़ी, भारतीय चाय, शुगर, प्रोसेस्ड कार्बोहाइड्रेट्स, सोडा, कोला, और चॉकलेट।

चतुराई इसमें है कि हम साबुत अनाज, फलियों और बीन्स, फलों और सब्ज़ियों को अपनायें, जो हमें निरंतर शुगर और ट्रिप्टोफ़ैन (एक अमीनो ऐसिड) प्रदान करते हैं, जो सेरोटिन को निस्तारित करने के लिये आवश्यक है। सब्ज़ियों में, स्टार्चयुक्त सब्ज़ियों पर ध्यान केन्द्रित करें, जो ट्रिप्टोफ़ैन से भरपूर होती हैं और कम स्टार्चयुक्त सब्ज़ियों की अपेक्षा सेरोटोनिन को ज़्यादा जल्दी बढ़ाती हैं।

अपने पेट को दुरुस्त रखिये, अपनी मनोदशा को दुरुस्त रखिये

आपका पेट शरीर के सेरोटोनिन की पूर्ति का करीब 95% सेरोटोनिन पैदा करता है, जो मस्तिष्क के नींद और मनोदशा जैसे कार्यों को नियंत्रित करता है। जब आपका पेट परेशान होता है, तो वो अपनी अप्रसन्नता मस्तिष्क तक संचारित कर देता है।

नोरप्रिनेफ्राइन और डोपामाइन को प्रोटीन युक्त खाद्यों से बढ़त मिलती हैं। प्रोटीन युक्त खाद्यों में स्थित टाइरोसाइन नामक अमीनो ऐसिड मस्तिष्क में डोपामाइन में परिवर्तित होता है। नीचे दी गयी तालिका इन न्यूरोट्रांस्मिटर्स को बढ़ाने वाले खाद्यों को दर्शाती है।

न्यूरोट्रांस्मिटर्स	सम्बन्धित खाद्य
	साबुत अनाज
	बाजरा, ब्राउन राइस, जौ, कीनोआ, साबुत ओट्स, साबुत गेहूँ, मक्का, राजगीरा, और अन्य सभी साबुत अनाज
सेरोटोनिन	**सब्ज़ियाँ**
	स्टार्च युक्त सब्ज़ियाँ
	सभी बीन्स और फलियाँ
डोपामाइन **नोरप्रिनेफ्राइन**	प्रोटीन युक्त खाद्य जैसे मछली, चिकन, टर्की, फलियाँ (बीन्स और सभी दालें), सोय के ख़मीरयुक्त उत्पाद जैसे टोफ़ू
#मेवे, बीज, और ग्रीन या हर्बल चाय सभी को प्रभित करते हैं।	

आपकी जीवन शैली के कार्य कलाप भी न्यूरोट्रांस्मिटर्स को प्रभावित करते हैं। जहाँ एक ओर वॉकिंग, स्ट्रेचिंग, पाइलेट्स, नृत्य आदि सभी सेरोटिन को बढ़ाने वाले कार्य हैं, वहीं दूसरी ओर एरोबिक्स, जॉगिंग, जिमिंग, तैराकी और टेनिस खेलना अस्थायी रूप से डोपामाइन/नोरप्रिनेफ्राइन को घटा देंगे और सेरेटोनिन को उतने समय के लिये बढ़ा देंगे। कोई भी प्रतियोगात्मक वस्तु डोपामाइन और नोरप्रिनेफ्राइन को बढ़ा देगी। संगीत भी मनोदशा को बदलता है और अलग-अलग तरह का संगीत अलग अलग न्यूरोट्रांस्मिटर्स को निस्तारित करता है। ऐसे ही लिखना भी है, जो कि सेरोटोनिन को बढ़ाने का एक उत्तम साधन है। पारम्परिक चीनी चिकित्सा यह भी कहती है कि हर अंग सकारात्मक और नकारात्मक, दोनों ही प्रकार की भावनाओं से प्रभावित

होता है, और आप जो भोजन खायेंगे, वो या तो आपके अंगों और भावनाओं को सकारात्मक रूप से पोषित करेंगे या फिर नकारात्मक रूप से प्रभावित करेंगे। उदाहरण के लिये, अगर आप एक व्याकुल और चिंतित व्यक्ति हैं, तो सम्भव है कि आप अपने स्प्लीन और पैंक्रियाज़ को असंतुलित कर देंगे - मैं भी ऐसी ही थी, और मुझे हाइपोग्लाइसीमिया हो गया। जो भोजन मैं खाती थी (जैसे शुगर, प्रोसेस्ड फ़ूड), उसने आग में ईंधन का काम किया। आखिरकार, सम्पूर्ण प्राकृतिक जीवंत भोजन ने ही मुझे इस दुष्चक्र से बाहर निकाला।

खाद्य जो आपके अंगों, आपकी भावनाओं और मनोदशा को पोषित करते हैं— पारम्परिक चीनी चिकित्सा प्रणाली के तहत, हर अंग को एक जटिल ऊर्जात्मक तंत्र की तरह देखा जाता है, जो ना केवल अपनी शारीरिक संरचना की हस्ति को अपने में समेटे हुए है, बल्कि उससे सम्बन्धित भावनाओं को भी सम्मिलित किये हुए है। इसलिये अगर हम किडनी को देखें, तो वो डर और असुरक्षा की भावना के द्वारा परिचालित हैं। अक्सर जो लोग खुद को काम, जीवन शैली, डाइट आदि में बहुत ज़्यादा संलग्न कर देते हैं, और हमेशा भयभीत रहते हैं, वो अपने एड्रेनल्स को नष्ट कर देंगे (एड्रेनल्स किडनी के ऊपर स्थित होते हैं)। साबुत अनाज, फलियाँ, सब्ज़ियाँ, अच्छी गुणवत्ता वाले ख़मीरयुक्त खाद्य से भरपूर और प्रोसेस्ड फ़ूड, शुगर, डेयरी, पशु आधारित आहार (मीट) के बिना डाइट के अलावा– हर अंग के लिये क्या काम करता है, इसका एक संक्षिप्त विवरण नीचे दिया गया है।

अंग	खाद्य जो हर अंग/भावना को पोषित करते हैं	खाद्य जो हर अंग को हानि पहुँचाते हैं
लिवर क्रोध अधैर्य	जौ, ओट्स (साबुत), गेहूँ, राई, सभी ऊपर की तरफ़ उगने वाले पौधे, दालें, अच्छी गुणवत्ता वाले ख़मीरयुक्त खाद्य; खट्टा स्वाद जैसे नींबू; हल्दी, तुलसी, इलायची, जीरा, अदरक, पुदीना पत्ती, स्ट्रॉबेरी, पत्तागोभी, फूलगोभी, शलजम, ब्रॉक्कली, सभी अंकुरित अनाज, सभी कड़वे खाद्य जैसे अरुगुला के पत्ते, मेथी, राजगीरा, कीनोआ, मूली और मूली के पत्ते, सभी क्लोरोफ़िल से भरपूर पौधे; स्पाइरुलिना, पकाते समय सक्रिय ऊर्ध्वगामी गति वाले पकाने के तरीके का प्रयोग करें।	तेलयुक्त चिकनाई वाले भोजन (फ़ैट), पशुओं से प्राप्त सैचुरेटेड फ़ैट (डेयरी भी), अण्डे, शराब
हृदय अप्रसन्न	सभी साबुत अनाज (ख़ास कर राजगीरा), ब्राउन राइस, कुट्टू का आटा, फलियाँ (ख़ास कर सोय बीन्स), अंकुरित अनाज, तीखे खाद्य जैसे मूली, प्याज़, लहसुन; हरी पत्तेदार सब्ज़ियाँ, ब्रॉक्कली, पत्तागोभी,	तम्बाखू, कॉफ़ी, रिफ़ाइंड नमक, शुगर, रिफ़ाइंड आटा, सभी नशीले पदार्थ, अत्यधिक प्रोटीन्स, मसालेदार भोजन, गरिष्ठ भोजन, बड़े बड़े डिनर, देर रात को खाना

	एस्परागस, खीरा, पार्स्ले (मैग्नीशियम से भरपूर, कैल्शियम को आत्मसात करने और व्याकुलता को नियंत्रित करने में मदद करता है), स्पाइरुलिना, बीज जैसे सब्जा, अल्सी, सूरजमुखी, अखरोट, कद्दू, बेर, मछली; देसी शहद; मशरूम; फल जैसे बेरी, नींबू, संतरा, हर्ब्स जैसे सुहा, तुलसी, बबुनफूल, पुदीना; घी	
स्प्लीन/ पैंक्रियाज़ व्याकुलता चिंता	साबुत अनाज जैसे ब्राउन राइस, चीना (अच्छी तरह पकाया हुआ); अधिक स्टार्चयुक्त सब्ज़ियाँ जैसे लाल कद्दू, गाजर, शलजम, शकरकन्दी, फलियाँ (ख़ास कर काली बीन्स), काबुकी छोले; तीखी सब्ज़ियाँ जैसे प्याज़, लीक, अदरक, मसाले जैसे अजवायन, जायफल, दालचीनी, लहसुन; मछली	अगर आपके ये अंग सचमुच कमज़ोर हैं तो कच्ची सब्ज़ियाँ, फल, और रस, अंकुरित भोजन, अत्यधिक फ़ाइबर, पालक और टमाटर पर रोक लगायें। साथ ही डेयरी, बड़े और चिकनाई युक्त आहार, मेवे, बीज, यीस्ट या ख़मीरयुक्त खाद्य शुगर, पशु आधारित भोजन, और अत्यधिक खाने से बचें
फेफड़े अवसाद विषाद	सभी तीखे खाद्य जैसे प्याज़, मूली, सरसों (बल्गम को निकालने में मदद करते हैं); पत्तागोभी, हरी सब्ज़ी जैसे अरुगुला,	

	बीटा कैरोटीन से भरपूर खाद्य जैसे गाजर, लाल कद्दू, मिर्चें, ब्रॉक्कली, पार्स्ले, शलजम, वीट ग्रास (क्योंकि क्लोरोफ़िल फेफड़ों से विषाक्त पदार्थों को निकालता है); स्पाइरुलिना, फल (ख़ास कर पीले - नारंगी फल); फ़ाइबर से भरपूर खाद्य फेफड़ों को साफ़ करते हैं; सभी साबुत अनाज, सब्ज़ियाँ जिसे कमल ककड़ी, सभी जड़ मूल वाली सब्ज़ियाँ	
किडनी भय असुरक्षा	मैग्नीशियम से भरपूर खाद्य नसों को शांत करने में मदद करते हैं (देखें हृदय के लिये बताये गये खाद्य); साबुत अनाज जैसे बाजरा, जौ, कुट्टू का आटा, टोफ़ू, सभी बीन्स (ख़ास कर सोय बीन); तरबूज़, खरबूज़ा, अंकुरित गेहूँ, स्पाइरुलिना, काला तिल, वीट ग्रास, घी, बादाम का दूध, रॉयल जेली	नमकीन और कड़वे खाद्य, अण्डे, पशु आधारित खाद्य, चीज़

जादुई एल–ट्रिप्टोफ़ैन

एल - ट्रिप्टोफ़ैन एक अमीनो ऐसिड है जिसे मन शांत करने, गहरी नींद पाने और व्याकुलता और अवसाद को कम करने के लिये लिया जाता है। जैसा कि पहले बताया गया है, सेरोटोनिन को आधार के रूप में ट्रिप्टोफ़ैन की आवश्यकता होती है। वास्तव में ट्रिप्टोफ़ैन को भोजन से प्राप्त करना चाहिये, जहाँ ये कृत्रिम रूप से उत्पन्न नहीं होता। पशु आधारित खाद्यों से भरपूर डाइट या बहुत अधिक प्रोटीन ट्रिप्टोफ़ैन के निर्माण में बाधक बनते हैं (क्योंकि प्रोटीन के अमीनो ऐसिड उनसे होड़ लगाते हैं)। हमारे शरीरों को सेरोटोनिन के निर्माण के लिये ट्रिप्टोफ़ैन की केवल थोड़ी ही मात्रा की आवश्यकता होती है। पशु आधारित खाद्य (अर्थात पशुओं से प्राप्त प्रोटीन) से भरपूर आहार का ट्रिप्टोफ़ैन के निर्माण पर विपरीत प्रभाव पड़ता है। अधिक प्रोटीन युक्त डाइट में पशु आधारित खाद्य जैसे डेयरी और मीट में उपस्थित अमीनो ऐसिड सेरोटोनिन के निर्माण में ट्रिप्टोफ़ैन (ये भी अमीनो ऐसिड है) के इस्तेमाल में होड़ लगाते हैं। ट्रिप्टोफ़ैन प्राप्त करने का सुरक्षित तरीक़ा है उसे शाकाहारी डाइट के माध्यम से प्राप्त करना। खोज से पता चला है कि कार्बोहाइड्रेट्स से भरपूर डाइट मस्तिष्क में ट्रिप्टोफ़ैन की मात्रा को बढ़ाती है। इसीलिये निम्नलिखित खाद्यों से युक्त आहार श्रेणी सात्त्विक आहार कहलाता हैः साबुत अनाज, सब्ज़ियाँ, फल, दालें, बीन्स जो कॉम्प्लेक्स कार्बोहाइड्रेट्स के महत्त्व पर ज़ोर देता है और ये दर्शाता है और इस पद्धति का महत्त्वपूर्ण अंग है और मस्तिष्क की कार्य क्षमता को बढ़ावा देता है जो ट्रिप्टोफ़ैन से भरपूर है।

खाद्य जो आपको तनावपूर्ण बनाते हैं

कुछ खाद्य जैसे चीज़, अण्डे, नमक, बेक्ड उत्पाद, चिप्स, चिवड़ा, और भुने हुये उत्पाद आपको तनावपूर्ण, रुका हुआ, शुष्क, बहुत अधिक प्यास, सुस्त, चिड़चिड़ापन और भारीपन की अनुभूति कराते हैं।

आराम, शांत, नये विचारों के प्रति ग्रहणशील, और ऊर्जा से भरपूर महसूस करने के लिये स्टीम/उबली हुई सब्ज़ियाँ, कच्चा सलाद, कॉर्न (साबुत या रोटी के रूप में), फल, साबुत अनाज जैसे ब्राउन

राइस, बाजरा, कीनोआ, मछली (माँसाहारी), या साबुत अनाज से बनाया गया पास्ता खायें।

खाद्य जो मनोदशा को विचलित करते हैं

खाद्य जैसे कॉफ़ी, दूध, शराब, शुगर, खाद्य में कोई भी प्रेज़र्वेटिव, अत्यधिक फल या फलों के रस, बहुत ज़्यादा दही, कच्चा सलाद, टमाटर, या मसाले आपकी मनोदशा को विचलित कर सकते हैं या फिर आपमें थकान, विचारों में बिखराव, भ्रम और दिशाहीनता उत्पन्न कर सकते हैं।

अपने मस्तिष्क को सुस्पष्ट, निर्णयात्मक, स्थिर मनोदशा वाला, शांत और दृढ़ रखने के लिये साबुत अनाज (प्रेशर कुक किये गये), गोल और जड़ मूल वाली सब्ज़ियाँ, हरी पत्तेदार सब्ज़ियाँ, सूप (मीसोयुक्त), मछली, सही प्राकृतिक स्वीटनर्स युक्त मिठाई, और भुने हुये मेवे खायें।

अपने भोजन में से प्रोटीन का उपयोग करने के लिये अपने अंगो को प्रभावित करने वाले मानसिक स्वरूप में सुव्यवस्था लायें। शरीर को प्रोटीन को प्रभावशाली तरीके से उपयोग करने के लायक बनाने के लिये लिवर, स्प्लीन, पैंक्रियाज़ और पेट को सशक्त करना होगा। इससे ना केवल वज़न घटेगा, बल्कि आपका लिवर भी स्वस्थ रहेगा।

तनावमुक्त रहने के लिये कुछ उपायः

1. जब तनावपूर्ण परिस्थिति का सामना हो तो गहरी साँसें लें। स्वयं से कहें कि ये अहसास गुज़र जायेगा।
2. काम के समय काम करें। आराम के समय आराम।
3. नियमित रूप से व्यायाम करें।
4. चिकनाई युक्त भोजन, उत्तेजना पैदा करने वाले तत्त्व, शुगर, कॉफ़ी, और अत्यधिक फलों के सेवन से बचें।
5. प्रोटीन युक्त खाद्यों को अधिक मात्रा में खाने से अच्छा है उन्हें थोड़ी मात्रा में खाया जाये।
6. चबा कर खायें, चबा कर खायें, चबा कर खायें।

ज़ायके, अंग, और उनके सम्बन्धित प्रभाव

अंग	लिवर	हृदय	स्प्लीन/ पैंक्रियाज़	फेफड़े/ बड़ी आँत	किडनी/ जननेन्द्रियाँ
स्वाद	खट्टा	कड़वा	मीठा	तीखा	नमकीन

ज़ायके किसी भी भोजन का स्वाद बढ़ाते हैं, लेकिन ब्यूटी डाइट ज़ायकों का प्रयोग किसी अंग विशेष को लाभ पहुँचाने के लिये करती है। उदाहरण के लिए, जब मैं किसी ऐसे व्यक्ति के लिये खाना बनाती हूँ जिसे लिवर की समस्याएँ हैं, तो मैं ये सुनुश्चित करती हूँ कि उसके भोजन में सभी ज़ायके हों, लेकिन खट्टा स्वाद अधिक हो। इसलिये मैं नींबू (सलाद में डाल कर या अलग से रख कर) या फिर विनेगर की सही मात्रा (सलाद ड्रेसिंग के रूप में) का प्रयोग करती हूँ। लिवर में असंतुलन वज़न सम्बन्धी मुद्दों से पहले उत्पन्न होते हैं, इसलिये मैं खट्टे स्वादों का प्रयोग करती हूँ जो ना केवल लिवर को पोषित करते हैं, बल्कि साथ ही एक मिठास भी लाते हैं, क्योंकि शरीर के अधिकतर असंतुलन स्प्लीन/पैंक्रियाज़ के असंतुलन से उत्पन्न होते हैं।

कभी कभी एक ही स्वाद का प्रयोग कई अंगों को संतुलित करने के लिये किया जा सकता है। उदाहरण के लिये, नमकीन स्वाद (टेबल सॉल्ट से नहीं, बल्कि सेन्धा या काला नमक और गोमाशिओ प्रयोग करने से) किडनी के असंतुलन को ठीक करता है, साथ ही स्प्लीन और पैंक्रियाज़ को भी लाभ पहुँचाता है, पाचन शक्ति और हृदय सुदृढ़ करता है, और एकाग्रता बढ़ाता है।

तो अब आप कैसे जानेंगे कि किस स्वाद का प्रयोग कब किया जाए? ये आप ऐसे जान सकते हैं। अपने मुख्य आहार को लीजिये और उस एक स्वाद के बारे में सोचिये जो आप उस आहार से प्राप्त करना चाहते हैं। इस स्वाद को आपके पूरे आहार को संतुलित करना चाहिये। तो अगर आप उसका मीठा स्वाद चाहते हैं, तो मीठी सब्ज़ियों का प्रयोग करिये और मसाले और नमक कम कर दीजिये, फिर कुछ हल्के हर्ब्स, जैसे तुलसी, का भी प्रयोग कीजिये। बाकी के व्यंजनों में

अन्य स्वाद आ जायेंगे (लेकिन कम मात्रा में), जैसे तीखा, कड़वा, और नमकीन (हर स्वाद/ज़ायके के लिये खाद्य पर देखें चार्ट पृष्ठ 152)

नमकीन

हर स्वाद आपके आहार में यैंग और यिन तत्त्वों को (अपेक्षाकृत) बढ़ाता है। इसलिये नमक यैंग है (देखे चार्ट पृष्ठ 45), लेकिन जब सही नमक सही मात्रा में प्रयुक्त होता है, तो ये आपको संकुचित करने की बजाय (अर्थात निर्जलीकरण करने की बजाय) असल में आपको ठंडक पहुँचाता है, जब तक आप इसे अधिक मात्रा में नहीं लेते। नमकीन स्वाद में शरीर से सिस्ट और टिशूज़ जैसे कठोर आकारों को घोलने की क्षमता होती है। आयुर्वेदिक परम्परा के अनुसार नमक टिशूज़ को चिकनाई प्रदान करता है और पाचन को सक्रिय करता है। ये स्वाद आपके पेट को सशक्त करता है (क्योंकि इसका प्रभाव आपके स्प्लीन/पैंक्रियाज़ पर भी पड़ेगा), और इस प्रकार ये अन्य अंगों, जैसे किडनी और हृदय, को भी प्रभावित करता है।

कड़वा

कड़वा स्वाद प्रकृति से ठंडक देने वाला होता है, उसकी ऊर्जा ऊपर जाने की जगह, शरीर में नीचे की ओर जाती है। और क्योंकि ये ठंडक देने वाला होता है, ये उन लोगों के लिये बहुत लाभदायक है जो स्वभाव से आक्रामक या क्रोधी हैं। ये एक ऐसा स्वाद है जो आपके हृदय के लिये सकारात्मक रूप से काम करता है, क्योंकि ये हृदय के चारों तरफ़ जमा हुए फ़ैट को घोल कर हृदय को साफ़ करने में मदद करता है। सरसों के पत्ते इस प्रकार के कड़वे स्वाद का एक अच्छा उदाहरण हैं, जिसके बारे में मैं बात कर रही हूँ। ये कड़वा स्वाद लिवर से विषाक्त पदार्थों को निकालने में भी मदद करता है, और साथ ही वज़न घटाने के लिये भी उत्तम है या फिर उन लोगों के लिये भी लाभकारी है, जो त्वचा के विकारों, कैंडिडा, या शरीर में बल्गम से परेशान हैं। किडनी और फेफड़ों को भी कड़वे स्वाद से लाभ होता है, और जिनके फेफड़ों में बल्गम जमा हो जाता है, उनके लिये ये लाभकारी है। बौनफल और मुलैठी की चाय ऐसे प्रकरणों में मददगार होगी। आयुर्वेदिक परम्परा में,

ये स्वाद विषाक्त पदार्थों को बाहर निकालता और टिशूज़ को हल्कापन प्रदान करता है।

मीठा

लिवर, स्प्लीन, पैंक्रियाज़ और पेट एक साथ काम करते हैं। एक असंतुलित लिवर पेट की परिस्थितियों को भी प्रभावित करती है, जिससे पेट में जलन, गैस, और अपच की समस्यायें होती हैं, और कोलाइटिस और अन्य पाचन सम्बन्धी समस्यायें भी उत्पन्न होती हैं। मीठा स्वाद (सम्पूर्ण जीवंत खाद्य, जैसे कॉम्प्लेक्स कार्बोहाइड्रेट्स से प्राप्त) आपकी ऊर्जा को ऊपर की ओर ले जाता है और उसे बाहर की ओर बिखेर देता है। ये आपको विश्रांति प्रदान करता है, जिससे आपके पाचन तंत्र को आराम मिलता है। जहाँ एक ओर ये आपके स्प्लीन/पैंक्रियाज़ को लाभ पहुँचाता है, वहीं दूसरी ओर ये आपके 'क्रोधी' लिवर को प्रभावित करके उसे प्रसन्न करता है। लिवर को ठीक करने का सबसे अच्छा तरीक़ा है उसे मीठे स्वाद (लेकिन ध्यान रहे, सिर्फ़ अच्छे प्रकार का मीठा) से पोषित करना, क्योंकि ये जमा हुए अतिरिक्त तनाव को कम कर देता है। आयुर्वेदिक परम्परा के अनुसार, मीठा स्वाद टिशूज़ का निर्माण करता और नसों को शांत करता है। जिससे आपका ज़रूरत से ज़्यादा व्याकुल और चिंतित मन शांत हो जायेगा। लेकिन जो लोग वज़न घटाने का कार्यक्रम बना रहे हैं, उन्हें कॉम्प्लेक्स कार्बोहाइड्रेट्स की मात्रा को कम करके मीठे स्वाद को सीमित कर देना चाहिये।

तीखा

ज़रा याद करिये कि जब आप वासाबी या सरसों खाते हैं तो क्या होता है? ये आपकी नाक में चुभती है, उसे खोल देती है और आपके साइनस को साफ़ कर देती है। इसक प्रभाव ऊष्ण होता है और ऊर्जा ऊपर और बाहर की तरफ़ तेजी से बढ़ती है। तीखा स्वाद फेफड़ों और बड़ी आँत को लाभ पहुँचाता है, क्योंकि ये रक्त प्रवाह और ऊर्जा को सक्रिय करने में मदद करता है, पाचन शक्ति को बढ़ाता है, और साथ ही डेयरी और पशु आधारित भोजन के कारण बने बल्गम को विखंडित करता है। ये अतिरिक्त रक्त प्रवाह हृदय के लिये सहायक होता है। यदि लिवर गतिहीन हो, तो ये तीखा स्वाद उसे धक्का देकर गतिमान

बनाता है, और सारे शरीर की तरल संरचना को पुष्ट करता है (जो किडनी के द्वारा शासित है)। तो सीधी भाषा में, थोड़ा सा तीखा आपकी मनोदशा को ऊर्जा से भर सकता है। आयुर्वेदिक परम्परा में ये आपके पाचन और मेटाबॉलिज्म को सक्रिय करता है। एक शक्तिशाली तीखा स्वाद, लगभग कसैला, जैसे सफ़ेद या लाल मूली, फ़ैट्स को सुखाने में आपकी मदद करेगा, और शरीर में पानी की मात्रा को कम करेगा।

खट्टा

खट्टा स्वाद आपके लिवर के लिये एक साफ़ करने वाले घटक के रूप में काम करता है, जो जमा हुए फ़ैट्स को साफ़ करता है। ये खाने को हज़म करने में मदद करता है और खनिजों को सोखने की क्षमता को बढ़ाता है, जिससे आपके फेफड़े मज़बूत होते हैं। आयुर्वेदिक परम्परा में खट्टा स्वाद टिशूज़ को साफ़ करता है और खनिजों को आत्मसात करने की क्षमता को बढ़ाता है, जिससे आपकी इन्द्रियाँ तीक्ष्ण होती हैं।

स्वाद	प्राकृतिक खाद्य
नमक	रिफ़ाइंड, काला, सेन्धा नमक; मीसो, सोय सॉस; सभी समुद्री घास जैसे स्पाइरुलिना और कोम्बु, बाजरा, जौ, अचार, गोमासिओ (रेसेपी किताब के नमक विभाग में है), मछली
कड़वा	अरुगुला के पत्ते, सेलेरी, रोमेन सलाद, अल्फ़ाल्फ़ा; डार्क चॉकोलेट; साउरक्राउट; हल्दी, मेथी, लौकी; बौनफल; चकोतरा, ऑलिव, कड़वे और मीठे एस्परागस; राजगीरा; पपीता; करेला; मीठा नीम, राइ, तेजपत्ता, नीम के पत्ते, मुलैठी; स्टीविया; कुछ विनेगर; वाइन
मीठा	कार्बोहाइड्रेट्स जैसे मीठा चावल (ब्राउन); सभी फल; प्राकृतिक शुगर; डेयरी उत्पाद, सब्ज़ियाँ जैसे पत्तागोभी, लाल कद्दू, प्याज़, मशरूम (शीटाकी), चुकन्दर, खीरा, बैंगन, शकरकन्दी, गाजर, सेलेरी (कभी मीठी और कभी कड़वी), पालक, लाल बीन्स (अद्ज़ुकि), केसर, सभी प्राकृतिक स्वीटनर, खजूर, किशमिश; शहद; दालचीनी, लैवेंडर, जायफल, बादाम, अखरोट, तिल/सूरजमुखी के बीज; नारियल; शक्कर

खट्टा खट्टे फल जैसे स्ट्रॉबेरी, कीवी, लीची, नींबू, चकोतरा, सभी खट्टे फल, ख़मीरयुक्त खाद्य जैसे दही, साउरक्राउट; खट्टे सेब; सभी विनेगर; अंगूर, आम, संतरे, टमाटर; प्राकृतिक रूप से ख़मीरी ब्रेड

तीखा काली मिर्च, हरी मिर्च, हर्ब्स, लहसुन, मसाले, सफ़ेद/लाल मूली, लीक; हरी प्याज़

कसैला शलजम, अदरक, पेपरमिंट, काली मिर्च, लौंग, सुहा, पार्स्ले, सौंफ, अदरक, सरसों, फलियाँ (बीन्स/दालें); नाशपाती, अनार, सूखे मेवे, एस्परागस, शलजम; कॉफ़ी, चाय; राइ; कुट्टू, कीनोआ

एक ऐसे आहार की योजना बनाइये जिसमें सभी स्वादों का प्रयोग हो, लेकिन कोई एक स्वाद उस आहार में अधिक प्रबल हो। ये सुनिश्चित करें की दिन भर में कम से कम एक बार आपको सभी स्वाद का ज़ायका मिल जाये, क्योंकि अगर आप किसी भी स्वाद से वंचित रह जायेंगे, तो आप उस की पूर्ति किसी अन्य अस्वस्थ आहार के रूप में करेंगे। आपकी ये सभी लालसायें इस सिद्धांत को अपनाने से काफ़ी हद तक कम हो जायेंगी।

भिन्न-भिन्न भावनाओं और मनोदशाओं के लिये आहार योजना

यहाँ एक दिन के लिये पाँच मुख्य आहार योजनायें दी जा रही हैं जिनमें नाश्ता, दोपहर का भोजन और रात का भोजन शामिल है। इन्हें ऐसे तैयार किया गया है कि ये सभी अंगों का पोषण कर सकें और आपकी मनोदशा को बदल सकें। इनकी मदद से आप सचमुच इन खाद्यों के प्रभावों को अनुभव कर सकते हैं और देख सकते हैं कि कैसे इन्हें अपनी आहार योजना में समायोजित किया जा सकता है।

1) ठहराव लाने और केन्द्रित करने वाली आहार योजना

स्प्लीन/पैंक्रियाज़ के लिये मेन्यूः उस समय के लिये जब आप व्याकुल, चिंतित, तनावपूर्ण और एक ही विचारधारा में अटका हुआ महसूस कर रहे हों और थोड़ा विश्रांत और हल्का महसूस करना चाहते हों और

विचारों में स्पष्टता चाहते हों।

नाश्ता:

- चीना का प्रयोग दलिया बनाने के लिये करें। अगर आपको मीठा स्वाद चाहिये तो इसमें सेबों की तह बिछाएं, और अगर नमकीन स्वाद चाहते हों तो लाल कद्दू की तह बिछाएं।

या

- कोई ग्लूटेन रहित आटा चुनें (क्योंकि ग्लूटेन आपको और उदासी का अहसास देगा) जैसे ज्वार या राजगीरा, उसमें थोड़ा सा लाल कद्दू किस कर डालें और रोटियाँ बना कर चटनी (हरा धनिया और पुदीना की) के साथ खायें।
- कैमोमाइल चाय

दोपहर का भोजन

- ब्राउन राइस (पका हुआ)
- काबुली छोले हरी पत्तेदार सब्ज़ियों के साथ
- ग्लेज़्ड गाजर

देर दोपहर/शाम को:

- स्वीट वेजिटेबल ड्रिंक
- शकरकन्दी की चाट

रात का भोजन:

- गोल सब्ज़ियों का सूप
- मसालों के साथ पकाई हुई पत्तागोभी
- पीली दालें (कोई सी भी), उबाल कर कटे हुये स्क्वाश के साथ पकाई हुई
- अगर आपने सवेरे चीना नहीं खाया है, तो अब यहाँ अनाज के तौर पर खा लें।

या

- ज्वार/राजगीरा की रोटियाँ हरी पत्तेदार सब्ज़ियों के साथ (जैसे मेथी या पालक)

2) लिवर को पूर्ण रूप से साफ़ करने वाली आहार योजना

लिवर/गॉल ब्लैडर के लिये आहार योजनाः उस समय के लिये जब आप क्रोधी, चिड़चिड़े, अमैत्रीपूर्ण और निराश महसूस कर रहे हों और कम क्रोधी, धैर्यवान, मित्रतापूर्ण और संतुष्ट महसूस करना चाहते हों।

नाश्ताः

- साबुत ओट्स का दलिया, ब्राउन राइस दलिये की तरह बनाया गया।

या

- गेहूँ की रोटियाँ, हरी पत्तेदार सब्ज़ियों (पालक या मेथी) और चटनी (इमली और खजूर) के साथ
- ग्रीन चाय

दोपहर का भोजनः

- वाइट बीन सलाद
- ग्रीन सॉस में पत्तागोभी
- जौ मशरूम रिज़ोटो

या

- गेहूँ की रोटियाँ या ग्लूटेन रहित आटे की रोटियाँ

देर दोपहर/शाम कोः

- 11/2 कप बारीक कटी ब्रॉक्कली, पाक चोई, पार्स्ले, और हरी प्याज़ को मिला कर 1 कप पानी में 5 मिनट तक हल्की आँच पर पकायें। ठण्डा करके मिक्सर में ब्लेंड करें, और लिवर को तन्दुरुस्त करने वाली देर दोपहर की ड्रिंक के रूप में लें।
- मेवे और नींबू के रस के साथ कासनी का सलाद।

रात का भोजनः

- ब्रॉक्कली सूप
- तड़का लगी कोई भी दाल (हल्दी, जीरा और अदरक का अवश्य प्रयोग करें)
- बाजरा साबुत या बाजरे की रोटियाँ
- पालक या मेथी जैसी हरी पत्तेदार सब्ज़ी और साथ में थोड़ा सा साउरक्राउट

3) मस्त मौला आहार योजना

नाश्ताः

- ब्राउन राइस दलिया

या

- हरी पत्तेदार सब्ज़ी और अदरक और सरसों की चटनी के साथ ब्राउन राइस रोटियाँ
- हर्बल चाय

दोपहर का भोजनः

- ब्राउन राइस (उबला हुआ)
- कद्दू के बीज और काजू की करी और सरसों में बनाई गयी गाजर की चटनी
- सरसों की ड्रेसिंग के साथ वाइट सोयबीन सलाद

या

- वाइट बीन सलाद

देर दोपहर/शाम कोः

- कमल ककड़ी की चाय
- स्ट्यूड सेब/नाशपती

रात का भोजनः

- ब्रॉक्कली सूप

- कीनोआ या गाजर और हरी पत्तेदार सब्ज़ियाँ डाल कर पकाया हुआ बाजरा (चीना)

या

- रोटियाँ
- पीली दाल जिसमें अंत में कमल ककड़ी को कम तेल में धीमी आँच पर पकाया गया हो, सरसों के तड़के के साथ (मीठा नीम और मसालें भी मिलायें)

4) सभी लाभ देने वाली आहार योजना

हृदय/ छोटी आँत के लियेः जब आप बहुत काम करके थकान महसूस कर रहे हों, या तनावपूर्ण और ऊर्जा में बिखराव महसूस कर रहे हों, और संभला हुआ, शांत और हल्का महसूस करना चाहते हों।

नाश्ताः

- कीनोआ या चीना का दलिया

या

- राजगीरा की रोटियाँ
- हरी पत्तेदार सब्ज़ियाँ

या

- राजगीरा के आटे की इडलियाँ/डोसा, चटनी के साथ (तड़का डालते समय हल्दी, सेलेरी, मेथी दाना अवश्य डालें)
- तुलसी की चाय

दोपहर का भोजनः

- अरुगुला या सरसों के साग के साथ राजगीरा की रोटियाँ

या

- चीना, साबुत अनाज के रूप में, राजमा करी के साथ
- कोई भी मौसमी हरी पत्तेदार सब्ज़ी (सरसों)

या

- अरुगुला के साथ कोई भी सलाद
- सफ़ेद मूली का अचार (अगर आसानी से उपलब्ध हो)

देर दोपहर/शाम को:

- बाउल भर के तरबूज़ या खरबूज़, बेरी या गर्मियों के फल

या

- कुट्टू के आटे के ढोकले
- तुलसी या कैमोमाइल चाय

रात का भोजन:

- ब्रॉक्कली सूप (1/2 सफ़ेद मूली डाल के)। अनाज कम रखें। अगर आपने चीना पहले नहीं लिया है, तो अब लें।

या

- ग्रेवी में सफ़ेद बीन्स के साथ राजगीरा की रोटियाँ
- सुहा और अन्य हर्ब्स के साथ खीरे का सलाद

5) साहस पाने के लिये आहार योजना

किडनी और ब्लैडर के लिये आहार योजनाः जब आप भयभीत, असुरक्षित, और तनावपूर्ण महसूस कर रहे हों और सुरक्षित, आत्मविश्वास से भरपूर, निडर और साहसी महसूस करना चाहते हों।

नाश्ता:

- कुट्टू के आटे से बना ढोकला

या

- सम्पूर्ण ओट्स का दलिया

दोपहर का भोजन:

- ब्राउन राइस (प्रेशर कुक किया हुआ)

या

- साबुत चीना अनाज
- सफ़ेद सोयबीन सलाद (प्रोटीन), ब्लैक बीन सलाद (पृष्ठ 297), या ब्लैक बीन (करी में पकाई हुई)
- तोरई स्ट्यू

देर दोपहर/शाम को:

- सूखे मेवे
- ग्रीन, तुलसी या कोई भी हर्बल चाय

रात का भोजन:

- सोयबीन सूप
- रोटी में अनाज बदल कर लें: कुट्टू, ब्राउन राइस या चीना का प्रयोग करें
- पकायी हुई काली दाल
- नींबू ताहिनी सॉस के साथ स्टीम किया गया पालक या ब्रॉक्कली

7

आवश्यक शॉपिंग गाइड

अगर आपने पिछले अध्यायों पर ध्यान दिया होगा तो अब तक आपने अपने भंडारघर और फ्रिज से उन सभी चीज़ों को निकाल दिया होगा जो आपके लिये मना हैं। जैम, मेयोनिज़ की शीशी, स्वीटंड फ्रूट जूस, कॉर्न फ़्लेक्स, सॉसेज। अगर नहीं, तो अभी भी समय है, सफ़ाई करके अच्छी वस्तुओं को ला कर रख लेने का, जीवंत भोजन, जो आपको एक बेहतर पेट और स्वस्थ और प्रसन्न व्यक्तित्त्व को पाने की राह पर अग्रसर करेगा। तो फिर आप किसका इंतज़ार कर रहे हैं?

ऑरगैनिक भोजन पर एक टिप्पणी

एक बड़ा सवाल। ऑरगैनिक भोजन को अपनायें या नहीं। मानवता के इतिहास के एक अधिकांश हिस्से तक, कृषि को ऑरगैनिक कहा जा सकता है। सिर्फ़ बीसवीं सदी में नये कृत्रिम रसायनों को खाद्य की पूर्ति में लाया गया। सरल भाषा में ऑरगैनिक वो खाद्य होता है जो बिना किसी कीटनाशक, ऐंटीबायोटिक्स या जेनेटिकली मैन्युफ़ैक्चर्ड ऑर्गैनिज़्म (जी एम ओ) के प्रयोग से उत्पन्न किया जाता है।

ऑरगैनिक पद्धति से उगाये गये फलों और सब्ज़ियों में पारम्परिक पद्धति से उगाये खाद्य उत्पादों की अपेक्षा ऐंटीऑक्सिडेंट्स का स्तर अधिक ऊँचा होता है। और क्योंकि ऑरगैनिक से उगाये गये फल और सब्ज़ियों में ऐंटीऑक्सीडेंट अधिक होता है, ये कुछ प्रकार के कैंसरों के जोखिम को कम कर देते हैं। ऐंटीऑक्सीडेंट्स त्वचा और माँसपेशियों के क्षय में जीर्णोद्धार काम करते हैं। जो खाद्य ऐंटीऑक्सीडेंट्स से भरपूर होते हैं, वे माँसपेशियों और त्वचा की क्षति को कम करके उम्र की रफ़्तार को धीमा कर देते हैं।

फ़ाइटोन्यूट्रीएंट्स, वो न्यूट्रीएंट्स जो वनस्पति से लिये जाते हैं और मानव जीवन को बनाये रखने के लिये आवश्यक सिद्ध हुए हैं, ऑरगैनिक तत्त्वों से भरपूर होते हैं क्योंकि रासायनिक कीटनाशकों की अनुपस्थिति में पौधे अपनी निजी सुरक्षा पर अधिक निर्भर करते हैं। उदाहरण के लिये, लाइकोपीन, टमाटरों में पाया जाने वाला ऐंटीऑक्सीडेंट, का स्तर ऑरगैनिक टमाटरों में अधिक ऊँचा होता है, और पॉलिफ़ेनोल (ऐंटीऑक्सीडेंट जो बढ़ती उम्र के विरुद्ध आपकी रक्षा करता है) ऑरगैनिक आलुओं में अधिक पाया जाता है।

अगर आप सुनिश्चित करना चाहते हैं कि जो भोजन आप नियमित रूप से खा रहे हैं वो आपको अच्छी सेहत देगा, तो ऑरगैनिक खाद्य उत्पादों को अपनायें, या फिर अपनी रोज़ की डाइट में इनकी संख्या बढ़ा दीजिये। इसको कैंसर जैसे गंभीर रोगों और बड़ी-बड़ी स्वास्थ्य समस्याओं के विरुद्ध एक उपकरण के रूप में देखें।

हम सभी जानते हैं की कीटनाशक प्रकृति से ही विषाक्त हैं। तो ये समझना कोई बहुत कठिन विषय नहीं होगा कि अगर रसायन हानिकारक हैं और पौधों में पनप रहे जीवों को मार सकते हैं, तो वो हमें भी नुकसान पहुँचा सकते हैं। कीटनाशक, शाकनाशक, जेनेटिकली मॉडिफाइड फ़ूड्स, और ग्रोथ हॉर्मोंस खाने की पौष्टिकता को कम करते हैं। ऑरगैनिक उत्पादों का उपयोग गंभीर स्वास्थ्य परेशानियों से ग्रस्त लोगों के लिये बहुत लाभकारी है, जहाँ शरीर पहले ही अन्दर से विषाक्त है। क्या मैं ये कह सकती हूँ कि स्वस्थ लोगों के लिये ऑरगैनिक खाद्य को चुनना और भी बेहतर होगा? जी हाँ। अगर आप ऐसा कर सकते हैं तो अवश्य करिये। लेकिन भारत में ऑरगैनिक उत्पाद, ख़ास कर सब्ज़ियाँ मँगाने में, हमें कई कानूनी मुद्दों का सामना करना पड़ता है, इसलिये ये शायद एक मुश्किल प्रक्रिया हो। अगर आप 100% ऑरगैनिक नहीं भी हो पाते, तो जितना हो सकते हैं उतना प्रयास अवश्य करें और इससे लाभ प्राप्त करें।

शॉपिंग लिस्ट की सलाह

साबुत अनाज और अनाज उत्पाद

- ब्राउन राइस (लम्बा दाना और छोटा दाना)
- पीली दाल (जिसे चीना भी कहा जाता है)
- सभी अनाज (आटे भी), जिन्हें मिलेट्स भी कहा जाता है, जैसे ज्वार, नचनी, जौ, कुट्टू, रागी, और राजगीरा, कीनोआ (केवल कुछ ही स्टोर्स में उपलब्ध)
- नूडल्सः उडोन, सोबा (आमतौर पर कुट्टू)। भारतीय मार्केट में नूडल्स मैदा से बनाये जाते हैं, उडोन 100% गेहूँ से बनाया जाता है या फिर कोई भी अन्य गेहूँ से बना पास्ता, और सोबा 100% कुट्टू के आटे से बनता है।

ब्रेड पर टिप्पणी

भारतीय बाज़ारों में उपलब्ध सभी प्रकार के ब्रेड में यीस्ट और मैदा (भिन्न अनुपात में) होते हैं, और दोनों ही घटक शरीर को नुकसान पहुँचाने के अलावा और कुछ नहीं करते। सफ़ेद ब्रेड तो बिलकुल ही नहीं लेना चाहिये। अगर आप ब्रेड को अपने जीवन से नहीं निकाल सकते, तो फिर गेहूँ की ख़मीरयुक्त ब्रेड का चुनाव करें।

सब्ज़ियाँ और फल

- गहरे हरे रंग की पत्तेदार सब्ज़ियों सहित सभी सब्ज़ियाँ
- फलों में, अगर आप ब्राँकायल मुद्दों से ग्रस्त हैं, तो केलों का सेवन सीमित रखें, क्योंकि केले से बल्गम बनता है। लेकिन फिर भी केले पोटैशियम का एक उत्तम स्रोत हैं और अगर आपमें पोटैशियम की कमी है तो केला आपके लिये श्रेष्ठ है। पोटैशियम की कमी को ब्लड टेस्ट के द्वारा परखा जा सकता है। इसके लक्षण हैं माँसपेशियों में खिंचाव, थकान, अनियमित हृदय स्पन्दन, प्यास, विचलित मनोदशा, चिड़चिड़ापन, निम्न रक्त चाप और अनिद्रा। जो लोग अधिक सोडियम युक्त आहार लेते हैं, या जो नियमित रूप से

डायटिंग करते हैं, उन्हें इसका खतरा हो सकता है। जिन लोगों ने लम्बे समय तक लैक्सेटिव्स का प्रयोग किया है, जो बहुत अधिक तनाव में हैं और अधिक उम्र वाले लोगों में भी पोटैशियम की कमी हो सकती है।

बीन्स और बीन उत्पाद

- सभी साबुत बीन्स जैसे राजमा, काबुली छोले, काले चने, छोलियाँ, चौलाई, और अन्य फलियाँ।
- सोय उत्पाद जैसे सोय ग्रैन्यूल्स, नगेट्स, टोफ़ू (सोय पनीर के नाम से भी जाना जाता है)।

सोय और उसके उत्पादों के बारे में

सोय और सोय आइसोफ़्लेवॉन्स के कई स्वास्थ्य लाभ हैं, जैसे कार्डियोवैस्कुलर रोगों, कैंसर, और ऑस्टियोपोरोसिस की रोकथाम करना और साथ ही मेनोपॉज़ के लक्षणों का इलाज करना। सोय डाइटरी प्रोटीन्स का सम्पूर्ण स्रोत प्रदान करता है, और अन्य अधिकांश प्लांट प्रोटीन्स से भिन्न इनमें ज़रूरी अमीनो ऐसिड्स होते हैं।

लेकिन फिर भी, सोय को हफ़्ते में तीन बार लेने तक ही सीमित रखना चाहिये। इसे अपने आहार का मुख्य घटक ना बनायें। जो लोग वज़न घटाने का प्रयास कर रहे हैं, उन्हें सोय दूध बिलकुल ही छोड़ देना चाहिये।

मछली

- साल्मन और शेलफिश (कस्तूरा) के अलावा सभी प्रकार की मछली (वज़न घटाते समय)।

बीज और मेवे

- तिल, सूरजमुखी, कद्दू, अखरोट, और बादाम

मसाले और तड़के

- सेन्धा या काला नमक

- अदरक
- लहसुन
- प्राकृतिक सरसों
- हर्ब्स (सभी प्रकार के)
- सभी भारतीय मसाले

स्प्रेड्स और जैम

- ताहिनी (तिल का मक्खन)
- अनस्वीटंड जैम (लेबल पढ़ें)

स्वीटनर्स

- स्टीविया
- सेब का रस
- प्योर मेपल सिरप

पेय

- हर्बल और डीकैफ़िनेटेड चाय
- सेब का रस

स्नैक्स

- अनस्वीटंड ग्रैनोला
- होल वीट क्रैकर्स
- राइस केक्स
- सिके हुए बीज जैसे कद्दू, पॉपकॉर्न, मुनक्का (देखें स्नैक विभाग)

**नोट: कभी भी रेडीमेड स्प्रेड्स ना खरीदें। घर में ही पीनट बटर, हमस, और बाबा घनौश बनायें। फलों से बनाये स्वीटनर्स भी फलों का गूदा आपके डेज़र्ट्स में स्वीटनर के रूप में इस्तेमाल करके बनाये जा सकते हैं। साथ ही सभी सब्ज़ियों और फलों के रस को ताज़ा ही बनायें।

8

आहार योजना और पौष्टिक स्नैकिंग

एक संतुलित आहार की योजना कैसे बनायें?

अच्छे स्वास्थ्य, को बनाये रखने, वज़न घटाने, स्वास्थ्य सम्बन्धी परेशानी वाली परिस्थितियों को पलटने, और स्वयं को पोषित करने के लिये अपने आहार को संतुलित करना बहुत ही ज़रूरी है। संतुलन आता है खाने के समय में नियमितता, बैठ कर शांति से खाने, सही प्रकार के खाद्यों के मेल, भोजन को भली प्रकार चबा कर खाने और साथ ही भोजन को सही तरह से प्रस्तुत करने से।

जैसा कि मैं पहले भी बता चुकी हूँ, योजना बनाना स्वस्थ भोजन की आदतों की कुंजी है। अगर आपका नाश्ता या दोपहर का भोजन तैयार होगा, तो आपको कैफ़ेटेरिया जाने की और बाहर खाने की या प्रोसेस्ड फ़ूड खाने की कोई ज़रूरत नहीं पड़ेगी। बस, ये इतनी ही सरल और तर्क सम्मत बात है।

अपनाने योग्य अनिवार्य फ़्लो चार्ट

आपके आहार का निम्न क्रम होना चाहियेः

प्रथम दृश्यः सूप

(दिन में कम से कम एक आहार के लिये)

↓

मुख्य नायकः साबुत अनाज

(जो आपको हर आहार के लिये आयोजित करना चाहिये)

↓

सहायक कलाकारः दो सब्ज़ियाँ
(जिनमें से एक हरी सब्ज़ी होनी चाहिये)
↓
प्रॉप्सः फलियाँ
(या माँसाहारियों के लिये मछली)
↓
निर्देशकः अच्छी गुणवत्ता वाले ख़मीरयुक्त खाद्य
(वो गोंद जो आपके आहार को एक साथ जोड़ कर रखती है)

नाश्ता

नाश्ता या ब्रेकफ़ास्ट का अर्थ होता है 'व्रत को तोड़ना'। ये महत्त्वपूर्ण आहार आपके दिन भर के तालमेल को तय करता है। इसलिए आपको ऐसे भोजन की आवश्यकता होगी जो आपको नियमित रूप से शुगर प्रदान करें और अच्छी तरह पच जाये और आपको सारे दिन भरेपूरे होने का अहसास कराये। साबुत अनाज, किसी भी रूप में, इसका जवाब है। हम पोहा, रोटी, दलिया, डोसा, इडली की बात कर रहे हैं।

पिछली रात को ही योजना बना लें। अगर आप को दलिया खाना है, ब्राउन राइस या सम्पूर्ण ओट्स, तो इन अनाजों को भिगोना होगा। अगर इडली बनानी है, तो आपको दो दिन पहले से ही तैयारी करनी होगी। आप यकीनन यही सोच रहे होंगे कि ये तो शेफ़ है, इसका अपना भोजन का व्यवसाय है– इसे क्या मालूम कम समय में जल्दी-जल्दी काम करना कैसा होता है। लेकिन असल में मैं ये अच्छी तरह जानती हूँ। चलिये मैं आपको अपना अनुभव बताती हूँ।

मैं सुबह 5.30 बजे उठ जाती हूँ और अपना किचन 6 बजे तक शुरु कर देती हूँ। मेरा किचन 7 बजे तक तैयार हो जाता है (जब तक मेरा प्रधान शेफ़ सभी सामग्रियों को इकट्ठा लगाने लग जाता है)। अपने पेट को बहुत लम्बे समय तक खाली छोड़ने से बचाने के लिये, क्योंकि नाश्ते का सबसे सही समय सुबह 7 से 9 बजे के बीच में होता है, मैं हमेशा 2-3 बादाम या अखरोट ले लेती हूँ। मैं अपने लिये पोहा या इडली भी पिछली रात को ही बना कर रख लेती हूँ, क्योंकि मेरा

किचन नाश्ते के लिये सुबह 9.30 बजे तक चलता है। करीब 7.30 बजे, मैं एक बाउल भर के पोहा या इडली या ब्राउन राइस दलिया खाती हूँ। ये मैं किचन में खाना बनाते हुये, या अपने स्टाफ को काम बताते हुये करती हूँ। मैं जानती हूँ कि मुझे काम करते रहना है, लेकिन खाना तो ज़रूरी है।

अगर आप योजना बना लेंगे, तो इसकी अधिक सम्भावना है कि आप आसान खाद्य जैसे कमर्शियल ब्रेड, अण्डे, पैकेटबन्द खाद्य जैसे म्यूसली (रोज़), या फिर कुछ भी नहीं लेंगे। सुबह सिर्फ़ फल? यानी सवेरे-सवेरे सबसे पहले अत्यधिक काँसेंट्रेटेड शुगर। सवेरे सिर्फ़ फल या फलों का रस सुबह के एक बड़े समय के लिये आपको मूडी और आपके ब्लड शुगर को अस्थिर बना देगा। अगर आप फल खाते भी हैं, तो फिर डेढ़ घंटे बाद कोई साबुत अनाज खायें। वैसे मेरी सलाह होगी कि आप इसका उल्टा करें, पहले साबुत अनाज, फिर डेढ़ घंटे बाद फल।

सवेरे कॉफ़ी या चाय?

रात में शरीर निष्क्रिय और शुष्क अवस्था में चला जाता है। इसीलिये सुबह उठते ही हम पानी की बोतल की तरफ़ हाथ बढ़ाते हैं। भारतीय चाय यैंग है और ये भारतीय चाय आपको और भी अधिक शुष्क बनाती है। वहीं दूसरी ओर कॉफ़ी आपको एक विस्तार का आभास देती है क्योंकि ये एक शक्तिशाली उत्तेजक है। इसलिये पेयों की सूची में कॉफ़ी और चाय (भारतीय चाय) असल में प्राथमिकता में काफ़ी नीचे चले जायेंगे। हर्बल चाय, एक हरा पेय (वीट ग्रास या पानी में स्पाइरुलिना), या सब्ज़ियों का रस उनकी जगह ले लेंगे। मैं इसकी विशेष रूप से सलाह देती हूँ अगर आप वज़न घटाने की या स्वस्थ होने की योजना बना रहे हैं (शरीर में अधिकतर असंतुलन यहीं से पैदा होते हैं, और ये आपकी लालसाओं को नियंत्रण में रखने का एक अचूक उपाय भी है)।

दोपहर का भोजन

ये एक ऐसा आहार है जिसके महत्त्व को नज़रअन्दाज करने की सबसे अधिक सम्भावना है, क्योंकि इस समय हम में से अधिकांश लोग अपने मानसिक कार्य कलापों के शिखर पर होते हैं। इस समय नियम है घर

के बने भोजन को खाने का और इसमें किसी अपवाद का कोई स्थान नहीं है। इस आहार का मुख्य सितारा होना चाहिये साबुत अनाज, इसलिये अगर रोटी, दाल और सब्ज़ियाँ नहीं बन सकतीं, तो सूप में सब्ज़ियाँ, दाल और कोई साबुत अनाज मिला लें। या फिर अगर आप हफ़्ते में एक बार सलाद खाना चाहते हैं, तो उसमें कोई पका हुआ अनाज डाल लें, जैसे ब्राउन राइस या चीना।

रात का भोजन

रात का समय वो समय है जब आपका शरीर दिन भर की मेहनत के बाद थोड़ा आराम चाहता है। ये वो समय है जब हम थोड़ा आराम से, पूरी तृप्ति की अनुभूति के साथ जी भर के खाना चाहते हैं। लेकिन याद रखिये कि आपकी तरह, आपका पेट भी थक गया है, और अब दिन के अंत में आराम करने जा रहा है। इसलिये अपने भोजन को सादा रखें। मेरे कई ग्राहक, वज़न कम करने के प्रयास में, साबुत अनाज को रात के भोजन के लिये रखते हैं। अगर आपने बाकी दोनों समय के आहार में साबुत अनाज खाया है, तो आप इस समय इसके बिना भी काम चला सकते हैं। लेकिन रात के भोजन के समय साबुत अनाज ना लेना तो केवल दिन में आपके अनाज की मात्रा को कम करने का एक तरीक़ा है, जो यकीनन तब मददगार होता है जब आप वज़न घटाने की योजना को कार्यांवित कर रहे हों। तो ये सुनिश्चित करें कि इस समय काँसेंट्रेटेड प्रोटीन का तत्त्व आपके आहार में मौजूद हो।

हर दो घंटे में खाना या तीन संतुलित आहार लेना?

डाइट द्वारा अभिप्रेरित थर्मोजेनेसिस या जैसा कि पश्चिम में कहा जाता है, 'चरना' (हर दो घंटे में खाना), वज़न घटाने के लिये एक प्रचलित उपकरण है। वज़न घटाने की रंगभूमी में इस पद्धति के उभर कर आने के कारण हैः

अ) इसका प्रयोग डायबेटिक लोगों के लिये उनकी ब्लड शुगर के स्तर को बनाये रखने के लिया किया जाता था।

ब) लोग अपने तीन मूल, संतुलित आहार को खाने से दूर जाने लगे थे।

स) कुछ लोग अपने नियमित आहारों में भी ज़रूरत से ज़्यादा खाने लगे थे।

एक ओर जहाँ इस तकनीक ने कई लोगों की मदद की है, आप भी तीन आहार ले सकते हैं और साथ ही बीच-बीच में भूख लगने पर स्नैक्स ले सकते हैं। मैं जो पद्धति इस किताब में प्रस्तुत कर रही हूँ, उसका पालन करिये और ये सुनिश्चित करिये कि अगर ये वज़न घटाने के लिये ही है, तो आप किसी ना किसी रूप में काँसेंट्रेटेड प्रोटीन हर आहार में लें। अगर आप हर दो घंटे में खाने जा रहे हैं, तो कृपया निम्नलिखित बातों का पालन करेंः

1. अपने भोजन के चुनाव को ध्यान से देखेंः इसमें प्रोसेस्ड फ़ूड्स जैसे बिस्किट्स, या टोस्ट (सफ़ेद ब्रेड से बना - मैदा) ना हों। इसकी जगह ब्राउन राइस पोहा, हमस के साथ होल वीट क्रैकर्स, गाजर की फाँक, और फल (देखें स्नैक विभाग)।
2. चबा कर खायें। ये एक चीज़ है जिसे अक्सर लोग 'चरते' समय भूल जाते हैं।
3. अगर आप स्नैक्स की मात्रा अधिक रखते हैं, तो भोजन के समय भोजन की मात्रा कम कर दें। तो ऐसे समय पर खाने की मात्रा के बारे में ध्यान रखें।

दिन में तीन वक़्त खाना, दो वक़्त खाना या 'चरना' पूर्ण रूप से आपका अपना निर्णय है। इस पद्धति के साथ मेरे अनुभव ने मुझे दिखाया है कि अगर आप एक संतुलित नाश्ता, दोपहर का भोजन और रात का भोजन खाते हैं– तो फिर बीच-बीच में खाने की आवश्यकता नहीं होगी जब तक कि आपको सचमुच भूख ना लगे।

कीप इट शॉर्ट ऐंड सिम्पल या KISS, अर्थात इसे संक्षिप्त और सरल रखें

कॉनी आर्नल्ड, मेरे एक प्रिय मित्र, जो इस डाइट के द्वारा नॉन हॉज्किन लिम्फ़ोमा नामक एक प्रकार के कैंसर से रोगमुक्त हुए, मुझसे बोले, 'इसे संक्षिप्त और सरल रखो'। सबसे महत्त्वपूर्ण बात है कि हम आहार को ही ठीक करें, जिसका अर्थ है कि आप अपने शरीर को सही

भोजन खिला रहे हैं। एक बार आप इसके मूलभूत प्रारूप के साथ संतुष्ट हो जायें, जिसे मैं एक बार फिर दोहरा रही हूँ– साबुत अनाज, सब्ज़ियाँ जिनमें से एक हरी पत्तेदार सब्ज़ी हो, बीन्स (या मछली), थोड़ा ख़मीरयुक्त खाद्य, मसाले और सूप– फिर आप जान जायेंगे कि आपको किस पृष्ठभूमि में काम करना है। उन आकर्षक और ख़ूबसूरत रेसेपी की किताबों के प्रलोभन में मत आइयेगा। शुरु में कुछ मुख्य मसालों का ही प्रयोग करें, और अनाजों और बीन्स को सादे तरह से ही बनायें। कम व्यंजन रखें। एक बार आप अच्छी तरह सीख जायें, तो फिर आप उन रेसेपीज़ के और अधिक कठिन तरीके को अपना सकते हैं।

खाद्यों का मेल

खाद्यों के मेल के सिद्धांतों को जानना ज़रूरी है– ख़ास कर उन लोगों के लिये जिनका पेट बहुत संवेदनशील है और उनके लिये जो वज़न घटाने का प्रयास कर रहे हैं। अब इससे आतंकित मत हो जाइये, लेकिन इसके प्रति जागरुक रहिये। मस्तिष्क का खाद्यों के मेल के सिद्धांतो से साथ जुड़े रहने का अपना ही तरीक़ा है। जो सिद्धांत मैं प्रस्तुत कर रही हूँ, वो पारम्परिक चीनी प्रणाली से जन्में हैं और कुछ पॉल पिचफ़ोर्ड के द्वारा बताये गये और भारतीय सन्दर्भ में अपनाये गये हैं। जब आप खाद्यों का अच्छा मेल करते हैं, तो तीन बातें होती हैंः

1) पेट में खाना कम सड़ता है, और इसके परिणाम स्वरूप पेट में कम ख़राब बैक्टीरिया होंगे और कैंडिडा होने की सम्भावना भी कम होगी।
2) पाचन तंत्र सशक्त होगा।
3) वज़न घटेगा - क्योंकि विषाक्त पदार्थों के होने की और फ़ैट्स के बढ़ने की सम्भावना कम हो जायेगी।

खाद्यों के मेल के लिये आठ टिप्सः

1. फलों को सुबह सबसे पहले खाली पेट खाना चाहिये। जैसा कि मैंने बताया था, खट्टे फलों को दही के साथ मिलाया जा सकता है (अगर आप मिलाना चाहें तो)। फल बाकी चीज़ों

से पहले पचते हैं, इसलिये उन्हें अन्य खाद्य पदार्थों के साथ मिलाना समस्या खड़ी कर देगा।

2. नमकीन स्वाद वाले खाद्यों को, जैसे आपका सूप (जिसमें मीसो या नमक होगा), किसी भी आहार में सबसे पहले लेना चाहिये, क्योंकि ये आपके पाचन तंत्र को सक्रिय करता है।
3. काँसेन्ट्रेटेड प्रोटीन को कम मात्रा में खाना चाहिये।

गैस से बचने के लिये खाद्यों का मेल

- डेयरी या पशु आधारित खाद्य (मीट) के साथ अनाज
- अनाज के साथ फल
- पशु आधारित खाद्य (मीट) के साथ डेयरी
- तरबूज़ या खरबूज़ा
- सब्ज़ियों के साथ फल
- बीन्स के साथ फल

4. किसी भी आहार की शुरुआत सूप से होनी चाहिये। लेकिन अगर आप सूप के बाद कोई अधिक प्रोटीन वाला खाद्य, जैसे मीट, चिकन या मछली खा रहे हैं– तो इन्हें सूप के बाद ही लेना चाहिये, क्योंकि ये हज़म होने में ज़्यादा समय लेते हैं और इन्हें हमेशा ही किसी स्टार्च रहित सब्ज़ी के साथ खाना चाहिये, ख़ास कर हरी सब्ज़ी; बीन्स/फलियों के साथ पशु आधारित खाद्य को नहीं खाना चाहिये (जैसा कि बताया गया है)। भोजन को अच्छी तरह पचाने के लिये, कोशिश करिये कि आप मीट, चिकन, मछली या बीन्स/फलियाँ खाते समय स्टार्च युक्त खाद्य ना लें।
5. प्रोटीन्स को हरी सब्ज़ियों और स्टार्च युक्त सब्ज़ियों के साथ लें। जैसा कि मैंने पहले बताया है, जब प्रोटीन को मेटाबोलाइज़्ड किया जाता है, तब हरी सब्ज़ियाँ फ़ायदा करती हैं, इसलिये शरीर में प्रोटीन के सर्वाधिक उपयोग के लिये ये बहुत ज़रूरी हैं। उदाहरण के लिये, स्टीम्ड, हल्की कम तेल

में पकाई हुई या सॉटे की हुई हरी सब्ज़ी या साग के साथ मछली; हरी पत्तेदार सब्ज़ियों या वेजिटेबल सूप (स्टार्च रहित सब्ज़ियाँ) के साथ चिकन।

6. साबुत अनाज और स्टार्च युक्त सब्ज़ियों को स्टार्च रहित सब्ज़ियों के साथ खायेंः सभी अनाज तभी भली प्रकार आत्मसात होते हैं जब उन्हें स्टार्च रहित या कम स्टार्च वाली सब्ज़ियों के साथ खाया जाता है (प्रत्येक स्टार्च का हज़म होने की अलग समयावधि होती है)। उदाहरण के लिये, ब्राउन राइस को लाल कद्दू (भोपला), सब्ज़ियों या हरी सब्ज़ियों के साथ खायें। लेकिन अगर आप आलू का सलाद (अधिक स्टार्च युक्त) बना रहे हैं, तो उसके साथ हरी पत्तियों का सलाद और सब्ज़ियों का सूप भी लें। यहाँ पर हरी सब्ज़ियाँ आवश्यक हैं!

7. फ़ैट्स और तेल को हरी सब्ज़ियों और कम स्टार्च युक्त सब्ज़ियों के साथ इस्तेमाल करना सबसे उत्तम होता हैः कभी भी प्रोटीन्स के साथ अधिक फ़ैट्स वाले खाद्यों को ना मिलायें। इसलिये, मीट के साथ, जिनमें सैचुरेटेड फ़ैट्स अधिक होते हैं, हरी सब्ज़ियों या कम स्टार्च्युक्त खाद्य जैसे ब्रॉक्कली, फूलगोभी, गाजर, हरी बीन्स, तोरई, और लाल शिमला मिर्च सबसे उचित रहेंगे। इन्हें पकाने के लिये बहुत अधिक रिफ़ाइंड तेल का प्रयोग ना करें। मीट के लिये भी रिफ़ाइंड तेल की मात्रा कम कर दें।

8. अधिक फ़ैट वाले प्रोटीन्स, जैसे चीज़, दूध, मेवे, दही, और एवोक़ाडो हरी सब्ज़ियों और स्टार्च रहित सब्ज़ियों के साथ सबसे अच्छे रहते हैं, साथ ही खट्टे फलों के साथ भी इन्हें लेना उत्तम है। ऐसिड प्रोटीन्स के हाजमे को धीमा कर देता है और मौज़ूद फ़ैट को हज़म करने में भी मदद करता है। उदाहरण के लिये, दही और मेवे के साथ स्ट्रॉबेरी (अन्य खट्टे फल हैं अन्ननास, किवी, ब्लूबेरीज़), नींबू क साथ ताहिनी, और अच्छी गुणवत्ता वाले विनेगर में मैरीनेट किये गये मीट। इन फ़ैट युक्त प्रोटीन खाद्यों के हाजमें में हरी सब्ज़ियों से

बहुत मदद मिलती है, क्योंकि हरी सब्ज़ियाँ लिवर को बहुत लाभ पहुँचाती हैं जहाँ प्रोटीन को सिंथेसाइज किया जाता है और फिर शरीर द्वारा प्रयोग में लाया जाता है। अगर आप कोई मलाईदार (डेयरी क्रीम या पनीर) सलाद ड्रेसिंग बनायें, तो उसे आसानी से आत्मसात करने के लिये उसमें ढेर सारे हरे हर्ब्स, जैसे पार्स्ले, डिल, या पुदीना अवश्य डालें।

क्या आप जानते हैं?

- पशु आधारित प्रोटीन्स के साथ नींबू बहुत लाभकारी हैं। सालमन मछली के ऊपर थोड़ा सा नींबू निचोड़ देने से उसे हज़म करने में आसानी होती है और यिंग और यैंग तत्त्वों को संतुलित करना भी आसान हो जाता है।
- खाने के साथ साथ पानी नहीं पीना चाहिये, क्योंकि पानी आपके पाचक रसों को पतला कर देता है। ठोड़ा सा गरम पानी पीने से काम चल जायेगा।
- खाने के साथ फलों का रस ना लें। आपको कम से कम दो घंटे तक प्रतीक्षा करनी चाहिये, वरना आपका हाजमा ख़राब हो जायेगा।

मैं इसे आपके लिये बहुत सरल बना रही हूँ। यहाँ मैं आपके लिये एक हफ़्ते के लिये दोपहर और रात के भोजन की योजना बना के दे रही हूँ जिसका आपको पालन करना है। इसे आज़माइये, और देखिये कि एक हफ़्ते के बाद आप कितना फ़र्क़ महसूस करते हैं।

एक हफ़्ते का दोपहर के भोजन का मेन्यू प्लान

दोपहर के भोजन का मेन्यू				
	अनाज	बीन	सब्ज़ियाँ	अतिरिक्त
सोम	गेहूँ के बन	करीड वाइट बीन्स (चौलाई)	करी वाला पालक	इमली और खजूर की चटनी
मंगल	कुट्टू या उडोन नूडल्स	टोफ़ू/बीन्स के साथ खौ सुए और सब्ज़ियाँ	टॉपिंग्स	पालक
बुध	सब्ज़ियों के साथ चीना	शानदार दाल (कोई भी पीली दाल) सभी साबुत मसालों जैसे लौंग, दालचीनी, सौंफ, हरी इलायची आदि के साथ	ओडेसा चुकन्दर सलाद	पत्तागोभी अरबी टोफ़ू मेयो
गुरु	लम्बे दाने वाला ब्राउन राइस	फ़ैलाफ़ेल	थाइ करी	तीखी लाल चटनी
शुक्र	वेजिटेबल फ्राइड ब्राउन राइस	मीठे सॉस में ब्रॉक्कली और टोफ़ू	स्वीट कॉर्न सूप	खिम्ची (प्रेस्ड सलाद)
शनि	टोर्टिला	रिफ्राइड बीन्स	मैरिनेट की हुई शिमला मिर्च	एन्डाइवे अखरोट सलाद
रवि	पालक के साथ राजगीरा रोटी	काली उडद की दाल	मेथी गाजर की सब्ज़ी	ऐपल पाई

एक हफ़्ते का रात के भोजन प्लान

रात के भोजन का मेन्यू			
अनाज/बिना अनाज	बीन	सब्ज़ी	सूप
राजगीरा बेस पीट्ज़ा	काली बीन का सलाद	सब्ज़ियों की टॉपिंग्स	लाल मिर्च और फूलगोभी का सूप (मीसो युक्त)
कीनोआ/क्रैकर्स	रेड बीन कट्लेट	पेस्टो ग्रेवी टोफ़ू के साथ	ब्राउन राइस सूप (मीसो युक्त)
पॉलेंटा स्क्वेयर्स (पॉलेंटा कॉर्न से बनता है)	कैरीबियन चाउडर टोफ़ू	करी वाला पालक	लाल कद्दू और लीक का सूप (मीसो युक्त)
कॉर्न ब्रेड/मक्के की रोटी	टमाटर के सॉस में सफ़ेद बीन्स	स्टीम्ड पाक चोई या पालक	दूधी सूप (मीसो युक्त)
काबुली छोले के कट्लेट	साई भाजी	निशिमे स्टाइल सब्ज़ियाँ	टमाटर का शोरबा
शकरकन्दी का चीला	कद्दू के बीज की ग्रेवी में टोफ़ू	खीरा और मूली का सलाद	काबुली छोले और गोभी का सूप (मीसो युक्त)
शकरकन्दी का चीला	मशरूम मूसाका (बैंगन चीज़ या वाइट सॉस के बिना)	उबली हुई सब्ज़ियों का सलाद	ब्रॉक्कली सूप (मीसो युक्त)

बचे हुये भोजन का सदुपयोग

हम सब इस परिस्थिति में कभी ना कभी फँस चुके हैं कि जब हम अपना फ़्रिज़ खोलते हैं और हमें छोटे-छोटे बाउल्स में बचा हुआ भोजन दिखता है जिसका हम समझ नहीं पाते कि क्या करना है। क्योंकि हम में से अधिकतर बचा हुआ भोजन नहीं फेंकना चाहते, ये भोजन हमारे लिये बहुत परेशानी का विषय बन सकता है। यहाँ कुछ सुझाव दिये जा रहे हैं कि आप बचे हुये भोजन के साथ क्या कर सकते हैं।

1. आप एक डिश को दो समय के भोजन तक के लिये इस्तेमाल कर सकते हैं, इसलिये अगर आप व्यस्त हैं या काम पर जाते हैं, तो पर्याप्त मात्रा में बना लीजिये।
2. अगर आप वेजिटेबल स्टॉक बना रहे हैं, तो सब्ज़ियों को उसी दिन या अगले दिन के सूप में डालने के लिये बचा कर रख लीजिये।
3. बची हुई सब्ज़ियाँ सूप (क्लियर स्टॉक में) में इस्तेमाल की जा सकती हैं, या फिर उन्हें ब्लेंड करके किसी डिश की ग्रेवी के रूप में प्यूरी कर के इस्तेमाल किया जा सकता है।
4. बचे हुये चावल को कट्लेट बनाने के लिये, सूप को गाढ़ा करने के लिये, राइस बॉल्स का स्नैक बनाने के लिये, बेक्ड डिश में पर्त लगाने के लिये सलाद में मिलाने के लिये या भून कर खाने के लिये इस्तेमाल किया जा सकता है।
5. बची हुई फलियों को ब्लेंड करके क्रैकर्स या ब्रेड पर फैलाने के लिये इस्तेमाल किया जा सकता है। इन को ब्लेंड करके ब्रेड के चूरे और उबली हुई सब्ज़ियों मे मिला कर कट्लेट्स बनाये जा सकते हैं।
6. अगर आप मेवे का दूध बनाते हैं (जैसे बादाम का दूध), तो बचे हुये बादाम को रोटी या इडलियों में इस्तेमाल करें।

स्नैक्स– आपके स्वस्थ जीवन के लिये

भारत में, या विश्व में कहीं भी, स्नैक्स का समय अनिवार्य रूप से जंक

फ़ूड का समय होता है। हालाँकि अधिकतर लोग स्नैक्स बनाने का बहुत अच्छा काम करते हैं, इन स्नैक्स में जिस चीज़ का अभाव होता है, वो है पोषण। उदाहरण के लिये, ढोकला एक बढ़िया स्नैक है, लेकिन एक बार आप उसमें सोडा और ईनो मिला दें (दोंनो ही घोल को फुलाने के काम आते हैं), तो आप उस स्नैक की पौष्टिकता को नकार देते हैं। चिवड़ा (किसी भी प्रकार का) एक बढ़िया स्नैक है, लेकिन जब आप उसे ज़रूरत से ज़्यादा बेक कर देते हैं या भून देते हैं और रिफ़ाइंड तेल में तल देते हैं (एक टिशू पपेर को इसके ऊपर रखिये और देखिये क्या होता है), आप फिर उस स्नैक की पौष्टिकता को नकार देते हैं। मैं ये नहीं कह रही हूँ कि आप भेल ना खायें, लेकिन दस में से सिर्फ़ एक बार। बाकी के नौ बार, किसी अन्य पौष्टिक स्नैक को चुनें।

एक स्वास्थ्य सलाहकार, शेफ़ और खाद्य सलाहकार के रूप में, मैं आपको यह बताना चाहती हूँ कि– स्नैकिंग के खेल का नाम है योजना या प्लैनिंग। आपके पास पूरे हफ़्ते की योजना होनी चाहिये (या फिर किसी और को आपके लिये योजना बनाने दें) कि आप स्नैक के रूप में क्या पसन्द करते हैं और आप उसे कैसे प्राप्त करेंगे। स्नैक को रोचक बनाने वाले कई भिन्न-भिन्न घटक हैं और वो हर व्यक्ति के लिये अनोखे हैं। उदाहरण के लिये, जब मैं बीस से तीस की उम्र के बीच में थी, मुझे मेरे दालचीनी के बन और कॉफ़ी का कप शाम को तीन बजे लेना पसन्द था (ये निश्चित रूप से मेरे हाइपोग्लाइसीमिया का संकेत था, जिसके बारे में मुझे दूर दूर तक ख़बर नहीं थी)। फिर 5 बजे मुझे बाउल भर के चिवड़ा लेना पसन्द था (मस्तिष्क को इसकी कुरकुरी आवाज़ पसन्द है क्योंकि ये उस कुरकुरी आवाज़ से जाग जाता है; इसलिये अगर आप इस समय काम कर रहे हैं, तो आपको किसी कुरकुरे स्नैक की इच्छा होगी)। मैंने ये अनुभव किया कि मुझे 3 बजे के आस-पास कुछ मीठा और लसदार और 5 बजे नमकीन और कुरकुरा स्नैक खाना पसन्द था। बस यहीं से योजना की शुरुआत होती है। अपनी भूख के स्वरूप को ध्यान से देखिये; आपको किस चीज़ की इच्छा होती है और दिन के किस समय। अगर इन दो बातों को समझ जायें, तो आधा काम तो हुआ ही समझिये। अब आपको सिर्फ़ इतना करना है कि जब भूख सताये तो उस स्नैक को तैयार रखना है।

अगर आप काम करते हैं और अकेले रहते हैं, तो आपमें स्नैक को बनाने और उसे रेफ्रिजरेटर करने की क्षमता होनी चाहिये, ताकि आप उसे अपने कार्य स्थल पर ले जा सकें। हालाँकि कई लोग मानेंगे कि फ्रीज़ करने से भोजन की पौष्टिकता कम हो जाती है, मैं ये कहना चाहूँगी कि बाहर के बने प्रोसेस्ड भोजन से तो घर का बना खाना कहीं ज़्यादा बेहतर है।

ईशा देओल का पौष्टिक भोजन और स्नैक्स को अपनाना

उदाहरण के लिये ईशा देओल को ही लीजिये। ईशा मेरे पास एक स्वस्थ डाइट प्लान लेने आई थी। उसे अपने स्नैक्स बहुत प्रिय थे। लेकिन वो जानती थी कि स्वस्थ रहने के लिये वो नाचोज़ का पैकेट या और कोई हानिकारक चीज़ नहीं खा सकती थी।

हमने उसके स्नैक्स को स्वस्थ और पौष्टिक विकल्पों से बदलना शुरु किया। हम उसके भोजन को तुरंत नहीं बदल पाये, लेकिन उसने बीच-बीच में खाने वाले फ़िलर्स से शुरुआत कर दी। मैंने उसके लिये ढेर सारे सलाद ड्रेसिंग, ब्रेड के लिये स्प्रेड बना कर दिये, और उसने इस पद्धति का घर पर पालन किया। वो इस प्लान के प्रति समर्पित थी। उसे बहुत अच्छा महसूस होने लगा, थोड़ा सा वज़न भी कम हुआ और उसने 24X7 स्वस्थ भोजन को खाने के मूल्य को समझा। मैंने ये सुनिश्चित किया कि मैं उसे असफल होने का कोई मौका ना दूँ। उसने जो कुछ भी माँगा, या जिस किसी भी चीज़ की उसको लालसा हुई, हमने उसे दिया। ये मैं एक नियम के रूप में अपने सभी ग्राहकों के साथ करती हूँ। उसकी डाइट बहुत सादी थी - वो शाकाहारी पद्धति का भोजन लेती थी और उसका भोजन अनाज, सब्ज़ी, बीन्स और अच्छी गुणवत्ता वाले ख़मीरयुक्त भोजन पर केन्द्रित था। अपने भोजन के नये स्टाइल के बारे में उसका ये कहना है:

ईशा देओल की कहानी

'भोजन, स्वास्थ्य और अच्छी जीवन शैली' - ये मेरी पीढ़ी के लिये एक आम मंत्र है। मेरे होम प्रोडक्शन *टेल मी ओ ख़ुदा* के शुरु होने से पहले ही शोनाली ने मुझे मेरी डाइट पर एक नियमित और स्वस्थ नियंत्रण रखने में मदद की थी। मैंने केवल इतना किया कि अपने जिम के नियम को बनाये रखा और उसके द्वारा सुझाई गयी पद्धती का पालन किया। कभी-कभी मुझे अपने शूटिंग की व्यस्तता के कारण अपने व्यायाम को कम करना पड़ता था। ऐसे समय में मुझे अहसास हुआ कि व्यायाम ना करने के बावजूद मेरे लिये अपना तराशा हुआ रूप बनाये रखना कितना आसान था, और मैंने सीखा कि स्वस्थ शरीर के लिये भोजन का योगदान ८० प्रतिशत है।

मैंने ये जाना कि स्वस्थ भोजन का अरुचिकर होना ज़रूरी नहीं है, और इसमें बहुत विविधता हो सकती है। मैं डेज़र्ट्स भी खा सकती थी, जब तक कि उन्हें सही प्राकृतिक स्वीटनर्स से बनाया जा रहा था। इसलिये हफ़्ते में छः दिन मैंने इस पद्धति का पालन किया, जो मुझे, जहाँ तक 'सही मायने में स्वस्थ होने का अर्थ है', उसके बारे में ज्ञान के एक अलग ही स्तर पर ले गया।

कभी-कभी ऐसा भी होता था कि मेरी त्वचा में कुछ विकार आ जाते थे, या मुझे वॉटर रिटेंशन जैसी अन्य अनियमितताओं की समस्या हो जाती थी। शोनाली ने भोजन और अन्य सरल घरेलू उपचारों से मेरी हालत को सुधारने के लिये काम किया। इस पद्धति को करते हुये मैंने कभी भी असंतुष्ट, भूखा या किसी भी खाद्य के लिये लालायित महसूस नहीं किया। मैं स्नैक्स खाने का स्वस्थ तरीक़ा पाना चाहती थी, और शोनाली के पास चौबीस घंटे खाने के लिये कई स्वादिष्ट स्नैक्स तैयार रहते थे।

पौष्टिक स्नैक्स की योजना बनाने के लिये टिप्स:

1. रविवार को ही योजना बना लें

रविवार की सुबह थोड़ा समय आने वाले हफ़्ते के स्नैक्स मेन्यू की योजना बनाने के लिये निकालें। आप जो कुछ भी खाना पसन्द करें,

उसकी सूची बनायें और अपने रेफ्रिजरेटर पर चिपका दें।

2. शॉपिंग करने जायें

आपको अपने स्नैक्स के लिये जिन सामग्रियों की आवश्यकता हो, उनकी सूची बनायें और स्टोर्स पर धावा बोल दें।

3. बचे हुये भोजन का सदुपयोग करें

बचे हुये भोजन का सदुपयोग करना मेरी कई चतुराइयों में से एक है। उदाहरण के लिये, अगर मुख्य भोजन में से थोड़े से आलू बच गये हैं, तो उन्हें मैश करके, ब्रेड के बीच में बिछा कर ग्रिल कर लें। थोड़े से समय में सैंडविच तैयार हो जायेगा। इसलिये, आपको जो भी पसन्द हो, उसे थोड़ी ज़्यादा मात्रा में बनायें।

4. फ्रीज़

हर दिन के लिये स्नैक को सुव्यवस्थित करें, ज़िप लॉक बैग मे पैक करें, और डीप फ्रीज़ करें। उसके बाद आपको बस इतना करना होगा कि जब भी कुछ खाने का मन करे, उसे डीफ्रीज़ करें और उसका आनन्द लें।

#स्वस्थ स्नैकिंग के विकल्पों के लिये रेसेपी विभाग देखें।

9

डीटॉक्स डाइट

जैकलीन और ब्यूटी डाइट डीटॉक्स

मार्च 2009 की बात है, मुझे किसी महिला ने फ़ोन किया और अपना परिचय जैकी के नाम से दिया। मुझे लगा कि शायद कोई प्रवासी होगी और बिना ज़्यादा सोचे मैंने उसके ख़ास अनुरोधों को ध्यान में रखते हुए उस के लिए अपनी आहार योजना को शुरु कर दिया। फिर एक दिन मुझे किसी ने फ़िल्म अलादीन की एक सी. डी. भेजी औए साथ में एक नोट जिसमें ये बताया गया था कि जैकी वास्तव में जैकलीन फ़रनैंडिज़ थी, उस फ़िल्म की मुख्य नायिका।

जबसे जैकी ने मेरा बनाया भोजन खाना शुरु किया, उसने कभी पलट के नहीं देखा। उसे ये भोजन बेहद पसन्द है, और जो कुछ भी उसे अच्छा लगता है, उसकी प्रशंसा करने में वो बहुत उदार है। उसके कहने पर मैंने बाद में उसे डीटॉक्स प्लान पर लगाया। उसकी जो पहली डीटॉक्स डाइट तय हुई, वो उसके आमिर खान के साथ टाइटन के विज्ञापन के बिलकुल पहले ही थी। उसे अपनी डीटॉक्स के बारे में ये कहना हैः

> शोनाली के डीटॉक्स प्रोग्राम ने मेरे शरीर के फूलने को ख़त्म ही कर दिया। मुझे स्वच्छ और पूर्ण रूप से नया महसूस हुआ। मेरी त्वचा में एक प्राकृतिक दमक थी और मैं बहुत हल्का महसूस कर रही थी। मैं ज़्यादा शांत थी, और टाइटन के शूट को मैंने बिना किसी कष्ट के कर लिया।

उसकी डीटॉक्स डाइट में भोजन की बड़ी सरल पद्धित थी,

उसके पाचन तंत्र को साफ़ करने के लिये ढेर सारे अच्छी गुणवत्ता वाले ख़मीरयुक्त खाद्य, ज़्यादा सब्ज़ियाँ, मीसो सूप और हरी पत्तेदार सब्ज़ियाँ, और एक कोई सा साबुत अनाज (गर्मियों में आमतौर पर अनाज को हल्का ही रखा जाता है, जैसे चीना या कीनोआ)। पहले तीन दिन तक मैंने उसे प्रोटीन से दूर ही रखा, और चौथे दिन से रोज़ देना शुरु कर दिया। और अब वो इसके बारे में बहुत उत्साहित है। जब भी जैकी का शूट रहा है, या वो बहुत ज़्यादा यात्रा पर रही हो, तो मैं उसे 5 दिन की डीटॉक्स डाइट पर रखती हूँ और फिर ये सुनिश्चित करती हूँ कि वो मेरा भोजन फिर से नियमित रूप से खाने लगे।

आज जैकी करीब दो साल से मेरी ग्राहक है और उसे मेरी पद्धति के बारे में ये कहना हैः

'मेरे लिये सबसे महत्त्वपूर्ण है वो दमक जो आप अन्दर से महसूस करते हैं, जो सिर्फ़ सही रूप में 'खाने' से ही आ सकती है, अपने आप को भूखा रख कर या कार्ब्स से डर कर नहीं। अगर आप सही भोजन नहीं करेंगे, तो आपको वो दमक कभी नहीं मिलेगी। ये तो बिलकुल दोबारा एक बच्चा बन जाने जैसा है। मुझे लगता है, कि मेकअप के बावजूद, एक नायिका के लिये, वो प्राकृतिक दमक महत्त्वपूर्ण है जो उसकी सेहत और खुशहाली की संकेतक है और वही सबसे अधिक वांछित है।'

डीटॉक्सिंग क्या है और हमें इसकी आवश्यकता क्यों है?

हम पहले ये समझ लें कि हमें डीटॉक्स की आवश्यकता क्यों है। डीटॉक्सिंग का अर्थ 'तुरंत विषाक्त पदार्थों से मुक्त हो जाना' नहीं है। डीटॉक्स ये करता है कि सालों से आपके रक्त और पाचन तंत्र में जमे हुये मैल और विषाक्त पदार्थों में से कुछ को निकाल बाहर करता है और आपके शरीर को एक झटके के साथ नयी शुरुआत प्रदान करता है। जिस प्रकार आपको अपने घर की सफ़ाई करने के लिये साबुन और पोंछे की ज़रूरत होती है, उसी प्रकार आपको ऐसे घटकों की आवश्यकता होती है जो आपके शरीर को डीटॉक्स करें या साफ़ करें। और ये आप जो खाना खाते हैं, उसके द्वारा किया जा सकता है। डीटॉक्सिफ़िकेशन का मूल अर्थ है अपने रक्त को स्वच्छ

करना और शरीर के pH balance को शून्य पर वापस लेकर आना। डीटॉक्स डाइट इस काम को रक्त से अशुद्धियों को दूर करके, और सभी अंगों को पुनः सक्रिय करके करती है, विशेष रूप से लिवर को, जहाँ जो अपचा भोजन ख़राब बैक्टीरिया के रूप में जमा रहता है, उसे बड़ी आँत से बाहर निकालने के लिये प्रोसेस किया जाता है। ये आँतों, किडनियों और त्वचा के माध्यम से विषाक्त पदार्थों को निष्कासित करने में भी मदद करती है, रक्त प्रवाह को सुधारती है और लाभकारी पोषक तत्त्वों को बेहतर रूप से आत्मसात करने में मदद करती है।

वो हर लक्षण जो आपका शरीर प्रकट करता है, आपके शरीर का तरीक़ा है ये बताने का कि उसके साथ कुछ ग़लत हो रहा है। अगर आप इन लक्षणों की उपेक्षा करेंगे और डॉक्टर के क्लीनिक के आगे क़तार बनाकर खड़े रहेंगे, दवाइयाँ खाकर इन लक्षणों का दमन करेंगे, तो ये निश्चित मानिये कि अन्य लक्षण देर सवेर अवश्य उभर कर आयेंगे। ख़राब त्वचा, बालों का झड़ना, मल त्याग सम्बन्धी विकार, माइग्रेन, बहुत ज़्यादा दुबला या बहुत ज़्यादा मोटा होना, या फिर लम्बे समय से थकान का अनुभव करना, ये सभी संकेत हैं कि आपका शरीर संतुलित अवस्था में नहीं है। यहाँ तक कि भावनात्मक उद्वेग भी शरीर में रक्त के विषाक्त होने का लक्षण है। अगर आप हमेशा ही साइनस, सर्दी या एलर्जी से ग्रसित रहते हैं, तो इसका मतलब ये है कि आपका शरीर फ़ैटी भोजन, शुगर, अत्यधिक डेयरी, या प्रोसेस्ड फ़ूड खाने के कारण जमा विषाक्त पदार्थों को बाहर निकाल रहा है। आपके सारे लक्षण आपके शरीर के अन्दर, 'केवल' आपके द्वारा निर्मित होते हैं। इनको नियंत्रित करने के लिये ऐंटीबायोटिक्स का प्रयोग करने से इनका केवल अस्थायी रूप से दमन होगा, जिससे आपके शरीर को और अधिक नुकसान होगा।

शरीर का अपने प्राकृतिक रूप में वापस आने का अपना ही तरीक़ा है, और इसलिये ये आपके ग़लत खान पान और जीवन शैली को बर्दाश्त करता है। लेकिन अगर आप अपनी जीवन शैली को बदले बिना कई सालों तक इन आदतों को दोहराते रहेंगे, आपका शरीर जल्दी ही अपनी सामान्य स्थिति में लौट आने की क्षमता खो देता है। शरीर से अवांछित वस्तुओं का निष्कासन और छानने की प्रणाली (मूल रूप

से आँत, लिवर और किडनियाँ) पर बहुत अधिक बोझ पड़ता है और वे सुचारु रूप से काम करना बन्द कर देती हैं।

डीटॉक्स आपके शरीर के संतुलन को वापस लाने के लिये आवश्यक है। ये मन और शरीर की अव्यवस्था को दूर करने का एक साधन है।

इसलिये ये उचित है कि पहले अपने शरीर को डीटॉक्स किया जाये और फिर एक अच्छी भोजन योजना शुरु की जाये। डीटॉक्स रक्त की स्थिति को सशक्त करेगा और उसमें मौजूद मैल को कम करेगा, आपकी आँतों को साफ़ करेगा, आपकी मनोदशा में स्थिरता लायेगा, और आपके अन्दर किसी भी प्रकार के तनाव को दूर करके आपके शरीर को सचमुच पुनः आरम्भ कर देगा।

ये केवल कच्चे भोजन या फलों या रसों की डाइट नहीं है। ऐसी 'डीटॉक्स' डाइट से सावधान रहें, क्योंकि ये आपको बहुत ही ज़्यादा कमज़ोर कर देगी, और आपके ब्लड शुगर को असंतुलित कर देगी। मेरी पद्धति में, मैं ऐसे भोजन का प्रयोग करती हूँ जो आपके शरीर से विषाक्त पदार्थों को निष्कासित करने में मदद करेंगे, साथ ही आपको ऊर्जा भी देंगे, ताकि आपका शरीर सरलता से एक स्वस्थ भोजन प्रणाली के परिवर्तन को अपना सके। एक बार आप अपने शरीर को स्वच्छ कर लें, तो आपकी अपनी ऊर्जा (या 'क्वी', 'प्राण', या जिसे हम जीवन शक्ति कहते हैं जो रुक जाती है जब हमारा शरीर ग़लत भोजन में फँस जाता है) हल्की हो जाती है, और आप नयी ऊर्जा को ग्रहण करने के लिये तैयार हो जाते हैं। ये आपको भावनात्मक रूप से आज़ाद कर देगी, आपको अपने आस पास की वस्तुओं और लोगों से जोड़ देगी।

कब और कितने अंतराल में इसे लेना चाहिये?

मैं डीटॉक्स की सलाह देती हूँ जब आपको किसी नयी आहार योजना को शुरु करना हो या जब बहुत अधिक यात्रा ने आपकी खाने की आदतों पर कुप्रभाव डाला हो और आप सामान्य स्थिति में लौटना चाहते हों। अगर दोनों में से एक भी आप पर लागू नहीं होती, तो आपको चार महीने में एक बार डीटॉक्स लेना चाहिये (केवल 3 दिवसीय

प्लान)। अगर आप अपने शरीर को दोबारा किक स्टार्ट करना चाहते हैं क्योंकि इससे पहले आपकी अस्वस्थ खाने की आदतें रही हैं, तो मैं 7 दिवसीय डीटॉक्स प्रोग्राम की सलाह देती हूँ।

डीटॉक्स डाइट शुरु करने से पहले एक चेतावनी

जब आप डीटॉक्स डाइट को शुरु करेंगे, तो आप कुछ 'डिस्चार्ज' का अनुभव कर अकते हैं, जो कि सिरदर्द, भावनाओं में उद्वेग, आँतों में परेशानी, थकान या सर्दी के रूप में हो सकता है। मगर ये सब केवल कुछ ही दिन रहेगा और फिर गायब हो जायेगा। लेकिन, अगर ये लक्षण ज़्यादा दिन तक रहते हैं, तो डीटॉक्स को रोक कर अपनी सामान्य आहार योजना पर वापस चले जायें और जब आप और अधिक शक्तिशाली हो जायें, तो आप डीटॉक्स दोबारा शुरु कर सकते हैं।

इससे पहले कि आप शुरु करें:

1) त्यागें

- कॉफ़ी
- सिगरेट
- शुगर, गुड़, शहद, कृत्रिम स्वीटनर्स
- सभी डेयरी, पशु आधारित खाद्य (मीट और चिकन)
- कोई भी डिब्बाबन्द खाद्य या प्रोसेस्ड फ़ूड
- शराब
- मैदा
- ब्रेड या अन्य उत्पाद जिनमें यीस्ट होता है

2) शामिल करें

ये सुनिश्चित करें कि आप विटामिन सी की अतिरिक्त ख़ुराक लेंगे, क्योंकि ये शरीर को ग्लुटाथियोन उत्पन्न करने में मदद करता है, जो विषाक्त पदार्थों को निष्कासित करने वाला लिवर का कम्पाउंड है।

3) **समय का निर्धारण** आवश्यक है। मैं सलाह देती हूँ कि आप डीटॉक्स तब लें जब आप काम से छुट्टी ले सकें और आराम कर सकें। अगर आप किसी बहुत ही व्यस्ततम कार्य के बीच में हैं, तो डीटॉक्स शुरु ना करें। अपने आप से ये प्रश्न करें: क्या सचमुच ये डीटॉक्स शुरु करने का उचित समय है?

4) **परफेक्ट बनने की कोशिश ना करें,** उसकी बजाय अपने प्रति उदार बनें। ये समझें कि आपको आंतरिक शक्ति और धैर्य की आवश्यकता पड़ेगी। इसे लेकर पागल ना बनें।

तीन दिवसीय डीटॉक्स डाइट

ये तीन दिवसीय डीटॉक्स डाइट सात दिवसीय डीटॉक्स डाइट से ज़रा ज़्यादा कठिन है। ऐसा इसलिये है कि ये क्विक क्लिन्ज है जबकि दूसरी में सफ़ाई की प्रक्रिया लम्बी है। लेकिन मैं ये जानती हूँ कि आपके शरीर को सफ़ाई के दौरान पोषण की आवश्यकता पड़ेगी। आपको इस डाइट के लिये तैयार रहना होगा। इसलिये पहले से ही योजना बनाइये, शॉपिंग करिये और सामग्री जुटा कर रखिये। ये खाद्य आपके पाचन तंत्र में विल्ली (नन्हें, उंगलियों के आकार के प्रक्षेपण जो आँतों की एपिथीलियल लाइनिंग से निकलते हैं) को स्वच्छ करने का काम करते हैं। इससे ताज़े पोषक तत्त्वों के लिये जगह बनेगी। इसलिये ये सुनिश्चित करें कि डीटॉक्स शुरु करने से पहले आपके पास निम्न वस्तुयें हों (देखें रेसेपी विभाग):

- क्विक पिकल्स
- साउरक्राउट
- मीसो पेस्ट (यदि सम्भव हो तो)
- प्रेस्ड सलाद

दिन 1

नाश्ता

- नींबू, अदरक या तुलसी की चाय, या शीटाकी मशरूम की चाय का प्रयोग करें (देखें रेसेपी विभाग)।

- एक बाउल मीसो सूप (वेजिटेबल स्टॉक से बनाया गया क्लीयर सूप) और आपकी पसन्द की कोई भी तीन सब्ज़ियाँ। अगर आपके पास मीसो नहीं है, तो कोई भी अन्य वेजिटेबल सूप।

दोपहर का भोजन

- ग्रीन सेब (अगर उपलब्ध हो) और कम से कम तीन सब्ज़ियाँ मिला कर बनाया गया प्रेस्ड सलाद

देर दोपहर या शाम का स्नैक

- कोई भी फल (एक छोटा बाउल)

रात का भोजन

- सूप (मीसो युक्त)
- उबली हुई सब्ज़ियाँ
- पिकल्स या साउरक्राउट

दिन 2

नाश्ता

- नींबू, अदरक या तुलसी की चाय, या शीटाकी मशरूम की चाय का प्रयोग करें; मीसो युक्त गोल सब्ज़ियों का सूप

दोपहर का भोजन

- साउरक्राउट के साथ उबली हुई सब्ज़ियों का सलाद (कोई भी तीन सब्ज़ियाँ, उदाहरण के लिये फूलगोभी, हरी बीन्स और गाजर)

देर दोपहर या शाम का स्नैक

- कोई भी फल (एक छोटा बाउल)

रात का भोजन

- सूप (मीसो युक्त)
- स्टीम्ड सब्ज़ियाँ
- प्रेस्ड सलाद

दिन 3

नाश्ता

- नींबू, अदरक या तुलसी की चाय, या शीटाकी मशरूम की चाय का प्रयोग करें
- एक बाउल सब्ज़ियाँ डाल के बनाया गया ज्वार का पोहा
- ½ छोटा चम्मच तेल में हल्की पकायी गयी सब्ज़ियाँ और साथ में प्रेस्ड सलाद

देर दोपहर या शाम का स्नैक

- कोई भी फल (एक छोटा बाउल)

रात का भोजन

- सूप (मीसो युक्त)
- उबली हुई सब्ज़ियों का सलाद
- नमक और मिर्च डाल कर बनाई गयी पीली मूंग दाल (बिना तड़के के)
- प्रेस्ड सलाद, अचार या साउरक्राउट

उत्तम सफ़ाई के लिये 7 दिवसीय डीटॉक्स डाइट

दिन 1

नाश्ता

- चीना का पोहा या ब्राउन राइस दलिया
- नींबू और अदरक की चाय

दोपहर का भोजन

- प्रेस्ड सलाद
- साउरक्राउट
- प्लेन ब्राउन राइस गोमासियो के साथ

- पानी में सॉटे की गयी हरी पत्तेदार सब्ज़ियाँ (तेल की जगह हरी सब्ज़ियों को पानी में सॉटे करें)

देर दोपहर या शाम का नाश्ता

- स्वीट वेजिटेबल ड्रिंक
- फल (लेकिन केला नहीं)

रात का भोजन

- मीसो सूप
- उबली हुई सब्ज़ियों का सलाद - कोई भी तीन सब्ज़ियाँ। ऊपर से थोड़ा सा नींबू निचोड़ें और ऑलिव ऑइल, नींबू, नमक और काली मिर्च की सलाद ड्रेसिंग बनायें
- 1 बड़ा चम्मच क्विक पिकल
- दाल, अगर आवश्यकता हो (बिना तड़के के)

भोजन के बीच में स्नैक लेने के लिये कद्दू के बीज (बिना नमक के), तिल के बीज, या फल। फलों का रस नहीं।

दिन 2

नाश्ता

- क्लीयर मीसो सूप (वेजिटेबल स्टॉक से बनाया हुआ); उसमें थोड़ी सी हरी सब्ज़ियाँ मिला लें
- नींबू और अदरक की चाय

दोपहर का भोजन

- निशिमे विधि से पकाई गयी सब्ज़ियाँ
- साउरक्राउट
- थोड़ी सी कटी हुई सफ़ेद मूली और गाजर
- ब्राउन राइस गोमासियो के साथ

देर दोपहर

- स्वीट वेजिटेबल ड्रिंक
- फल (लेकिन केला नहीं), या कद्दू/सूरजमुखी के बीज

रात का भोजन

- मीसो सूप
- ब्लांच्ड सलाद– कोई भी तीन सब्ज़ियाँ ड्रेसिंग के साथ
- स्टीम्ड हरी पत्तेदार सब्ज़ियाँ
- क्विक पिकल

दिन 3

नाश्ता

- ब्राउन राइस पोहा या ज्वार का पोहा (पोहे में तेल ना हो)
- नींबू और अदरक की चाय

दोपहर का भोजन

- स्टीम्ड सब्ज़ियाँ (कोई भी तीन अलग अलग रंग की सब्ज़ियाँ चुनें)
- प्रेस्ड सलाद
- ग्रीन स्मूदी
- ब्राउन राइस या चीना गोमासियो के साथ

देर दोपहर

- स्वीट वेजिटेबल ड्रिंक
- फल (लेकिन केला नहीं) या कद्दू/सूरजमुखी के बीज

रात का भोजन

- मीसो सूप
- ब्राउन राइस (60%) और जौ (40%) गोमासियो के साथ पकाया हुआ
- स्टीम्ड हरे पत्ते

दिन 4

नाश्ता

- मीसो सूप
- नींबू और अदरक की चाय

दोपहर का भोजन

- सलाद ड्रेसिंग के साथ ब्लांच्ड सब्ज़ियाँ (कोई भी तीन अलग अलग रंग की सब्ज़ियाँ चुनें)
- स्टीम्ड हरे पत्ते
- साउरक्राउट

देर दोपहर

- स्वीट वेजिटेबल ड्रिंक

रात का भोजन

- मीसो सूप
- पकाया हुआ ब्राउन राइस (60%) और जौ (40%)
- तड़के के साथ दाल (जीरा/सरसों के दानों से तड़का)

दिन 4

नाश्ता

- ब्राउन राइस दलिया
- नींबू और अदरक की चाय

दोपहर का भोजन

- मीसो सूप
- गोमासियो के साथ पकाया हुआ ब्राउन राइस (60%) और जौ (40%)
- क्विक पिकल
- ब्लांच्ड हरे पत्ते

देर दोपहर

- स्वीट वेजिटेबल ड्रिंक
- फल (लेकिन केला नहीं) या कद्दू/सूरजमुखी के बीज

रात का भोजन

- निशिमे सब्ज़ियाँ
- स्टीम्ड हरे पत्ते
- साउरक्राउट
- तड़के के साथ दाल

दिन 6

नाश्ता

- मीसो क्लीयर सूप, हरे पत्ते मिलायें
- नींबू और अदरक की चाय

दोपहर का भोजन

- प्रेस्ड सलाद
- निशिमे सब्ज़ियाँ
- स्टीम्ड हरे पत्ते
- गोमासियो के साथ ब्राउन राइस

देर दोपहर

- स्वीट वेजिटेबल ड्रिंक
- ग्रीन स्मूदी

रात का भोजन

- स्टीम्ड सब्ज़ियाँ
- साउरक्राउट
- मीसो सूप क्लीयर

दिन 7

नाश्ता
- ब्राउन राइस दलिया या पोहा (तेल रहित)
- ग्रीन टी या नींबू और अदरक की चाय

दोपहर का भोजन
- निशिमे सब्ज़ियाँ
- प्रेस्ड सलाद
- उबली हुई सब्ज़ियाँ
- ब्लांच की हुई सब्ज़ियाँ और हरे पत्ते
- गोमासियो के ब्राउन राइस का एक छोटा बाउल

देर दोपहर
- स्वीट वेजिटेबल ड्रिंक
- ग्रीन स्मूदी या फल

रात का भोजन
- उबली हुई सब्ज़ियाँ
- स्टीम्ड हरे पत्ते
- साउरक्राउट
- क्लीयर मीसो सूप

नोटः अगर आपके पास मीसो नहीं है, तो कोई सी भी तीन सब्ज़ियाँ डाल कर अपना सामान्य, सूप बनायें– जिनमें से एक हरी सब्ज़ी हो।

डीटॉक्स डाइट में, जितने अधिक विविध पकाने के तरीके होंगे, उतना ही बेहतर होगा।

बॉडी स्क्रब और इसे कैसे करें

आपकी त्वचा आपकी कोशिकाओं और मुख्य धमनियों और नसों से जुड़ी हुई है और उनके माध्यम से आपकी रक्त प्रणाली से। ये हर समय विषाक्त पदार्थों को स्रावित करती रहती है, और कुछ खाद्य जैसे डेयरी से प्राप्त सैचुरेटेड फ़ैट्स, मीट और अण्डे आपकी त्वचा को अवरुद्ध कर देते हैं, जिससे रोम छिद्रों से नमी और तेल के निकलने और निष्कासित होने, दोनों में ही बाधा उत्पन्न होती है। परिणाम स्वरूप, वो अतिरिक्त फ़ैट जो स्वयं को बाहर निष्कासित करने का प्रयास कर रहा है, उसे आपकी रक्त वाहिनियों द्वारा रक्त प्रणाली में वापस भेज दिया जाता है। अगर इसे निरंतर होने दिया जायेगा, तो कुछ समय बाद रक्त प्रणाली धीमी पड़ जायेगी।

बॉडी स्क्रब रक्त प्रवाह को सक्रिय करने और शारीरिक और मानसिक ऊर्जा को बढ़ाने में मदद करते हैं। ये आपकी त्वचा से मृत परत को निकालते हैं और सख़्त और पपड़ीनुमा त्वचा को रगड़ कर साफ़ करते हुये उसे मुलायम और कोमल बनाते हैं। एक स्क्रब सचमुच स्फूर्तिदायक हो सकता है, क्योंकि ये रक्त और लसिकाओं के त्वचा तक के प्रवाह को सुधारता है, सेल्युलाइट को दूर करता है और आपकी त्वचा की बनावट को भी सुधारता है।

फ़ैट निष्कासित होने से पहले हमेशा त्वचा के नीचे जमा होगा। बॉडी स्क्रब उस फ़ैट और विषाक्त पदार्थों को खींच निकालता है जो त्वचा की सतह के नीचे जमा हो जाते हैं। इसके लाभ कई रूपों में दिखाई देते हैंः आप हल्का महसूस कर सकते हैं, बेहतर नींद आ सकती है, और माँसपेशियों के कसाव में सुधार महसूस हो सकता है।

एक उत्तम बॉडी स्क्रब के लिये, एक छोटे टब में गरम पानी लें– उतना ही गरम जितना आप बर्दाश्त कर पायें। आप इसे शावर के नीचे भी कर सकते हैं। एक कपड़ा (या छोटा फेस टावल) लें। इसको पानी में डुबायें या गीला करें; टावल केवल नम होना चाहिये, इसलिये अतिरिक्त पानी को निचोड़ दें। इसको अपनी त्वचा पर तेजी से रगड़ें और जैसे जैसे आप शरीर के एक भाग से दूसरे भाग की ओर जायें, कपड़े को पानी में बार-बार गीला करते हुये प्रक्रिया को दोहरायें। इसे

आप अपने नित्य स्नान से पहले या बाद में कर सकते हैं।

नोटः कॉयर या प्लास्टिक के लूफ़ा का प्रयोग ना करें क्योंकि ये बहुत खुरदुरे होते हैं।

आपके डीटॉक्स के लिये 10 टिप्स

1. खूब सारा पानी, हर्बल चाय और ग्रीन स्मूदीज़ पी कर अपने आपको हाइड्रेटेड रखें। जब तक आप कमज़ोर महसूस ना करें, फलों का रस ना लें। यदि फलों का रस लेना ही हो, तो ग्रीन ऐपल की प्यूरी बना लें, लेकिन पीने से पहले उसे हल्का सा गरम कर लें।
2. अगर आपको दो आहारों के बीच में भूख लगे तो स्टीम्ड सब्ज़ियाँ, फल या कद्दू के बीज खायें, या फिर अपने लिये स्वीट वेजिटेबल ड्रिंक बनायें।
3. इन सात दिनों में मसालों और तरल फ़ैट्स (तेल) का प्रयोग कम कर दें।
4. तीसरे दिन तक कोई प्रोटीन ना लें। अगर आपको मीठा खाने की इच्छा हो, तो अपने भोजन में प्रोटीन को शामिल करें, अपेक्षाकृत मछली को।
5. फ़ैट्स को घोलने वाली सब्ज़ियों, जैसे सफ़ेद मूली, हरी प्याज़ और पत्तागोभी को अपने आहार में शामिल करें और हरी सब्ज़ियों पर ज़ोर दें।
6. आप जो भी खायें उस पर ध्यान दें और सब चीज़ों को चबा कर खायें।
7. हर समय के भोजन में क्विक पिकल्स, साउरक्राउट प्रेस्ड सलाद, और मीसो को शामिल करें।
8. रोज़ व्यायाम और बॉडी स्क्रब करें।
9. अपनी आँतों को सक्रिय रखने के लिये हर दूसरे दिन अपने पेट पर अदरक की पुल्टिस का प्रयोग करें।
10. ये समय आपके लिये बहुत ही शांति और आराम देने वाला

होना चाहिये। इसलिये ध्यान लगायें, शांत रहें और अपने ब्लैकबेरी फ़ोन को दूर रखने की कोशिश करें।

अनिवार्य पी एच बैलेंस (pH balance)

हम अपनी सेल्स के स्तर पर रोज़ जीते और मरते हैं। अगर हमारी सेल्स स्वस्थ हैं, तो हम भी स्वस्थ हैं, और अगर हमारी सेल्स विषाक्त वातावरण के कारण अस्वस्थ हैं, तो निश्चय ही हम भी स्वस्थ नहीं रह पायेंगे। याद है यिन और यैंग और कैसे विपरीत तत्त्वों को हमेशा संतुलन में रहना चाहिये? यही बात हमारे शरीर के आंतरिक वातावरण पर भी लागू होती है।

पी एच (पोटेंशियल ऑफ हाइड्रोजन) किसी भी घोल की अम्लता या क्षारीयता का नाप है। इसे 0 - 14 तक के पैमाने पर नापा जाता है, जितना कम पी एच होगा, घोल उतना ही अधिक अम्लीय होगा। जब कोई घोल ना अम्लीय होता है और ना ही क्षारीय, तो उसका पी एच 7 होता है जो की तटस्थ है। मनुष्य शरीर में करीब दस गैलन तरल पदार्थ है, इसलिये इसके सेल्स एक ऐसे समुद्र में तैर रहे हैं जो अम्लीय, तटस्थ या क्षारीय हैं। किसी भी निहित समय में हमारा रक्त अम्लीय या क्षारीय के बीच में झूल सकता है। हमारा शरीर एक ऐसे वातावरण में सबसे बेहतर काम करता है जो तटस्थ है या हल्का सा क्षारीय है।

आपका पी एच बैलेंस खो गया है यदि:

1. आपकी जीभ पर एक सफ़ेद पर्त हो, विशेष रूप से जब आप सुबह सो कर उठें।
2. आप एलर्जी, सिरदर्द, निम्न ऊर्जा, विचलित मनोदशा, शक्तिहीनता, या लम्बे समय से किसी बीमारी से ग्रसित हैं।
3. किसी रक्त, पेशाब या थूक की जाँच में आपका पी एच अम्लीय परिणाम दिखाये।

अपने पी एच की जाँच करें

1. अपने दाँत ब्रश करने से पहले, एक ग्लास फिल्टर्ड पानी में थूकें। याद रहे, ये करने से पहले अपने पति या साथी को चुम्बन ना दें और कुछ भी ना खायें ना पीयें।
2. अब दस मिनट तक प्रतीक्षा करें और देखें कि थूक को क्या होता है।

अगर आपका पी एच बैलेंस अच्छा है, तो थूक साफ़ होगा और कुछ देर के लिये पानी के ऊपर तैरेगा, और फिर बिना डूबे, नीचे को जाते हुये पानी में घुल जायेगा।

अगर आपके शरीर का पी एच बैलेंस बिगड़ा हुआ है, थूक ऊपर से नीचे जाते हुए एक तार जैसा पदार्थ छोड़ेगा, या फिर एक धुँधले से पदार्थ जैसा होगा जो पूरा का पूरा या थोड़ा-थोड़ा करके नीचे को बैठ जायेगा।

इसका सौन्दर्य से क्या रिश्ता है?

याद रखिये की आपके सौन्दर्य सम्बन्धी सभी मुद्दे आपके पी एच बैलेंस बिगड़ने और अत्यधिक कैंडिडा के होने से जन्म लेते हैं; जो कि ९० प्रतिशत बार लागू होता है। अगर आपका अम्लीय भार अधिक है, तो आपका शरीर आपकी क्षारीयता को चुरा लेगा, ख़ास कर आपके खनिज पदार्थों को– कैल्शियम, मैग्नीशियम, क्रोमियम, लौह, पोटैशियम और जिंक– जो कि आपकी नाड़ियों को खुला और साफ़ रखने के लिये जिम्मेदार हैं, जिसका परिणाम हैं स्वस्थ हड्डियाँ, बाल और नाखून।

अच्छी ख़बर ये है कि हम जो भोजन खाते हैं, उससे अपने शरीर के पी एच बैलेंस को नियंत्रित कर सकते हैं। सभी खाद्य अपने पीछे कुछ अवशेष छोड़ जाते हैं जो कि या तो अम्लीय होते हैं या क्षारीय, जो कि इस पर निर्भर करता है कि उनमें कौन से खनिज हैं। लेकिन खाद्यों को अलग अलग दृष्टिकोण से देखने से काम नहीं चलेगा, क्योंकि जिस तरह से शरीर में उनका शोधन होता है, उससे एक अलग ही परिस्थिति उत्पन्न हो जाती है। उदाहरण के लिये, दूध प्रकृति से क्षारीय है, लेकिन जब इसे पिया और शरीर में विखण्डित किया जाता है, तो

ये एक अम्लीय अवशेष छोड़ता है। आपको ये करना है कि पी एच के विस्तार पर अपने रक्त को क्षारीय रखना है। ये आपको 24X7 ख़ूबसूरत रखेगा। और आपके वज़न को भी नहीं बढ़ने देगा। और इसको करने का सबसे अच्छा तरीक़ा है सभी अच्छी गुणवत्ता वाले ख़मीरयुक्त खाद्यों को खाना, क्योंकि आपके पेट की विल्ली को साफ़ करने और आपके शरीर के पी एच को पुनः स्थापित करने का काम इनसे ज़्यादा तेजी से कोई नहीं कर सकता।

नीचे ऐसे खाद्यों की सूची दी जा रही है जो अम्लीय, क्षारीय और तटस्थ हैं; इतना याद रहे, कि अगर आप 80% क्षारीय और 20% अम्लीय खाद्य खाते हैं, तो आप बहुत अच्छा कर रहे हैं। साथ ही, भाग 1 में दिये गये खाद्यों के मेल को भी पढ़ें (देखें पृष्ठ 170), जो आपको ये समझने में मदद करेगा कि इन खाद्यों को विखण्डित करने के लिये आपको कैसे खाना चाहिये। बस इतना याद रखें कि आपका पाचन तंत्र जितना साफ़ रहेगा, आपको उतनी ही ज़्यादा ऊर्जा मिलेगी। ये आपकी बढ़ती उम्र की प्रक्रिया को धीमा करने में भी मदद करेगा, आपकी त्वचा की खोई चमक को लौटायेगा, और आपके वज़न को स्थिर रखेगा।

पी एच बैलेंस में परिवर्तन के संकेतक

1. सब्ज़ियाँ खायें।
2. एवोकाडो, नींबू, टमाटर, अनार और अंकुरित दानों को अपनी डाइट में शामिल करें।
3. ग्रीन स्मूदी को अपने आहार में रोज़ाना शामिल करें।
4. एक दैनिक प्रोबायोटिक पूरक (आपके स्थानीय केमिस्ट के पास सैशे या ऐम्प्यूल्स में उपलब्ध) और ख़मीरयुक्त खाद्य को हर आहार में शामिल करें।

निषेध

1. शुगर किसी भी रूप में।
2. फल खाना (जब तक शरीर का पी एच बैलेंस पुनः स्थापित ना हो जाये)।

3. कोई भी प्रोसेस्ड फ़ूड, साधारण कार्बोहाइड्रेट्स, डेयरी, मीट, रिफ़ाइंड तेल, अण्डे, यीस्ट या यीस्ट उत्पाद, कॉफ़ी, या शराब।

#ब्यूटी टिप: नींबू के रस में त्वरित क्षारीय प्रभाव होता है। इसलिये अगर आप बीमार हैं, तो लाइम शॉट बनाने के लिये एक ग्लास में नींबू निचोड़ें, बराबर की मात्रा में पानी डालें, और इसे पी जायें।

10

चेहरे के लिये डाइट

सुन्दरता आंतरिक होती है

मेरी सहेली टीना ग्रेवाल, जो एक ब्यूटीशियन है और मेरे लिये सबसे बेहतरीन फ़ेशियल्स कर के देती है, हमेशा कहती है कि मेरी त्वचा बहुत बढ़िया है। मैं उसके पास पिछले पन्द्रह सालों से जा रही हूँ, और उसका कहना है कि तब से मेरी त्वचा में ना तो उम्र के कोई लक्षण आये हैं और ना ही कोई बदलाव। वो कहती है कि ऐसा लगता है जैसे मेरा कोलैजन समय के साथ पुनः निर्मित हो कर वहीं पर थम गया है। मैं अपने मुँह मियाँ मिट्ठू नहीं बन रही हूँ, लेकिन मुझसे अक्सर पूछा जाता है कि मैं कौन सा फाउंडेशन इस्तेमाल करती हूँ, जबकि मैं इस्तेमाल करती ही नहीं। इसलिये मुझे ऐसा लगता है कि मेरी त्वचा बहुत अच्छी है। मेरे फ़ेशियल की एक बैठक के दौरान बातचीत में त्वचा का विषय उठ खड़ा हुआ और मैंने उससे कहा कि मेरी त्वचा जैसी है, वो मेरी इतने सालों की डाइट की वजह से है। साथ ही मेरा धूम्रपान ना करना और अधिक शराब ना पीना भी सहायक रहा है। यहाँ, मेरी प्यारी सहेली ने मुझे पूरी तरह अचम्भित कर दिया। उसने मेरे सिद्धांत के प्रति विरोध किया। उसने इस बात पर ज़ोर दिया कि किसी भी व्यक्ति की डाइट का उसकी त्वचा से बहुत कम लेना देना होता है। तो मैंने शांति बनाये रखते हुये उसे समझाने की कोशिश की, 'अच्छा, जब कोई महिला तुम्हारे पास ख़राब त्वचा लेकर आती है, तो तुम्हें क्या लगता है, इस ख़राब त्वचा का क्या कारण हो सकता है?'

'हॉर्मोंस', तपाक से उसका जवाब आया।

'और तुम्हे क्या लगता है, हॉर्मोंस पर किसका प्रभाव पड़ता है?'

'उँह, हॉर्मोंस तो हॉर्मोंस हैं, और वो कभी भी अपना असर दिखा सकते हैं। इसका खाने से कोई लेना देना नहीं है।'

मैंने एक आख़िरी प्रयास किया, 'हॉर्मोंस रसायनिक संदेशवाहक होते हैं जो सीधा आपकी रक्तवाहिनी में जाते हैं। अगर आपका रक्त मैला और बल्गम से अवरुद्ध है, तो ये हॉर्मोंस अपने लक्ष्य तक भला कैसे पहुँचेंगे? इससे अपने आप में ही एक 'हार्मोनल असंतुलन' पैदा हो जाता है। आपके रक्त पर अगर आपके द्वारा खाये गये भोजन का प्रभाव नहीं पड़ता, तो फिर किसका पड़ता है?'

प्रिया बत्रा, एक बहुत ही उत्साहित और समर्पित निवेश बैंकर, दुबली पतली और लम्बी है, और उसकी आँखें भी हल्की भूरी हैं, लेकिन उसकी त्वचा मुँहासों से भरी हुई है और उसकी आँखों के चारों ओर हमेशा काले घेरे रहते हैं। उसकी सारी ख़ूबसूरती इस घने बादल के नीचे छिप गई थी। जब वो मेरे पास आई, तो उसे क़ब्ज़ था और उसकी ऊर्जा का स्तर भी बहुत निम्न था। मेरे सामने ये स्पष्ट था कि उसकी थकान और मुँहासे कमज़ोर पाचन तंत्र के कारण थे।

उसकी डाइट से पता चला कि उसकी खाने की आदतों में बहुत अभाव थाः ढेर सारा कच्चा खाना, अपर्याप्त प्रोटीन, दिन भर में ढेर सारे मेवे और खजूर, जो कि सबसे ग़लत है, क्योंकि ये आपकी पाचन नली को सुखा देते हैं जब आपको क़ब्ज़ होता है।

मैंने उसकी क़ब्ज़ की समस्या को हल करने पर ध्यान केंद्रित किया क्योंकि मैं जानती थी कि एक बार उसने अपनी डाइट बदल दी तो अंततः उसकी त्वचा भी प्रतिक्रिया दिखाने लगेगी। मैंने उसे अनाज, बीन्स, सब्ज़ियाँ, अच्छी गुणवत्ता वाले ख़मीरयुक्त खाद्य (साउरक्राउट, प्रेस्ड सलाद और पिकल्स) की मूल डाइट पर जमाये रखा। मैंने उसके आहार से सभी प्रोसेस्ड वस्तुओं और डेयरी को निकाल दिया, उसकी डाइट में स्पाइरुलिना, रोज़ एक ग्रीन स्मूदी, निशिमे पकाने की विधि (हफ़्ते में दो या तीन बार), और रोज़ एक स्वीट वेजिटेबल ड्रिंक शामिल कर दिया। मैंने उसके मेवों और खजूर की मात्रा कम कर दी (इसमें उसके लिये बहुत अधिक कॉंसेंट्रेटेड शुगर थी, लेकिन इससे ये भी संकेत मिल रहा था कि निरंतर क़ब्ज़ के कारण उसकी एड्रीनल ग्रंथियों पर

ज़ोर पड़ रहा था, उसे बीच बीच में त्वरित ऊर्जा की आवश्यकता थी)। पाचन से आपकी ऊर्जा का ४0% भाग प्रभावित होता है और अगर आप सही भोजन नहीं करते या आपका पाचन तंत्र ठीक से काम नहीं कर रहा, तो ये आपके शरीर को नुकसान पहुँचा सकता है।

छः हफ़्ते बाद जब वो मुझसे मिली, तो उसके क़ब्ज़ में ४0 प्रतिशत सुधार हो चुका था। लेकिन सबसे ज़्यादा अद्भुत बात ये थी कि उसकी त्वचा भी साफ़ हो गयी थी और आँखों के नीचे के काले घेरे काफ़ी हद तक हल्के पड़ गये थे, (जो इस बात के संकेतक थे कि उसकी किडनियाँ (एड्रीनल्स), एक ज़्यादा साफ़ पाचन तंत्र के कारण बेहतर काम कर रहे थे)।

लेकिन, प्रिया अपनी डाइट से फिसल गयी, और उसके पुराने लक्षण लौट आये, इसलिये मैंने दोबारा उसके साथ मेहनत करनी शुरु की, और उसे वापस सही राह पर लाने में मदद करने लगी। उसकी त्वचा में उसके रक्त का सुधार झलकने लगा और त्वचा दमकने लगी। उसके मुँहासे इतिहास हो गये। पहले की अपेक्षा, यानि जब मैं उससे मिली थी, उसमें ऊर्जा का स्तर ज़्यादा था और वो अधिक खुश थी। अब वो जानती है कि उसके लिये क्या चीज़ काम करती है और क्या नहीं; वो रोज़ अपनी डाइट पर कायम रखने का प्रयास करती है और उस पर दृढ़ रहती है।

याद रखें, आपकी आँतें आपकी नसों के सभी मार्गों और नाड़ियों से जुड़ी हुई हैं, और इन मार्गों से ये आपके सारे शरीर के सभी अंगों से भी जुड़ी हुई हैं। क़ब्ज़ या अनियमित मल त्याग के कारण विषाक्त पदार्थों का जमाव आपके सारे शरीर के सभी अंगों को प्रभावित कर सकता है। अगर हमारा पाचन तंत्र साफ़ है, तो ना केवल ऊर्जा निर्बाध रूप से प्रवाहित होगी, बल्कि इसका प्रभाव हर अंग पर पड़ेगा और ये आपकी त्वचा में प्रतिबिम्बित होगा। साथ ही, आपका पेट आपके मन का दर्पण है, इसलिये साफ़ पेट एक शांत और तेजस्वी मन का निर्माता होता है!

दमकती त्वचा को लेकर बहुत ही ज़्यादा बतंगड़ बना हुआ है। हम सब को ये चाहिये। मेरे अधिकतर ग्राहक मुझसे पूछते हैं कि

वो उस 'दमक' को कैसे पा सकते हैं। टी वी चलाइये और आधे से ज़्यादा विज्ञापन उन उत्पादों के लिये हैं जो हमे ना सिर्फ़ बेहतर, बल्कि 'दमकती' त्वचा देंगे। किसी भड़कीली पत्रिका के पन्ने पलटिये और आपको स्वस्थ त्वचा बनाये रखने पर कुछ टिप्स अवश्य मिल जायेंगे। त्वचा की देखभाल बहुत महत्त्वपूर्ण है क्योंकि ये आपके शरीर के बाहरी भाग को ढँकती है; जो इसे धूल, प्रदूषण, मौसमी बदलाव आदि के प्रति अति संवेदनशील बना देता है। मानसिक और शारीरिक तनाव सीधा आप की त्वचा पर प्रभाव डालते हैं। क्या आपने कभी ये सोचा है कि क्यों मासिक धर्म से पहले, या अगर आपका पेट ख़राब है, आपकी त्वचा में विकार आने लगते हैं? ऐसा इसलिये होता है क्योंकि आपकी त्वचा आपके शरीर के अंगों की कार्य प्रणाली और आपकी मानसिक स्थिति का दर्पण है। अगर आप का शरीर अन्दर से खुश नहीं है, तो ये निश्चित रूप से आपकी त्वचा पर झलकेगा। बाहरी समस्याओं को सुलझाने के लिये आपको ये जानना आवश्यक है, कि आपके शरीर के अन्दर क्या चल रहा है।

क्या आप जानते हैं?

त्वचा हमारे शरीर का सबसे बड़ा अंग है, जो कि लगभग 20 वर्ग फीट (अधिकतर वयस्कों में) है, और एक व्यक्ति के कुल वज़न का 16% के करीब है। त्वचा के हर 5 वर्ग से. मी. में लगभग 600 स्वेद ग्रंथियाँ, 20 ब्लड वेसल्स, 60,000 मेलनोसाइट्स और एक हज़ार से ज़्यादा नसों के सिर हैं। त्वचा के अनेक कार्यों में से कुछ कार्य हैं सुरक्षा, संवेदन, ऊष्मा का नियंत्रण, स्वेद का निष्कासन और जल का सुनियोजन या उचित प्रतिरोधन (ताकि महत्त्वपूर्ण पोषक तत्त्व शरीर से बाहर ना बह जायें)।

आपका चेहरा और नाड़ियाँ: आपके अन्दरूनी शरीर का दर्पण

आप आइने में देख रहें हैं और अभी अभी आपकी नज़र अपने गाल पर उभरी पहली झाईं पर पड़ती है। ये पहले तो नहीं थी। 'या फिर, थी?' आप विचार में पड़ जाते हैं। अरे, एक मिनट रुकना, एक और

भी तो है। आप आइने के और करीब जा कर, अपनी नाक आइने से सटा कर, और ध्यान से देखते हैं, और आतंकित हो जाते हैं, क्योंकि आपकी त्वचा हमेशा ही बेदाग रही है, सिवाय उस मुँहासे के जो नियमित रूप से आपके मासिक से पहले उभर आता है। क्या इसे ही उम्र का बढ़ना कहते हैं? क्या आप बूढ़े हो रहे हैं? जल्दी ही ये आतंक अपने चरमोत्कर्ष पर पहुँच जाता है और आप अपने आप को एक शानदार मॉल में खड़ा पाते हैं, जहाँ हर वो उत्पाद उपलब्ध है जिस पर 'ऐंटी एजिंग' का लेबल लगा हुआ है।

रुक जाइये। यहाँ आपका चेहरा आपको कुछ बताने की कोशिश कर रहा है। आपका चेहरा आपकी आनुवांशिक विशेषताओं से कहीं अधिक तथ्यों को प्रकट करता है। आपके चेहरे के पीछे आपके शरीर, रक्त, और इनसे जुड़ी समस्याओं का इतिहास छिपा हुआ है। ये कहना है पारम्परिक चीनी चिकित्सा का, जिस पर मैक्रोबायोटिक डाइट आधारित है। ये प्राचीन विचारधारा इस बात पर ज़ोर देती है कि गर्भावस्था के चरण में ही, जब शरीर का निर्माण हो रहा होता है, अंगों की छाप चेहरे पर झलकने लगती है। शरीर की बनावट गर्भधारण के समय शुक्राणु और अण्डों के स्वास्थ्य के आधार पर भी निर्धारित होती है। इसलिये हमारी मुद्रा, त्वचा रंग, आवाज़, और अन्य लक्षण हमारे रक्त, अंगों, नाड़ी तंत्र और अस्थी तंत्र बाहरी रूप का दर्पण मात्र होते हैं।

गर्भावस्था के दौरान शरीर के सभी मुख्य तंत्र, अर्थात पाचन श्वसन, नाड़ी और रक्त और निष्कासन तंत्र आपस में मिल कर आपके चेहरे को चार हिस्सों में बाँटते हुये आपके चेहरे के रूप को आकार देते हैं। इस सिद्धांत के अनुसार, आपके चेहरे का हर क्षेत्र आपके किसी एक विशेष अंग और उससे सम्बन्धित कार्यों का प्रतिनिधित्व करता है। यहाँ तक कि आपकी माँ गर्भावस्था के दौरान कैसे खाती थीं भी आपमें झलकता है। उदाहरण के लिये, सूजी हुई या लाल या बैंगनी पलकें गर्भावस्था के दौरान अत्यधिक फलों, शुगर और अन्य मिठाइयों, सोडा, सॉफ्ट ड्रिंक्स, शराब, और उत्तेजक पदार्थों के सेवन की संकेतक हैं।

मैं अपने हर ग्राहक के साथ काफ़ी समय व्यतीत करती हूँ, और क्योंकि मैं एक दिन में एक ही सलाह का केस रखती हूँ, मैं अपने

प्रत्येक ग्राहक को पर्याप्त समय देती हूँ। मेरी जाँच उसी क्षण शुरु हो जाती है, जब कोई ग्राहक अन्दर कदम रखता है। और क्योंकि आपका शरीर और चेहरा आपके आंतरिक शरीर का दर्पण हैं, मैं तुरंत समझ जाती हूँ कि आपके अन्दर क्या चल रहा है।

अगला कदम है मेरीडियन लाइंस (चीनी पद्धति) या नाड़ियों (भारतीय पद्धति) के द्वारा आपके अंगों के स्वास्थ्य की जाँच करना। पूर्वी सिद्धांत के मूल विचार ये हैं कि हर जीव में एक ऊर्जा होती है जिसे संस्कृत में प्राण या चीनी में ची कहते है। और किसी भी जीव का स्वास्थ्य इसी ऊर्जा के प्रभाव का परिणाम हैं, शिव और शक्ति, यिन और यैंग, या मन और शरीर। जब ये ऊर्जायें संतुलित होती हैं तो शरीर स्वस्थ रहता है। मानव शरीर के अन्दर ये ऊर्जायें नाड़ियों के एक जाल में प्रवाहित होती हैं। योग परम्परा में कहा जाता है कि मानव शरीर में 72,000 नाड़ियाँ हैं। प्रत्येक नाड़ी की अपनी ही ऊर्जा और अपना अलग कार्य क्षेत्र है।

प्रत्येक अंग की अपनी एक नाड़ी है, और ये नाड़ियाँ ख़राब भोजन, जीवन शैली और रोगों के कारण अवरुद्ध हो जाती हैं। एक स्वास्थ्य सलाहकार के रूप में मेरा काम है समस्या की जड़ तक जाना, जो है नाड़ियों के अवरुद्ध होने के कारण को समझना, और भोजन और जीवन शैली में समन्वय के द्वारा उन समस्याओं का हल निकालना। उदाहरण के लिये, आपके अंगूठे और तर्जनी के बीच के जाल में एक नाड़ी है (L14) जो बड़ी आँत की नाड़ी से जुड़ती है। अगर आप इसे सही तरीके से दबायें और आपको दर्द महसूस हो, तो ये इस बात का संकेत है कि आपके पेट में कुछ गड़बड़ है। साथ ही इसकी बनावट से मुझे आपकी आँत की माँसपेशियों के कसाव का अनुमान हो जायेगा। आप मुझसे ज़्यादा कुछ छिपा नहीं सकते!

एक बार मैं समझ जाऊँ कि आपकी जाँच कहाँ से शुरु करनी है और आपके अंग कैसे काम कर रहे हैं, फिर आपके शरीर में जो भी असंतुलन का कारण है, उसके आधार पर मैं उचित सलाह दे सकती हूँ, ताकि आप अच्छे दिखने लगें। तो जाइये, एक आइना लेकर आइये, और खुद ही अपने चेहरे की जाँच शुरु कर दीजिये। सुन्दर दिखने की मैक्रोबायोटिक्स पद्धति हर तरह से इस बात पर आधारित है कि आप

सम्पूर्ण रूप से किस प्रकार काम करते हैं, और उन अन्य पद्धतियों की तरह नहीं है जो केवल सतही तौर आपकी समस्याओं को दूर करने के लिये उपकरणों का प्रयोग करती हैं। मेरा काम है ये देखना कि आपके अंग किस प्रकार एक साथ काम कर रहे हैं और किस प्रकार आपको एक शानदार चेहरा, बढ़िया बाल, सुन्दर शरीर और शक्ति प्रदान करते हैं।

अपनी जाँच स्वयं करें

चेहरा

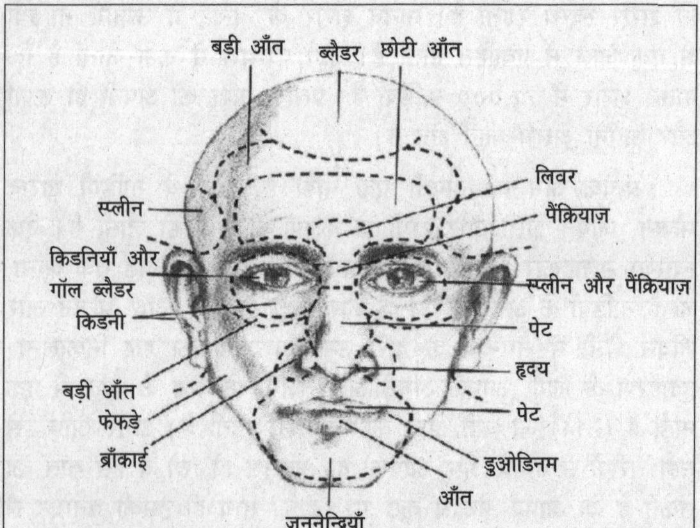

चित्रः मिशियो कुशी द्वारा लिखित योर बॉडी नेवर लाइज के सौजन्य से

आपका माथा

माथे का उपरी भाग रक्त और निष्कासन तंत्र का प्रतिनिधित्व करता है, अर्थात, हृदय, किडनियाँ और ब्लैडर का। अगर ऊपरी माथा बिना किसी बदरंगत के साफ़ है, तो ये एक स्वस्थ किडनी, हृदय और ब्लैडर के कार्य करने का संकेतक है। लेकिन, अगर ये भाग यहाँ बतायी गयी

किसी भी समस्या को दर्शाता है, तो आपको अपनी खाने की आदतों पर ध्यान देना होगा।

- इस भाग का लाल रंग का होना द्योतक है कि आपका अधिक पेय पदार्थों, फलों के रस, फलों, अन्य पेयों, शराब, या कॉफ़ी का सेवन आपकी रक्त प्रणाली पर ज़ोर डाल रहा है, जिससे आपके निष्कासन को ज़रूरत से ज़्यादा काम करना पड़ रहा है, जिसके कारण आपको बार-बार पेशाब आना, अपच और डायरिया जैसी परेशानियाँ होती हैं। आपके दिल की धड़कन तेज भी हो सकती है और आपको बुख़ार भी हो सकता है।
- ऊपरी माथे का फीका रंग या सफ़ेद चकते डेयरी फ़ैट और निम्न गुणवत्ता के तेलों का अत्यधिक सेवन का संकेत देते हैं। अगर आपके रक्त में हाई कॉलेस्ट्राल और फ़ैटी ऐसिड्स हैं, तो ये आपके नन्हे सफ़ेद/चाँदी के रंग के बालों के रूप में दिखेगा, जो डेयरी के अत्यधिक सेवन का भी संकेतक है।
- ऊपरी माथे का गहरे रंग का होना अत्यधिक शुगर के सेवन का, जिसमें फलों से प्राप्त शुगर, रस और दूध शामिल है, संकेतक है। आपकी डाइट में अत्यधिक शहद और रिफ़ाइंड सफ़ेद आटा शामिल हैं, जिनके कारण फ़ैट्स, बल्गम और पथरी जमा हो जाते हैं।
- पीली रंगत या चकते संकेतक हैं फ़ैट्स के, विशेष रूप के मीट, चिकन और अण्डों से प्राप्त फ़ैट्स के निष्कासन के। ये यह भी बताते हैं कि आपके रक्त में कुछ मात्रा में फ़ैटी ऐसिड्स और कॉलेस्ट्राल हैं, और यह कि आपका लिवर और गॉल ब्लैडर अपने चरम स्तर पर काम नहीं कर रहे हैं।
- इस भाग में मुँहासे विभिन्न खाद्यों के अत्यधिक सेवन के संकेतक हैं। लाल मुँहासे फल, शुगर, रस, कॉफ़ी और उत्तेजक पेयों के सेवन का संकेत देते हैं। सफ़ेद मुँहासे अत्यधिक फ़ैट्स और तेलों के सेवन का संकेत देते हैं। पीले मुँहासे पशु अधारित फ़ैट्स के सेवन और कॉलेस्ट्राल के संकेतक हैं। काले मुँहासे घने प्रोटीन्स (जैसे पशु आधारित खाद्य) के अत्यधिक सेवन का संकेत हैं। तिल और मस्से भी इसी के संकेतक हैं।

माथे का मध्य भाग नाड़ी तंत्र और बुद्धिमता से सम्बन्धित है।

- लाल रंग उत्तेजक पदार्थों, सॉफ़्ट ड्रिंक्स, फलों के रसों और अन्य पेयों के अत्यधिक सेवन को दर्शाता है, और आम तौर पर इसके साथ चिंता, घबराहट, और भावनात्मक विचलन भी प्रकट होते हैं।
- सफ़ेद रंग जहाँ एक ओर अत्यधिक डेयरी के सेवन का संकेतक है, वहीं ये नीरसता और आच्छादित मस्तिष्क का भी संकेतक है।
- पीली रंगत अण्डों, चिकन और डेयरी खाद्यों के अत्यधिक सेवन को दर्शाती है। ऐसा व्यक्ति बहुत ही कठोर और आसानी से ना बदलने वाला होगा।
- लाल मुँहासे शुगर, अत्यधिक फलों और सफ़ेद आटे के उत्पादों का निष्कासन दर्शाते हैं।
- इस भाग में चकते अक्सर अत्यधिक शुगर, फल, शहद, रस, मिल्क शुगर और अन्य मिठाइयों या रसायनों, ड्रग्स, और अत्यधिक दवाइयों के कारण हो जाते हैं।

निचला माथा पाचन और श्वसन तंत्र से सम्बन्धित है।

- इस भाग में लाल रंग पशु आधारित खाद्यों से प्राप्त फ़ैट्स, वनस्पति तेलों, फलों (और फलों के रसों, अत्यधिक सब्ज़ियों के रसों), शुगर, शराब और अन्य पेयों के अत्यधिक सेवन का संकेतक है।
- सफ़ेद चकते, मुँहासे या दाग संकेत देते हैं कि आपकी डाइट में अत्यधिक अण्डों, चिकन और डेयरी उत्पाद के सेवन के कारण बल्गम और फ़ैट्स जमा हो गये हैं, मुख्य रूप से आपके फेफडों और पाचन तंत्र में।
- लाल मुँहासे संकेतक हैं अत्यधिक रसों, फलों, शुगर, ऐंटीबायोटिक्स और रसायनयुक्त भोजन के सेवन के।
- पीले मुँहासे अत्यधिक पशु आधारित खाद्यों के सेवन और कॉलेस्ट्राल के कारण होते हैं; काले मुँहासे बिना पचे हुये प्रोटीन और फ़ैट के कारण होते हैं, जो अक्सर मीट से प्राप्त होते हैं।

- गहरा रंग बताता है कि अत्यधिक नमक, बेक्ड उत्पादों, मीट, अण्डों और सूखे भोजन के कारण आपका श्वसन और पाचन तंत्र धीमा पड़ रहा है। इसके साथ क़ब्ज़ और श्वास सम्बन्धी मुद्दे भी हो सकते हैं।
- हरा रंग फ़ैट और बल्गम के जमा होने का संकेतक है, जिसके कारण श्वसन और पाचन तंत्रों में सिस्ट, ट्यूमर, या कैंसर भी हो सकता है। ये अधिकतर पशु अधारित फ़ैट, खाद्य, और शुगर युक्त ड्रिंक्स, डेयरी, फल, दवाइयाँ, ड्रग्स और रिफ़ाइंड आटे के कारण होता है।

भौंहों के बीच में

ये क्षेत्र लिवर और गॉल ब्लैडर का प्रतिनिधित्व करता है।

- खड़ी रेखायें संकेत हैं कि लिवर में फ़ैट्स और बल्गम का जमाव है। रेखायें जितनी अधिक होंगी, लिवर को आपके रक्त को शुद्ध करने में उतनी ही अधिक कठिनाई होगी और उसकी गति उतनी ही धीमी होगी।
- छोटी रेखायें चिकनाई युक्त भोजन का नतीजा हैं। एक बार आप सही डाइट के अनुसार चलने लगेंगे, तो ये लकीरें धीरे धीरे हल्की पड़ने लगेंगी।
- खड़ी रेखाओं के साथ पीले चकते लिवर में पथरी और सिस्ट् के बनने के संकेतक हैं।
- सूजन अत्यधिक शुगर के सेवन का संकेत है।

नाक के बीच का हिस्सा पैंक्रियाज़ के स्वास्थ्य से संबन्धित है।

- रेखायें दिखाती हैं कि अण्डों, शुगर, सिम्पल शुगर (वाइट कार्ब्स) के अत्यधिक सेवन के कारण पैंक्रियाज़ को अधिक काम करना पड़ रहा है।
- सफ़ेद या पीले चकते दिखाते हैं कि लिवर फ़ैटी है।

- मुँहासे संकेत देते हैं कि लिवर पशु आधारित खाद्यों और अण्डों के विरुद्ध प्रतिक्रिया दिखा रहा है।
- पपड़ीनुमा शुष्क त्वचा दिखाती है कि आपकी डाइट में फ़ैट्स अधिक हैं और सब्ज़ियों का अभाव है।

कनपटी के पास का क्षेत्र स्प्लीन, पैंक्रियाज़, लिवर और गॉल ब्लैडर के कार्य से सम्बन्धित है।

- गहरा रंग शुगर के निष्कासन का संकेतक है, जिनमें केन शुगर, गुड़, शहद, चॉकलेट, और डेयरी के साथ-साथ अत्यधिक नमक युक्त और सूखे खाद्य भी शामिल हैं। अगर त्वचा की बनावट चिकनी नहीं है, तो इसका अर्थ है कि पैंक्रियाज़, लिवर, स्प्लीन और किडनी धीमे हो गये हैं।
- मुँहासे संकेत देते हैं कि ये अंग शुगर, मीट, नमक और रिफ़ाइंड आटे के उत्पादों को निष्कासित कर रहे हैं।

आँखें

हम आँखों के नीचे लगाने वाली क्रीमों, झुर्रियाँ हटाने वाली क्रीमों, और अन्य सौन्दर्य प्रसाधनों पर कितना समय लगाते हैं, जो हमारी आँखों की चमक को वापस लाने का वादा करती हैं। हम ये नहीं समझते कि हमारी आँखें हमारे समूचे शारीरिक, मानसिक और आध्यात्मिक परिस्थिति का प्रतिनिधित्व करती हैं। आकार, आँखों के बीच की दूरी, आँखों का कोण, उनका बड़ा या छोटा होना, और पलकें बहुत कुछ दर्शाते हैं। आँखों के चारों ओर की त्वचा की रंगत, बनावट और परिस्थिति का सीधा सम्बन्ध इस बात से है कि आप कैसे खा रहे हैं और निष्कासन कैसे हो रहा है। एक साफ़, प्राकृतिक और चिकनी त्वचा अच्छे मानसिक स्वास्थ्य का प्रतिबिम्ब है और एक अच्छी डाइट और जीवन शैली का परिणाम है।

- आँखों के चारों ओर काला रंग दर्शाता है कि थकान और बेक किये हुये उत्पादों (जैसे रोज़ ब्रेड खाना), अत्यधिक नमक, भुना हुआ, बेक्ड और शुष्क खाद्यों के निष्कासन की प्रक्रिया के कारण किडनियों

में सिकुड़न आ गयी है।

- आँखों के चारों ओर की त्वचा का लाल होना परिणाम है मिठाइयों, शराब, सॉफ्ट ड्रिंक्स जैसे पेयों और फलों से प्राप्त शुगर के सेवन से ब्लड कैपिलरीज़ के फैल जाने का, जिसका अर्थ है, कि हृदय और रक्त तंत्र ठीक से काम नहीं कर रहे, और किडनी का काम करना भी धीमा हो गया है।
- आँखों के चारों ओर बैंगनी सी रंगत आम तौर पर ड्रग्स, शुगर, दवाइयों, रसायनों, और शुगरी ड्रिंक्स के कारण होता है।
- आँखों के चारों तरफ़ पीली रंगत दिखाती है कि अत्यधिक चीज़ और डेयरी के सेवन के कारण आपके लिवर को ज़रूरत से ज़्यादा काम करना पड़ रहा है।
- धूमिल रंगत संकेत देती है कि किडनियाँ ठीक से काम नहीं कर रहीं; और साथ ही ये भी कि अत्यधिक पशु आधारित खाद्य, नमक और अण्डों के सेवन के कारण फेफड़ों की कार्य क्षमता भी धीमी पड़ गयी है। ये रंग इस बात का भी संकेतक है कि आपकी अंतःस्रावित ग्रंथियाँ (हॉर्मोंस), विशेषकर जननेन्द्रियाँ, संतुलित नहीं हैं।
- आँखों के चारों ओर मुँहासे दर्शाते हैं कि शरीर फ़ैट्स और प्रोटीन्स (आम तौर पर पशु आधारित) को निष्कासित करने का प्रयास कर रहा है; लाल मुँहासे अत्यधिक शुगर के कारण होते हैं, जबकि पीले मुँहासे अत्यधिक पशु आधारित खाद्यों के कारण होते हैं, जिनके परिणाम स्वरूप स्प्लीन, पैंक्रियाज़ और किडनियों को आवश्यकता से अधिक काम करना पड़ता है।
- निचली पलक के नीचे मुँहासे संकेत देते हैं कि शरीर फ़ैटी मीट और शुगर या फलों और फलों के रस और डेयरी के अत्यधिक सेवन के कारण प्राप्त फ़ैट्स, प्रोटीन और शुगर को निष्कासित कर रहा है।
- पलकों के ऊपर मुँहासे फ़ैट्स, प्रोटीन्स और शुगर के निष्कासन के संकेतक हैं। अगर आप बहुत अधिक फल, फलों का रस या खट्टे फल खायेंगे, तो आपको पलकों के कोरों पर मुँहासे हो सकते हैं।
- आँखों के ऊपर, भौंहों के नीचे का भाग, ग़लत खाने की आदतों के कारण ढीला पड़ जाता है और उसमें झुर्रियाँ पड़ जाती हैं,

या वहाँ पर सूजन आ जाती है और त्वचा लटक जाती है। कई महिलायें इस समस्या के समाधान के लिये बोटॉक्स ट्रीटमेंट कराना ज़्यादा उचित समझती हैं, जबकि हक़ीक़त में संतुलित डाइट त्वचा को ढीला होने से रोकेगी और आपकी त्वचा को लचीला, चिकना, और जवान बनाये रखेगी।

- लोग अक्सर अनिद्रा के लिये जो आँखों के चारों तरफ़ की सूजन को दोष देते हैं, वो वास्तव में पेयों के अत्यधिक सेवन के कारण होती है। जब किडनियों और लिवर को अपनी क्षमता से अधिक काम करना पड़ता है, या आपकी किडनियों के चारों ओर बहुत ज़्यादा बल्गम जमा हो जाता है, तो ये समस्या अक्सर इसी रूप में प्रकट होती है। अगर आँखों के नीचे की ये थैलियाँ (पनीली और सूजी हुई) अत्यधिक पेयों के सेवन के कारण है, तो इसके साथ-साथ आपको बार-बार पेशाब जाने और अनिद्रा जैसी परेशानियाँ भी होंगी, जिसका अर्थ है कि आपकी किडनियों के काम करने की क्षमता प्रभावित हो रही है।
- जो आँखों की थैलियाँ सूजी और फ़ैटी दिखायी देती हैं, उनका कारण होता है अत्यधिक बल्गम का जमाव।
- अगर आपके इस बल्गम के जमाव वाली थैलियों पर मुँहासे होते हैं, तो ये इस बात का संकेतक है कि आपकी किडनियों के आस पास बल्गम और फ़ैट जमा हो रहा है, जिससे पथरी हो सकती है। आम तौर पर आँखों के नीचे की थैलियाँ एक महत्त्वपूर्ण संकेत हैं कि आपके शरीर की ऊर्जा प्रभावित होगी, क्योंकि किडनियाँ ऊर्जा का शक्ति केन्द्र हैं। परिणाम स्वरूप आपकी शक्ति भी प्रभावित होगी।
- आँखों के नीचे की त्वचा में झुर्रियाँ संकेत देती हैं कि डाइट में अत्यधिक नमक और पशु आधारित प्रोटीन के कारण आपकी किडनियाँ थक गयी हैं और उन्हें ज़रूरत से ज़्यावा काम करना पड़ रहा है।

नाक

नाक आपके नाड़ी और रक्त प्रवाहक तंत्रों का, और पाचन तंत्र के कुछ कार्यों का प्रतिबिम्ब है। इसका आकार, प्रकार, और बनावट व्यक्ति के

चरित्र के बारे में बहुत कुछ व्यक्त करता है। नाक के दोनों तरफ़ के हिस्से लिवर के कार्य को दर्शाते हैं।

- यदि नाक का सिरा तीक्ष्ण है, तो ये संकेत है शरीर में फ़ैट्स के जमाव का, विशेष रूप से पशु आधारित खाद्य जैसे मीट, चिकन, अण्डे, चीज़, और डेयरी के सेवन से। इसके परिणाम स्वरूप नाक के आस पास की धमनियाँ भी सख़्त हो जायेंगी, और ये हृदय, लिवर, किडनी, स्प्लीन और प्रोस्टेट के आस पास फ़ैट के जमा होने का भी संकेत है।
- नाक का सूजा हुआ सिरा शुगर, फल, पेय, और फ़ैट्स और तेलों का अत्यधिक सेवन दर्शाता है। इसका यह भी अर्थ है कि आपके रक्त प्रवाहक और निष्कासन तंत्र ठीक से काम नहीं कर रहे हैं।
- दरार पड़ी हुई नाक शुगर, फल, फल या सब्ज़ियों के रस, सॉफ्ट ड्रिंक्स, जो खनिज और कॉम्प्लेक्स कार्ब्स को नष्ट कर देते हैं, के सेवन को दर्शाती है।
- खण्डित कैपिलरी वाली बहुत ज़्यादा लाल नाक पेय, शराब, कॉफ़ी, उत्तेजक पदार्थ और मसालों का अत्यधिक सेवन दर्शाती है। ऐसी स्थिति वाले लोग अक्सर ब्लड प्रेशर, से पीड़ित रहते हैं और उनमें बहुत अधिक तनाव की प्रवृत्ति होती है।
- अगर पूरी नाक ही लाल है, तो आपका लिवर ठीक से काम नहीं कर रहा है।
- नाक की त्वचा में फैली हुई खण्डित कैपिलरीज़ लिवर और हृदय के अधिक काम करने की संकेतक है। नमक का अधिक सेवन नाक की त्वचा को सफ़ेद और फीका बना देगा, और ये इस बात का भी संकेत है, कि डाइट में सब्ज़ियाँ और तरल पदार्थ प्रायः नहीं के बराबर हैं। ऐसे लोगों के हाथ और पाँव प्रायः ठण्डे रहते हैं और उनकी त्वचा स्वेदनशील होती है।
- लाल मुँहासे शुगर, उत्तेजक पदार्थों और फलों के निष्कासन को दर्शाते हैं; सफ़ेद या पीले मुँहासे डेयरी, पशु आधारित फ़ैट्स और डेयरी खाद्यों के निष्कासन को दर्शाते हैं।

गाल

गाल हमारे श्वसन और रक्त प्रवाहक तंत्र और पाचन तंत्र के बाहरी भाग का प्रतिनिधित्व करते हैं। इनमें असंतुलन रंग, बनावट, दाग़, मुँहासे और गालों पर पर छोटी छोटी नसों के उभर आने के रूप में प्रकट होगा। अच्छी रंगत लिये हुये कसी हुई, पुष्ट और चिकनी त्वचा अच्छे श्वसन और रक्त प्रवाहक तंत्रों को दर्शाती है।

- गालों पर पतला माँस डाइट में प्रोटीन और फ़ैट की कमी को दर्शाता है।
- उभरी हुई नसें पोषण में कमी को दर्शाती हैं।
- सफ़ेद या पीले गाल अत्यधिक डेयरी के सेवन को दर्शाते हैं, विशेष रूप से चीज़, क्रीमी उत्पाद और दही। ये तब भी हो सकता है जब कोई बहुत अधिक रिफ़ाइंड आटे का सेवन करे। इसके साथ आलस और सुस्ती की भावना की भी अनुभूति होती है, क्योंकि बड़ी आँत और फेफड़ों में फ़ैट जम जाता है, और उस व्यक्ति को खून की कमी भी हो सकती है।
- लाल या गुलाबी गाल ये दर्शाते हैं कि सॉफ्ट ड्रिंक्स, कॉफ़ी, शराब, उत्तेजक पदार्थ, फल, फलों का रस, दवाइयाँ और ड्रग्स अत्यधिक मात्रा में लिये जा रहे हैं।
- डार्क स्पॉट्स लिवर के कुछ भागों में फ़ैट्स या बल्गम के जमा होने का संकेत हैं। अत्यधिक कॉफ़ी और उत्तेजक पदार्थ भी इसका कारण हो सकते हैं।
- और वो मुद्दा जो अधिकतर युवाओं और महिलाओं को प्रभावित करता है, मुँहासे– ये चिकन, मीट, डेयरी, तेल, फ़ैट्स के सेवन और फेफड़ों, जननेन्द्रियों और पाचन तंत्रों में बल्गम और फ़ैट्स के जमा होने के कारण होते हैं। मेरे अधिकतर ग्राहक जो पॉलीसिस्टिक ओवेरियन सिंड्रोम (पी सी ओ एस) से ग्रस्त हैं, उन्हें ये समस्या है। बहुत ही अधिक कील मुँहासों के साथ अक्सर योनि से स्राव और जननेन्द्रियों में सिस्ट की समस्या होती है।
- सफ़ेद मुँहासे संकेत देते हैं कि डेयरी और शुगर का अधिक सेवन

किया जा रहा है; पीले मुँहासे अधिक चीज़, चिकन और अण्डों के सेवन का संकेत देते हैं।

- अधिक शुगर, शहद, गुड़, या नमक और सूखे खाद्य पदार्थों से आपके गालों का रंग धूमिल हो जायेगा। गालों पर चकते शुगर, शहद, गुड़, फलों से प्राप्त शुगर और मिल्क शुगर के निष्कासन के संकेतक हैं, साथ ही ये भी संकेत देते हैं कि ये खाद्य आपके फेफड़ों को हानि पहुँचा रहे हैं।
- गालों पर बारीक रुपहले और छोटे बाल डेयरी का अत्यधिक सेवन और प्रजनन तंत्र और पाचन तंत्र के अंगों के ठीक से ना काम करने का संकेत देते हैं।

मुँह

हम सभी को अपने मुँह, होंठ और उनके हमारी छवि पर पड़ने वाले प्रभाव के प्रति बहुत अधिक मोह है। शुष्क, पपड़ी वाले, फटे होंठ, और आपके मुँह के चारो तरफ़ वो लकीरें आपकी हालत के बारे में बहुत कुछ बयान करते हैं। मुँह विशेष रूप से पाचन तंत्र के अंगों और उनकी कार्य प्रणाली का प्रतिनिधित्व करता है। जहाँ एक ओर होठों की बनावट वंशानुगत होती है, चाहे वो पतले, भरे हुये या छोटे हों, वहीं दूसरी ओर होठों और उनके आस-पास के भाग की हालत को बनाना हमारे हाथ में है। मुँह के अलग अलग भाग विशेष अंगों और उनके कार्यों का प्रतिनिधित्व करते हैं। उदाहरण के लिये, ऊपरी होंठ पाचन तंत्र के ऊपरी भाग की स्थिति को दर्शाता है, जबकि निचला होंठ निचली पाचन नली विशेषकर छोटी और बड़ी आँत की स्थिति को दर्शाता है।

- हमारे होंठों का रंग हमारे खाने के तरीके के बारे में बहुत कुछ कहता है। गुलाबी लाल रंग स्वस्थ रक्त और रक्त प्रवाह को दर्शाता है, और ये भी संकेत देता है कि आपके श्वसन, रक्त प्रवाहक और पाचन तंत्र बढ़िया काम कर रहे हैं।
- फीके होंठ हीमोग्लोबिन की कमी, खून की कमी और सुस्त रक्त प्रवाह का संकेत देते हैं।
- काले होंठ रक्त में बहुत अधिक नमक और फ़ैटी ऐसिड्स के होने

का संकेत देते हैं, साथ ही किडनी, ब्लैडर और लिवर के कार्य क्षमता में धीमापन भी दर्शाते हैं। लालिमा लिये काले होंठ प्रोटीन और सैचुरेटेड फ़ैट्स के अत्यधिक सेवन को दर्शाते हैं। ये आपके स्प्लीन, पैंक्रियाज़, किडनी, और यूरिनरी ट्रैक्ट के कमज़ोर होने का भी संकेत है।

- गुलाबी सफ़ेद होंठ डेयरी, शुगर, फ़ैट्स, फल, के अत्यधिक सेवन के साथ ही हॉर्मोंस में विकार और कमज़ोर लिम्फ़ैटिक सिस्टम को दर्शाते हैं। जिन लोगों को एलर्जी, त्वचा की समस्यायें, या अस्थमा होता है, उनके होंठ अक्सर ऐसे ही होते हैं।
- पीले होंठ अत्यधिक चीज़, अण्डों, और चिकन के सेवन को दर्शाते है; ये खाद्य लिवर और गॉल ब्लैडर को सख़्त बनाते हैं और इन खाद्यों के जमाव को निष्कासित करने की इनकी क्षमता को कमज़ोर करते हैं।
- काले धब्बे शुगर, शहद, गुड़, फल और उनसे प्राप्त शुगर के रूप में अत्यधिक कार्बोहाइड्रेट्स के सेवन को दर्शाते हैं।
- सफ़ेद धब्बे डेयरी, अण्डों, चिकन और ख़ास कर चीज़ के अत्यधिक सेवन को दर्शाते हैं, जो सैचुरेटेड फ़ैट्स के जमाव को बढ़ा कर लिवर के कार्य करने में बाधा डालते हैं।
- होंठों पर सीधी लकीरें दर्शाती हैं कि आपके हॉर्मोंस ठीक से काम नहीं कर रहे, और आपकी जननेन्द्रियाँ भी ठीक से काम नहीं कर रही हैं। ये झुर्रियाँ ये भी संकेत देती हैं कि आपके शरीर में पानी की कमी है, और नमक और सूखे खाद्य पदार्थों का अधिक सेवन किया जा रहा है।
- फूला हुआ निचला होंठ आपकी छोटी और बड़ी आँत में असंतुलन को दर्शाता है, जो इस बात का संकेत है कि आपके पेट में कोई परेशानी है। फूला हुआ ऊपरी होंठ भी पेट की समस्याओं का संकेतक है। मुँह के किनारों पर खुरदुरी त्वचा का जमाव निम्न गुणवत्ता वाले तेल का प्रयोग, चिकनाई युक्त भोजन और पशुओं से प्राप्त प्रोटीन के सेवन का संकेतक है; अगर ये त्वचा पीले रंग की है, तो ये मीट, चिकन, अण्डों और चीज़ से प्राप्त सैचुरेटेड फ़ैट्स के कारण लिवर में आये विकारों को दर्शाता है।

ठोड़ी

ठोड़ी जननेन्द्रियों का प्रतिनिधित्व करती है। फैली हुई कैपिलरीज़ वाली लाल ठोड़ी अत्यधिक शुगर, मसाले, और उत्तेजक पदार्थों के सेवन को दर्शाती है; पुरुषों में ये प्रोस्टेट्स में जलन की संकेतक है। जो ठोड़ी बनावट में मोटी है, जिसमें झुर्रियाँ पड़ी हुई हैं, या जो सूजी हुई लगती है, पुरुषों और महिलाओं, दोनों में ही, ऐसी ठोड़ी संकेत देती है कि जननेन्द्रियाँ किसी न किसी रूप में प्रभावित हुई हैं। ठोड़ी पर मुँहासे जननेन्द्रियों से निष्कासन को दर्शाते हैं, जो संकेत है इन अंगों में डेयरी, मीट, अण्डों, चिकन और शुगर के अत्यधिक सेवन के कारण फ़ैट्स और बल्गम के जमा होने का।

सिगरेट का परित्याग करें

सिगरेट के सिर्फ़ एक कश से आपके फेफड़ों में एक ट्रिलियन से भी अधिक फ्री रैडिकल्स पैदा होते हैं, जो त्वचा सहित सभी अंगों में जलन की प्रतिक्रिया पैदा करते हैं। तम्बाखू रक्त वाहिनियों को अवरुद्ध करता है, जिससे त्वचा में रक्त प्रवाह कम हो जाता है, और परिणाम स्वरूप त्वचा की रंगत धूमिल, बेजान और अस्वस्थ-सी दिखने लगती है, और साथ ही त्वचा चमड़े जैसी हो जाती है जिसमें झुर्रियाँ जल्दी पैदा होती हैं।

विटामिन्स और हमारी त्वचा, और इन विटामिन्स को कहाँ से प्राप्त किया जाये	
विटामिन ए (ऐंटीऑक्सिडेंट)	रेटीनोल और बीटा कैरोटीन चिकनी और स्वस्थ त्वचा के लिये आवश्यक हैं। विटामिन ए कॉलाज़ेन को सक्रिय करके त्वचा को लचीला रखता है और शुष्कता, झुर्रियाँ और उम्र के बढ़ने की रफ़्तार को रोकता है। इस विटामिन की कमी के परिणाम स्वरूप शुष्क त्वचा, खुजली, खुरदुरापन, मुँहासे, रूसी का जमा होना और नाखूनों का टूटना जैसी समस्यायें उत्पन्न होती हैं। खाद्य स्रोतः भोपला, गाजर, सभी पीली सब्ज़ियाँ, गहरी हरी पत्तेदार सब्ज़ियाँ, ब्रॉक्कली, और स्पाइरुलिना।

विटामिन बी 2	राइबोफ्लेविन कार्बोहाइड्रेट्स को मेटाबोलाइज़ करने के लिये ऑक्सीजन का वहन करता है। इस विटामिन के अभाव से आपको झुर्रियाँ और चेहरे पर लकीरें जल्दी पड़ती हैं, वाइट हेड्स होते हैं, त्वचा में फ़ैट जमा होने लगता है, और मुँह के चारों ओर त्वचा में दरारें पड़ने लगती हैं। अगर आपके बाल तैलीय हैं, तो इसका कारण इस विटामिन की कमी भी हो सकता है। ये विटामिन शरीर के अम्लीय स्तर को नियंत्रित करने का काम भी करता है। खाद्य स्रोतः सभी साबुत अनाज, स्पाइरुलिना, फलियाँ, हरी सब्ज़ियाँ, पशु आधारित खाद्य, विशेष रूप से लिवर, गाजर, लाल शिमला मिर्च, बैंगन और टमाटर।
विटामिन बी 3	नैसिन आपके रक्त प्रवाह को नियमित बनाये रखता है और आपकी त्वचा, बाल और नाखूनों को ऑक्सीजन की भरपूर आपूर्ति सुनिश्चित करता है। ये स्वस्थ टिशूज़ को बनाये रखता है, फ़ैट और कार्बोहाइड्रेट्स को मेटाबोलाइज़ करने में मदद करता है। इस विटामिन की कमी के कारण त्वचा में पपड़ी बनना, शुष्क त्वचा और अन्य त्वचा विकार हो सकते हैं। खाद्य स्रोतः सभी साबुत अनाज, फलियाँ, मछली, हरी पत्तेदार सब्ज़ियाँ, ब्र्यूअर्स यीस्ट, वीट ब्रान, मेवे और फल।
विटामिन बी 5	पैंटोथेनिक ऐसिड कार्बोहाइड्रेट्स को ऊर्जा में परिवर्तित करने में मदद करती है। ये त्वचा के विकारों में जलन को शांत करने के लिये एक पूर्वापेक्षित तत्त्व के रूप में काम करती है और त्वचा को स्वस्थ रखने में मदद करती है। इसे ऐंटी स्ट्रेस विटामिन भी कहा जाता है। खाद्य स्रोतः सभी साबुत अनाज, पत्तागोभी, सभी हरी सब्ज़ियाँ, कॉर्न, फूलगोभी, सूरजमुखी के बीज, बिना रिफाइन किया हुआ वनस्पति तेल, मशरूम, एवोकाडो, और अण्डे।
विटामिन बी 6	पाइरोडोक्सिन फ़ैट्स, प्रोटीन्स और कार्बोहाइड्रेट्स को शोधित करने में मदद करता है। हॉर्मोंस, त्वचा और नसों के स्वास्थ्य को बनाये रखता है। इस विटामिन के अभाव

	से तैलीय, शुष्क और कभी कभी पपड़ी युक्त त्वचा हो सकती है; इसके अभाव से रूसी भी हो सकती है। खाद्य स्रोतः साबुत अनाज– विशेष रूप से ब्राउन राइस और कुट्टू, फलियाँ, पत्तागोभी, गाजर, मछली, सूरजमुखी के बीज, ब्र्यूअर्स यीस्ट, वीट ब्रान और केले।
विटामिन बी 9	फॉलिक ऐसिड,** रेड ब्लड सेल्स के बनने में मदद करता है, साथ ही फ़ैट्स को शोधित करने में भी मदद करता है। इस विटामिन के अभाव से खून की कमी हो सकती है और त्वचा और बालों के पोषण में बहुत ज़्यादा कमी आ सकती है; इससे त्वचा की रंगत भी खो सकती है और त्वचा पर धब्बे पड़ सकते हैं। अगर आपके नाखूनों के पास की त्वचा उखड़ रही है, तो ये इस बात का संकेत है कि आप में इस विटामिन, विटामिन सी और प्रोटीन का अभाव है। खाद्य स्रोतः साबुत अनाज, हरे पत्ते, स्पाइरुलिना, राजमा, काबुली छोले, वीट जर्म, एवोकाडो, चुकन्दर, रैस्पबेरी, एस्परागस। **पी ए बी ए, या पैरा-अमीनोबेंजोइक ऐसिड फॉलिक ऐसिड का हिस्सा है, और इसके अभाव से समय से पहले बाल सफ़ेद होने लगते हैं। अच्छी खाद्य स्रोतों में खट्टे फल, बीन्स, मेवे, साबुत अनाज और फ़ाइबर की दैनिक ख़ुराक शामिल हैं।
इनोसिटॉल	इसका सम्बन्ध आपके बालों के विकास से है, और इसका प्रयोग अक्सर बालों के झड़ने की प्रक्रिया को उलटने के लिये किया जाता है। इसके अभाव से एक्जीमा हो सकता है। कोलीन (नमक की तरह पानी में घुलने वाला एक पोषक तत्त्व, जो हमारे शरीर के लिये अति आवश्यक है, जो हमें भोजन से प्राप्त होता है) के साथ मिल कर ये हमारे लिवर से फ़ैट्स को निकालता है। खाद्य स्रोतः ओट्स (साबुत), जौ, साबुत अनाज, फलियाँ और बीज।

विटामिन सी (ऐंटीऑक्सीडेंट)	ऐस्कॉर्बिक ऐसिड प्रोटीन्स के साथ मिल कर कोलाज़न और एलास्टिन का निर्माण करता है, दोनों ही कोमल, लचीली और सुदृढ़ त्वचा के लिये अति आवश्यक हैं। घावों को भरने, हड्डियों और रेड ब्लड सेल्स के निर्माण में सहायक हैं। आपकी रक्त वाहिनियों के लचीलेपन और स्वस्थ सेलमेम्ब्रेन्स के लिये बहुत ही ज़रूरी है। इस विटामिन के अभाव से आपकी त्वचा में कोलाज़न कम हो जायेगा, आपकी त्वचा ढीली हो जायेगी और उसमें झुर्रियाँ पड़ जायेंगी, त्वचा का रंग बदल जायेगा, और उसमें बढ़ती उम्र के लक्षण झलकने लगेंगे। अगर आप पशु आधारित खाद्य खा रहे हैं, तो ये आवश्यक है कि आप इस विटामिन का सेवन करें क्योंकि ये पशु आधारित खाद्य के यैंग का प्रतिकार करता है, क्योंकि ये खुद 'यिन' विटामिन है। खाद्य स्रोतः सभी गहरे हरे पत्ते, ब्रॉक्कली, पत्तागोभी, खरबूज़ा, स्ट्रॉबेरी, आडू, और मौसमी फल– ख़ास कर अमरूद, खरबूज़ा, पपीता, सभी पीले फल, सब्ज़ियाँ जैसे पीली शिमला मिर्च, पीला कद्दू, अंकुरित बीज और बीन्स।
विटामिन ई (ऐंटीऑक्सीडेंट)	टोकोफेरॉल, अनसैचुरेटेड फ़ैटी ऐसिड्स, विटामिन सी और ए के ऑक्सिडेशन में मदद करता है; रक्त प्रवाह में सहायक है और उम्र के बढ़ने की प्रक्रिया को धीमा करता है, त्वचा को जवान रखता है। शरीर के अन्य रसायनों के साथ ऑक्सीजन की पारस्परिक प्रक्रिया में सहायक है। खाद्य स्रोतः सभी हरी पत्तेदार सब्ज़ियाँ, ब्रॉक्कली, साबुत अनाज, सोयबीन्स और अन्य साबुत बीन्स, सूरजमुखी और तिल के बीज, टयूना और सार्डाइन। *टिपः विटामिन ई भोजन को तलने या बहुत अधिक गरमी से नष्ट हो जाता है (उदाहरण के लिये, बेकिंग, ब्रॉइलिंग), इसलिये भोजन से इस विटामिन का अधिकतम लाभ प्राप्त करने के लिये कभी कभी ताज़ी सब्ज़ियों को हल्का सा ही पकायें)*

आपके सौन्दर्य के दो निर्माण स्तम्भ (बाल, त्वचा, नाखून और शक्ति), और उन्हें कैसे पाया जाये

1. खनिज

खनिज और ट्रेस एलिमेण्ट्स टिशूज के निर्माण और आपके शरीर के कई कार्यों को नियंत्रित करने के लिये उत्तरदायी हैं। अधिकतर आवश्यक खनिज हमें हमारे भोजन से ही प्राप्त करने होते हैं, क्योंकि इनका निर्माण हमारे शरीर द्वारा नहीं होता। पौधों को खाना (सब्ज़ियाँ) खनिज का एक अच्छा स्रोत है, सब्ज़ी जितनी हरी होगी, उतनी ही बेहतर होगी। लेकिन खनिज की गुणवत्ता मिट्टी की गुणवत्ता पर अधिक निर्भर करती है।

याद रखें, आपके शरीर में सबसे अधिक ऊर्जा उत्पन्न करने वाले दो अंग हैं एड्रीनल्स और थाइरॉइड, और उन्हें खनिजों की निरंतर आपूर्ति की आवश्यकता रहती है। अगर आपकी ऊर्जा कम है, तो आपको अपनी ऊर्जा के स्तर को बढ़ाने के लिये सिम्पल कार्बोहाइड्रेट्स की इच्छा होगी, हालाँकि ये लाभ केवल अस्थायी होगा। और क्योंकी आपके शरीर में वैसे ही खनिजों की कमी है, आपका शरीर उस असंतुलन को दूर करने के लिये आपके दाँतों, हड्डियों और नाखूनों से खनिजों को खींच लेगा।

साबुत अनाज, फलियाँ/मछली, सब्ज़ियाँ और ख़मीरयुक्त खाद्य की पद्धति के अलावा, आइये देखें कि हमें किन खनिजों की आवश्यकता है, क्यों आवश्यकता है, और उन्हें किन अन्य खाद्यों से प्राप्त किया जा सकता है।

खनिज	क्यों आवश्यकता है?	अतिरिक्त खाद्य स्रोत
इनोसिटॉल	आपके सेल्स से फेफड़ों तक कार्बन डाइऑक्साइड का वहन करता है; ब्लड शुगर के स्तर को बनाये रखता है; शरीर में अम्ल-क्षार	सारडाइन, ऑएस्टर, वीट जर्म, कद्दू के बीज, तिल के बीज और तिल के बीज का मक्खन-ताहिनी, डार्क चॉकलेट, लैम्ब, लिवर, अण्डों की जर्दी, स्पाइरुलिना

	संतुलन को बनाये रखता है, बढ़ती उम्र को रोकने में मदद करता है; कोलाज़न का निर्माण करता है; झुर्रियों की रोकथाम करता है।	
लौह	सेल्स से और सेल्स तक ऑक्सीजन और कार्बन डाइऑक्साइड का वहन करता है; हमारे शरीर के एंज़ाइम्स का एक बड़ा हिस्सा है; ऊर्जा के लिये आवश्यक, जिसका सम्बन्ध उम्र के बढ़ने से है; ऑक्सीजन आपके रक्त को स्वस्थ रखेगा जिसके परिणाम स्वरूप आपकी त्वचा में वो दमक आयेगी; आपको आराम की नींद देता है।	मीट, मछली, चिकन, कद्दू के बीज, बादाम, खजूर, टोफ़ू, सूरजमुखी के बीज, कैंटालोप, हरी पत्तेदार सब्ज़ियाँ, और स्पाइरुलिना
मैग्नीशियम	हड्डियों, दाँतों और नाखूनों को मज़बूत बनाता है। ऊर्जा के लिये आवश्यक; आपकी आँतों की कार्य क्षमता को बनाये रखने के लिये आवश्यक; विटामिन डी को सोखने के लिये आवश्यक	क्लोरोफ़िल युक्त सभी हरी सब्ज़ियाँ, स्पाइरुलिना, साबुत अनाज, काजू, बादाम, एवोकाडो, मुन्नका (अधिक जानकारी के लिये देखें भाग एक)
कैल्शियम	हड्डियों, दाँतों और नाखूनों को मज़बूत करता है; कॉलेस्ट्राल को नियंत्रित करता है; बी 12 को सोखने में मदद करता है; नींद की गुणवत्ता को प्रभावित करता है; आपके वज़न को नियंत्रित रखता है	हरी पत्तेदार सब्ज़ियाँ, स्पाइरुलिना, दूध (दूध के बारे में भाग एक में पढ़ें), सालमन, सारडाइन, तिल के बीज, ज्वार, बादाम, पार्स्ले, कद्दू के बीज

सिलिकॉन	यौवन का खनिज; आपको चमकदार बाल और मज़बूत नाखून, स्वस्थ त्वचा देता है; माँसपेशियों का लचीलापन बनाये रखता है; आपकी नसों और लिगामेंट्स को प्रभावित करता है (अगर आप व्यायाम करते हैं तो आवश्यक है)	हरी पत्तेदार सब्ज़ियाँ, सभी शाकाहारी भोजन, साबुत अनाज, मेवे, स्पाइरुलिना
पोटैशियम	शरीर में तरल पदार्थ का स्तर बनाये रखता है; ब्लड शुगर के स्तर को बनाये रखने में मदद करता है; और फलतः वज़न सम्बंधित मुद्दों में मदद करता है; सुगम मल त्याग में मदद करता है; सेल्स के स्तर पर भी सफ़ाई करता है।	ब्र्यूअर्स यीस्ट, स्पाइरुलिना, खजूर, एवोकाडो, अंगूर, सालमन, बेक्ड आलू, सूखे आड़ू, टमाटर का रस, पैपरीका, डार्क चॉकलेट, सूखी खुबानी, कद्दू/अल्सी/सब्जा/ सूरजमुखी के बीज
क्रोमियम	ब्लड शुगर के स्तर को संतुलित करता है; भोजन की लालसाओं को कम करने में मदद करता है; डी एन ए और आर एन ए (उम्र के बढ़ने की प्रक्रिया में सहायक है) की सुरक्षा करता है।	बीफ़, लिवर, अण्डे, चिकन, सेब, केले, हरे पत्ते, वीट जर्म, स्पाइरुलिना

2. एंज़ाइम्स

आप चाहे सभी स्वस्थ खाद्यों का सेवन कर लें, लेकिन अगर आपकी खाने की पुरानी आदतें अस्वस्थ हैं और आपका पाचन ख़राब है, तो सम्भावना है कि आपको अपने भोजन को विखण्डित करने के लिये सभी एंज़ाइम्स की आवश्यकता पड़ेगी। जैसे आपका शरीर उम्र के

पड़ाव पार करता जाता है, आपके एंज़ाइम्स ख़त्म होते जाते हैं, और साथ ही आपके पेट के वो ऐसिड्स भी जो पाचन क्रिया में मदद करते हैं। इसलिये आपको इन्हें पुर्नस्थापित करते रहना चाहिये। वैसे तो इस पद्धति में बताये गये अनुसार ख़मीरयुक्त खाद्यों का भागफल इस क्षेत्र में अपना काम कर देता है, लेकिन फिर भी, आइये देखें कि और किन चीज़ों से हमें ये एंजाइम प्राप्त हो सकते हैं और ये हमारे लिये क्या कर सकते हैं।

एंज़ाइम्स आपको निम्न प्रकार से मदद कर सकते हैंः

- आपके भोजन से पोषक तत्त्वों को बेहतर आत्मसात करना।
- वज़न घटाना।
- उम्र को नियंत्रित करना क्योंकि ये डी एन ए की मरम्मत करते हैं।
- अपनी त्वचा में वो चमक लाना।

जैसा कि मैंने पहले कहा था, हालाँकि ख़मीरयुक्त खाद्य और पौधों पर आधारित पद्धति आपको आवश्यक एंज़ाइम्स देंगे, खनिज और एंज़ाइम्स, दोनों को ही प्राप्त करने का एक सुनिश्चित तरीक़ा है रोज़ ग्रीन स्मूदी लेना (देखें रेसेपी पृष्ठ 311)। ये आपको आपके आहार को हज़म करने के लिये एंज़ाइम्स की एक ख़ुराक पहले ही दे देती है, और साथ ही आवश्यक खनिज भी।

ब्यूटी जूस/सौन्दर्य के लिये रस

रसों में एंज़ाइम्स और खनिज, दोनों के ही सम्पूर्ण गुण होते हैं। ये आपको सुन्दर दिखने, स्वस्थ दाँत, नाखून, बाल और त्वचा पाने के लिये आवश्यक सभी घटकों को प्राप्त करने का निश्चित तरीक़ा हैं। (रसों की रेसेपीज़ के लिये देखें रेसेपी विभाग)।

रसों का सेवन करने के लिये नियम:

- जब आप डीटॉक्स ले चुकें, और आपने कम से कम तीन महीने पहले पी एच बैलेंस के सिद्धांतों को अपनाना शुरु कर दिया हो, उसके बाद ही रसों का सेवन शुरु करें।

- हमेशा अपने मिक्सर का प्रयोग करें, ना कि जूसर का, और सब्ज़ियों के गूदे को रस से अलग ना करें; सब्ज़ियों में थोड़ा सा पानी मिला कर जूस बनायें।
- हमेशा जूस बनाने के पन्द्रह मिनट के अन्दर ही जूस को पी लें।
- गूदे को निगलने से पहले अच्छी तरह चबा लें, जूस को गले के नीचे गटकें ना।
- जूस को खाली पेट हीं पीयें।
- जूस को पीने से पहले उसमें हमेशा थोड़ा सा नींबू का रस मिलायें।
- अगर आपने स्पाइरुलिना या वीट ग्रास पाउडर को अपनी डाइट में शामिल करने का निर्णय कर लिया है तो इन्हें जूस में मिला कर पीयें (मैं इसका पुरजोर समर्थन करती हूँ)।
- अगर आप कैंडिडा के मुद्दे से उबर रहे हैं, तो मैं जूस में कोई प्रोबायोटिक सैशे या लिक्विड फार्मूला मिलाने के लिये प्रोत्साहित करूँगी; ये आपके पेट के लिये आवश्यक लाभकारी बैक्टीरिया बनायेंगे।

क्या आप जानते हैं?

किसी भी अन्य खाद्य की अपेक्षा अंकुरों में करीब 30 प्रतिशत अधिक प्रोटीन, लगभग 1000 प्रतिशत अधिक विटामिन और क्लोरोफ़िल का भंडार होता है। इनको हज़म करने में शरीर को न्यूनतम ऊर्जा की आवश्यकता होती है (क्योंकि इनके अन्दर के कॉम्प्लेक्स शुगर्स पहले से ही विखण्डित होते है), और इनके सेवन से व्यक्ति को वास्तव में ऊर्जा प्राप्त होती है, ठीक वैसे ही जैसे एक बीज से अंकुर तक की प्रक्रिया में एक नन्हें अंकुर को जीवन शक्ति प्राप्त होती है। इसलिये, इन्हें अपने आहार में जितना हो सके, उतना शामिल करिये।

त्वचा की देखभाल के लिये टिप्स

- **नींद:** जब आप सोने जायें, तो अपने ब्लैकबेरी को साइलेंट पर करने की आदत डालें। नींद बहुत महत्त्वपूर्ण है, इसे किसी वजह से

ब्यूटी स्लीप कहा जाता है। साथ ही, रोज़ एक ही समय पर सोने की कोशिश करें। एक हफ़्ते तक इसका प्रयास करें, आपका बॉडी क्लॉक अपने आप उसके अनुरूप ढल जायेगा।

- **साफ़ मल त्यागः** अगर आप सुबह इस चरण को छोड़ देंगे, तो विश्वास रखिये कि ये आपके चेहरे पर झलकेगा। आप जिन्हें अपने शरीर में रोक कर रखे हुये हैं, वो विषाक्त पदार्थ हैं। इस प्रक्रिया में मदद के लिये आप त्रिफला ले सकते हैं।
- **व्यायामः** तेज-तेज चलिये, दौड़िये, या फिर यूँ ही अपने कमरे में कूदिये। रात की पार्टी के लिये चेहरे पर चमक लाने के लिये एंडॉर्फिंस के एक तेज झटके से बेहतर और कुछ भी नहीं।
- **हर सुबह, और सोने से पहले क्लेंज, टोन, और मॉइश्चराइज करें:** ये सबसे अधिक प्रचलित और असरकारी शॉर्ट टर्म सौन्दर्य उपचार है, जो अधिकतम लाभ देता है।
- **सदा प्रसन्न रहें:** एक शांत मन हर चीज़ की कुंजी है। और मुझे विश्वास है कि आप ये पहले भी सुन चुके हैं।
- **सदा प्राकृतिक उत्पादों को ही चुनें:** जहाँ तक हो सके, प्राकृतिक उत्पादों का ही उपयोग करने का प्रयास करें, या फिर रसायनिक उत्पादों का अपने मेकअप, हेयर कलर, डीओडरेंट्स, या कोई भी त्वचा या बाल के सौन्दर्य प्रसाधन में कम से कम प्रयोग करने के प्रति जागरुक रहें।
- **ठण्डा पानीः** सवेरे जागते ही अपने चेहरे पर ठण्डे पानी के छींटें मारें। ये आपकी त्वचा से मृत सेल्स को निकालने में मदद करता है।
- हर सप्ताहांत स्वयं को एक फ़ेशियल दें।

आपकी त्वचा के लिये 3 पूरक

ग्रीन टी एक्स्ट्रैक्ट— ऐंटीऑक्सीडेंट के रूप में काम करता है, फ्री रैडिकल्स और कैंसर से सुरक्षा देता है, और इसमें जलन को शांत करने के गुण हैं।

कोएंजाइम 10— त्वचा के नये सेल्स के निर्माण में मदद करता है, और झुर्रियों को कम करता है।

मशरूम्स— विशेष रूप से शीटाकी, आपको अच्छी गुणवत्ता वाले रक्त को बनाने में मदद करेगा; मशरूम प्रकृति से जलन को शांत करने वाले होते हैं।

बालों की कहानी

मेरी दादी मुझे हमेशा बताती थीं कि मेरी माँ के बाल कितने शानदार थे। वो 1960 में एयर इंडिया में स्टयूवार्डेस थीं और अपने जूड़े के लिये प्रसिद्ध थीं, जिसे वो बिना कोई अतिरिक्त साधन के प्रयोग के बनाती थीं। और फिर जैसे जैसे उनकी उम्र होती गयी, उनके बाल पतले होने लगे; उन्होंने कई उत्पादों का प्रयोग किया, जो आज के कुछ उत्पादों की तरह रसायन मुक्त नहीं थे, और उनकी डाइट में भी शुगर और फ़ैट की अधिकता थी। मेरा हेयर स्टाइलिस्ट (मेरा मित्र दिलशाद) हमेशा कहता है कि मेरे बाल– बालों को रंगने के बावजूद– इतने सालों में भी नहीं बदले। मैं अपने बालों को बहुत ज़्यादा कुछ नहीं देती। उनकी देखभाल में बहुत कम मेहनत लगती है। हाँ, मैं हफ़्ते में एक बार उनमें तेल ज़रूर लगाती हूँ, लेकिन मेरी खाने की आदतों ने मेरी बालों की सेहत का इतने सालों तक सहयोग दिया है।

आयुर्वेद के सिद्धांत में, बालों को आपकी 'जड़ें' कहा जाता है, जबकि चीनी चिकित्सा प्रणाली में, बाल आपकी शक्ति के द्योतक हैं। ये आपके पाचन और जनन तंत्रों के कार्य प्रणाली को प्रतिबिम्बित करते है। मज़बूत और चमकदार, घने बालों से सजा सिर संकेत देता है कि आपकी सम्पूर्ण ऊर्जा, आपकी ची, आपकी जीवन शक्ति, अच्छी है और आपका स्वास्थ्य अच्छा है। हमारे बाल इस बात का भी प्रतिबिम्ब हैं कि हमारे शरीर के अन्दर क्या चल रहा है। बाल प्रोटीन केराटिन से बने हैं, और ये एक प्रोटीन से भरपूर डाइट से प्राप्त होता है।

सही भोजन का चुनाव करके अपने बालों के लिये एक अच्छी परिस्थिति का सृजन करना हमारे हाथों में है। शुष्क, पतले, टूटते, गिरते या रूसी वाले, दो मुँहे, और सफ़ेद बाल हमारी खाने की आदतों और जीवन शैली का परिणाम हैं। इसका हमारे वातावरण से बहुत कम लेना देना है, और हमने जो अपने माता पिता से प्राप्त किया है, उससे तो बहुत ही कम लेना देना है।

आप अपने बालों के स्वास्थ्य को विटामिन सी, बी, ओमेगा 3, विटामिन डी, ए और ई से बेहतर बना सकते हैं।

सेलेब्रिटी हेयर स्टाइलिस्ट दिलशाद की ओर से स्वस्थ बालों के लिये 7 टिप्स:

1. अपने हेयर स्टाइल को बनाये रखने के लिये अपने बालों को हर छः हफ़्ते में ट्रिम करवायें, और उन्हें लम्बा बढ़ाने के लिये हर तीन महीने में।
2. अपने बालों में 1 बड़ा चम्मच अरण्डी+ऑलिव या नारियल के तेल से बीस मिनट तक मालिश करें और एक घण्टे बाद धो लें।
3. शुष्क बालों के लिये, एक कप ताज़ा मेयो+ऑलिव ऑइल+ 2 अण्डे (अण्डे बाल का झड़ना रोकने के लिये बहुत अच्छे हैं)+1 केला मिलायें। इन्हें एक साथ मैश करके सिर से बालों के सिरों तक लगायें। इसे सिर्फ़ पन्द्रह मिनट के लिये या ज़्यादा से ज़्यादा तीस मिनट के लिये छोड़ कर पहले ठण्डे पानी से अच्छी तरह धोयें, फिर शैम्पू करके कंडीशन करें। एक और विकल्प है सिर्फ़ ऑलिव ऑइल और मेयो का प्रयोग करना, क्योंकि ये भी बालों को चमकीला बनाने में मदद करते हैं।
4. बालों का झड़ना रोकने के लिये पालक का रस पीयें।
5. बालों को चमकदार बनाने के लिये शैम्पू के बाद अंत में बालों को विनेगर+पानी से धोयें।
6. कन्डीशनर को सिर्फ़ बालों के मध्य से लेकर सिरों तक लगायें, स्कैल्प पर नहीं।
7. शैम्पू में 1 छोटा चम्मच बेकिंग सोडा मिलाने से उत्पाद के सभी अवशेष निकल जाते हैं लेकिन इसका आवश्यकता से अधिक उपयोग ना करें, वरना आपके बाल शुष्क हो जायेंगे। इस को महीने में केवक एक बार ही इस्तेमाल करना बेहतर होगा।

अपनी त्वचा और बालों की देखभाल करना

अपनी त्वचा और बालों की देखभाल दो तरह से की जा सकती है। पहला तरीक़ा है बाहरी तरीक़ों से देखभाल करना। दूसरा तरीक़ा है सही प्रकार के भोजन को खाने के माध्यम से देखभाल करना। हर व्यक्ति साफ़ बेदाग त्वचा और चमकते बाल पा सकता है। लेकिन आपको दूरगामी परिणामों पर ध्यान केन्द्रित करना चाहिये। नये-नये तरीके आते जाते रहते हैं, लेकिन अंततः वे व्यर्थ ही साबित होते हैं। अब प्रासंगिक सवाल ये उठता है कि 'दूरगामी परिणामों को कैसे पाया जाये, और उन्हें स्थायी कैसे रखा जाये?' मेरा उद्देश्य हमेशा ही अन्दर से बाहर की ओर काम करना रहा है। इस पद्धति में आशा नहीं, परिणाम है। मैं ऐसे मेन्यू बनाती हूँ जो आपके शरीर को स्वच्छ करके उन्हें सुन्दर बनायेंगे। आपके अंग ही कुंजी हैं। मेरे मेन्यू को अपना कर आप अपने अंगों को सुदृढ़ बनायेंगे ताकि वो अधिकतम शक्ति के साथ कार्य कर सकें।

अगर आप अपने गालों पर चुटकी काटें, तो वो लाल हो जायेंगे, या अगर आप अपने मित्रों के सामने सीढ़ियों पर फिसल जायें और मुँह के बल गिरें, तो आप शर्मा जायेंगे आपका मुँह शर्म से लाल हो जायेगा। ऐसा इसलिये है क्योंकि आपकी त्वचा को पहली पर्त से लेकर आखिरी पर्त तक रक्त की उचित आपूर्ति हो रही है, और त्वचा हमारे चेहरे पर सबसे पतली होती है। इसलिये सार ये है कि दमकती त्वचा पाने के लिये हमें अपनी रक्त की बनावट में सुधार लाना होगा। और ये सिर्फ़ सही प्रकार के भोजन को खाने से ही हो सकता है।

आपकी त्वचा के सौन्दर्य में भोजन एक महत्त्वपूर्ण भूमिका निभाता है। आपके चेहरे, त्वचा, या बालों की देखभाल एक फ़ेशियल या स्पा जाने से शुरु नहीं होती, बल्कि इस बात से शुरु होती है कि आप अभी, इसी वक़्त से किस प्रकार के भोजन का चुनाव करते हैं। आप को ये जान कर अचम्भा होगा कि कैसे खाने की स्वस्थ आदतें और जीवन शैली आपको जवान दिखने वाली स्वस्थ त्वचा को पाने में मदद कर सकते हैं। सैचुरेटेड फ़ैट्स और कैलोरी से भरपूर भोजन बढ़िया त्वचा पाने के लिये उचित नहीं है। बल्कि, लौह, खनिज और

विटामिन्स से भरपूर भोजन अति उत्तम है। नियमित रूप से पानी पीना भी लाभकारी हो सकता है, क्योंकि ये शरीर से विषाक्त पदार्थों को निकाल कर त्वचा को और अधिक स्वस्थ और दमकदार बनाता है। नियमित व्यायाम और पर्याप्त नींद एक स्वस्थ जीवन शैली का हिस्सा हैं।

अब यहाँ एक 7 दिवसीय त्वचा के नवीनीकरण के लिये डाइट प्रस्तुत की जा रही है, जो त्वचा, पूरे चेहरे और बालों के लिये लाभकारी है। एक बार आपको एक दिन का तरीक़ा पता चल जाये, फिर आपको केवल अनाज, दाल, और सब्ज़ियों को बदलना होगा। बस दैनिक रूप से सुझाया गया लिवर फ्लश रेमेडी (देखें रेसेपी पृष्ठ 323), ग्रीन स्मूदी, और बॉडी स्क्रब याद रखें।

त्वचा और बालों के लिये 7 दिवसीय मेन्यू प्लान

	नाश्ता	दोपहर से पहले	दोपहर का भोजन	शाम	शाम का स्नैक	रात का भोजन
दिन 1	ज्वार का दलिया/ पोहा। प्रातः 1 बड़ा चम्मच काले बीज का तेल या चाय लें।	ग्रीन स्मूदी (छोटा चम्मच स्पाइरुलिना और ग्रीन एपल के साथ, इसमें 2 बड़े चम्मच अल्सी का तेल मिलायें।	जौ की रोटियाँ/ साबुत हरी मूंग दाल, लाल कद्दू (किसी भी विधि से पकाया हुआ), साउरक्राउट।	खरबूज़ा, कोई भी बेरीज, पपीता, नारियल पानी, बादाम, अखरोट।	शकरकन्दी का चीला।	सूप (मीसो युक्त, अगर हो सके तो), ब्राउन राइस, मेथी, आप शकरकन्दी, दाल (शाकाहारी), मछली (माँसाहारी) भी ले सकते हैं।
दिन 2	ब्राउन राइस पोहा या ब्राउन राइस दलिया। प्रातः 1 बड़ा चम्मच काले बीज का तेल या चाय लें।	ग्रीन स्मूदी ½ छोटा चम्मच स्पाइरुलिना और ग्रीन एपल के साथ, इसमें 2 बड़े चम्मच अल्सी का तेल मिलायें।	मसालों के ज़ायके के साथ नींबू का रस डला ज्वार, काबुली छोले की करी, सरसों का साग, या पीली और हरी शिमला मिर्च किसी भी विधि में पकाई हुई, क्विक पिकल (देखें पृष्ठ 301)	खरबूज़ा, कोई भी बेरीज, पपीता, नारियल पानी, बादाम, अखरोट	मूंग दाल के चीले	सूप (मीसो युक्त, अगर हो सके तो), राजगीरा की रोटियाँ, दाल, गाजर और मटर

	नाश्ता	दोपहर से पहले	दोपहर का भोजन	शाम	शाम का स्नैक	रात का भोजन
दिन 3	ज्वार का दलिया/पोहा। प्रातः 1 बड़ा चम्मच काले बीज का तेल या चाय लें।	ग्रीन स्मूदी ½ छोटा चम्मच स्पाइरुलिना और ग्रीन एपल के साथ, इसमें 2 बड़े चम्मच अल्सी का तेल मिलायें।	हरे पत्तों के साथ ब्राउन राइस, राजमा करी, नींबू ऑलिव ऑइल की ड्रेसिंग के साथ ग्रीन सलाद। सभी प्रकार की हरी सब्ज़ी, एस्परागस और अंकुर मिलायें, साउरक्राउट	खरबूज़ा, कोई भी बेरीज, पपीता, नारियल पानी, बादाम, अखरोट	सब्ज़ियाँ लम्बी कटी हुई, हमस के साथ	सूप (मीसो युक्त, अगर हो सके तो), जौ की रोटियाँ या वेजिटेबल स्टॉक में पकाया हुआ साबुत जौ, मटर के साथ मशरूम, दाल, या मछली।
दिन 4	हरे पत्तों के साथ राजगीरा की रोटियाँ या ब्राउन राइस दलिया। प्रातः 1 बड़ा चम्मच काले बीज का तेल या चाय लें।	ग्रीन स्मूदी ½ छोटा चम्मच स्पाइरुलिना और ग्रीन एपल के साथ, इसमें 2 बड़े चम्मच अल्सी का तेल मिलायें	ब्राउन राइस कट्लेट, सफ़ेद बीन्स टमाटर बेस में, लाल कद्दू तुलसी और लहसुन के साथ सॉटे किया हुआ। क्विक पिकल	खरबूज़ा, कोई भी बेरीज, पपीता, नारियल पानी, बादाम, अखरोट	स्टीम्ड ग्रीन पूआ।	जौ और सब्ज़ियों का सूप, निशिमे विधि में पकाई गयी सब्ज़ियाँ, हरी मूंग का सलाद्

दिन 5	ज्वार का पोहा या दलिया। प्रातः 1 बड़ा चम्मच काले बीज का तेल या चाय लें।	ग्रीन स्मूदी ½ छोटा चम्मच स्पाइरुलिना और ग्रीन एपल के साथ, इसमें 2 बड़े चम्मच अल्सी का तेल मिलायें।	ब्राउन राइस सलाद, टोफ़ू के साथ कद्दू के बीज की ग्रेवी (पृष्ठ 287) या दाल, लहसुन के साथ सॉटे किया हुआ पाक चोई। प्रेस्ड सलाद।	खरबूज़ा, कोई भी बेरीज, पपीता, नारियल पानी, बादाम, अखरोट	शकरकन्दी और गाजर के कट्लेट	ब्रॉक्कली सूप, उडोन नूडल्स, टमाटर के बेस में पास्ता सॉस, सोय मिंस बॉल्स या मछली, नींबू और ताहिनी सॉस में फूलगोभी।
दिन 6	ब्राउन राइस इडलियाँ या दलिया। प्रातः 1 बड़ा चम्मच काले बीज का तेल या चाय लें।	ग्रीन स्मूदी ½ छोटा चम्मच स्पाइरुलिना और ग्रीन एपल के साथ, इसमें 2 बड़े चम्मच अल्सी का तेल मिलायें	सब्ज़ियों के साथ ज्वार, राजमा कट्लेट्स, एवोकाडो, खीरा और बेरीज के साथ अरागुला सलाद, मशरूम मूसाका। क्विक पिकल	खरबूज़ा, कोई भी बेरीज, पपीता, नारियल पानी, बादाम, अखरोट	बचे हुये ब्राउन राइस, इडली या इडली के आटे को मेथी डाल कर डोसा बनाने के काम में लायें।	एस्परागस सूप (मीसो युक्त, अगर हो सके तो), राजगीरा या ब्राउन राइस की रोटियाँ, पालक के साथ हरी मूंग, हरी और पीली शिमला मिर्च के साथ हल्की आँच पर पकाई हुई पत्तागोभी।

	नाश्ता	दोपहर से पहले	दोपहर का भोजन	शाम	शाम का स्नैक	रात का भोजन
दिन 7	ज्वार का पोहा या दलिया। प्रातः 1 बड़ा चम्मच काले बीज का तेल या चाय लें।	ग्रीन स्मूदी ½ छोटा चम्मच स्पाइरुलिना और ग्रीन एपल के साथ, इसमें 2 बड़े चम्मच अल्सी का तेल मिलायें	तिल डाल के ब्राउन राइस, सरसों के साथ काबुली छोले, शकरकन्दी का सलाद। साउरक्राउट	खरबूज़ा, कोई भी बेरीज, पपीता, नारियल पानी, बादाम, अखरोट	कॉर्न रोटी रैप	फूलगोभी का सूप, मशरूम के साथ जौ, काले बीन्स का सलाद या मछली, मसालेदार पालक।

11
शरीर के लिये डाइट

'साढ़े पाँच।'

'दो'

'दस'

'चार'

और कभी कभी, 'भगवान के लिये... 'तेरह।'

इसे देख कर भले ही ऐसा लग रहा हो जैसे कुछ युवतियाँ किसी लड़की की रात की आउटिंग्स पर नोट्स बना रहीं हों, लेकिन ऐसा है नहीं। ये तो वो संख्यायें हैं जिन्हें महिलायें अपनी वज़न नापने वाली मशीन पर कम होते देखना चाहती हैं। चलिये एक प्रयोग करें। किसी महिला की प्रशंसा करने की कोशिश करिये। उससे जा कर कहिये कि वो बहुत शानदार लग रही है और उसकी प्रतिक्रियायें देखिये। ये प्रतिक्रियायें "हे भगवान! मैं कितनी मोटी दिखती हूँ!" और "मेरी जाँघें भारी नहीं दिख रहीं?" से लेकर "चुप रहो!" तक हो सकती हैं। ऐसा बहुत ही कम होगा कि कोई महिला इसके लिये कृतज्ञ हो कर आपका धन्यवाद करेगी। क्या आपने स्वयं भी किसी चमकदार पत्रिका के पन्ने पलटते हुये ऐसा सोचा है कि, "मैं ऐसी कभी नहीं दिख सकती?" बात ये है कि कोई भी, जैसा वो दिखता है, उससे खुश नहीं है, और इसका काफ़ी कुछ सम्बन्ध इस तथ्य से है कि वो अन्दर से ही खुश नहीं हैं, ना तन से ना मन से।

हर कोई बेहतर रूप में रहना चाहता है, और इसका एक ही जवाब है कि आप ऐसा कर सकते हैं। आप यकीनन कर सकते हैं। खाने की सही आदतों से आप वो सब कुछ पा सकते हैं। किसी भी वज़न घटाने की योजना का उद्देश्य बहुत अधिक दुबला होना नहीं होना

चाहिये, बल्कि उसका केन्द्र होना चाहिये एक उचित वज़न जो आपके, आपकी उम्र और आपके शरीर के प्रकार के अनुरूप हो। याद है वो कहानी जिसमें देवी काली अपनी जीभ को दाँतों से दबा रही हैं? उनकी तरह आपको भी अपने खाने की इच्छाओं को नियंत्रित करना होगा। मेरी पद्धति आपको उत्तम पोषक तत्त्व प्रदान करती है जो आपको पोषित करते हैं, उन खाद्यों का निषेध करती है जो विषाक्त पदार्थों का बोझ बढ़ाते हैं, ऐसी जीवन शैली का सुझाव देती है जिनमें संशोधन करना है और आपको कम अव्यवस्थित जीवन जीने की सलाह देती है। ब्यूटी डाइट आपके रक्त, और हर अंग को शुद्ध करने पर काम करती है, और फिर शरीर को एक भली प्रकार तेल डली हुई मशीन के भागों की तरह काम करने लायक बनाने पर ध्यान केन्द्रित करती है। और जैसे-जैसे आपका शरीर आंतरिक संतुलन प्राप्त करने लगता है, वज़न अपने आप ही परिणाम स्वरूप घटने लगता है। बस इतना याद रखें कि आपके शरीर को उसका संतुलन पुनः पाने के लिये आपके सभी अंगों को आगे पीछे काम करना होगा और आप उन अवांछित अतिरिक्त किलो वज़न को अनायास ही कम कर लेंगे।

विक्रम भट्ट की कहानी

विक्रम को शुरु में उनके फिजियोथेरपिस्ट ने मेरे पास आने की सलाह दी थी। उन्होंने मेरे आहार को लेने का प्रयास किया, लेकिन उस भोजन के साथ ताल मेल नहीं बिठा पाये और एक हफ़्ते में उन्होंने मेरी पद्धति को छोड़ दिया। साढ़े तीन साल बाद उन्होंने मुझे दोबारा फ़ोन किया और कहा कि वो एक बार फिर कोशिश करना चाहते हैं, इस बार वज़न घटाने के लिये। मैं जानती थी कि उनकी विभिन्न स्वास्थ्य समस्याओं के चलते ये बहुत ही चुनौतिपूर्ण होने वाला था; वो फाइब्रोमायाल्गिया, माइग्रेन, उच्च रक्त चाप से जूझ रहे थे। उनका शरीर स्पष्ट रूप से संतुलन के बाहर था, और यही चीज़ मुझे सबसे पहले ठीक करनी थी। उन्होंने नाश्ते और शाम के स्नैक सहित, मेरे सभी भोजन को खाने की सहमती दी, जिससे मेरा काम एक स्वास्थ्य सलाहकार के रूप में तो आसान हो गया, लेकिन एक स्वास्थ्य शेफ़ के रूप में और भी अधिक चुनौतिपूर्ण हो गया।

मैंने उन्हें इस पद्धति का आधारभूत मंत्र दियाः साबुत अनाज, फलियाँ, ढेर सारी सब्ज़ियाँ, और अच्छी गुणवत्ता वाले ख़मीरयुक्त खाद्य। इस मूलभूत पद्धति में 'सेरोटोनिन बूस्टर्स' प्रचुर मात्रा में हैं, और क्योंकि उन्हें फाइब्रोमायाल्गिया है, मैं जानती थी कि उन्हें इन खाद्यों की आवश्यकता थी। इस समय तक, विक्रम काफ़ी उत्साहित हो चुके थे और उन्होंने इस डाइट को पूरे दिल से अपनाया, और 'क्या नहीं खाना चाहिये' की सूची पर पूरा ध्यान दिया। हालाँकि मैंने उन्हें थोड़े से दूध के साथ चाय की अनुमति दे दी, मैं खुद को जितना सख़्त सार्जेंट दूसरों के सामने दिखाती हूँ, उतनी हूँ नहीं।

क्योंकि वज़न घटाना उनका लक्ष्य था, मैंने बीन्स/दाल और साबुत अनाज के अलावा राजगीरा (बाजरा के साथ) उनके आहार में शामिल करके उसमें प्रोटीन की मात्रा बढ़ा दी। विक्रम शाकाहारी हैं, इसलिये मैंने ये सुनिश्चित किया कि उन्हें प्रोटीन अच्छी सब्ज़ियों और दालों से मिले (उनकी रोटियों में हरी सब्ज़ियों का भरावन देकर)। उन्होंने ब्राउन राइस रोज़ खाया, लेकिन हफ़्ते में एक या दो बार हमने नाश्ते में ब्लैक वाइल्ड राइस, ज्वार का पोहा और ढेर सारा कीनोआ भी शामिल किया। सब्ज़ियों के वर्ग में मैंने ये सुनिश्चित किया कि उन्हें ढेर सारा भोपला, जड़ मूल वाली सब्ज़ियाँ जो फ़ाइबर और कॉम्प्लेक्स कार्बोहाइड्रेट्स का स्रोत हैं, और सभी सेरोटोनिन बूस्टर्स हैं, मिलें। उनके स्नैक्स सब्ज़ियों, अनाज, या प्रोटीन आधारित थे, इसलिये उन्हें शकरकन्दी की चाट, हरी मूंग की दाल के चीले से लेकर सब्ज़ियाँ और ढेर सारे हरे पत्ते डाल कर हरी मूंग का सलाद दिये गये। मैंने इसे विविध और रुचिकर बनाये रखा। उन्हें खुश करने के लिये मैं उन्हें कभी कभी अपने किचन में बना ग्रैनोला बार दे देती थी, जिसमें प्रचुर मात्रा में कॉम्प्लेक्स कार्बोहाइड्रेट्स, मेवे और बीज हैं। ये दो समय के भोजन के बीच के स्नैक के रूप में काम आता था, और तब जब वो लम्बे समय तक बिना भोजन किये किसी काम में उलझ जाते थे। मैंने सूप में मीसो और क्विक पिकल्स और साउरक्राउट के रूप में उनके भोजन में छिपे हुये अच्छी गुणवत्ता वाले ख़मीरयुक्त खाद्यों को भी शामिल किया, क्योंकि मैं जानती थी कि वो इन्हें और किसी भी तरह नहीं खायेंगे। लेकिन मैंने उनके रात के भोजन में से साबुत

अनाज को नहीं निकाला क्योंकि जब आप बहुत अधिक मेहनत करते हैं, तो आपको भोजन के माध्यम से अपनी शक्ति को दोबारा प्राप्त करना चाहिये। ये आपको गतिमान रखने के लिये ईंधन का काम करते हैं। ये इसलिये भी ज़रूरी था क्योंकि विक्रम के पास व्यायाम के लिये बिलकुल भी समय नहीं था। मैंने उनके आहर में स्पाइरुलिना और वीट ग्रास को पूरक के रूप में इस्तमाल किया और साथ ही अल्सी और सब्जा के बीजों को भी उनके आहार में मिला दिया। सबसे महत्त्वपूर्ण बात ये थी कि वो अपनी फ़िल्म हॉन्टेड के रिलीज़ होने के पहले वाले समय से गुज़र रहे थे, इसलिये मैं उनकी जीवन शैली को उतना ज़्यादा प्रभावित नहीं कर सकती थी। वो रात को जागते थे और उन्हें बहुत ज़्यादा नींद भी नसीब नहीं होती थी, जो कि वज़न घटाने की प्रक्रिया के लिये बहुत हानिकारक है।

विक्रम ने पहले ही महीने में पाँच किलो वज़न घटाया।

विक्रम को इस ब्यूटी डाइट के बारे में जो कहना है:

शोनाली की पद्धति के साथ मेरी पहली पूर्वनिश्चित भेंट वैसी नहीं रही जैसी कि होनी चाहिये थी। मुझे वो भोजन बहुत अलग सा लगा, और मेरे लिये अपनी सामान्य डाइट को इस नियमित और प्राकृतिक स्वास्थ्य की प्रकृति में परिवर्तित करना बहुत मुश्किल था। मेरा दूसरा प्रयास बहुत अधिक सफल रहा, और मैंने अनुभव किया कि यही एकमात्र तरीक़ा है अपनी सेहत को बेहतर बनाने का। बिलकुल घोड़े को पानी के पास ले जा कर उसे पानी पिलाने जैसा।

मैं कई रोगों से ग्रस्त हूँ जैसे फाइब्रोमायाल्गिया, माइग्रेन और उच्च रक्त चाप, लेकिन शोनाली मेरे लिये भोजन को दवा के रूप में प्रयोग करने और मुझे उन परेशानियों में मेरी मदद करने में सफल रही। मुझे बेहतर नींद आने लगी और मैं बेहतर महसूस करने लगा। और तो और, मैंने ये समझ लिया कि स्वाद तो केवल एक आदत की बात है। सारी दुनिया भर में लोग उनके जन्म स्थान के अनुसार विभिन्न स्वाद पसन्द करते हैं, जिसका ये मतलब है कि स्वाद जन्मजात नहीं होता बल्कि उसे अपने अनुसार आदत में ढाला जाता

है। बस ऐसा ही कुछ यहाँ भी है, एक बार आपने इसे अर्जित कर लिया, फिर ये स्वाद आपके दैनिक जीवन का हिस्सा बन जाता है।

आधुनिक ज्ञान के पास हर चीज़ के लिये दवा है, लगभग सभी के लिये। लेकिन आप करीब से देखेंगे, तो आपको अहसास होगा कि ये दवाइयाँ आपको स्थायी इलाज से ज़्यादा केवल लाक्षणिक आराम देती हैं। ये आपका सिरदर्द तो ठीक कर देंगी, लेकिन उसके कारण को दूर नहीं करेंगी, ये आपको गोली खाकर नींद दिलायेंगी, और आपके बाकी के दर्दों को और भी अधिक गोलियों से ख़त्म करेंगी। ये पद्धति केवल आराम देने में नहीं, बल्कि आपके पूरे इलाज में मदद करता है। और यही सबसे महत्त्वपूर्ण बात है।

विक्रम भट्ट —बॉलीवुड निर्देशक, निर्माता और पटकथा लेखक

वज़न पर नियंत्रण एक जीवन भर का मुद्दा है, जिसके लिये अस्थायी सुधार की जगह स्थायी रख रखाव की आवश्यकता होती है, अस्थायी सुधार से असंतोष की अनुभूति होती है। अपने वज़न को स्थिर रखने के लिये, आपको इस पद्धति में सुझाये गये मूलभूत भोजन का पालन करना होगा, याद रखें कि आप जितना पेड़ पौधों पर आधारित पद्धति के करीब होंगे, उतना ही ज़्यादा आप अपने अतिरिक्त वज़न को दूर रख पायेंगे और स्वस्थ रहेंगे।

दो बातों को समझने से वज़न घटाना एक प्राकृतिक उपउत्पाद के रूप में प्राप्त हो सकता हैः

1) भोजन के प्रति एक संतुलित रुख, यानि मूल रूप से शाकाहारी रवैया जिसमें मीट का अनुपात आहार में बहुत कम हो।
2) अपने अंगों को समझना और ये जानना कि कौन से खाद्य उनके लिये लाभकारी हैं।

इस पद्धति का संक्षेप (नीचे चित्र देखें)

साबुत अनाजः 30 प्रतिशत

फलियाँः 30 प्रतिशत

सब्ज़ियाँः 25 से 30 प्रतिशत (जिसमें से 5 प्रतिशत ख़मीरयुक्त खाद्य हों और 5 प्रतिशत सूप)

फलः 5 से 10 प्रतिशत मेवे और बीजः 2.5 प्रतिशत

अन्यः 2.5 प्रतिशत (हर्बल चाय, क्विक पिकल्स, मसाले)

याद रहे, आपको कॉफ़ी, चाय (भारतीय चाय), शुगर, प्रोसेस्ड फ़ूड, सफ़ेद आटा, शराब, मीट, डेयरी, और ख़राब गुणवत्ता वाले फ़ैट्स से दूर रहना है। इससे आपके नित्य के काम दैनिक आधार पर भी ढंग से हो जायेंगे और आपका शरीर भी फिट रहेगा। इस संतुलित रवैये को जानने के लिये नीचे दिये चित्र को देखें।

संतुलित रवैया

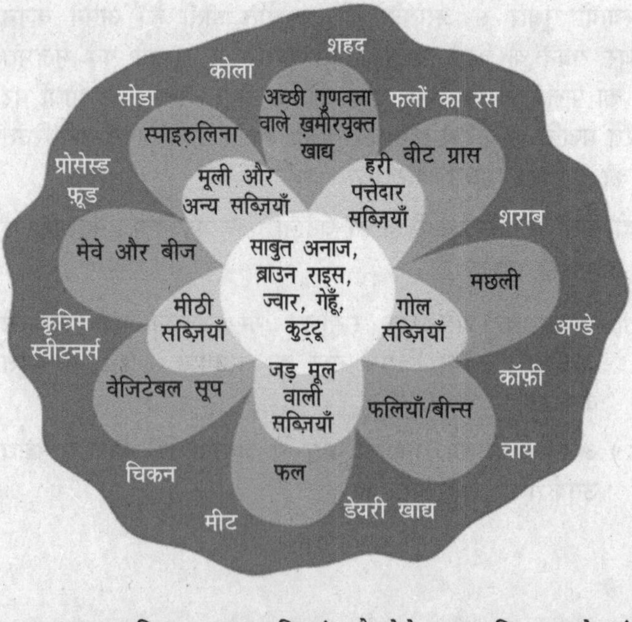

इस पद्धति का दूसरा सिद्धांत है ऐसे खाना कि आपके अंगों को

पोषण मिले; इसका प्रभाव ना केवल उस अंग पर पड़ेगा, बल्कि आपकी ऊर्जा के अवरुद्ध मार्ग भी साफ़ हो जायेंगे, अर्थात आपकी नाड़ियाँ (भारतीय पद्धति के अनुसार)। बलगम पैदा करने वाले खाद्य इन मार्गों को अवरुद्ध करते हैं और आपको ख़राब त्वचा, बालों का झड़ना, वज़न बढ़ना, और अन्य कई बड़ी स्वास्थ्य सम्बन्धी समस्यायें हो जाती हैं। हर अंग दूसरे अंगों के साथ मिल कर काम करता है, इसलिये आपको केवल एक ही अंग पर ध्यान केन्द्रित नहीं करना है। उदाहरण के लिये, अगर आपको त्वचा विकार हैं, तो आप जानते हैं कि लिवर त्वचा को प्रभावित करता है; तो आपको वो विशेष खाद्यों के बारे में पता होना चाहिये जो लिवर को अतिरिक्त शक्ति प्रदान करते हैं। आपकी डाइट ऐसी बुनियाद पर टिकी होनी चाहिये जो सभी अंगों को प्रभावित करे।

जिस आम पद्धति की मैं सलाह देती हूँ, वो सभी अंगों को ठीक से काम करने में मदद करती है; इसलिये सभी समस्याग्रस्त क्षेत्र जैसे महिलाओं में कमर और जाँघें और पुरुषों में पेट, या कोई भी अन्य अंग जहाँ फ़ैट जमा हो रहा हो, प्रभावित होंगे। मैं ये चेतावनी दे रही हूँ कि ये सभी क्षेत्र बेहतर प्रतिक्रिया देंगे यदि आप अपने व्यायाम के प्रति सख़्त या नियमित हैं, क्योंकि फ़ैट बहुत कठिनाई से घुलता है। आपको ये भी ध्यान में रखना होगा कि आपके अंग कैसे काम करते हैं, ख़ास कर आपके लिवर, स्प्लीन/पैंक्रियाज़ और पेट, क्योंकि यहीं पर आपकी ब्लड शुगर नियंत्रित होती है और पोषक तत्त्व आत्मसात किये जाते हैं– आपको उचित वज़न प्राप्त कराने के महत्त्वपूर्ण कारक। तो चलिये हम एक नज़र उन मुख्य अंगों पर डालें जो हमें वज़न घटाने में मदद करते हैं।

सेल्युलाइट: हम कितनी तरह से इससे नफ़रत करते हैं

त्वचा पर सेल्युलाइट की उभरी हुई बदसूरत उपस्थिति सभी को नापसन्द है। सेल्युलाइट फ़ैट नहीं है, बल्कि त्वचा सम्बन्धित मुद्दा है जो ख़राब डाइट के कारण होता है। ये ख़राब रक्त प्रवाह, मल निष्कासन, लिम्फ़ैटिक ड्रेनेज और अपर्याप्त व्यायाम के परिणाम स्वरूप होता है। ख़राब खाने की आदतों के कारण जो मल शरीर में जमा रह जाता है और जो सेल्स और

टिशूज़ के आस पास फँस जाता है, यही सेल्युलाइट के निर्माण के लिये पूर्व निर्धारित परिस्थिति है।

तो इससे कैसे मुक्ति पायें?

- डीटॉक्स डाइट से शुरुआत करें।
- अनाज, हरी सब्ज़ी, बीन्स, मछली और अच्छी गुणवत्ता वाले ख़मीरयुक्त खाद्यों के गुरु मंत्र को याद रखें, क्योंकि ये अच्छे रक्त को बनाने, विषाक्त पदार्थों को निष्कासित करने और पोषक तत्त्वों को आत्मसात करने पर केन्द्रित है।
- शुगर, प्रोसेस्ड फ़ूड, डेयरी, मीट, अण्डे, पोल्ट्री, और रिफ़ाइंड आटों से हैजे की तरह बच कर रहें।
- व्यायाम, व्यायाम, व्यायाम – ख़ास कर एरोबिक क्रियाओं वाले – कम से कम हफ़्ते में तीन बार।
- अपने दैनिक नित्यक्रम में प्राणायम को शामिल करें। ये विषाक्त पदार्थों को निष्कासित करने और रक्त में ऑक्सीजन को बढ़ाने में मदद करता है।
- जब भी आप बॉडी स्क्रब करें, ये सुनिश्चित करें कि आप सेल्युलाइट प्रभावित क्षेत्रों को अच्छी प्रकार रगड़ें, ताकि बासी जमे हुये खाने के अवशेष और विषाक्त पदार्थों को निकालने में मदद मिल सके।

महत्त्वपूर्ण अंग

लिवर

एक समय था जब लिवर को जीवन का आधार माना जाता था, और शायद इसलिये इसे ये नाम दिया गया – लिवर, वो चीज़ जो हमें जीवन देती है। ये एक बहुत ही महत्त्वपूर्ण अंग है, क्योंकि ये एक छानने की इकाई है। हम जो कुछ भी खाते हैं, वो हमारे लिवर से हो कर गुज़रता है। और ये हमारे द्वारा जीवन भर ली गयी सभी दवाइयों के अवशेषों से चिपका रहता है। डेयरी से प्राप्त फ़ैट्स, पशु आधारित खाद्य, आटे के उत्पाद, तले हुये खाद्य, रिफ़ाइंड तेल, ये सभी लिवर को कमज़ोर करते हैं।

लक्षण जो बताते हैं कि आपका लिवर ठीक से काम नहीं कर रहा:

- नींद की कमी
- बहुत अधिक थकान
- अगर आपको खाना खाने के बाद नींद आती है
- अगर आप सुबह 1 से 2 बजे के बीच में उठ जायें तो पूरे समय आपके मन में नकारात्मक विचार आते रहते हैं या आप चिंता करते रहते हैं
- अगर आपको रात में पेशाब करने की ज़रूरत पड़े, आम तौर पर 1 से 3 बजे के बीच में
- आँखों में लाली
- आपकी नसें दुखती हों और आसानी से भंग हो जाती हों
- हमेशा क्रोध, अधैर्य और चिड़चिड़ापन

लिवर को स्वस्थ रखने के साथ-साथ पेट को भी स्वस्थ और साफ़ रखना ज़रूरी है और ये आपके वज़न को स्थिर रखने, बढ़िया त्वचा और बाल पाने के लिये एक महत्त्वपूर्ण अग्रदूत है (पृष्ठ 144) पर दिये गये अंग और उनसे सम्बन्धित भोजन पर चार्ट में लिवर फ़ूड्स देखें)। प्रेशर कुक करने की अपेक्षा ब्लांचिंग, प्रेस्ड (सलाद), क्विक सॉटे, क्विक पिकल्स और उबालना जैसी पकाने की विधियाँ आपके लिवर के लिये लाभकारी सिद्ध होंगी।

फेफड़े और बड़ी आँत

फेफड़े और बड़ी आँत का परस्पर रिश्ता बहुत महत्त्वपूर्ण है। अपने उत्सर्जन तंत्र को भली भाँति कार्यरत रखने का एक तरीक़ा है फेफड़ों को भी स्वस्थ रखना। अगर आपके फेफड़ों में किसी भी प्रकार का अभाव है, तो सम्भव है कि आपके पेट में भी हमेशा समस्यायें होंगी। आपको क़ब्ज़ रहेगा क्योंकि आपकी बड़ी आँत भी प्रभावित होगी। इसका उल्टा भी हो सकता है; अगर आपकी बड़ी आँत ठीक से काम नहीं करेगी, और खाना वहाँ पर सड़ता रहेगा, तो फेफड़ों के काम पर भी

प्रभाव पड़ेगा। इन दोनों अंगों के परस्पर असंतुलन के परिणाम स्वरूप आपकी त्वचा ख़राब हो सकती है। इसलिये ये बहुत ज़रूरी है कि आप अपने पेट को साफ़ और फेफड़ों को स्वस्थ रखें। आपके फेफड़े गैसों का शोधन करने का काम करते हैं, जो की बड़ी आँत द्वारा निष्कासित की जाती हैं; तो अगर आप ऐसा खाना खा रहे हैं जो आत्मसात नहीं हो रहा, तो बहुत अधिक मात्रा में कार्बन डाइऑक्साइड उत्पन्न हो जाता है जिसे फेफड़े शोधित नहीं कर पाते।

फेफड़े और बड़ी आँत आपस में सम्बन्धित हैं, क्योंकि शरीर के तरल पदार्थ फेफड़ों द्वारा शोधित किये जाते हैं। स्वस्थ फेफड़ों का अर्थ है दमकती त्वचा और बाल, और उसका उल्टा भी। एक शक्तिशाली आवाज़ भी स्वस्थ फेफड़ों की संकेतक है।

खाद्य जो फेफड़ों पर ज़ोर डालते हैं: सभी ख़मीरयुक्त उत्पाद (ब्रेड, केक, शराब), डेयरी, शहद, ऐंटीबायोटिक्स, कोई भी खाने में डालने वाला रंग, खाद्य जिनमें फ़ैट्स और शुगर प्रचुर मात्रा में हो।

लाभकारी पकाने की विधियाँ: धीरे पकाने की विधियाँ जैसे ग्रिलिंग, निशिमे, बेकिंग, और देर तक सौटे करना/उबालना, ये सभी फेफड़ों और बड़ी आँत के लिये लाभकारी हैं।

रेसेपी विभाग में फेफड़ों के लिये उपचार देखें

माँसाहारी लोगों के लिये वज़न घटाने के लिये उपचार

इस उपचार को तीन हफ़्ते तक हर दूसरे दिन करें और फिर दो हफ़्ते तक हफ़्ते में दो या तीन बार करें, फिर रोक दें। अगर आप कमज़ोर हैं और अभी-अभी किसी बीमारी से उबरे हैं या उबर ही रहे हैं, तो इस उपचार को ना करें इसे आप अपनी सुविधा अनुसार दिन में किसी भी समय कर सकते हैं।

गाजर और मूली उपचार के लिये रेसेपी विभाग देखें।

वज़न घटाने के जीवन में एक हफ़्ता

एक बार आपको ब्यूटी डाइट पद्धति का मूल स्वरूप समझ में आ जाये, तो आपको ये भी समझ आ जायेगा कि आपको किस पर काम

करना है। ब्यूटी डाइट की कुंजी (अनाज, हरी सब्ज़ियाँ, बीन्स, अच्छी गुणवत्ता वाले ख़मीरयुक्त खाद्य) को ध्यान में रखें और किससे नहीं बचना चाहिये, इसका भी ध्यान रखें। अगर आप संकेतकों को ध्यान में रखेंगे, तो आप जान जायेंगे कि अपने ज़ायके और स्वाद के अनुसार पूरे हफ़्ते के लिये आप को कैसे योजना बनानी है।

	नाश्ता	दोपहर से पहले	दोपहर का भोजन	देर दोपहर	शाम का स्नैक	रात का भोजन
दिन 1	ज्वार का दलिया/ पोहा।	कोई भी फल (केले के अलावा) (नाश्ते के 11/2 घंटे बाद) और (छोटा चम्मच स्पाइरुलिना डाल के ग्रीन स्मूदी) सिर्फ़ 1/2 ग्लास; 2 बड़े चम्मच अल्सी का तेल मिलायें	जौ की रोटी या ब्राउन राइस, हरी मूंग की दाल, लहसुन और तुलसी के साथ लाल कद्दू, क्विक पिकल और मूली गाजर कंडाइमेंट	स्वीट वेजिटेबल ड्रिंक, गाजर मूली ड्रिंक (माँसाहारियों के लिये), और कुछ देर बाद स्वीट वेजिटेबल ड्रिंक	सब्ज़ियों के स्टिक्स के साथ हमस या फल	फूलगोभी का सूप (मीसो युक्त, अगर सम्भव हो तो), दाल का सूप या स्टीम्ड मछली, शकरकन्दी के साथ मेथी। सोने से पहले: गरम पानी 1 बड़ा चम्मच काले बीज का तेल या चाय* (देखें रेसेपी)
दिन 2	ब्राउन राइस पोहा या दलिया	कोई भी फल (केले के अलावा) (नाश्ते के 11/2 घंटे बाद) और (छोटा चम्मच स्पाइरुलिना डाल के ग्रीन स्मूदी) सिर्फ़ (ग्लास); 2 बड़े चम्मच अल्सी का तेल मिलायें	ज्वार और सब्ज़ियाँ, नींबू निचोड़ के, हरे पत्तों के साथ काबुली छोले, सरसों या पालक का साग, प्रेस्ड सलाद	स्वीट वेजिटेबल ड्रिंक, गाजर मूली ड्रिंक (माँसाहारियों के लिये), और कुछ देर बाद स्वीट वेजिटेबल ड्रिंक	हरे पत्तों के मालपूये या फल	टमाटर का शोरबा (मीसो युक्त, अगर सम्भव हो तो), काली या सफ़ेद बीन का सलाद, टोफ़ू के साथ हरी शिमला मिर्च। सोने से पहले: गरम पानी 1 बड़ा चम्मच काले बीज का तेल या चाय* (देखें रेसेपी)

दिन 3	ज्वार का दलिया/ पोहा, या हरी पत्तेदार सब्ज़ियों के साथ राजगीरा की रोटियाँ	कोई भी फल (केले के अलावा) (नाश्ते के 11/2 घंटे बाद) और (छोटा चम्मच स्पाइरुलिना डाल के ग्रीन स्मूदी) सिर्फ़ (ग्लास); 2 बड़े चम्मच अल्सी का तेल मिलायें	हरे पत्तों के साथ ब्राउन राइस,राजमा की करी, नींबू-ऑलिव ऑइल की ड्रेसिंग के साथ हरा सलादः सभी प्रकार के हरे पत्ते, एस्परागस, और अंकुरित दाने मिलायें, साउरक्राउट और गाजर मूली कंडाइमेंट	स्वीट वेजिटेबल ड्रिंक, गाजर मूली ड्रिंक (माँसाहारियों के लिये), और कुछ देर बाद स्वीट वेजिटेबल ड्रिंक	शकरकन्दी के चीले या फल	भोपला का सूप (मीसो युक्त, अगर सम्भव हो तो), टोफ़ू के साथ मशरूम मूसाका या स्टीम्ड/ ग्रिल्ड मछली, गाजर और मटर। सोने से पहलेः गरम पानी 1 बड़ा चम्मच काले बीज का तेल या चाय* (देखें रेसेपी)
दिन 4	ब्राउन राइस दलिया	कोई भी फल (केले के अलावा) (नाश्ते के 11/2 घंटे बाद) और (छोटा चम्मच स्पाइरुलिना डाल के ग्रीन स्मूदी) सिर्फ़ (ग्लास); 2 बड़े चम्मच अल्सी का तेल मिलायें	सब्ज़ियों के साथ ज्वार, टमाटर के बेस में सफ़ेद बीन्स, अरुगुला और सब्ज़ियों का सलाद, क्विक पिकल	स्वीट वेजिटेबल ड्रिंक, गाजर मूली ड्रिंक (माँसाहारियों के लिये), और कुछ देर बाद स्वीट वेजिटेबल ड्रिंक	मूंग की दाल के चीले या फल	जौ और सब्ज़ियों का सूप (मीसो), निशिमे विधि से पकाई सब्ज़ियाँ, हरी मूंग का सलाद। सोने से पहलेः गरम पानी 1 बड़ा चम्मच काले बीज का तेल या चाय* (देखें रेसेपी)

	नाश्ता	दोपहर से पहले	दोपहर का भोजन	देर दोपहर	शाम का स्नैक	रात का भोजन
दिन 5	ज्वार का पोहा या दलिया	कोई भी फल (केले के अलावा) (नाश्ते के 11/2 घंटे बाद) और (छोटा चम्मच स्पाइरुलिना डाल के ग्रीन स्मूदी) सिर्फ़ (ग्लास); 2 बड़े चम्मच अल्सी का तेल मिलायें	ब्राउन राइस सलाद, सफ़ेद बीन्स का सलाद, सॉटे किया हुआ पाक चोई लहसुन के साथ, या मेथी गाजर, प्रेस्ड सलाद और गाजर मूली कंडाइमेंट	स्वीट वेजिटेबल ड्रिंक, गाजर मूली ड्रिंक (माँसाहारियों के लिये), और कुछ देर बाद स्वीट वेजिटेबल ड्रिंक	चटनी के साथ बीन कट्लेट्स	ब्रॉक्कली सूप (मीसो युक्त, अगर सम्भव हो तो), सफ़ेद सोयबीन का सलाद (प्रोटीन), जीरे की सुगन्ध वाले तेल में फूलगोभी, या स्टीम्ड मछली। सोने से पहलेः गरम पानी 1 बड़ा चम्मच काले बीज का तेल या चाय* (देखें रेसेपी)
दिन 6	ब्राउन राइस इडली या दलिया	कोई भी फल (केले के अलावा) (नाश्ते के 11/2 घंटे बाद) और (छोटा चम्मच स्पाइरुलिना डाल के ग्रीन स्मूदी) सिर्फ़ (ग्लास); 2 बड़े चम्मच अल्सी का तेल मिलायें	सब्ज़ियों के साथ ज्वार, राजमा के कट्लेट्स, कद्दू के बीजों की ग्रेवी, एवोकाडो, खीरा और बेरीज युक्त अरुगुला सलाद, क्विक	स्वीट वेजिटेबल ड्रिंक, गाजर मूली ड्रिंक (माँसाहारियों के लिये), और कुछ देर बाद स्वीट वेजिटेबल ड्रिंक	पिकल्कॉर्न ओन द कॉब या फल	बोहेमीयन सूप (मीसो युक्त, अगर सम्भव हो तो), पालक के साथ हरी मूंग, हरे धनिये के सॉस में पत्तागोभी। सोने से पहलेः गरम पानी 1 बड़ा चम्मच काले बीज का तेल या चाय* (देखें रेसेपी)

दिन 7	ज्वार का पोहा या दलिया	कोई भी फल (केले के अलावा) (नाश्ते के 11/2 घंटे बाद) और (छोटा चम्मच स्पाइरुलिना डाल के ग्रीन स्मूदी) सिर्फ़ (ग्लास); 2 बड़े चम्मच अल्सी का तेल मिलायें	हरी सब्ज़ियों के साथ ब्राउन राइस, मशरूम और शिमला मिर्च के साथ दाल, लहसुन और फ्रेंच बीन्स, साउरक्राउट, गाजर मूली कंडाइमेंट	स्वीट वेजिटेबल ड्रिंक, गाजर मूली ड्रिंक (माँसाहारियों के लिये), और कुछ देर बाद स्वीट वेजिटेबल ड्रिंक	चटनी के साथ फलाफेल	दूधी का सूप (मीसो युक्त, अगर सम्भव हो तो), स्क्रैम्बल्ड टोफ़ू या स्टीम्ड मछली, मसालेदार मेथी। सोने से पहलेः गरम पानी 1 बड़ा चम्मच काले बीज का तेल या चाय* (देखें रेसेपी)

*रात में काले बीज का तेल लेना ऐच्छिक है।

अल्सी के बीज/तेल के प्रयोग में चेतावनी: अगर आप दवाइयाँ ले रहे हैं, तो अल्सी के बीज या तेल आपके शरीर की उन दवाइयों को आत्मसात करने की दर को धीमा कर सकते हैं, इसलिये इन दवाइयों के चलते समय, या यदि आप रक्त को पतला करने की दवाइयाँ ले रहे हैं, या ब्लड शुगर को कम करने की दवाइयाँ ले रहे हैं, तो अल्सी के बीज या तेल का सेवन ना करें।

स्वस्थ वज़न के लिये स्नैक की सलाह

इन स्नैक के उपायों को लेने का प्रयास करें जो स्वादिष्ट और पौष्टिक हैं, और जो आपके वज़न घटाने के लक्ष्य में बाधा नहीं बनेंगे (ये इस किताब के स्नैक विभाग में दिये गये स्नैक्स के अलावा हैं):

1. हमस, बाबा घनौश या टोफ़ू मेयोनिज़ जैसे डिप्स के साथ ताज़ी सब्ज़ियाँ। अधिक ज़ायके के लिये ताज़े हर्ब्स और सीजनिंग मिलायें।
2. भुने हुये मेवे और बीज।
3. फल, सादे, अच्छी गुणवत्ता वाले दही के साथ (अगर आप डेयरी खाते हैं, तो जिन फलों को आप डेयरी के साथ मिला सकते हैं, उनके लिये फलों के मेल की सूची देखें)।
4. होल ग्रेन क्रैकर्स छोटे से पनीर के टुकड़े के साथ, या स्मोक्ड सालमन।
5. अगर आप अण्डे खाते हैं, तो सीजनिंग छिड़का हुआ उबला अण्डा।
6. ज्वार का पोहा।
7. पत्तागोभी और हरे पत्ते डाल कर बनायी गयी स्टीम्ड मुठिया।
8. सलाद ड्रेसिंग (घर की बनी) के साथ स्टीम्ड या उबली हुई सब्ज़ियाँ।
9. चटनी के साथ हरी मूंग के चीले।
10. फलाफल या बीन कट्लेट्स।
11. कॉर्न भेल।
12. काबुली छोले, हरी मूंग, और शकरकन्दी चाट मसाले के साथ।

12

ऐंटी एजिंग डाइट

इससे पहले कि हम बढ़ती उम्र से मुक़ाबला करने के लिये आगे बढ़ें, हम ज़रा ये अंदाज़ लगा लें कि आपका शरीर कितना जवान या बूढ़ा है। ये एक तथ्यों की जाँच की तरह है। इसकी उपेक्षा मत करियेगा। अपने शरीर के बारे में सत्य से अवगत रहना सदा ही लाभकारी होता है। और इसे ईमानदारी से करें।

आप – कितने – जवान – हैं? क्विज़

1) क्या आप बिना रुके दो माले सीढ़ियाँ चढ़ सकते हैं?

अ) हाँ

ब) कभी कभी

स) जब लिफ़्ट नाम की चीज़ है तो सीढ़ियाँ क्यों चढ़ें ?

2) आप तनाव को कितनी अच्छे तरह से बर्दाश्त कर सकते हैं?

अ) मेरे मित्र कहते हैं कि मैं इसमें बहुत माहिर हूँ।

ब) मैं व्यस्त दिनों में बहुत परेशानी महसूस करती हूँ, वरना मैं ठीक ही रहती हूँ।

स) मैं अधिकतर दिनों में आतंकित रहती हूँ।

3) आपने पिछले तीन दिन में मेवे की कितनी सर्विंग ली हैं (एक सर्विंग करीब एक आउंस या एक मुट्ठी होता है)?

अ) 0

ब) 2

स) 3 या ज़्यादा

4) आप हफ़्ते में कितने दिन 30 मिनट पैदल चलते हैं?

अ) 7

ब) 3 या 4

स) क्या पलंग से फ्रिज तक जाना भी वॉक के रूप में गिना जायेगा ?

5) क्या आप बाहर खाते हैं?

अ) सिर्फ़ जब कोई ऐसा अवसर होता है जिसमें मुझे जाना अनिवार्य हो, वरना कभी नहीं।

ब) हफ़्ते में कम से कम एक बार।

स) मज़ाक कर रहे हो क्या ? मैं तो रोज़ बाहर जाने के लिये तैयार हूँ।

6) आपने अपना स्किन केयर रूटीन आखिरी बार कब बदला था?

अ) करीब छः महीने पहले।

ब) इतने दिन हो गये कि अब तो याद भी नहीं।

स) रूटीन ? इसके लिये समय किसके पास है ?

7) मछली, चिकन या रेड मीट?

अ) मछली।

ब) चिकन।

स) रेड मीट।

8) आप कितनी सिगरेट पीते हैं?

अ) हम तो छूते तक नहीं।

ब) कभी कभी।

स) मैं जहाँ भी जाऊँ, एक पैकेट मेरी जेब में हमेशा रहता है।

9) कुछ और काम करने में, जैसे पढ़ने, टी वी देखने, मूवी थियेटर में बैठे हुए, या किसी मीटिंग के बीच में, आप के बीच में सो जाने की कितनी सम्भावना है? किसी से बात करते समय, दोपहर के भोजन के बाद चुपचाप बैठे हुये, या ट्रैफिक के बीच में फँस जाने पर आप के सो जाने की कितनी सम्भावना है?

अ) कोई सम्भावना नहीं है।
ब) थोड़ी सम्भावना है।
स) बहुत अधिक सम्भावना है।

10) हफ़्ते में कितने दिन आपको रात में अच्छी नींद या कम से कम 61/2 घण्टे की नींद आती है?

अ) 7
ब) 3 - 6
स) 0 - 2, लेकिन दो गिलास वाइन लेने के बाद।

अधिकतर अः बधाई हो! आप अभी भी छोटे हैं, और आपका मेटाबॉलिज़्म एक 14 साल के बच्चे के बराबर हैं। आपने अपने शरीर के साथ अच्छा व्यवहार किया है, और ये मान के चलिये और आप का शरीर भी बदले में आपके साथ अच्छा व्यवहार करेगा, आपको ज़्यादा समय तक जवान रखेगा। अब आपको बस इतना करना है कि इस आचरण को बनाये रखना है। उम्र के बढ़ने की प्रक्रिया प्राकृतिक है, और हम सब को इससे हो कर गुज़रना है। लेकिन फिर भी, लगता है आप जानते हैं कि आप को क्या करना चाहिये।

अधिकतर बः आप स्वस्थ होने और उस मुकाम से फिसलने के बीच की बारीक सीमा रेखा पर चल रहे हैं। आप अच्छी तरह जानते हैं कि आपको क्या करना है, लेकिन शायद आप रोज़मर्रे की भागदौड़ में उलझ कर रह जाते हैं, और काम और निजी जीवन के बीच झूलते रहते हैं। थोड़ा समय निकालिये और अपनी प्राथमिकताओं का पुनः मूल्यांकन करिये। योजना ही कुंजी है। थोड़ी सी व्यवस्था करके आप अपने सही राह पर वापस आ सकते हैं और अपने स्वास्थ को ठीक कर सकते हैं। अगर आप स्वस्थ रहना और जवान दिखना चाहते हैं, तो ये बहुत ज़्यादा तो नहीं है।

अधिकतर सः ओफ! आपको अपनी ज़िन्दगी की रफ़्तार को ब्रेक लगाना पड़ेगा और काफ़ी हद तक धीमा करना पड़ेगा। इस वक़्त आपकी ज़िन्दगी काम काज में पागलपन की हद तक उलझी हुई है और आप अपने शरीर की तरफ़ बिलकुल भी ध्यान नहीं दे रहे, जबकि

यही आपको बनाये हुये है। इससे पहले की स्थिति हाथ से निकल जाये, आपको इसे अपने नियंत्रण में करना होगा। याद रखिये, आपका शरीर एक मन्दिर है, और यही आपको अंत तक आगे ले जायेगा। सबसे पहले आपको अपनी खाने की आदतों को सुधारना होगा। मेरा यकीन करिये, एक बार आपने ये कर लिया, तो बाकी सारी चीज़ें खुद ही ठीक होने लगेंगी। अगला काम होगा व्यायाम। ज़रूरी नहीं है कि आप जिम जायें या मार्शल आर्ट्स सीखें। हल्के फुल्के व्यायाम से शुरु करिये। लिफ़्ट से जाने की बजाय सीढ़ियाँ चढ़िये। खुद जा कर प्रिंट आउट लेकर आइये। ड्राइव करने की बजाय सुपर मार्केट तक पैदल जाइये। बस अपने हाथ पैरों को काम में लाना शुरु करिये। अगर आप पैंतीस की उम्र से पहले अपनी पहली झुर्री नहीं चाहते, तो आपको स्थिति को सम्भालना ही होगा।

"जब आप बीस साल के होते हैं, तब आपके पास जो चेहरा होता है, वो आपको प्रकृति देती है। जब आप तीस के होते हैं, तब आपके पास जो चेहरा होता है, वो आपको ज़िन्दगी देती है; पचास की उम्र में आपका चेहरा कैसा होगा, ये आपके ऊपर निर्भर करता है।"

—कोको शनेल

जहाँ ये सर्वविदित तथ्य है कि हमें जवान बनाये रखने में जेनेटिक्स एक बड़ी भूमिका निभाती है, बढ़ती उम्र का उससे भी बड़ा घटक है कि हम किस प्रकार अपने खाने और जीने की पद्धति का चुनाव करते हैं। मैं बहुत छोटी उम्र में भोजन के सही चुनाव के प्रति जागरुक हो गयी थी। मुझे स्कूल में खेल कूद में सक्रिय होना, और पन्द्रह साल की उम्र के बाद जेन फोंडा, किकबॉक्सिंग, स्टेप एरोबिक्स, और तैराकी जी भर के करना याद है। लेकिन मुझे मानना पड़ेगा कि हालाँकि मैं एक ऐसे परिवार से आयी थी जहाँ मीट, अण्डे, और डेयरी का प्रयोग बहुत ज़्यादा था, किसी तरह मेरे अच्छे कर्मों ने मुझे मेरे बीसवें सालों इन सब से मुक्ति दिला दी और मैंने स्वस्थ भोजन को अपने जीवन में समाहित करना शुरु कर दिया, जो मैंने किताबों और स्वास्थ्य के प्रति अपने जुनून से सीखा। मेरी मुलाकात डॉ. विजया वेंकट से हुई और मैंने उनकी पद्धति को अपनाना शुरु कर दिया, जो कि बहुत

मददगार साबित हुई। तब मुझे ये अहसास नहीं था कि धीरे धीरे, लेकिन निश्चित रूप से, मैं अपनी उम्र के बढ़ने की प्रक्रिया को रोक लगा रही थी। मुझे मुँहासे नहीं हुए, मेरे बाल नहीं झड़े, और मुझे कभी भी सौन्दर्य उपचार करने की आवश्यकता नहीं पड़ी। मैंने ये जान लिया है कि मेरे शरीर का वज़न बिलकुल सही है, इसलिये जब तक मैं स्वस्थ और अन्दर से सशक्त महसूस कर रही हूँ, तब तक और कुछ भी मायने नहीं रखता। मुझमें खूब ऊर्जा है, और मुझे नहीं लगता कि मेरी यौवनवस्था से आज तक इसमें कुछ बदलाव आया है। इतने सालों में मैं और भी अधिक नियमित हो गयी हूँ, और मुझे लगता है कि ये सब आता है अपने काम में अनुशासन से और इस तथ्य से कि आप अपने स्वास्थ्य के प्रति समर्पित हैं।

हाँ, ये ज़रूर है कि मैक्रोबायोटिक्स में मेरा प्रशिक्षण इसे एक अलग ही स्तर पर ले गयाः मैंने 2004 से शुगर, डेयरी, यीस्ट, प्रोसेस्ड फ़ूड, मीट या टेबल सॉल्ट नहीं खाया है। मैंने कभी भी ऐसा महसूस नहीं किया कि मेरी उम्र बढ़ रही है, क्योंकि मेरे लिये उम्र सिर्फ़ एक संख्या है, और इसका मुझ पर कोई प्रभाव नहीं पड़ा है। लेकिन जब मेरे आस पास के लोगों को मेरी उम्र के बारे में पता चलता है, और जब वे इस तथ्य के प्रति अपनी प्रतिक्रिया दिखाते हैं कि मैं अपनी वास्तविक उम्र से दस साल छोटी दिखती हूँ, तब इन खाद्यों ने जो मेरे लिये किया है, उसे वे बड़े ध्यान से सुनते हैं। हाँ, मेरा तरीक़ा कुछ लोगों को बहुत सख़्त लगता है, लेकिन मैंने अपने आप को संतुलित करना सीख लिया है, और इसमें मैं सफल भी रही हूँ।

आज, ख़ूबसूरत दिखना एक अलग ही खेल हो गया है। ये सिर्फ़ शानदार दिखना नहीं है, ये है अधिक जवान दिखना, जो अब प्राथमिकता ले चुका है। हमें ये समझना चाहिये कि उम्र का बढ़ना एक प्राकृतिक प्रक्रिया है। हम सभी बूढ़े होंगे। इसे आप रोक नहीं सकते, बशर्ते कि आप बोटॉक्स का रास्ता नहीं अपना रहे, जिसकी मैं कभी सलाह नहीं दूँगी। हम ये कर सकते हैं कि इस प्रक्रिया को धीमा कर दें। स्वास्थ्य को तो हम सही भोजन और व्यायाम से प्राप्त कर सकते हैं, लेकिन बढ़ती हुई उम्र को नियंत्रित करने के लिये हमे अपने शरीर के प्रति जागरुक होना होगा और उसका तीन गुना अधिक नियमित

ख्याल रखना होगा। तो हम वहाँ से शुरु करते हैं, जहाँ से ये सब आरम्भ होता है।

किडनी, शक्ति, और उम्र का बढ़ना

हमारी किडनियाँ हमारे 'स्वास्थ्य की दमक' के लिये जिम्मेदार है। ये जिम्मेदार हैं आपके यौवन, शक्ति (यौन शक्ति भी), और मानसिक ओज के लिये, और बालों, हड्डियों और दाँतों को स्वस्थ बनाये रखने में मदद करते हैं। जब गर्भ में होते है, तो किडनियाँ आपके माता पिता से प्राप्त सत्त्व को अपने पास जमा कर लेती हैं। ये सत्त्व आपके मूल शरीर का निर्धारण करता है, इसलिये किडनियों को 'जीवन का मूल' कहा जाता है, और ये शरीर के क्षय को नियंत्रित करती हैं। लेकिन, आप जो सत्त्व अपने माता पिता से विरासत में पाते हैं, वो आपके शरीर के स्वास्थ्य के लिये केवल आंशिक रूप से जिम्मेदार है। जहाँ आप अपने माता पिता से 20 प्रतिशत विरासत में पाते हैं, 80 प्रतिशत वास्तव में आपके द्वारा खाये गये भोजन द्वारा बनाया जाता है। (विशिष्ट किडनी भोजन के लिये अगले पृष्ठ पर दिया गया चार्ट देखें)।

पारम्परिक चीनी चिकित्सा में इस सत्त्व को जिंग भी कहते हैं। हालाँकि ब्यूटी डाइट इस जिंग को स्वतः ही पोषित करती है, आप इसकी शक्ति को बढ़ाने के लिये इसमें अन्य खाद्यों को भी शामिल कर सकते हैं। कोई भी खाद्य, जिनमें न्यूक्लिक ऐसिड की अधिकता हो, जो आपके शरीर की क्षय से रक्षा करेंगे, वो इस जिंग को भी पोषित करेंगे। न्यूक्लिक ऐसिड्स शरीर के अपने पुनर्निर्माण की प्रक्रिया को बढ़ावा देती हैं, उसे स्वयं को ठीक करने में मदद करती हैं, विषाक्त पदार्थों को बाहर निकाल फेंकती हैं और अधिक ऊर्जा उत्पन्न करती हैं।

सभी हॉर्मोंस एक ऐसे कच्चे तत्त्व से बने हैं जो शुरु में आपकी किडनी और एड्रीनल्स से आता है। अगर आपकी किडनियाँ निम्न कोटि के भोजन, अधिक काम, अत्यधिक यौन क्रियायें, अत्यधिक शराब, तम्बाखू, या ड्रग्स के कारण तनावग्रस्त होंगी, तो अंततः वे इन हॉर्मोंस को उत्पन्न करने में असफल हो जायेंगी, जो कि हमारे शरीर के कार्यों के लिये अति आवश्यक हैं। ये पद्धति मलाटोनिन, प्राकृतिक डी एच ए,

और ट्रिप्टोफ़ैन के प्राकृतिक प्रारूपों को बनाने पर केन्द्रित है।

विशेष खाद्यों का आपके सौन्दर्य पर प्रभाव

कुट्टू, चीना, जौ, कीनोआ, टोफ़ू, मूंग, बीन्स, ख़ास कर काली सोयबीन, राजमा काले तिल के बीज, खरबूज़ा, बेरीज (ख़ास कर काली बेरीज़); वीट जर्म, शकरकन्दी स्पाइरुलिना, अगर आप डेयरी का सेवन करते हैं: अण्डे, चीज़, मेथी, सौंफ, काली मिर्च, दालचीनी। प्याज़	बाल **फेफड़े**	सभी जड़ मूल वाली सब्ज़ियाँ; गाजर, कमल ककड़ी, कद्दू, पत्तागोभी, फूलगोभी, पाक चोई, मशरूम्स; टमाटर; चीना, सेब, खरबूज़ा, आड़ू, तरबूज़; मीसो, टोफ़ू, सभी तीखे खाद्य, मूली, सरसों के पत्ते, मसाले; सौंफ, मेथी, अल्सी, कैने, लहसुन, स्पाइरुलिना, बीटा - कैरोटीन युक्त सभी खाद्यः मिर्च, गाजर, पालक, खुबानी, कद्दू, शकरकन्दी; फ़ाइबरयुक्त खाद्य, साबुत अनाज (ब्रान), फलों और सब्ज़ियों के छिलके, फलों का गूदा
उम्र का बढ़ना शक्ति **किडनी**	स्प्लीन पैंक्रियाज़ पेट	त्वचा **फेफड़े लिवर**
चीना, ब्राउन राइस, सभी कॉम्प्लेक्स कार्बोहाइड्रेट्स, सभी गोल सब्ज़ियाँ (सब्ज़ियों के विभाग में सूची देखें); तीखी सब्ज़ियाँ जैसे प्याज़, लीक, शलजम, सभी मीठी सब्ज़ियाँ, काबुली छोले, सोयबीन्स; मछली, छोटे खरबूजे	**लिवर** वज़न	सभी ऊपर की तरफ़ उगने वाली सब्ज़ियाँ जैसे सेलेरी, हरी प्याज़, हरी पत्ते, मशरूम, अंकुर, हरे सेब, नींबू; जौ, दालें; मटर; एलोवेरा का रस, ब्राउन राइस, नारियल का पानी; तीखे खाद्य, हल्दी, तुलसी तेजपत्ता, जीरा, इलायची, अदरक, काली मिर्च, कड़वे खाद्य, एस्परागस, राजगीरा, अरुगुला; क्लोरोफ़िल से भरपूर खाद्यः स्पाइरूलिना, वीट ग्रास, अल्फ़ाल्फ़ा के अंकुर

प्राकृतिक डी एच ई ए (डीहाइड्रोईपियेंड्रोस्टेरोन)

डी एच ई ए एक हॉर्मोन है जो मनुष्य शरीर द्वारा प्राकृतिक रूप से निर्मित किया जाता है। 'यूथ हॉर्मोन' के नाम से भी जाना जाने वाला ये हॉर्मोन आपके शरीर के लिये आवश्यक अन्य सभी हॉर्मोंस का अग्रदूत है। डी एच ई ए का प्रयोग बढ़ती उम्र को धीमा करने या पलटने, बूढ़े लोगों में सोचने की कला को सुधारने और आल्ज़्हाइमर रोग की प्रगति को धीमा करने के लिये किया जाता है। ये ईस्ट्रोज़ेन और टेस्टोस्टेरोन नामक हॉर्मोंस के निर्माण में मदद करता है। ये शरीर के कई कार्य, जैसे फ़ैट्स और खनिजों के मेटाबोलिज़्म और तनाव को नियंत्रित करने में मदद करता है। चूँकि ब्यूटी डाइट आपकी किडनियों और एड्रीनल के सही कार्य करने पर ज़ोर देती है, इस बात को सुनिश्चित मानिये कि आपको इससे डी एच ई ए प्रचुर मात्रा में मिलेगा।

खाद्य जो किडनियों पर ज़ोर डालते हैं: बर्फ़ और बर्फ़ीले ठण्डे पेय, कच्चे खाद्य (अत्यधिक मात्रा में), अत्यधिक मात्रा में नमक (टेबल सॉल्ट) डेयरी खाद्य और शुगर।

पकाने की विधियाँ जो किडनियों को पोषित करती हैं: स्टयूइंग, प्रेशर कुकिंग, बेकिंग, तलना, सभी गरम करने वाली विधियाँ जैसे चावल उबालना, और फिर उसे सब्ज़ियों के साथ भूनना, लम्बे समय तक अचार रखना, और स्टयू।

ध्यान या अन्य कोई भी अच्छी आध्यात्मिक क्रियायें जो आपको आपके अंतरमन के साथ जोड़े रखें, आवश्यक हैं आपकी किडनियों के 'सत्त्व' को सक्रिय रखने के लिये।

किडनियों को स्वस्थ रखने के लिये टिप्स

सभी ऐसे खाद्यों पर ज़ोर दें जो लिवर का पुनर्निर्माण करते हैं, जैसे माइक्रो एलगी (स्पाइरुलिना), सभी मछलियाँ, (हालाँकि सार्डीन में न्यूक्लिक ऐसिड की सबसे अधिक मात्रा होती है, जो इसके कुल पौष्टिक तत्त्वों का 1.5% है), सीरियल ग्रास जैसे वीट जर्म,

लिवर (अगर आप मीट खाते हैं), घी (आयुर्वेद परम्परा के अनुसार ये ओजस को पोषित करता है। आयुर्वेद में जिंग को ओजस कहा जाता है), बादाम का दूध या बादाम, टोफ़ू/सोयबीन, पालक, लीक, ब्रॉक्कली, चीनी पत्तागोभी, और फूलगोभी। इनमें न्यूक्लिक ऐसिड की प्रचुर मात्रा होती है, जबकि मशरूम (ख़ासकर शीटाकी), सब्जा और अल्सी में ऑमेगा 3 होता है।

वो घटक जो आपके सत्त्व को क्षीण कर देंगे

1. अत्यधिक यौन क्रियायें।
2. अत्यधिक काम और तनाव।
3. भय और असुरक्षा (ये दोनों किडनी से सम्बन्धित भावनायें हैं)।
4. भोजन, वातावरण, शराब, ड्रग्स, तम्बाखू और अत्यधिक प्रोटीन के सेवन से शरीर में विषाक्त पदार्थों का अधिक बोझ (उदाहरण के लिये छाछ के पानी के प्रोटीन समय अंतराल में आपकी किडनियों को क्षीण कर देंगे।
5. अत्यधिक शुगर।
6. जीवनशैली और भोज़न में अनियमितता।

किडनी के लिये उपचार के लिये रेसेपी विभाग देखें।

अदरक की पुल्टिस (किडनी के लिये बाहरी उपचार)

ये बहुत ही शक्तिशाली बाहरी उपचार है, और इसका मैंने भी समय समय पर प्रयोग किया है। अगर आप भय और असुरक्षा का अनुभव कर रहे हैं, या आपको लगता है कि आपकी किडनियों पर अधिक बोझ पड़ रहा है (जिसके लक्षण हैं हर समय थके हुये रहना, ऊर्जा का अभाव, आँखों के चारों ओर काले घेरे), तो आप इस बाहरी उपचार का प्रयोग कर सकते हैं। ये आपके शरीर में होने वाले अन्य दर्दों के लिये भी बहुत लाभकारी है।

लेकिन एक चेतावनी पर ध्यान दें: अगर आप किसी गम्भीर रोग जैसे कैंसर से ग्रसित हैं या आप गर्भवती हैं, तो इस उपचार का प्रयोग ना करें। इसे अपने सिर के आसपास की जगह पर या बुख़ार के दौरान प्रयोग ना करें।

विधि

एक गोल्फ बॉल के आकार की अदरक को किस कर उसे एक साफ़ मलमल के कपड़े में कस कर बाँध लें। एक बर्तन में पानी भर कर उबालें, उसमें अदरक का रस निचोड़ें, और फिर मलमल के कपड़े को उसमें रखें। जितनी देर आप कम्प्रेस देते रहें, उतनी देर कपड़े को पानी में डुबाये रखें। दो छोटे तौलिये तैयार रखें, एक को पानी में बीच में से डुबायें, दोनो किनारे सूखे रखें ताकि पानी को निचोड़ सकें, (क्योंकि वो बहुत गरम होगा), और गीले भाग को किडनी वाली जगह (निचली पीठ) पर रखें, इसे सूखे तौलिये से ढक कर रखें ताकि उसकी गर्मी अन्दर कैद हो जाये। हर तीन से चार मिनट में गीले तौलिए को बदल कर दूसरा गीला तौलिया रखें। इस प्रक्रिया को पाँच बार तक दोहरायें। इसमें बीस मिनट लग जायेंगे।

नोटः अदरक के कम्प्रेस का निम्नलिखित समस्याओं के लिये प्रयोग किया जा सकता हैः आस्थमा (छाती पर), ब्राँकाइटिस, पाचन तंत्र के विकार, पीलिया, माँसपेशियों में दर्द, और पेट में मरोड़।

आपके अंगों के ठीक होने के संकेतक लक्षण

लिवर	कम एसिडिटी, गैस, अधिक साफ़ त्वचा, बेहतर नींद, कम क्रोध, अधिक रचनात्मकता
फेफड़े/बड़ी आँत	कम ज़ुकाम, खाँसी, साइनस, नियमित मल त्याग, अधिक साफ़ त्वचा, अधिक खुशहाली
किडनियाँ	बालों का कम झड़ना, वॉटर रिटेंशन ना होना, साफ़ मूत्र, अधिक ऊर्जा, कम भय
स्प्लीन, पैंक्रियाज़/पेट	शुगर की लालसा ना होना, कम एसिडिटी, कम विचलित मनोदशा, शक्तिशाली रोग प्रतिरोधकता, चिंता ना होना
हृदय/छोटी आँत	स्वस्थ रंगत, उच्च रक्त चाप का नीचे आना, अधिक प्रसन्नता और विश्रांति

स्प्लीन, पैंक्रियाज़, और पेट

स्प्लीन, पैंक्रियाज़ और पेट शरीर के लिये आवश्यक पोषक तत्त्वों के उत्पादन और उद्धरण करने वाले केन्द्रिय अंग हैं, जो अच्छे या ख़राब रक्त का आधार हैं। उनको अक्सर 'ग्रैनरी ऑफिशियल्स' या खाद्य अधिकारी कहा जाता है– हर प्रक्रिया का केन्द्र। ये रक्त के प्रवाह को नियमित करते हैं, ब्लड शुगर के स्तर को बनाये रखते हैं, शरीर में जल के मेटाबॉलिज़्म को नियंत्रित करते हैं और जल को शरीर में प्रवाहित करने में मदद करते हैं।

इन अंगों में संतुलन आपके सभी अंगो को बेहतर काम करने में मदद करेगा जिससे आपको सही वज़न, बढिया त्वचा, चमकदार बाल, शक्ति और यौवन प्राप्त होंगे। अगर ये संतुलित नहीं होंगे, तो आप या तो बहुत अधिक मोटे हो जायेंगे या बहुत अधिक दुबले, आपकी रंगत पीली या फीकी हो सकती है, नाखून टूट सकते हैं, और आप थकान या विचलित मनोदशा के शिकार हो सकते हैं। (भोजन जो इन अंगों के लिये लाभकारी हैं के लिये पृष्ठ 144 पर चार्ट देखें)।

खाद्य जो स्प्लीन, पैंक्रियाज़ और पेट पर ज़ोर डालते हैंः शुगर, शहद, अत्यधिक फल और फलों के रस, खाने के रंग/खाद्यों में मिलाये गये अतिरिक्त पदार्थ, प्रोसेस्ड फ़ूड, और रिफ़ाइंड आटा।

पकाने की विधियाँ जो स्प्लीन, पैंक्रियाज़ और पेट को पोषित करती हैंः तेजी से पकाये गये स्टयू, मध्यम आँच पर उबालना, निशिमे, खाद्यों को लम्बे समय तक स्टीम करना, और प्रेस्ड फ़ूड जैसे सलाद।

तो जहाँ एक ओर वो खाद्य इस पद्धति का मूल आधार हैं जो इन अंगों को उत्तम स्वास्थ्य में रखने में मदद करते हैं, आपको निम्नलिखित खाद्यों को भी अपने दैनिक आहार में शामिल करना चाहिये। ये खाद्य मुख्यतः कॉम्प्लेक्स कार्बोहाइड्रेट्स हैं जो आपको घुलनशील और अघुलनशील फ़ाइबर प्रदान करते हैं, जो आपके आंतरिक शरीर को स्वच्छ रखने के लिये आवश्यक हैं। एक उत्तम डाइट पद्धति और जीवनशैली को बनाये रखने में आपका ध्यान नियमित मल त्याग पर केन्द्रित होना चाहिये।

काले बीजों का तेल या काले बीजों की चायः कलौंजी रोग प्रतिरोधकता, पाचन तंत्र, लिवर, और त्वचा और बालों से संबंधित मुद्दों में सहायक है। काले बीजों की चाय बनाने के लिये उबलते हुये पानी में 1 बड़ा चम्मच काले बीज डालें। ढक कर दस मिनट तक सत्व को पानी में आत्मसात होने दें। गरम ही पीयें।

सौन्दर्य का राज: बीटा कैरोटीन (देखें पृष्ठ 219) आपको फ्री रैडिकल्स के नुकसान से बचाता है जो आपकी त्वचा में वृद्धावस्था के लक्षण जल्दी प्रकट करते हैं और कोलाज़न को जमा करते हैं। आप इसे प्राकृतिक स्रोतों जैसे पालक, शकरकन्दी, आम, आड़ू, खरबूज़ा, और क्लोरोफ़िल युक्त सभी पौधों से प्राप्त कर सकते हैं। क्लोरोफ़िल उन एंज़ाइम्स को सक्रिय करता है जो विटामिन ई और के को उत्पन्न करते हैं और कैरोटीन को विटामिन ए में परिवर्तित करने में मदद करता है, जो मुलायम त्वचा और बढ़िया बाल, दाँत और हड्डियों के लिये आवश्यक है।

खाद्य जो आपकी शक्ति को मद्धम कर देगें और आपको बुढ़ापे की ओर जल्दी ले जायेंगे: शुगर, गुड़, शहद, स्वीटनर्स, डेयरी और डेयरी उत्पाद (जिनमें पनीर, छाछ, चीज़, और दही शामिल हैं); रिफ़ाइंड आटे (जिनमें ब्रेड, मैदे से बने पास्ता शामिल हैं); मीट, अण्डे, कॉफ़ी, भारतीय चाय, शराब, प्रोसेस्ड और पैक किये हुये खाद्य, चॉकलेट; उत्तेजक; मिठाइयाँ; बेक्ड उत्पाद; रिफ़ाइंड ऑइल और फलों के रस।

बढ़ती उम्र को नियंत्रित करने के जीवन में एक हफ़्ता

ऐंटी एजिंग डाइट

	प्रातः	नाश्ता	दोपहर से पहले	दोपहर का भोजन	देर दोपहर	शाम का स्नैक	रात का भोजन
दिन 1	सब्जा के बीज (1/2 छोटा चम्मच रात भर पानी में भिगाये हुए), 1 छोटा कप वीट ग्रास जूस	बाजरे का पोहा या दलिया	फल (केले के अलावा) (नाश्ते के 11/2 घंटे बाद) और 2 बड़े चम्मच अल्सी का तेल आधा ग्लास पानी में डाल कर। नोटः अल्सी के इस्तेमाल में सावधानी के बारे में पढ़ें	जौ की रोटी/ ब्राउन राइस, हरी मूंग का सलाद, कद्दू के बीज की ग्रेवी में गाजर, क्विक पिकल। नोटः ब्राउन राइस के ऊपर 1 छोटा चम्मच गोमासियो डालें	स्वीट वेजिटेबल ड्रिंक, (छोटा चम्मच स्पाइरुलिना पानी में घोल कर, 5 बादाम और 5 अखरोट	शकरकन्दी के चीले या चटनी के साथ खाखरा	पालक और चुकन्दर का सूप (हो सके तो मीसो डाल कर), मसाले डाल कर दाल या मछली (किसी भी तरह की), मेथी गाजर की सब्ज़ी, ब्राउन राइस या रोटियाँ और क्विक पिकल, "सोने से पहले गरम पानी में 1 बड़ा चम्मच काले बीज का तेल या चाय" (देखें रेसेपी)*

	प्रातः	नाश्ता	दोपहर से पहले	दोपहर का भोजन	देर दोपहर	शाम का स्नैक	रात का भोजन
दिन 2	सब्जा के बीज (1/2 छोटा चम्मच रात भर पानी में भिगाये हुए), 1 छोटा कप वीट ग्रास जूस	ब्राउन राइस पोहा या दलिया	फल (केले के अलावा) (नाश्ते के 11/2 घंटे बाद) और 2 बड़े चम्मच अल्सी का तेल आधा ग्लास पानी में डाल कर।	सब्ज़ियों के साथ बाजरा, हरी सब्ज़ियों के साथ काबुली चने, सरसों का साग या पालक, प्रेस्ड सलाद। नोटः बाजरे के ऊपर 1 छोटा चम्मच गोमासियो डालें	स्वीट वेजिटेबल ड्रिंक, (छोटा चम्मच स्पाइरुलिना पानी में घोल कर, 5 बादाम और 5 अखरोट	हरी पत्तियोंके मालपूए या फल या सब्ज़ी डाल के रोटियों के रोल	मीसो युक्त (अगर हो सके तो) टमाटर का शोरबा, दाल, टोफ़ू के साथ हरी शिमला मिर्च, ब्राउन राइस या रोटियाँ, क्विक पिकल, "सोने से पहले गरम पानी में काले बीज का तेल या चाय"।*
दिन 3	सब्जा के बीज (1/2 छोटा चम्मच रात भर पानी में भिगाये हुए), 1 छोटा कप वीट ग्रास जूस	बाजरे का पोहा/दलिया	फल (केले के अलावा) (नाश्ते के 11/2 घंटे बाद) और 2 बड़े चम्मच अल्सी का तेल आधा ग्लास पानी में डाल कर।	हरे पत्तों के साथ ब्राउन राइस, राजमा करी, लाल कद्दू किसी भी तरीके से बना हुआ, साउरक्राउट। नोटः बाजरे के ऊपर 1 छोटा चम्मच गोमासियो डालें	स्वीट वेजिटेबल ड्रिंक, (छोटा चम्मच स्पाइरुलिना पानी में घोल कर, 5 बादाम और 5 अखरोट	मूंग की दाल के चीले या फल	भोपला सूप (मीसो युक्त, अगर हो सके तो) टोफ़ू के साथ मशरूम मूसाका या स्टीम्ड/ग्रिल्ड मछली, गाजर और मटर की सब्ज़ी, राजगीरा और

							जवार की रोटियाँ क्विक पिकल के साथ। सोने से पहलेः 1 बड़ा चम्मच काले बीजों का तेल गरम पानी में या चाय*
दिन 4	सब्जा के बीज (1/2 छोटा चम्मच रात भर पानी में भिगाये हुए), 1 छोटा कप वीट ग्रास जूस	ब्राउन राइस दलिया या ब्राउन राइस पोहा	फल (केले के अलावा) (नाश्ते के 11/2 घंटे बाद) और 2 बड़े चम्मच अल्सी का तेल आधा ग्लास पानी में डाल कर।	सब्ज़ियाँ डाल के बाजरा, टमाटर बेस में सफ़ेद बीन्स, ग्रीन सॉस में पत्तागोभी। क्विक पिकल। नोटः बाजरे के ऊपर गोमासियो डालें	स्वीट वेजिटेबल ड्रिंक, ½ छोटा चम्मच स्पाइरुलिना पानी में घोल कर, 5 बादाम और 5 अखरोट		फूलगोभी का सूप (मीसो युक्त, हो सके तो), मसालों के साथ पालक, दाल, रोटियाँ या ब्राउन राइस और क्विक पिकल। सोने से पहलेः 1 बड़ा चम्मच काले बीज का तेल गरम पानी में या चाय*

	प्रात:	नाश्ता	दोपहर से पहले	दोपहर का भोजन	देर दोपहर	शाम का स्नैक	रात का भोजन
दिन 5	सब्जा के बीज (1/2 छोटा चम्मच रात भर पानी में भिगाये हुए), 1 छोटा कप वीट ग्रास जूस	बाजरे का पोहा या दलिया	फल (केले के अलावा) (नाश्ते के 11/2 घंटे बाद) और 2 बड़े चम्मच अल्सी का तेल आधा ग्लास पानी में डाल कर।	ब्राउन राइस, पालक के साथ हरी मूंग दाल, पापड़ी आलू चाट, प्रेस्ड सलाद। नोटः ब्राउन राइस के ऊपर 1 छोटा चम्मच गोमासियो डालें	स्वीट वेजिटेबल ड्रिंक, (छोटा चम्मच स्पाइरुलिना पानी में घोल कर, 5 बादाम और 5 अखरोट	चटनी के साथ बीन कट्लेट	ब्रॉक्कली सूप (मीसो युक्त, हो सके तो), दाल, फूलगोभी किसी भी विधि से पकाई गयी, या स्टीम्ड मछली। सोने से पहलेः 1 बड़ा चम्मच काले बीज का तेल गरम पानी में या चाय*
दिन 6	सब्जा के बीज (1/2 छोटा चम्मच रात भर पानी में भिगाये हुए), 1 छोटा कप वीट ग्रास जूस	ब्राउन राइस इडलियाँ या दलिया	फल (केले के अलावा) (नाश्ते के 11/2 घंटे बाद) और 2 बड़े चम्मच अल्सी का तेल आधा ग्लास पानी में डाल कर।	सब्ज़ियाँ डाल के बाजरा, मसूर दाल, चुकन्दर का सलाद, क्विक पिकल। नोटः बाजरे के ऊपर 1 छोटा चम्मच गोमासियो डालें	स्वीट वेजिटेबल ड्रिंक, (छोटा चम्मच स्पाइरुलिना पानी में घोल कर, 5 बादाम और 5 अखरोट	कॉर्न ऑन द कॉब या फल या चटनी के साथ खाखरा	मुलीगतौनी सूप (मीसो युक्त, अगर हो सके तो), हरी शिमला मिर्च/मशरूम डाल कर बनायी गयी दाल, कोई सी भी हरी पत्तेदार सब्ज़ी, रोटियाँ या ब्राउन

							राइस, और क्विक पिकल। सोने से पहलेः 1 बड़ा चम्मच काले बीज़ का तेल गरम पानी में या चाय*
दिन 7	सब्जा के बीज (1/2 छोटा चम्मच रात भर पानी में भिगाये हुए), 1 छोटा कप वीट ग्रास जूस	बाजरे का पोहा या दलिया	फल (केले के अलावा) (नाश्ते के 11/2 घंटे बाद) और 2 बड़े चम्मच अल्सी का तेल आधा ग्लास पानी में डाल कर। नोटः अल्सी के इस्तेमाल में सावधानी के बारे में पढ़ें	हरी सब्ज़ी के साथ ब्राउन राइस, कोई भी दाल, उसमें कद्दू मिलाये, हरी बीन्स (किसी भी विधि से पकाई हुई), साउरक्राउट	स्वीट वेजिटेबल ड्रिंक, ½ छोटा चम्मच स्पाइरुलिना पानी में घोल कर, 5 बादाम और 5 अखरोट	चटनी के साथ फलाफेल	दूधी सूप (मीसो युक्त, हो सके तो), टोफ़ू विंडालू (स्टीम्ड), मसालेदार मेथी, ब्राउन राइस और क्विक पिकल। सोने से पहलेः 1 बड़ा चम्मच काले बीज का तेल गरम पानी में या चाय*

*रात में काले बीज का तेल लेना ऐच्छिक है

भाग—3

13

शेफ़ से बातचीत: अक्सर पूछे जाने वाले प्रश्न

एक शेफ़ के रूप में मुझे जो अनुभव हुये, उनमे मैं कई लोगों से मिली जिन्होंने मुझसे एक से ही मिलते जुलते सवाल किये। उनके जवाब वैसे तो बहुत ही आसान होते हैं, लेकिन अक्सर लोगों को चकरा देते हैं, क्योंकि सबकी एक अलग ही सोच होती है। मैंने ऐसे ही कुछ प्रश्नों को इकट्ठा किया है। अगली बार जब आप किचन में जायें तो शायद ये मददगार साबित हों।

प्रश्नः मैं बचा हुया बासी खाना कब तक खा सकती/सकता हूँ?

आप अगले दो समय के भोजन तक बासी खाना खा सकते हैं। तो आज दोपहर का भोजन कल सुबह के नाश्ते तक चल सकता है। मैं अक्सर सूप बनाती हूँ और उसे दो वक़्त के भोजन तक चलाती हूँ। बचे हुये हरे पत्ते नींबू के रस या अच्छे क्वालिटी के विनेगर के साथ मिला कर दो वक़्त के भोजन के बाद भी इस्तेमाल किया जा सकता है।

प्रश्नः मेरी मेड मेरे नाश्ते के लिये एक शाम पहले फल काट कर उसको एक बोल में क्लिंगफिल्म से ढक कर फ्रिज में रख देती है। क्या ये अगली सुबह तक उतना ही पौष्टिक रहता है?

आम तौर पर फल ताज़े ही अच्छे रहते हैं। फ्रूट सेल्स में पॉलीफेनोल ऑक्सिडेज़ (टाइरोसिनैज़ के नाम से भी जाना जाता है) नाम का एंजाइम होता है। जब कटा हुआ फल हवा के सम्पर्क में आता है तो ये एंजाइम हवा के साथ रीऐक्ट करता है। इस क्रिया को ऑक्सिडेशन कहते हैं और इससे कटे हुये फल भूरे या काले पड़ जाते हैं। इसलिये अगर आप खाने से बहुत पहले फलों को काट कर रखते हैं, तो

उनमें थोड़ा सा नींबू निचोड़ कर फॉयल या क्लिंगफ़िल्म से ढक कर रख दीजिये। नींबू या कोई भी खट्टा पदार्थ ऑक्सिडेशन को रोकने में मदद करेगा।

प्रश्नः क्या हमें पकाने के तेल को नियमित रूप से बदलते रहना चाहिये?

कोई ज़रूरी नहीं है। जब तक आप स्वस्थ पकाने के तेल का प्रयोग कर रहे हैं तब तक कोई चिंता की बात नहीं है।

प्रश्नः मेरी मेड हफ़्ते मे सिर्फ दो बार सब्ज़ी खरीदने जाती है। क्या सब्ज़ियों को दो तीन दिन के लिये स्टोर कर के रखना ठीक है?

वैसे तो आपको रोज़ सब्ज़ी खरीदनी चाहिये। लेकिन हफ़्ते में दो बार सब्ज़ियाँ और फल खरीदना भी ठीक है। लेकिन तभी जब आपको उनकी गुणवत्ता पर पूरा भरोसा हो। हरे पत्तेदार सब्ज़ियाँ हफ़्ते भर नहीं चलतीं, इसलिये इनके लिये आपको और जल्दी खरीददारी करनी पड़ेगी।

प्रश्नः सब्ज़ियों को सुरक्षित रखने का सबसे अच्छा तरीक़ा क्या है? हम उनसे सबसे अधिक लाभ कैसे प्राप्त कर सकते हैं?

हरी सब्ज़ियों को खोल कर, हवा में कुछ देर छोड़ कर ढीला करके ऐसे बैग्स में रखना चाहिये जिनमे हवा के आने जाने के लिये छिद्र बने हों। गाजर और अन्य कंदों को फ्रिज के सामान्य सब्ज़ी रखने की बास्केट में रख सकते हैं; उन्हें किसी भी चीज़ में लपेट कर रखने से वे जल्दी ख़राब होंगे। फलों को फ्रिज में ही रहना चाहिये, ख़ास कर अंगूर, आड़ू और बेरीज जैसे नाजुक फल।

प्रश्नः गर्मियों में मसालों और दालों को ख़राब होनें से (उनमें कीड़े पड़ने या दुर्गन्ध आने से) कैसे बचायें?

कीड़ों और नमी को दूर रखने के लिये अपने मसाले के डिब्बे के निचले तले पर एक तेजपत्ता लगा दें। नीम के पत्ती भी रख सकते हैं।

प्रश्नः सूखी लाल मिर्च, तेज पत्ता, सूखा पुदीना आदि को कब तक रखा जा सकता है? क्या उनकी कोई एक्स्पायरी डेट होती है?

दो महीने तक रखिये और फिर अपने स्थानीय दुकानदार से नया स्टॉक

खरीदिये। ऐसे में उनकी कोई एक्स्पायरी डेट नहीं होगी। जो ब्रैंडेड उत्पाद होते हैं, उनके पैकेज पर एक्स्पायरी डेट छपी हुई होती है।

प्रश्नः बिना पकाई हुई, नमक और हल्दी में मैरीनेट की हुई मछली कितनी देर तक फ्रीज़र में रखी जा सकती है?

ज़्यादा से ज़्यादा एक घंटा, नहीं तो मैरीनेट मछली के अंदर तक पहुँच जायेगा और पकाते समय मछली टूट जायेगी।

प्रश्नः हमें सब्ज़ी को काट कर धोना चाहिये या धो कर काटना चाहिये?

धोकर, काट कर, फिर इस्तेमाल करें। फलों और सब्ज़ियों में एक प्राकृतिक पर्त होती है जो उनके अन्दर की नमी को सुरक्षित रखती है; इसलिये अगर आप उन्हें काट कर बहुत देर के लिये छोड़ देंगे, तो उनकी नमी खो जायेगी और वे सूख जायेंगे। याद रखें, काटने के बाद जितनी जल्दी हो सके, उतनी जल्दी उनको उपयोग में ले आयें।

प्रश्नः मैं टोफ़ू को कैसे स्टोर करूँ?

टोफ़ू को एक एयरटाइट डिब्बे में रखें और टोफ़ू के टुकड़े के ऊपर इतना फिल्टर का पानी डालें जितने में वो पानी में डूब जाये। हर दो दिन में पानी बदल दें।

प्रश्नः पालक का रंग बनाये रखने के लिये मैं क्या करूँ?

पकाने से पहले गर्म पानी में ब्लांच करें।

प्रश्नः हरी मटर का रंग बनाये रखने के लिये मैं क्या करूँ?

उसे उबालते समय उसमें स्टीविया जैसा कोई स्वीटनर (एक चुटकी भर) डाल दें।

प्रश्नः हरे पत्तों को स्टोर करने का सबसे अच्छा तरीका क्या है?

मेरे अनुभव के अनुसार हरे पत्तों की ताज़गी बनाये रखने के लिये उन्हें अख़बार में लपेट कर रखना ही सबसे अच्छा होता है। सेलेरी को अगर ऐल्युमीनियम फॉयल मे लपेट कर रखें तो वो ज़्यादा दिन चलती है।

प्रश्नः लकड़ी के चॉपिंग बोर्ड को पानी से चटकने से कैसे बचायें?

हर बार इस्तेमाल करने के बाद उन्हें पानी से धोने की आवश्यकता नहीं है। इसकी बजाय एक सूखे कपड़े से उन्हें पोंछ कर उन पर नियमित रूप से तेल लगायें – अर्थात सूती कपड़े को तेल में डुबोकर चॉपिंग बोर्ड पर हल्के से रगड़ दें।

प्रश्नः पीट्ज़ा या पाई के लिये बेस बनाते समय आटे को बेलन पर चिपकने से कैसे रोकें?

इस्तेमाल करने से पहले गुँथे हुये आटे को क्लिंगफ़िल्म में लपेट कर पंद्रह मिनट के लिये फ्रिज या फ्रीजर में रख दें।

प्रश्नः फलों या एवोकाडो को कैसे पकायें?

कुछ दिनों के लिये उन्हें अख़बार में लपेट कर रख दें। वे जल्दी पकेंगे।

प्रश्नः उबालने के बाद नूडल्स को अलग कैसे करें?

गर्म पानी को छान लेने के बाद ठन्डा पानी डालें। इस से कुकिंग की प्रक्रिया बन्द हो जायेगी और नूडल्स अलग हो जायेंगे।

14

रेसेपीज़

साधारण दूध के विकल्प

1) ब्राउन राइस मिल्क

इस दूध से ब्राउन राइस के सभी लाभ प्राप्त करें।

4 लोगों के लिये

सामग्री

1/2 कप पका हुआ ब्राउन राइस

4 कप पानी

1/2 छोटा चम्मच वनिला एसेंस

विधि

1. सभी सामग्रियों को एक साथ कुक कर लें; प्रेशर कुक भी कर सकते हैं।
2. कुक हो जाने के बाद एकसार होने तक ब्लेन्ड करें।
3. फिर एक चीज़क्लॉथ/मलमल के कपड़े से छान लें।
4. छानने के बाद जो छानस बचे, उसे आप रोटी बनाने के लिये आटे में मिला सकते हैं।
5. जो छाना हुआ भाग है वो आपका राइस मिल्क है।

2) प्राकृतिक बादाम मिल्क

ये स्वादिष्ट क्रीमी दूध हानिकारक वनस्पति तेलों, गाढ़े स्वीटनर्स, और गाय के दूध और सोय दूध के साथ जुड़ी परेशानियों से मुक्त है।

4 लोगों के लिये

सामग्री

1 1/2 कप कच्चे बादाम रात भर पानी में भीगे हुये

4 कप फिल्टर वॉटर या स्प्रिंग वॉटर

3 या 4 खजूर (यदि इच्छा हो)

विधि

1. 4 कप पानी में बादाम को ब्लेंड करें। यदि आप दूध थोड़ा मीठा पसन्द करते हैं तो उसमें खजूर भी मिला दें। बादाम के दरदरे टुकड़ों को निकालने के लिये एक बार छान लें।
2. इसे तीन चार दिन के लिये रेफ्रिजरेटर में सुरक्षित रखा जा सकता है।

3) काजू मिल्क

काजू में कोई कोलेस्ट्रॉल नहीं होता (गाय के दूध की तरह) और ये मैग्नीशियम, फॉस्फोरस, मैंगनीज, ताँबा और लौह का अच्छे स्रोत है।

4 लोगों के लिये

सामग्री

1/2 कप काजू

2 कप पानी

विधि

1. काजू को पानी के साथ तब तक ब्लेंड करें जब तक वह पूरे तरह एकसार नहीं हो जाता।
2. अगर आपको मिश्रण दरदरा लगे तो उसे छान लें।

अनाज की रेसेपीज़

1) कैटरीना का स्वादिष्ट ब्राउन राइस दलिया

1 व्यक्ति के लिये

सामग्री

1/2 कप बचा हुआ ब्राउन राइस (ये सुनिश्चित कर लें कि सुबह आपके फ्रिज में पिछले दिन का बचा हुआ ब्राउन राइस हो।)

1/4 कप पानी या बादाम का दूध (अगर आप बादाम का दूध प्रयोग में ला रहे हैं तो मेवे इस्तेमाल ना करें)

1 बड़ा चम्मच मुनक्का

1/2 सेब चार हिस्सों में पतला और लम्बा कटा हुआ

1 बड़ा चम्मच अखरोट, सूखे भुने और कटे हुये

1 बड़ा चम्मच बादाम सूखे भुने और कटे हुये थोड़ी सी दालचीनी

विधि

1. ब्राउन राइस को पानी या बादाम के साथ ब्लेंड करें। मिश्रण को दरदरा रखें।
2. इसी बीच सेब को थोड़े से पानी में दालचीनी के साथ धीमी आँच पर स्टयू करें।
3. एक पॉरिज बाउल में ब्राउन राइस को डालें, उस पर सेब की पर्त बिछायें, मुनक्का डालें और ऊपर से मेवे डाल कर सजायें।

2) बेसिक ब्राउन राइस

दो लोगों के लिये

सामग्री

1 कप ब्राउन राइस (छोटे दाने वाला)

2 कप पानी एक चुटकी सी सॉल्ट 1/4 बड़ा चम्मच नींबू का रस (ऐच्छिक)

विधि

1. चावल को नाप कर यदि आवश्यकता हो तो साफ़ कर लें। ठंडे पानी से धो लें।
2. 1 - 8 घंटे तक पानी में भिगा कर रखें। इससे ये नरम हो जायेगा और इसे हज़म करने में आसानी होगी, साथ ही इसमें से फ़ाइटिक ऐसिड भी निकल जायेगी। यहाँ आप चाहें तो नींबू का रस भी साथ में मिला सकते हैं।
3. पानी को फेंक कर चावल में ताज़ा पानी डाल कर उबालें।
4. पकाने की प्रक्रिया में मदद के लिये एक चुटकी सी सॉल्ट मिलायें।
5. पहले उबाल के बाद आँच हल्की करके धीमी आँच पर 30 - 40 मिनट तक पकने दें। पहले उबाल के बाद बर्तन के तले में तवा रख देने से पकाने की प्रक्रिया और बेहतर हो जायेगी।

विविधता

आप चावल को इसी विधि से प्रेशर कुकर में भी पका सकते हैं। बस इतना याद रखें कि प्रेशर कुकर में पकाना उबालने की तुलना में यैंग विधि है। अगर आप बीन्स को प्रेशर कुक करने जा रहे हैं, तो चावल को उबालें, और अगर चावल को प्रेशर कुक कर रहे हैं तो बीन्स को उबालें। किसी भी आहार में दोनों विधियों का प्रयोग करें।

नोट#ः किसी भी साबुत अनाज को ज़रूरत से ज़्यादा ना पकायें वरना वो उच्च ग्लाइसेमिक की मात्रा युक्त साधारण कार्बोहाइड्रेट में परिवर्तित हो जाता है।

3) ब्राउन राइस सलाद

अपने कार्यस्थल पर ले जाने के लिये या जब आप जल्दी में हों, तब खाने के लिये बहुत बढ़िया आहार है क्योंकि इसे ठंडा भी खाया जा सकता है।

4 लोगों के लिये

सामग्री

2 कप पकाया हुआ ब्राउन राइस

3 कप उबलता हुआ पानी

1 छोटी प्याज़, कटी हुई

6 हरे बीन्स, तिरछे कटे हुये

1 कप पत्तागोभी, बारीक कटी हुई

1 कप गाजर, छोटे टुकड़ों में कटा हुआ

4 बड़े चम्मच सूरजमुखी के बीज (ऐच्छिक)

विधि

1. बीन्स, गाजर और प्याज़ को उबलते पानी में डालें। ज़्यादा ना उबालें क्योंकि उन्हें क्रिस्प ही रखना है।
2. सब्ज़ियों को छननी की मदद से पानी से बाहर निकालें, पानी को फेंकें नहीं।
3. इसी पानी में पत्तागोभी को 1 मिनट के लिये ब्लांच करें।
4. बाकी सभी सामग्रियों को मिला लें और बेसिक विनैग्रेट ड्रेसिंग इस्तेमाल करें।
5. बचे हुये पानी को सूप बनाने में इस्तेमाल करते हैं।

बेसिक विनैग्रेट ड्रेसिंग

4 लोगों के लिये

सामग्री

दो छोटे लहसुन, छील कर बारीक काटे हुये

दो चुटकी सी सॉल्ट

1/3 कप नींबू का रस

1-3 मद्रास प्याज़ (शैलट्स), बारीक कटी हुई ताज़ी कुटी काली मिर्च

1 कप एक्स्ट्रा वर्जिन ऑलिव ऑइल या इस किताब में सुझाया गया और कोई भी तेल

विधि

1. तेल को छोड़ कर बाकी सभी सामग्रियों को मिक्सी जार में डाल कर मिला लें।
2. धीरे-धीरे ऑलिव ऑइल को धार बना कर ऊपर से डालें। इससे ड्रेसिंग मलाईदार बनेगी।
3. स्वादानुसार सीजनिंग को मिलायें।
4. आप इसे फ्रिज में दो आहार तक रख सकते हैं।

4) ब्राउन राइस कट्लेट

जो लोग ब्राउन राइस खाने की आदत अभी डाल ही रहे हैं, और बच्चों के लिये भी ये विधि ब्राउन राइस से परिचय कराने के लिये बढ़िया है।

6 कट्लेट के लिये

सामग्री

3 कप पका हुआ बेसिक ब्राउन राइस

1 गाजर, किसा हुआ

1 प्याज़, बारीक कटा हुआ

3 कली लहसुन, बारीक कटी हुई

3 छोटा चम्मच काले तिल, भुने हुये

1/2 कप होल ग्रेन ब्रेड का चूरा

1/2 कप हरा धनिया

सी सॉल्ट, थोड़ा सा लाल मिर्च पाउडर या काली मिर्च पाउडर, स्वादानुसार

1 बड़ा चम्मच एक्स्ट्रा वर्जिन ऑलिव ऑइल

विधि

1. गाजर, प्याज़ और लहसुन को एक पैन में धीमी आँच पर सॉटे

करें और 5 मिनट के लिये ढक कर रखें।

2. आँच से उतार कर चावल में मिलायें।
3. हाथों में हल्का सा पानी लगा कर थोड़ा-थोड़ा मिश्रण लेकर कट्लेट का आकार दें। (6 बड़े या 8 छोटे कट्लेट)
4. ब्रेड के चूरे और काले तिल में लपेटें।
5. एक बर्तन में कम तेल में फ्राई करें या तेल लगी फॉइल में रख कर 150 डिग्री सेल्सियस पर 40 मिनट तक बेक करें।

5) हरे पत्तों के साथ ब्राउन राइस

ब्राउन राइस में हरे पत्ते मिलाने से आपको विटामिन ए प्रचुर मात्रा में मिलता है, आपका रोग प्रतिरोधक तंत्र सशक्त होता है और आपमें खून की कमी भी दूर होती है।

3 लोगों क लिये

सामग्री

1 प्याज़, बारीक कटा हुआ

3 बड़ा चम्मच तिल या ऑलिव ऑइल (डार्क तिल का तेल स्वाद को बढ़ा देता है)

5 हरे प्याज़, तिरछे कटे हुये

3/4 किलो मिले जुले हरे पत्ते। आप पालक, पत्तागोभी, पाक चोई, मेथी या अरुगुला ले सकते हैं।

3 कप पका हुआ ब्राउन राइस

1 छोटा चम्मच नींबू का छिलका किसा हुआ और नींबू का रस

1 छोटा चम्मच अदरक, किसा हुआ

2 कली लहसुन, बारीक कटी हुई

1 चुटकी सी सॉल्ट

विधि

1. एक पैन में प्याज़, लहसुन, और हरी प्याज़ को सॉटे करें। जब वे

थोड़ा पक जायें तो नमक मिलायें।

2. अदरक और हरे पत्ते मिलायें और कुछ देर और सॉटे करें।
3. नींबू का रस और किसे हुये छिलके मिलायें।
4. थोड़ा सा पानी डालें और फिर चावल डाल कर अच्छे से मिलायें।
5. पैन को 5 मिनट तक ढक कर रखें।

सब्ज़ियों की रेसेपीज़

1) निशिमे

निशिमे का शाब्दिक अर्थ है "बिना पानी के पकाना"; सब्ज़ियाँ अपने ही रस में पकती हैं। इस पद्धति की रीति शरीर में एक स्टीम इंजन की भाँति काम करती है, उसे उदर स्थल में नियमित रूप से ऊर्जा प्रदान करती है। ये ब्लड शुगर के स्तर को भी स्थिर करती है। मैं कैटरीना के लिये व्यंजन बनाते समय अक्सर इस पद्धति का प्रयोग करती हूँ। आप भी इस पद्धति का किसी भी समय के आहार के लिये हफ़्ते में दो या तीन बार प्रयोग अवश्य करें।

निशिमे विधि से सब्ज़ियाँ सर्व करें।

सामग्री

1 गाजर टुकड़ों में कटी हुई

1/4 पत्तागोभी, थोड़ी मोटी कटी हुई

1 प्याज़, लम्बे टुकड़ों में कटा हुआ

1/4 कप स्क्वाश, लम्बे टुकड़ों या छोटे टुकड़ों में कटा हुआ

2 - 3 टुकड़े कोम्बू (ऐच्छिक)

विधि

1. एक भारी तले वाले लोहे के बर्तन में नीचे कोम्बू को रखिये।
2. बाकी सब्ज़ियों को पर्त लगा कर एक के ऊपर एक लगाइये और 1/2 इंच पानी मिलाइये।
3. बर्तन को ढक कर मध्यम आँच पर उबाल आने दें, फिर आँच

हल्की करके 20 मिनट तक पकने दें। अगर पानी सूख जाये, तो थोड़ा और डाल दें।

4. जब सब्ज़ियाँ गल जायें, तो सोय सॉस की कुछ बूँदें, अदरक का रस या अपना मन पसन्द कोई भी सीज़निंग डालें।
5. 5 मिनट के लिये ढक कर छोड़ दें।
6. गैस पर से उतार कर और 5 मिनट तक छोड़ कर परोसें।

2) वेजिटेबल स्टॉक

12 कप के लिये

सामग्री

4 सेलेरी की डंडी, कटे हुए

2 प्याज़, कटे हुए

4 कली लहसुन, छिली और बारीक कटी हुई

3 से 4 गाजर, छोटे टुकड़ों में कटे हुए

2 कप मशरूम, बारीक कटे हुये

मुट्ठी भर पार्स्ली

4 तेज पत्ता

एक चुटकी सेन्धा नमक

16 कप पानी

विधि

1. एक बड़े बर्तन में एक कप पानी में प्याज़, लहसुन और सेन्धा नमक डाल कर उबाल आने दें। पहले उबाल के बाद हल्की आँच पर 10 मिनट तक पकने दें।
2. फिर बाकी सब्ज़ियाँ और बाकी पानी डाल कर उबाल आने दें।
3. आँच हल्की कर के धीमी आँच पर करीब 1 घंटा पकायें। पानी पकने के बाद 12 कप रह जाना चाहिये।

4. सब्ज़ियों को छननी में डाल कर पानी को छान लें सब्ज़ियों को दबा कर पानी निकाल लें। इन सब्ज़ियों को आप या तो फेंक सकते हैं या सूप में इस्तेमाल कर सकते हैं।

नोट#: इस स्टॉक को आप सूप, वेजिटेबल करी या कोल्ड वेजिटेबल ड्रिंक्स में भी इस्तेमाल कर सकते हैं।

3) लहसुन और तुलसी में सॉटे किया गया लाल कद्दू (भोपला)

एक सरल, स्वादिष्ट और जल्दी बनने वाली रेसेपी। इस रेसेपी के दो फ़ायदे हैं क्योंकि अगर आप इसे गर्मियों में हल्का भूनेंगे, तो ये आपको ऊर्ध्वगामी ऊर्जा देगी। लेकिन अगर इसे सर्दियों में बेक करेंगे, तो यही ऊर्जा आंतरिक ऊर्जा में परिवर्तित हो जायेगी।

4 लोगों के लिये

सामग्री

½ किलो लाल कद्दू, छोटे टुकड़ों में कटा हुआ

7 कली लहसुन, कुचली हुई

2 छोटे चम्मच सूखी तुलसी

2 बड़े चम्मच ऑलिव ऑइल

एक चुटकी नमक

विधि

अ) हल्की भुनी हुई

1. कद्दू को पहले से ही पानी में उबाल कर रख लें।
2. एक पैन में तेल डालें, लेकिन उसे बहुत अधिक तापमान तक गरम ना करें।
3. लहसुन डालें, जब वह थोड़ी पक जाये तो सेन्धा नमक डालें। 5 से 7 मिनट तक पकायें। जलने ना दें।
4. इस मिश्रण में कद्दू मिलायें और तेज आँच पर हल्का भूनें, साथ ही उसे मिलाते जायें जिससे तुलसी और लहसुन की इस पर पर्त बन जाये।

ब) बेक्ड

1. कद्दू को अधगला होने तक उबालें।
2. तेल, लहसुन और हर्ब्स को मिलायें और हर टुकड़े को इस मिश्रण में लपेटें।
3. ओवन में 150 डिग्री सेल्सियस पर 20 मिनट तक बेक करें। अरुगुला के पत्तों के साथ सर्व करें।

4) कद्दू के बीज और काजू की ग्रेवी

इस ग्रेवी को गाजर के साथ या टोफ़ू के साथ भी इस्तेमाल किया जा सकता है। ये नूडल्स के साथ बिना डेयरी या क्रीम के भी एक गाढ़े सॉस का काम करता है।

6 लोगों के लिये

सामग्री

¾ कप कद्दू के बीज (मगई)

1 कप बिना नमक वाले काजू

4 कप वेजिटेबल स्टॉक

4 टमाटर, कटे हुये

2 से 3 लौंग

2 इंच दालचीनी की लकड़ी

11/2 इंच अदरक का टुकड़ा, किसा हुआ

1/2 छोटा चम्मच हल्दी, लाल मिर्च पाउडर, धनिया पाउडर

सेन्धा नमक स्वादानुसार

विधि

1. एक बर्तन में सभी सामग्रियों को मिला कर स्टॉक भी मिलायें।
2. पहले उबाल के बाद, आधे घंटे तक हल्की आँच पर पकायें।
3. ठंडा होने पर हैंड ब्लेन्डर की मदद से सारे मिश्रण को ब्लेंड करें।

4. मिश्रण के गाढ़ेपन की जाँच करें। अगर आपको पतला मिश्रण चाहिये तो और स्टॉक मिलायें।

5) जीरे और नींबू के सुगन्धित तेल के साथ फूलगोभी

गोभी में मिलाने के लिये ½ कप तेल बनता है।

सामग्री

½ कप ऑलिव ऑइल

1 नींबू का छिलका किसा हुआ

1 छोटा चम्मच जीरा

1/2 छोटा चम्मच लाल मिर्च के फ़्लेक्स

1/2 छोटा चम्मच सेन्धा नमक

1 फूलगोभी

4 टहनियाँ तुलसी के पत्ते, बारीक कटे हुए

विधि

तेल बनाने के लिये

1. सभी सामग्रियों को एक सॉसपैन में डाल कर हल्की आँच पर बिना ढँके 10 से 12 मिनट तक पकायें।
2. आँच बन्द कर के इसे 1 घंटे तक बिना छेड़े छोड़ दें।
3. तेल को छान कर ¼ कप अलग निकाल लें। तेल को हवाबन्द शीशी में स्टोर करें। इस तेल को फ्रिज में रखें और 5 दिन के अन्दर इस्तेमाल कर लें।

गोभी बनाने के लिये

1. एक बर्तन में पानी लें और गोभी को चुटकी भर सेन्धा नमक के साथ उबालें।
2. छान कर गोभी को एक बाउल में रखें। ठंडा होने दें।
3. अब गोभी में ¼ अलग से रखे तेल को डाल कर मिलायें।

6) मशरूम मुसाका टोफ़ू या बैंगन के साथ

6 लोगों के लिये

सामग्री

225 ग्राम टोफ़ू, या 2 बैंगन 4 टुकड़ों में कटे हुये

2 बड़े चम्मच ऑलिव ऑइल

2 कप प्याज़, कटा हुआ

1/2 किलो मशरूम, कटा हुआ

11/2 कप टमाटर, कटा हुआ

1/2 कप टमाटर का पेस्ट

1 छोटा चम्मच दालचीनी

सेन्धा नमक स्वादानुसार

1 छोटा चम्मच तुलसी

1 कप पार्स्ली, कटा हुआ

विधि

1. ऑलिव ऑइल को एक गहरे बर्तन में गरम करें।
2. प्याज़ डालें और मध्यम आँच पर पकायें। जब प्याज़ पकने लगे और पारदर्शी होने लगे, तो सेन्धा नमक मिलायें और 10 मिनट तक चलायें जब तक प्याज़ पूरी तरह पक ना जाये, लेकिन भूरी ना होने पाये।
3. अब मशरूम और लहसुन डालें, ढक कर आँच हल्की कर दें। मशरूम पकने के लिये करीब 5 से 7 मिनट लेंगे।
4. टमाटर और टमाटर का पेस्ट और सभी सूखे मसाले डालें, और उबाल आने दें। फिर हल्की आँच पर 15 मिनट तक पकने दें।
5. जब पक जाये, तो आप इस मिश्रण को हैंड ब्लेंडर से इसे ब्लेंड करके एक अच्छा टेक्श्चर दे सकते हैं।

टोफ़ू डालने के लिये: टोफ़ू को टुकड़ों में काट कर आखिरी 5 मिनट में इसे मशरूम मुसाका ग्रेवी में मिलायें।

बैंगन डालने के लिये: बैंगन को नमक लगा कर 30 मिनट के लिये छोड़ दें (इससे उनकी कड़वाहट चली जायेगी या फिर) उन्हें ऐसे ही प्रयोग में लायें)। एक बेकिंग शीट पर हल्का सा तेल लगायें, बैंगन बिछायें, और गलने तक या करीब 30 मिनट तक 180 डिग्री सेल्सियस पर बेक करें। या फिर आप बैंगन को किसी अच्छे तेल जैसे एक्स्ट्रा वर्जिन ऑलिव ऑइल या हाई हीट सैफ्लावर तेल में कम तेल में तल तल सकते हैं। फिर उन्हें मुसाका ग्रेवी में मिलायें।

विविधता

एक ओवन प्रूफ़ कैसरोल डिश पर हल्का सा ऑलिव ऑइल लगायें। अब इस डिश में आप पहले बैंगन बिछायें, फिर मशरूम ग्रेवी और इस तरह परत लगाते जायें। अंत में ऊपर से ब्रेड का चूरा डाल कर करीब 30 से 40 मिनट तक 180 डेग्री सेल्सियस पर बेक करें।

7) लहसुन और फ्रेंच बीन्स

6 लोगों के लिये

सामग्री

1 गाँठ लहसुन

1 किलो हरी बीन्स, बिना काटे 5 मिनट के लिये उबालें

2 बड़े चम्मच एक्स्ट्रा वर्जिन ऑलिव ऑइल

सेन्धा नमक स्वादानुसार

2 बड़े चम्मच चिली फ़्लेक्स

2 बड़े चम्मच पानी

विधि

1. ओवन को 200 डिग्री सेल्सियस पर प्री हीट करें। एक फ़ॉइल पर लहसुन की पूरी गाँठ को रख कर थोड़ा सा ऑलिव ऑइल छिड़कें, फॉइल से ढक कर करीब 1 घंटे के लिये ओवन में छोड़ दें।
2. जब ये हो जाये (गल जाये) तो बाहर निकाल कर ठंडा होने के लिये रख दें।

3. लहसुन को छील कर उसका गूदा निकाल लें।
4. एक गरम कड़ाही में 3 बड़े चम्मच तेल डालें अब लहसुन का गूदा और पानी डालें और उनको मिलकर पेस्ट बनायें। सेन्धा नमक और चिली फ़्लेक्स मिलायें।
5. निरंतर चलाते हुये पकायें।
6. कुछ देर बाद हरी बीन्स मिलायें और 1 से 2 मिनट तक पकायें।

8) धनिये के सॉस में पत्तागोभी

4 लोगों के लिये

सामग्री

पत्तागोभी

½ पत्तागोभी लम्बी कटी हुई 1/2 कप धनिया पत्ती

2 हरी मिर्च का पेस्ट (अगर आप ज़्यादा तीखा नहीं खाते तो 1 ही हरी मिर्च लें)

3 छोटे चम्मच गेहूँ का आटा (अगर आप ग्लूटेन असहिष्णु हैं तो बाजरे का आटा लें)

2 छोटे चम्मच ऑलिव ऑइल 2 कप सोय दूध (अनस्वीटंड)

1 टमाटर, बारीक लम्बे टुकड़ों में कटा हुआ

2 छोटे चम्मच ब्रेड का चूरा

सॉस के लिये

2 से 3 कली लहसुन, कुचली हुई

2 छोटे चम्मच अदरक, कुचली हुई

1 छोटा गुच्छा हरी धनिया की पत्ती

1 से 2 हरी मिर्च, कुचली हुई

11/2 कप नारियल, किसा हुआ

11/2 छोट चम्मच जीरा पाउडर

3 छोटा चम्मच धनिया पाउडर

1/2 छोटा चम्मच अजवायन

1/2 छोटा चम्मच मेथी दाना

1/4 या ½ कप वेजिटेबल स्टॉक

विधि

1. सॉस की सभी सामग्री को ब्लेंडर में ब्लेंड करें। ब्लेंडिंग को सुगम बनाने के लिये वेजिटेबल स्टॉक का प्रयोग करें।
2. गरम कड़ाही में आटा डालें। फिर सोय दूध और हरी मिर्च का पेस्ट डालें, और निरंतर चलाते रहें ताकि सब सामग्री का पेस्ट बन जाये। पेस्ट ऐसे बने कि आपके चमचे के पीछे का भाग पर ये पेस्ट लगने लगे और आसानी से बहे नहीं।
3. हरी मिर्च का पेस्ट मिलाकर 10 मिनट तक पकायें। पहले उबाल के बाद आँच हल्की कर दें।
4. पत्तागोभी डाल कर 5 से 6 मिनट तक पकायें। फिर सेन्धा नमक डालें।
5. टमाटर से सजा कर और 2 से 3 मिनट तक पकायें।

विविधता

इसकी जगह, आप इसे तोड़ना चाहते हैं, तो पत्तागोभी को ग्रीन सॉस में मिला कर बेकिंग डिश में डालें, ऊपर से टोफ़ू को डालें, ब्रेड का चूरा छिड़कें। 150 डिग्री सेल्सियस पर 20 मिनट तक बेक करें।

फलियाँ/बीन्स

1) ग्रीन मूंग सलाद

4 लोगों के लिये

सामग्री

1 बड़ी गाजर

1/2 हरा सेब, बीज निकाल कर छोटे टुकड़ों में कटा हुआ

1/4 कप हरी मूंग, साफ़ करके, धो कर रात भर भीगी हुई

1 छोटा चम्मच किसा हुआ अदरक

1 लाल शिमला मिर्च, भुनी, छिलका निकालकर बारीक कटी हुई

1 बड़े चम्मच नींबू का रस

1 बड़ा चम्मच ऑलिव ऑइल

1 छोटी हरी मिर्च, बीज निकाल कर बारीक कटी हुई

1/2 छोटा चम्मच सरसों के बीज

सेन्धा नमक स्वादानुसार

मुट्ठी भर हरा धनिया

विधि

1. बीन्स को पका कर एक तरफ़ रख लें।
2. ठन्डी होने पर उसमें गाजर, सेब, शिमला मिर्च नींबू का रस और अदरक मिलायें।
3. तेल गरम कर के उसमें सरसों के बीज डालें। ढक कर बीज को चटकने दें, फिर हरी मिर्च डालें। अब इसे हरी मूंग के मिश्रण में डालें।
4. हरा धनिया और नमक मिलायें।

2) हरे पत्तों के साथ काबुली छोले

4 लोगों के लिये

सामग्री

2 बड़े चम्मच ऑलिव ऑइल

4 से 5 कली लहसुन

2 मध्यम आकार के प्याज़, बारीक कटे हुए

1/2 छोटा चम्मच जीरा

1 गुच्छा हरे पत्ते (पाक चोई, पालक, या सरसों का साग)

1 छोटा चम्मच करी पाउडर

1/2 छोटा चम्मच किसा हुआ अदरक

1/2 छोटा चम्मच धनिया पाउडर

1/4 चम्मच लाल मिर्च पाउडर

1 कप वेजिटेबल स्टॉक

11/2 कप उबले हुए काबुली छोले

11/4 कप टमाटर, बारीक कटे हुए

सेन्धा नमक, स्वादानुसार

विधि

1. एक बर्तन में तेल डालें। फिर प्याज़ और लहसुन डाल कर 2 से 3 मिनट तक सॉटे करें।
2. जैसे ही प्याज़ पारदर्शी होने लगे, थोड़ा सा नमक और जीरा डालें। 5 मिनट तक निरंतर चलाते हुए पकायें।
3. हरे पत्ते डाल कर 5 मिनट तक पकायें। फिर करी पाउडर, अदरक, धनिया पाउडर, मिर्च पाउडर और वेजिटेबल स्टॉक मिलायें।
4. उबाल आने पर आँच को धीमा करके काबुली छोले और टमाटर मिलायें और 15 मिनट तक निरंतर चलाते हुए पकायें।

3) सफ़ेद सोयबीन सलाद

6 लोगों के लिये

सामग्री

11/2 कप सफ़ेद सोयबीन या सफ़ेद और काली सोयबीन को मिला कर, रात भर भिगो कर अगले दिन सुबह प्रेशर कुक करके पानी छान दें।

1/4 कप सुहा

1/4 कप टोफ़ू मेयोनेज़ (देखें रेसेपी पृष्ठ 304)

1/2 कप पार्स्ली, बारीक कटा हुआ

2 कली लहसुन

2 हरी मिर्च, लम्बी बारीक कटी हुई

1 खीरा, छोटे टुकड़ों में कटा हुआ

1 गाजर, छोटे टुकड़ों में कटा हुआ

1/2 लाल शिमला मिर्च, बारीक कटी हुई

विधिः सभी सामग्रियों को मिला लें और ये तैयार खाने के लिये है।

4) टमाटर बेस में सफ़ेद बीन्स (राजमा या चौलाई)

4 लोगों के लिये

सामग्री

1 बड़ा चम्मच एक्स्ट्रा वर्जिन ऑलिव ऑइल

6 मद्रास प्याज़, बारीक कटे हुये

1 बड़ा चम्मच तुलसी

1/2 छोटा चम्मच लाल मिर्च पाउडर

1 1/2 कप सफ़ेद बीन्स, प्रेशर कुक किये हुये

1 1/2 कप टमाटर, छोटे टुकड़ों मे कटे हुये (मैं पहले उन्हें उबाल कर, उनका छिलका उतार कर, फिर इस्तेमाल करना पसन्द करती हूँ)

2 कप वेजिटेबल स्टॉक

सेन्धा नमक और ताज़ा कुटी हुई काली मिर्च

धनिया या पार्स्ले की पत्तियाँ, सजावट के लिये

विधि

1. तेल गरम करके उसमें मद्रास प्याज़ डालें। ढक कर 5 मिनट के लिये पकायें।
2. लहसुन, तुलसी और मिर्च पाउडर मिलायें और 2 मिनट तक सॉटे करें।
3. टमाटर मिला कर आधा गलने तक पकायें।
4. बीन्स और वेजिटेबल स्टॉक डालें।
5. ढक कर करीब दस मिनट तक पकायें।

6. नमक और काली मिर्च मिलायें।
7. ऊपर से हरी पत्तियों से सजायें।

5) लाल राजमा कट्लेट्स

4 लोगों के लिये

सामग्री

1 1/2 कप लाल राजमा, पकाया हुया

1/2 कप ब्राउन राइस, पकाया हुआ

1 प्याज़

1 लाल शिमला मिर्च, भून कर छिलका उतार कर बारीक कटा हुआ

1/2 कप कटा हुआ सेलेरी

2 कली लहसुन, बारीक कटी हुई

2 बड़े चम्मच एक्स्ट्रा वर्जिन या कोई भी अन्य तेल

1/2 छोटा चम्मच मिर्च पाउडर

1/2 छोटा चम्मच सूखा अजवायन या अन्य कोई भी हर्ब जो आप सजावट के लिये इस्तेमाल करना चाहते हैं

सेन्धा नमक औए ताज़ी कुटी काली मिर्च, स्वादानुसार

1 बड़ा चम्मच पार्स्ली या धनिया पत्ती

विधि

1. तेल गरम करके सभी सब्ज़ियाँ डालें। पहलें प्याज़ और लहसुन से शुरु करें, फिर सूखे हर्ब्स डालें, और फिर सेन्धा नमक और काली मिर्च मिलायें। बीच-बीच में चलाते रहें और उसे उसके अपने ही रस में पकने के लिये करीब 10 मिनट तक ढक कर रखें।
2. 10 मिनट के बाद, उसे आँच से उतार कर ठण्डा होने दें।
3. ठण्डा होने के बाद उसमें ब्राउन राइस और राजमा मिला कर फ़ूड प्रोसेसर में ब्लेंड करें।
4. कट्लेट का आकार देकर पैन में फ्राई करें।

6) काले राजमा का सलाद

ये सलाद सरल किंतु बहुत ही स्वादिष्ट है। आप इसके लिये लाल राजमा या अन्य किसी भी साबुत बीन्स का प्रयोग कर सकते हैं।

4 लोगों के लिये

सामग्री

1 कप सूखे काले राजमा या अन्य कोई भी साबुत बीन्स

1 लाल शिमला मिर्च, खुली आँच पर सेक कर छिलका उतार कर, बीज निकाल कर छोटे टुकड़ों में कटा हुआ।

2 से 3 सेलेरी की डंडी, कटी हुई, या मुट्ठी भर पार्स्ली

1 प्याज़, कटा हुआ

1/4 कप ताज़ा पार्स्ली, बारीक कटा हुआ

1 नींबू का छिलका, किसा हुआ

4 से 5 खजूर, बीज निकाल कर काटे हुए

विविधता

क्योंकि मार्केट में अच्छी गुणवत्ता वाला विनेगर नहीं मिलता, मैं उसकी जगह नींबू का रस और अन्य स्वीटनर्स की जगह स्टीविया का प्रयोग करती हूँ।

ड्रेसिंग के लिये

1/3 कप एक्स्ट्रा वर्जिन ऑलिव ऑइल

1 छोटा चम्मच सोय सॉस

2 छोटा चम्मच नींबू का रस

3 बड़े चम्मच बाल्समिक विनेगर

2 छोटे चम्मच स्टीविया

2 कली लहसुन, बारीक कटी हुई

1 नींबू का रस

1 संतरे का रस (ऐच्छिक)

विधि

1. एक पैन में हल्की आँच पर तेल गरम करें। सोय सॉस डालें और 3 से 4 मिनट तक पकायें।
2. एक छोटे से बाउल में ड्रेसिंग की सारी सामग्री को अच्छी तरह फेंटें।
3. बीन्स को सब्ज़ियों के साथ मिलायें और ऊपर से ड्रेसिंग डालें।
4. इच्छानुसार गरम या ठंडा सर्व करें।

अच्छे ख़मीरयुक्त खाद्य

1) प्रेस्ड सलाद

ये सलाद उन लोगों के लिये बहुत अच्छा है जो माँसाहारी थे या अभी भी हैं, क्योंकि ये पशुआधारित भोजन में से सैचुरेटेड फ़ैट को खंडित करता है। ये उन लोगों के लिये भी उत्तम है जो तनावपूर्ण जीवन जी रहे हैं, क्योंकि ये तनाव को दूर करता है। मैं इसे अपने उन ग्राहकों के लिये प्रयोग में लाती हूँ जो लम्बे समय से थकान और फ़ाइब्रोमायाल्गिया से ग्रसित हैं। फ़ाइब्रोमायाल्गिया एक ऐसे स्थिति है जिसमे कंधों के नाजुक केन्द्रों में दर्द होता है (ये जगह छोटी आँत जैसी होती है)। ये सलाद उन्हें लचीला बनाता है। प्रेस्ड सलाद आपके सम्पूर्ण आहार को आत्मसात करने में मदद करेगा और आपको अच्छे बैक्टीरिया भी प्रदान करेगा। आप इसमें से थोड़ा सा बचा कर अगले भोजन के लिये रख सकते हैं।

4 लोगों के लिये

सामग्री

1/2 कप खीरा, कटा हुआ

1/2 कप पत्तागोभी, कटी हुई

1/2 कप सफ़ेद मूली

1/4 कप सेलेरी

1/4 कप लाल प्याज़

1 छोटा चम्मच नमक

टिप#: जब मौसम में हरे सेब हों तो उनसे ये सलाद और भी चटपटा हो जाता है।

विधि

1. एक बड़े बाउल में सभी सब्ज़ियों को सेंधा नमक के साथ मिला कर डालें, और उन्हें नरमाई के साथ उंगलियों से रगड़ते हुए (जैसे रोटी के लिये आटे को मलते हैं) तब तक मिलायें जब तक वो कुम्हलाने ना लग जायें।
2. सब्ज़ियों के ऊपर एक प्लेट रखें और उसे ऊपर से किसी भारी चीज़ से दबा कर रखें। मैं आम तौर पर एक ईंट को साफ़ कपड़े में लपेट कर प्रयोग में लाती हूँ।
3. इस प्रकार सब्ज़ियों को दबा कर 45 मिनट के लिये रखें और सब्ज़ियों का पानी निकल जाने दें।
4. पानी को फेंक कर सब्ज़ियों को ताज़े फिल्टर के पानी से धो कर साइड डिश की तरह खायें।
5. विभिन्न रंगों की सब्ज़ियाँ इस्तेमाल करें और थोड़ी सी सेलेरी डालें। थोड़े तीखे स्वाद के लिये खाने से पहले ज़रा सा लाल मिर्च पाउडर डालें (खिम्ची की तरह), या थोड़ी सी मूंगफली पीस कर मिलायें।

2) सौअरक्रौत

जर्मन में सौअरक्रौत का अर्थ होता है 'खट्टी पत्तागोभी'। ये मूलतः बारीक कटी पत्तागोभी है जिसे लैक्टिक ऐसिड बैक्टीरिया से ख़मीरा या फर्मेंट किया गया है, और एक बार बन जाने के बाद इसे महीनों तक रखा जा सकता है (जैसे हमारे भारतीय अचार)। सर्दियों में इसे फ्रिज में रखे बगैर भी खाया जा सकता है। आपके पाचन तंत्र को सक्रिय करने के लिये ये एक बढ़िया साइड डिश है, ये आपके पाचन को पुनः संतुलित करती है (ऐसिड-एल्कलाइन), आपको लैक्टोबैसिलस ऐसिडोफ़ैलस या अच्छे बैक्टीरिया देती है जो आपके पेट में स्रावित होने वाले रसों को संतुलित करते हैं, आपको सही एंज़ाइम्स और विटामिन्स देती है, स्प्लीन और पैंक्रियाज़ को सशक्त करती है और हाजमें को ठीक करती है ख़ास कर उन फ़ैट्स को जो हम भारतीय

बहुत ज़्यादा खाते हैं। मैं इसे हफ़्ते में तीन बार भोजन के साथ खाने की सलाह देती हूँ। कैंडिडा, कैंसर, या शरीर को नष्ट करने वाले रोग जैसे कैंसर, थाइरॉइड, क्रोहंस डिसीज़ के साथ मल त्याग में परेशानी, और निम्न रोग प्रतिरोधक शक्ति वाले लोगों के लिये ये विशेष रूप से हितकारी है।

1/2 जार बनाने के लिये

सामग्री

आपको काफ़ी सारी सब्ज़ियों की आवश्यकता पड़ेगी। पत्तागोभी या चुकन्दर, पत्तागोभी, फूलगोभी, सफ़ेद मूली, खीरा और गाजर को मिला कर प्रयोग करें (कभी-कभी मैं इसमें हरे सेब भी मिला देती हूँ)। शुरुआत के लिये सभी सब्ज़ियाँ मिला कर 2 किलो सब्ज़ियों से शुरु करें।

3 बड़े चम्मच सेन्धा नमक

एक बड़ा बर्तन हो सके तो मिट्टी का बर्तन।

विधि

1. सभी सब्ज़ियों को बारीक काट लें।
2. जैसे-जैसे आप सब्ज़ियों की परत बर्तन में लगाते जायें, उन पर नमक छिड़कते जायें - नमक सब्ज़ियों को करारा रखेगा और पानी को बाहर खींच लेगा, इससे इस डिश का नमकीन पानी तैयार हो जायेगा। अगर बहुत अधिक गरमी हो, तो आप ज़्यादा नमक इस्तेमाल कर सकते हैं।
3. अच्छी तरह मिलायें और गहरे बाउल में इसे पैक कर दें।
4. बर्तन को किसी ढक्कन से कस कर ढक दें ताकि सब्ज़ियाँ अन्दर नीचे को दब जायें, और ऊपर से कोई भारी चीज़ रख दें। पानी को ऊपर ढक्कन तक आने दें।
5. कुछ घंटों बाद पानी के स्तर की जाँच करते रहें। और ढक्कन को नीचे की ओर दबाते रहें। अगर नमक का पानी ढक्कन तक नहीं चढ़ता, तो अलग से नमक का पानी बना कर मिलायें (250 एम

एल पानी में 1 बड़ा चम्मच नमक मिलायें, पूरा नमक घुलने तक चलाते रहें) और बर्तन में डालें।

6. किसी हवादार कमरे में इसे ख़मीर होने के लिये 5 से 7 दिन तक छोड़ दें। सब्ज़ियों की ऊपरी सतह पर अगर फफूँद जमने लगे तो उन सब्ज़ियों को फेंक दें। ख़मीरन की प्रक्रिया के बाद बचे हुए मिश्रण को किसी काँच के ढक्कन युक्त बर्तन में रख कर फ्रिज में रखें। इसे 4 से 8 महीनों तक इस्तेमाल किया जा सकता है।

3) नींबू का विवक मीठा और खट्टा अचार

1/2 शीशी अचार के लिये

सामग्री

6 नींबू

4 पिसी इलायची

12 साबुत लौंग

1 बड़ा चम्मच सेन्धा नमक

2 बड़ा चम्मच जीरा

नींबू का रस (करीब 6 बड़े चम्मच)

लाल मिर्च पाउडर स्वादानुसार

विधि

1. हर नींबू को चार टुकड़ों में काटें।
2. उन पर सूखे मसाले छिड़कें।
3. एक काँच की शीशी में भर कर ऊपर से नींबू का रस डालें।
4. शीशी को मलमल के कपड़े से ढक कर कस कर बाँध दें और किसी गरम जगह पर 1 हफ़्ते तक रखें।
5. रोज़ शीशी को उठा कर एक बार गोल गोल हिलायें।
6. एक हफ़्ते में तैयार हो जायेगा। फ्रिज में रखें।

4) फ्रूट खिम्ची

ये एक बढ़िया रेसेपी है क्योंकि हम भारतीय फल बहुत पसन्द करते हैं।

2 कप के लिये

सामग्री

2 नाशपाती या सेब, छिलके समेत टुकड़ों में कटे हुए
एक गुच्छा अंगूर। बीज निकाल कर बीच में से आधे कटे हुए
आधे से कम अन्ननास टुकड़ों में कटा हुआ
2 बड़े चम्मच सेन्धा नमक
1 नींबू का रस (ऐच्छिक)
धनिया पाउडर
लाल या हरी मिर्च, बारीक कटी हुई
लहसुन की कलियाँ और 2 इंच अदरक स्वादानुसार
अखरोट, बादाम, खजूर या तिल (ऐच्छिक)

विधि

1. सभी सामग्रियों को मिला लें, नमक और नींबू का रस मिलायें।
2. एक गहरे बर्तन में रख कर ढक्कन लगायें, ऊपर से कोई वज़नदार चीज़ रखें।
3. कुछ घंटों या रात भर के लिये छोड़ दें।

5) सफ़ेद मूली और नींबू का अचार

1/2 शीशी के लिये

सामग्री

1 बड़ी मूली, पतले गोल टुकड़ों में या पतले लम्बे टुकड़ों में कटी हुई
1 नींबू का छिलका, किसा हुआ
1/2 से 1 बड़ा चम्मच सेन्धा नमक

विधि

1. सेन्धा नमक को मूली के टुकड़ों पर तब तक रगड़ें जब तक मूली पानी ना छोड़ने लगे।
2. नींबू का छिलका मिलायें।
3. एक बर्तन में डाल के ऊपर से किसी वज़नदार ढक्कन से दबाकर रखें।
4. 1 से 2 दिन तक किसी ठंडी जगह पर रखें।
5. ढक्कन हटा कर अचार को काँच की शीशी में बन्द करके फ्रिज में रखें।
6. भोजन के साथ छोटी मात्रा में लें।
7. अगर नमक ज़्यादा हो जाये, तो खाने से पहले पानी से धो लें।

स्प्रेड्स/स्नैक्स/सॉस

पौष्टिक स्प्रेड्स

1) स्वादिष्ट हमस

इस डिश से आवश्यक कैल्शियम और विटामिन्स पायें।

4 लोगों के लिये

सामग्री

1 कप काबुली छोले, रात भर भिगा कर प्रेशर कुक किए हुए

स्वास्थ्य टिप#1: ट्रेस मिनरल्स प्राप्त करने के लिये छोले को एक छोटा टुकड़ा कोम्बु के साथ पकायें।

स्वास्थ्य टिप#2: उबले हुये छोले के पानी को बचा कर रखें और उसे छोले को मिक्सर में ब्लेंड करने के लिये इस्तेमाल करें।

1 या 2 कली लहसुन

1 नींबू का रस

2 बड़े चम्मच ताहिनी या तिल के बीज, भूने और पिसे हुए

सेन्धा नमक, स्वादानुसार। अगर कोम्बु का प्रयोग करें, तो नमक को कम कर दें

1 बड़ा चम्मच पार्स्ली या हरी प्याज़, सजाने के लिये

तीखा या चटपटा बनांने के लिये विधि

4 सूखी लाल मिर्च, बीज निकाल कर

11/2 छोटा चम्मच जीरा

1 लाल शिमला मिर्च, भून कर छिलका उतार कर, बारीक कटी हुई

3 धूप में सुखाये टमाटर

1/4 कप बारीक कटा हरा धनिया

विधि

1. लहसुन को भाप देकर स्टीम कर के एक तरफ़ रखें।
2. हरी प्याज़ को छोड़ कर सभी सामग्री को मिक्सर में डाल कर ब्लेंड करें (ब्लेंडर ब्लेड का प्रयोग करें); पेस्ट बनाने के लिये बीन के पानी का प्रयोग करें।
3. पार्स्ली या हरी प्याज़ से सजायें।

क्या आप जानते हैं?

जब बीन्स को करीब एक घंटे से ज़्यादा समय के लिये पानी में भिगोया जाता है, तो बी विटामिन का करीब 35% और फ़ॉलिक ऐसिड का 50% पानी में घुल जाता है। इसलिये, उस पानी का उपयोग करें!

2) मलाईदार वेगान टोफू मेयोनिज़

सैचुरेटेड फ़ट्स के बिना ही प्रोटीन और पाचक एंज़ाइम्स पायें।

6 लोगों के लिये

सामग्री

1 पैक मोरी-नु सिल्कन टोफ़ू या और कोई भी मलाईदार टोफ़ू।

आपको सोय सॉस मिलाने की आवश्यकता पड़ सकती है।

2 बड़े चम्मच नींबू का रस

1 बड़ा चम्मच मीसो (सफ़ेद)

2 बड़े चम्मच ऑलिव ऑइल

विधि

1. टोफ़ू को स्टीमर में 3 से 5 मिनट के लिये स्टीम करें और थोड़ा ठंडा होने दें।
2. सभी सामग्री मिला कर ब्लेंडर में ब्लेंड कर लें।

विविधता

मैं कभी कभी स्वाद में थोड़ा बदलाव लाने के लिये 1 छोटा चम्मच सरसों डाल देती हूँ। ये आपके लिवर के लिये भी लाभकारी है।

3) पौष्टिक बीन स्प्रेड

इस स्प्रेड से स्नैक खाते समय अपने कॉलेस्ट्राल को कम करें और ब्लड शुगर के स्तर को स्थिर रखें।

6 लोगों के लिये

सामग्री

दो कप बचे हुये बीन्स या दाल

1 डंडी हरी प्याज़, बारीक कटी हुई

2 डंडी सेलेरी, बारीक कटी हुई

थोड़ी पार्स्ली, बारीक कटी हुई

1 छोटा चम्मच नींबू का रस

सेन्धा नमक स्वादानुसार

1/4 कप भुने हुये तिल या कोई भी अन्य बीज

विधि

1. ये ध्यान रखें की बीन्स में ज़्यादा पानी ना हो। इसलिये अगर दाल लें, तो थोड़ा सा पानी रखें क्योंकि हम पेस्ट बनाने जा रहे हैं।

2. आप सभी सामग्री को काँटे की मदद से मिला सकते हैं या ब्लेंडर में डाल कर ब्लेंड कर सकते हैं।
3. इसे क्रैकर्स, ब्रेड या रोटियों पर लगायें।

4) स्मूद एंड स्वीट वेजी कैरट बटर

अपने दिन भर की विटामिन ए की ख़ुराक पायें, जवान दिखें।

6 लोगों के लिये

सामग्री

4 कप गाजर, कटी हुई

1 बड़ा चम्मच ऐरोरूट पाउडर—1/4 कप पानी में घुला हुआ

2 बड़े चम्मच ताहिनी (तिल के बीजों का मक्खन) या भुने पिसे तिल के बीज

1/4 कप पानी

सेन्धा नमक स्वादानुसार

विधि

1. गाजर को उबाल कर उनमें एक चुटकी नमक मिलायें। फिर ठण्डा होने दें।
3. इसे ब्लेंडर में डालें, गाजर उबालने के लिये जिस पानी का इस्तेमाल किया था उसी में से थोड़ा सा पानी डाल कर ब्लेंड करें।
4. ऐरोरूट के घोल को मिला कर इस मिश्रण को आँच पर चढ़ा कर पकने दें।
5. ऐरोरूट के थोड़ा गाढ़ा होने तक निरंतर चलाते रहें।
6. अब ताहिनी या तिल के बीज मिलायें; आम तौर पर ताहिनी यहाँ बेहतर काम करती है।

स्नैक्स

1) शकरकन्दी के चीले

इस स्नैक के बारे में अच्छी बात ये है कि आप इसे स्नैक के रूप में

नाश्ते में ले सकते हैं, शाम को चटनी के साथ खा सकते हैं, या फिर अगर आप शाम को अनाज नहीं खाते, तो इसे अपने रात के भोजन का हिस्सा भी बना सकते हैं। ये एक स्टार्च से भरपूर स्नैक है, और उन लोगों के लिये बहुत बढ़िया है जिनमें सेरोटोनिन कम है। साथ ही, शकरकन्दी का ग्लाइसेमिक इंडेक्स कम है, और ये आपके शुगर का स्तर निम्न रखेगा।

4 लोगों के लिये

सामग्री

3 कप शकरकन्दी, किसी हुई

3 बड़े चम्मच नींबू का रस,

1/4 कप प्याज़, किसा हुआ

नमक और पिसी काली मिर्च स्वादानुसार

2 बड़े चम्मच आटा, गूँथने के लिये (मैं ज्वार का आटा इस्तेमाल करती हूँ)

विधि

1. सभी सामग्री को अच्छी तरह मिला लें।
2. पैन में तेल की हल्की सी परत लगायें (मैं ऑलिव ऑइल को हल्का सा छिड़कती हूँ)
3. थोड़ा सा शकरकन्दी का मिश्रण हाथ में लेकर उसे थपथपा कर चीले का आकार दें - मिश्रण को ज़्यादा सख़्त बनाने की ज़रूरत नहीं है।
4. इसे पैन में डाल कर थपथपा कर और फैलायें।
5. एक तरफ़ से शैलो फ्राय करें। सुनहरा भूरा हो जाने पर पलट कर दूसरी ओर से भी सेकें।
6. चटनी के साथ गरम गरम सर्व करें।

2) चीना, या फिर किसी भी अन्य साबुत अनाज का पोहा

ये अनाज आपके स्प्लीन/पैंक्रियाज़/पेट को पोषित करता है, इसलिये जो

भी व्यक्ति डायबेटिक है, या जिसे ब्लड शुगर की समस्या है, उसके लिये ये सर्वोत्तम है। ये पाचन में भी सहायक है। आपके पेट में पचाने की शक्ति होनी चाहिये, आपके स्प्लीन को उस भोजन में से लिपिड्स (फ़ैट्स) को आत्मसात करके उन्हें शरीर के लिये ऊर्जा में परिवर्तित करना चाहिये; आपके पैंक्रियाज़ को फ़ैट्स, प्रोटीन और कार्बोहाइड्रेट्स को विखंडित करने में सहायता के लिये पाचक एंज़ाइम्स को निस्तारित करने की आवश्यकता होती है। बाजरा एक ऐसा अनाज है जो इन सब कार्यों को आसानी से कर लेता है। ये ग्लूटेन रहित, लौह तत्त्वों, मैंगनीज, फॉस्फोरस, बी और ई विटामिन और सबसे महत्त्वपूर्ण, ट्रिप्टोफ़ैन से भरपूर है। इसलिये जहाँ ये एक तरफ़ आपके हृदय, स्प्लीन और पैंक्रियाज़ को सुधारता है, वहीं दूसरी ओर ये आपको ऊर्जा देता है, शरीर की टिशूज़ को सुधारता है, और साथ ही शरीर को विषाक्त पदार्थों से भी मुक्त करता है। मैं चीना का इस्तेमाल करती हूँ, जो एक पीले रंग का साबुत अनाज है।

4 लोगों के लिये

पोहा के लिये बाजरा पकाना

सामग्री

1 कप बाजरा

3 कप पानी

एक चुटकी नमक

विधि

1. बाजरे को साफ़ करके धो लें। मै आम तौर पर छननी का प्रयोग करती हूँ।
2. अच्छे टेक्स्चर के लिये, पहले बाजरे को पैन में सूखा भूनें (मध्यम आँच पर) जब तक वो सोंधी खुश्बू ना छोड़ने लगे। भूरा ना होने दें।
3. पानी को उबालें। एक चुटकी नमक और बाजरा डालें।
4. एक उबाल आने पर आँच को हल्का कर दें।

5. ढक कर 20 मिनट तक पकने दें। बाजरा सारे पानी को सोख लेगा और गल जायेगा।

पोहा बनाना

सामग्री

1 कप सूखा बाजरा, पकाया हुआ

मीठे नीम के पत्ते

उबली हुई मटर

1/2 शकरकन्दी, उबली और टुकड़ों में कटी हुई

1 गाजर, उबली और टुकड़ों में कटी हुई

सरसों के दानें

1 प्याज़, कटा हुआ

धनिया पत्ते, सजाने के लिये

1/2 छोटा चम्मच लाल मिर्च पाउडर

1 छोटा चम्मच तिल का तेल

1/2 छोटा चम्मच धनिया पाउडर

1/2 छोटा चम्मच हल्दी पाउडर

नमक स्वादानुसार

विधि

1. पैन में 1 छोटा चम्मच तिल का तेल लें।
2. सरसों के दानें और मीठे नीम के पत्ते डालें
3. दानों के चटकने के बाद प्याज़ डालें।
4. 5 मिनट तक सॉटे करें। पूरी तरह भूरा ना होने दें।
5. बाजरा और सब्ज़ियाँ मिलाएं।
6. बाजरा और सब्ज़ियाँ डालें। प्याज़, सरसों और मीठी नीम को मिलाने के लिये टोस करें।
7. सूखे मसाले मिलायें।

8. अच्छी तरह मिलायें। हरी धनिया की पत्ती से सजायें।
9. नींबू का रस डाल कर सर्व करें।

3) करारा साउरक्राउट स्नैक

करारे स्नैक का आनन्द उठाने के साथ-साथ अपने पाचक एंज़ाइम्स को भी सक्रिय करें। आप सप्ताह के अंत में एक बॉटल भर के ये स्नैक बना कर इसे अपने ऑफिस के फ्रिज में रख सकते हैं।

4 लोगों के लिये

सामग्री

बचा हुआ ब्राउन राइस (ऐच्छिक)

थोड़ा सा साउरक्राउट

कोई भी भुना हुआ बीज जैसे सूरजमुखी या तिल

विधि

1. कुछ क्रैकर्स या ब्रेड खरीदें।
2. स्नैक की सारी सामग्री को मिला लें (चाहें तो ब्राउन राइस को छोड़ सकते हैं)।
3. इसे ब्रेड या क्रैकर पर थोड़ी चटनी के साथ फैला कर खायें।

4) मॉक ऐग टोफ़ू सलाद

सैंडविच या क्रैकर के ऊपर लगा कर खाने के लिये या यूँ ही खाने के लिये बेहतरीन है। इसे भी नाश्ते में अण्डे की जगह इस्तेमाल किया जा सकता है। पचाने में आसान प्रोटीन का स्रोत होने और आपको विटामिन बी, खनिज, फॉस्फोरस, लौह तत्त्व, सोडियम, पोटैशियम, और निम्न कैलोरी देने के साथ साथ टोफ़ू में दूध के बराबर कैल्शियम की मात्रा होती है।

6 लोगों के लिये

सामग्री

1 पैक (225 ग्राम) सिल्कन मोरी-नु टोफ़ू या कोई भी टोफ़ू

1 प्याज़, किसी हुई

2 डण्डी सेलेरी की, बारीक कटी हुई

2 गाजर, किसी हुई

सेन्धा नमक स्वादानुसार

1 बड़ा चम्मच सफ़ेद वाइन विनेगर

विधि

1. टोफ़ू को स्टीम करें (ध्यान रखें की टोफ़ू का सारा पानी निचोड़ दिया जाये) और एक तरफ़ रख दें।
2. सभी सामग्री को अच्छे तरह मिला कर टोफ़ू में डाल कर टोफ़ू को हाथ से चूराकर सब कुछ अच्छे से मिला लें।
3. सलाद को सर्व करने से पहले 10 से 15 मिनट तक फ्रिज में ठण्डा कर लें।

5) तृप्ति देने वाली ग्रीन स्मूदी

हरी सब्ज़ियों की दैनिक ख़ुराक पायें। दो समय के भोजन के बीच में स्नैक के लिये बढ़िया है।

2 लोगों के लिये

सामग्री

1 केला (ऐच्छिक)

1 सेब, कटा हुआ

1/2 कप पानी या वेजिटेबल स्टॉक

1 कप अंकुरित अनाज

1 बड़ा चम्मच स्पाइरुलिना पाउडर

2 छोटे चम्मच नींबू का रस

1 छोटा चम्मच वीट ग्रास पाउडर

4 बड़े चम्मच ऐलोवेरा का रस

विधि

1. फलों और पानी/स्टॉक को ब्लेंडर में एकसार होने तक ब्लेंड करें।
2. बाकी की सामग्री भी मिला कर एकसार होने तक ब्लेंड करें।
3. गिलास में सर्व करके आनन्द उठायें।

6) कुरकुरे चॉप्ड वॉल्डोर्फ़ चपाती/मकई रोटी के रैप्स (Crispy Chopped Waldorf Chapati/Corn (Makai) Roti Wraps)

4 से 6 लोगों के लिये

सामग्री

1/2 पत्तागोभी, बारीक कटी हुई

1 ग्रीन सेब, बीज निकाल कर छोटे टुकड़ों में कटा हुआ

1 डण्डी सेलेरी, कटी हुई

1/2 लाल प्याज़, कटा हुआ

1/2 कप बादाम, सेक कर काटे हुये

1/2 कप मुनक्का

1 बड़ा चम्मच काले तिल

4 से 6 बड़ी चपाती या मकई की रोटियाँ/टोर्टियास

ड्रेसिंग के लिये

1/2 कप टोफ़ू मेयोनिज़

1/2 कप छना हुआ सोय दही

1 बड़े संतरे का रस

नमक और पिसी काली मिर्च स्वादानुसार

विधि

1. एक छोटी शीशी में ड्रेसिंग की सभी सामग्री को मिला कर अच्छी तरह से हिलायें। एक ओर रख दें।
2. एक बाउल में पत्तागोभी, सेब, सेलेरी और प्याज़ को अच्छी तरह

मिला लें। इस सलाद के ऊपर ड्रेसिंग डालें, मेवे, मुनक्का और तिल मिलायें और सभी चीज़ों को अच्छी तरह से मिला लें।

3. टोर्टिया के बीच में 2 बड़े चम्मच (कम से कम 1 कप) सलाद रखें और इसे लपेटें, पहले नीचे से मोड़ कर फिर दोनों तरफ़ से कस कर लपेट दें। अगर आप चाहते हैं की सामग्री बाहर ना टपके तो बटर पपेर में लपेटें।
4. या फिर लपेटने की बजाय यूँ ही सलाद के रूप में खायें। ये दोनों ही तरह से स्वादिष्ट है।

7) लेमन ताहिनी ड्रेसिंग के साथ फूलगोभी

2 लोगों के लिये

सामग्री

1 फूलगोभी, मध्यम आकार के टुकड़ों में काट कर उबली हुई

सॉस के लिये

3 बड़े चम्मच ताहिनी

3 बड़े चम्मच हल्का मीसो (ऐच्छिक)

6 बड़े चम्म्च पानी

1 बड़ा चम्मच नींबू का रस (या स्वादानुसार)

विधि

1. सॉस की सभी सामग्री को एक पैन में मिलायें और हल्की आँच पर उबालने के लिये रखें।
2. करीब एक मिनट तक बीच-बीच में चलाते रहें, जब तक सॉस गाढ़ा नहीं हो जाता।
3. तुरंत ही उबली हुई गोभी के ऊपर डाल कर परोसें।

सूप

1) स्वीट मीसो सूप

12 लोगों के लिये

सामग्री

8 कप पानी या वेजिटेबल स्टॉक

1 छोटा स्क्वाश या लाल कद्दू, चौकोर टुकड़ों में कटा हुआ

1 मध्यम आकार का प्याज़, गोल लच्छे में कटा हुआ

1 छोटी मूली, गोल पतले टुकड़ों में कटी हुई

6 बड़े चम्मच सफ़ेद या बार्ली मीसो

1 हरी प्याज़ की डण्डी, बारीक कटी हुई

मुट्ठी भर ताज़ी पार्स्ली

विधि

1, 8 कप पानी को उबालने रखें।

2. उसमें प्याज़ डाल कर बिना ढके हल्की आँच पर 5 मिनट तक पकने दें।

3. मूली डाल कर और 5 मिनट तक हल्की आँच पर पकने दें।

4. अब स्क्वाश डालें और 5 मिनट तक या गलने तक हल्की आँच पर पकायें। आँच पर से उतार लें।

5. एक छोटे बाउल में थोड़ा सा सूप डालें, मीसो मिलायें और एकसार होने तक चलायें, फिर दोबारा बर्तन में डालें।

6. थोड़ा सा चलाइयें और हरी प्याज़ और पार्स्ली से सजायें।

नोट#: सूप को मीसो मिलाने के बाद दोबारा ना उबालें क्योंकि पाचन में सहायक लाभकारी माइक्रोऑर्गैनिज़्म्स मारे जाते हैं।

2) मेरी माँ का ब्रॉक्कली सूप

2 से 4 लोगों के लिये

सामग्री

5 कप पानी या वेजिटेबल स्टॉक (पोषक तत्त्वों को बढ़ाता है)

11/2 कप ब्रॉक्कली, कटी हुई

1 छोटी प्याज़, बारीक कटी हुई

1/2 शकरकन्दी, चौकोर टुकड़ों में कटी हुई

11/2 कप ब्राउन राइस, पकाया हुआ

2 बड़े चम्मच मीसो। बच्चों के लिये हमेशा हल्के प्रकार के मीसो का प्रयोग करें क्योंकि गहरे रंग के मीसो का स्वाद ज़्यादा तीखा होता है।

विधि

1. ब्रॉक्कली, शकरकन्दी और प्याज़ को उबालें (प्रेशर कुक भी कर सकते हैं) आप वेजिटेबल स्टॉक का भी प्रयोग कर सकते हैं।
2. ढक कर हल्की आँच पर 10 मिनट के लिये पकने दें।
3. सब्ज़ियाँ गल जाने के बाद, उन्हें ठण्डा कर के ब्राउन राइस मिलायें और एक ब्लेन्डर में पानी समेत डाल कर ब्लेंड करें।
4. एक अलग कप में थोड़ा सा निकाल कर 1 से 2 बड़े चम्मच मीसो मिलायें और फिर इस मिश्रण को बाकी के सूप में मिलायें।
5. बारीक कटी ब्रॉक्कली से सजायें।

विविधता

आप सजाने के लिये ब्रॉक्कली की जगह सेलेरी या सलाद के पत्तों का भी प्रयोग कर सकते हैं।

3) फ्रेश कॉर्न चौडर सूप

6 कप के लिये

सामग्री

1 प्याज़, कटा हुआ

2 मध्यम आकार की सेलेरी की डण्डी, बारीक कटी हुई

6 कॉर्न के कॉब, छिले हुए

1 बड़ी शकरकन्दी, छोटे टुकड़ों में कटी हुई

4 कप वेजिटेबल स्टॉक या पानी

3 बड़े चम्मच हल्का मीसो

विधि

1. प्याज़, सेलेरी, कॉर्न और शकरकन्दी को एक बर्तन में डाल कर स्टॉक या पानी डालें।
2. उबाल आने पर आँच हल्की करके 10 से 15 मिनट तक ढक कर पकने दें, जब तक शकरकन्दी गल नहीं जाती।
3. 11/2 छोटे चम्मच नमक और 1/2 छोटा चम्मच काली मिर्च पाउडर डालें और 5 मिनट तक और पकने दें। ठण्डा करके ब्लेंडर में ब्लेंड करें और फिर बर्तन में डाल कर एक बार और उबालें।
4. 3 बड़े चम्मच मीसो मिलायें।
5. पार्स्ली या हरी धनिया से सजायें।

4) गोल सब्ज़ियों का सूप

अत्यधिक विश्रांति देने वाली ऊर्जा और पेट में तृप्ति की अनुभूति के लिये।

4 लोगों के लिये

सामग्री

1/2 कप सूरन, छोटे टुकड़ों में कटा हुआ

2 शलजम, छोटे टुकड़ों मे कटी हुई

3 से 4 अरबी, कटी हुई

2 गाजर, कटी हुई

1 सफ़ेद मूली, कटी हुई

1 प्याज़, बारीक कटा हुआ

3 से 4 लकड़ी, दालचीनी

3 से 4 लौंग

1 बड़ा चम्मच करी पाउडर

4 बड़े चम्मच हल्का या गहरा मीसो

1 बड़ा चम्मच ऑलिव ऑइल

3 कप पानी या वेजिटेबल स्टॉक

विधि

1. बर्तन के गरम होने से पहले उसमें तेल डालें। फिर उसमें प्याज़, दालचीनी और लौंग डालें। प्याज़ के थोड़ा नरम होने तक सॉटे करें।
2. अब सब्ज़ियाँ इस क्रम में डालें: शलजम, सूरन, अरबी, सफ़ेद मूली और फिर गाजर। 10 मिनट तक सॉटे करें, और फिर करी पाउडर डालें।
3. पानी या स्टॉक डालें और पहले उबाल के बाद 20 मिनट तक हल्की आँच पर पकने दें।
4. जब सब्ज़ियाँ गल जायें, तो उन्हें हैंड ब्लेंडर की मदद से ब्लेंड कर लें।
5. थोड़ा सा सूप एक कप में अलग निकाल कर, मीसो डाल कर अच्छी तरह मिलायें, और वापस सूप के बर्तन में डाल कर अच्छी तरह मिलायें।
6. पार्स्ली से सजायें।

5) बोहेमियन सूप

4 से 5 लोगों के लिये

सामग्री

11/2 कप काबुली छोले, उबले हुये

2 मध्यम आकार के टमाटर

2 कप प्याज़, कटा हुआ

2 बड़े चम्मच ऑलिव ऑइल

3 से 4 लहसुन की कलियाँ, कुचली हुई

2 कप शकरकन्दी, छील कर टुकड़ों में कटी हुई

1 डण्डी सेलेरी, बारीक कटी हुई

1 छोटा चम्मच सेन्धा नमक

2 छोटे चम्मच लाल मिर्च पाउडर

1 छोटा चम्मच हल्दी

1 छोटा चम्मच तुलसी

1 चुटकी दालचीनी पाउडर

1 हरी शिमला मिर्च, बारीक कटी हुई

3 कप पानी

विधि

1. टमाटर को उबलते पानी में 1 मिनट के लिये ब्लांच करें और उसे पानी में से निकालने के बाद उसका छिलका निकाल कर उसे काट कर उसके बीज निकाल दें।
2. ऑलिव ऑइल गरम करें और उसमें प्याज़ और लहसुन डाल कर 5 मिनट तक सॉटे करें जब तक कि प्याज़ पारदर्शी ना हो जाये।
3. हल्दी, मिर्च, तुलसी, दालचीनी और नमक डालें। पानी डाल कर ढक कर 20 मिनट के लिये पकायें।
4. टमाटर, हरी शिमला मिर्च और काबुली छोले मिलायें। ढक कर 10 से 15 मिनट तक पकायें।

6) फूलगोभी का सूप

4 लोगों के लिये

सामग्री

1/2 प्याज़, छोटे टुकड़ों में कटा हुआ

2 1/2 कप फूलगोभी, मध्यम आकार के टुकड़ों में कटी हुई

1/2 छोटा चम्मच ऑलिव ऑइल

1 1/2 कप उबला पानी

1 बड़ा चम्मच हल्का मीसो (ऐच्छिक)

1/2 डण्डी हरी प्याज़, लम्बाई में कटी हुई, सजाने के लिये

1/2 लाल शिमला मिर्च (ऐच्छिक), भुनी, छिलका निकाल कर कटी हुई

विधि

1. तेल गरम करके प्याज़ डालें, 5 मिनट तक सॉटे करें।
2. फूलगोभी डालें, 5 मिनट तक सॉटे करें।
3. पानी डाल कर ढक कर 10 मिनट तक हल्की आँच पर पकने दें, जब तक फूलगोभी गल ना जाये।
4. सूप के ब्लेंडर में डाल कर ब्लेंड करें। ज़रूरत हो तो पानी मिलायें।
5. वापस पैन में डालें और 3 से 4 मिनट तक हल्की आँच पर पकायें।
6. लाल शिमला मिर्च और हरी प्याज़ से सजायें।

7) टमाटर का शोरबा

2 लोगों के लिये

सामग्री

2 टमाटर

1 छोटा चम्मच बेसन

1 छोटा चम्मच नारियल का दूध

1 छोटा चम्मच जीरा

5 मीठे नीम के पत्ते

सेन्धा नमक स्वादानुसार

1/2 छोटा चम्मच नींबू का रस

धनिया पत्ती सजाने के लिये

विधि

1. टमाटर को उबलते पानी में डालें, छिलका उतार कर, बीज निकाल कर बारीक काट लें।
2. पहले बेसन को नारियल के दूध में घोल लें, फिर ब्लेंडर में डाल कर ब्लेंड करें।
3. पैन में तेल डाल कर गरम करें, फिर जीरा और मीठे नीम के पत्ते डालें, 1 से 2 मिनट के लिये सॉटे करें।
4. टमाटर डाल कर 3 से 4 मिनट तक सॉटे करें। नारियल दूध और सेंधा नमक डाल कर उबालें, उबाल आने पर आँच धीमी करके 3 से 4 मिनट तक पकायें।
5. धनिया पत्ती से सजायें।

रस

1) मुँहासों का इलाज

दो लोगों के लिये

सामग्री

6 गाजर,

1/2 हरी शिमला मिर्च

नींबू का रस (ऐच्छिक)

विधि

1. गाजर और शिमला मिर्च को काट कर मिक्सर में पीसें और थोड़ा पानी मिलायें।
2. आप थोड़ा नींबू का रस भी मिला सकते हैं।

1) सम्पूर्ण क्लींज़र

2 लोगों के लिये

सामग्री

1/2 खीरा

1/2 चुकन्दर

3 गाजर

विधि

1. सभी सब्ज़ियों को बारीक काट कर मिक्सर में पीसें और थोड़ा पानी मिलायें।
2. थोड़ा सा नींबू का रस मिलायें।

3) अल्कलाइज़र

2 लोगों के लिये

सामग्री

3 डण्डी सेलेरी

2 गाजर

2 इंच पत्तागोभी का टुकड़ा

विधि

1. सभी सब्ज़ियों को बारीक काट कर मिक्सर में पीसें और फिर थोड़ा पानी मिलायें।
2. अंत में थोड़ा नींबू मिलायें।

अगर आपको थाइरॉइड की परेशानी है तो इसे ना लें

4) बालों के लिये टॉनिक

2 लोगों के लिये

सामग्री

पालक के 6 पत्ते

अंकुरित अलफ़ाल्फ़ा

4 गाजर

विधि

1. गाजर को काट लें।
2. सभी सब्ज़ियों को मिक्सर में पीस कर अंत में थोड़ा सा पानी मिलायें।

5) नाखूनों के लिये ब्लेंड

2 लोगों के लिये

सामग्री

4 से 5 पत्ते पालक

1/2 हरी शिमला मिर्च

4 गाजर

1 खीरा

विधि

1. खीरा, शिमला मिर्च और गाजर को काट लें। सभी सब्ज़ियों को मिक्सर में पीस कर अंत में थोड़ा पानी मिलायें।

घरेलू उपचार

1) स्वीट वेजिटेबल ड्रिंक

पेट की माँसपेशियों को आराम पहुँचाता है और मीठा खाने की इच्छा को कम करता है।

2 लोगों के लिये

विधि

1. प्याज़, गाजर, पत्तागोभी और भोपला, इन चारों सब्ज़ियों को बराबर मात्रा में लेकर बारीक काट लें।

2. चार गुना पानी उबालें और इन सब्ज़ियों को उसमें डाल कर 3 से 4 मिनट तक उबलने दें। फिर आँच हल्की करके बर्तन को ढक कर 20 मिनट तक पकने दें।
3. सब्ज़ियों को पानी में से छानकर निकाल लें। इन सब्ज़ियों को ना फेंकें। इनको अन्य सूप या स्टयू में इस्तेमाल कर सकते हैं।
4. इस काढ़े को गरम या गुनगुना पीयें।

2) लिवर को साफ़ करने के लिये उपचार

2 लोगों के लिये

सामग्री

1/4 कप सफ़ेद मूली

1/2 कप मूली या शलजम के पत्ते

1/4 कप हरी प्याज़

1/4 कप अंकुर (अल्फ़ाल्फ़ा हो तो बेहतर)

1/4 कप (करीब 2) शीटाकी मशरूम

विधि

1. सभी सब्ज़ियों को काट लें।
2. एक बर्तन में 5 कप पानी के साथ उबालें, आँच हल्की करके 30 मिनट तक पकने दें।
3. पानी को छान कर इस काढ़े को पीयें। हो सकता है एक ग्लास काढ़ा बच जाये। इसे आप फ्रिज में रख कर अगले दिन गरम कर के पी सकते हैं।
4. आप चाहें तो साथ में पूरक के रूप में CoQ10, विटामिन ए और बी तथा हरी और सफ़ेद चाय के अवयव ले सकते हैं। ये पूर्णतयः ऐच्छिक है क्योंकि मुझे भरोसा है कि ये खाद्य इन सभी आवश्यकताओं की पूर्ति करेगा।

3) फेफड़ों के लिये इलाज

2 लोगों के लिये

सामग्री

1/2 कप कमल ककड़ी

1/2 कप से कम मूली के पत्ते

1/2 कप से कम गाजर

1 सूखा शीटाकी मशरूम, भिगो कर काटा हुआ

विधि

1. सभी सब्ज़ियों को किस लें
2. 4 कप पानी में हल्की आँच पर 15 से 20 मिनट तक उबालें।
3. उबालने के बाद इसमें से 1 कप जूस पीयें।

4) ताज़ी कमल ककड़ी की चाय

2 लोगों के लिये

सामग्री

1/2 कप कमल ककड़ी का रस

1/2 कप पानी

एक चिटकी सेन्धा नमक

विधि

1. कमल ककड़ी को घिस कर उसका रस निचोड़ लें।
2. एक बर्तन में पानी के साथ उबालने के लिये रखें।
3. लगातार चलाते रहें और पहले उबाल बाद आँच हल्की करके 3 से 4 मिनट तक पकने दें।
4. गरम ही पीयें।

5) गाजर और सफ़ेद मूली का ड्रिंक

2 लोगों के लिये

सामग्री

1/2 कप किसी हुई गाजर

1/2 कप किसी हुई सफ़ेद मूली

11/2 कप पानी

विधि

1. गाजर और मूली को पानी के साथ उबालने रखें
2. पहले उबाल के बाद धीमी आँच पर 3 से 4 मिनट तक पकायें।
3. सब्ज़ियों समेत काढ़े को गरम गरम पीयें।

6) किडनी के लिये उपचार

2 लोगों के लिये

सामग्री

राजमा (काली राजमा चलेगी), रात भर भिगाई हुई

3 शीटाकी मशरूम, भिगाए हुए

11/2 कप सफ़ेद मूली, पतले टुकड़ों में कटी हुई

विधि

1. रजमा में शीटाकी मशरूम और मूली मिलायें।
2. 5 गुना पानी मिलायें, उबालें और उबाल आने पर हल्की आँच कर के 25 मिनट तक पकायें।
3. 10 दिन तक रोज़ एक कप पीयें।

7) शीटाकी मशरूम की चाय

1 से 2 मशरूम को नरम होने तक पानी में भिगोयें। एक पैन में 1 कप पानी के साथ उबालें, उबाल आने पर आँच हल्की कर के 15 मिनट तक धीमी आँच पर पकने दें। छान कर गरम गरम पीयें।

डेज़र्ट्स

1) बेक्ड सेब या नाशपाती

अखरोट और मुनक्के की स्टफ़िंग के साथ

4 लोगों के लिये

सामग्री

2 सेब या नाशपाती, बीज निकाल कर बीच में से थोड़ा सा गूदा निकाला हुआ, फल को साबुत ही छोड़ें

1/4 कप मुनक्का

1/2 कप अखरोट, कटे हुए

1/4 चम्मच दालचीनी पाउडर

1 छोटा चम्मच स्टीविया पाउडर

1/2 चम्मच शुगर फ्री सेब का रस

विधि

1. मुनक्का को सेब के रस में 40 मिनट तक भिगोयें।
2. अखरोट, मुनक्का, स्टीविया और दालचीनी को मिलायें।
3. फलों के बीच में इस मिश्रण को भरें।
4. हर आधे भाग को फॉइल में लपेटें।
5. एक बेकिंग ट्रे में रख कर उसे 1/2 इंच सेब के रस से भर दें।
6. 20 मिनट तक बेक करें।

विविधता

आप सेब या नाशपाती को यूँ ही बेक करके थोड़ी दालचीनी मिला सकते हैं और ऊपर से मुनक्का और अन्य मेवे छिड़क सकते हैं।

2) बादाम ओटमील कस्टर्ड

6 लोगों के लिये

सामग्री

1/2 कप ओट्स, पैन में सूखे भूने हुए

3 कप पके हुये ओट्स

2 सेब, किसे हुये

1 चुटकी सेन्धा नमक

1 छोटा चम्मच दालचीनी पाउडर

1/2 कप बादाम, पिसे हुए

1/3 छोटा चम्मच स्टीविया पाउडर

विधि

1. एक पाइ पैन में थोड़ा सा तेल लगायें।
2. भुने हुये ओट्स को पैन में छिड़क कर बिछायें।
3. पकाये हुये ओट्स, दालचीनी, सेब, सेन्धा नमक और स्टीविया को मिलायें।
4. पाइ पैन में इस मिश्रण को भरें।
5. ऊपर से पिसा बादाम छिड़कें।
6. 30 मिनट तक बेक करें।
7. सर्व करने से पहले पाइ को टुकड़ों में काट लें।

(पॉल पिचफ़ोर्ड द्वारा लिखित *'हीलिंग विद होल फ़ूड्स'* से लिया गया है)

3) फ्रूट कैनटेन (गर्मियों के उत्तम)

3 लोगों के लिये

सामग्री

1/2 कप नाशपाती, स्टीम करके प्यूरी किया गया

1/2 कप स्ट्रॉबेरी, बीच में से आधे कटे हुये

2 बड़े चम्मच चाइना ग्रास

1 चुटकी नमक

2 कप सेब का रस

विधि

1. चाइना ग्रास को सेब के रस में डाल कर उबालने रखें, फिर आँच हल्की कर दें। लगातार चलाते रहें (गुठलियाँ ना पड़ने दें)।
2. सर्विंग बाउल लेकर नीचे प्यूरी किये गये नाशपाती को भिछायें, फिर कटी हुई स्ट्रॉबेरी की परत लगायें।
3. चाइना ग्रास के मिश्रण को ऊपर से डालें।
4. इसको जमने में कुछ समय लगेगा, करीब 15 से 20 मिनट तक फ्रिज में ठण्डा होने के लिये रखें।
5. ठण्डा ठण्डा खायें।

4) काजू मलाई (डेयरी की मलाई का एक उत्तम विकल्प)

सामग्री

1 कप काजू (बिना नमक के)

1/3 छोटा चम्मच नींबू का छिलका (ऐच्छिक)

1/2 छोटा चम्मच वनिला एसेंस

3/4 कप पानी

2 छोटे चम्मच प्योर मेपल सिरप या 1 छोटा चम्मच स्टीविया पाउडर

विधि

1. काजू को पानी में डेढ़ घंटे के लिये भिगोयें।
2. सभी सामग्री को ब्लेंडर में डाल कर एकसार होने तक ब्लेंड करें।

5) अंजीर केक

12 लोगों के लिये

सामग्री

11/2 कप बादाम का दूध (देखें रेसेपी पृष्ठ 277)

3 कप जौ का आटा या ज्वार का आटा (ग्लूटेन रहित)

11/2 छोटा चम्मच बेकिंग पाउडर

1/4 छोटा चम्मच सेन्धा नमक

2/3 कप प्योर मेपल सिरप

1/2 कप ऑलिव ऑइल

2/3 कप संतरे का रस

1 संतरे के छिलके का सत्त्व

2 नींबू के छिलकों का सत्त्व

1 छोटा चम्मच वेनिला एसेंस

2 कप काजू की मलाई

विधि

1. ओवन को 175 डेग्री सेल्सियस पर प्रीहीट करें।
2. बादाम के दूध को गरम करके उसमें अंजीर को 10 मिनट तक नरम होने के लिये भिगोयें।
3. एक बाउल में सभी सूखी सामग्री मिलायें।
4. अंजीर निकाल कर बादाम का दूध लें। बादाम का दूध 1 कप होना चाहिये, कम हो तो और दूध मिला कर उसे 1 कप बनायें।
5. अब सभी गीली सामग्री को अच्छी तरह मिलायें, सूखी सामग्री में डालें और ब्लेंडर की मदद से अच्छी तरह ब्लेंड करें।
6. इस मिश्रण में अंजीर को डाल कर हल्के हाथ से मिलायें।
7. केक टिन में तेल लगायें, और मिश्रण को उसमें डालें।
8. 175 डेग्री सेल्सियस पर 45 से 50 मिनट तक बेक करें।
9. 20 मिनट तक ठण्डा होने दें फिर उसे उलट कर केक रैक पर रख कर पूरी तरह ठण्डा होने दें।
10. केक के टुकड़े काट कर ऊपर से काजू की मलाई डालें (लगभग 1/4 कप)

(मेरेडिथ मैक्कार्थी द्वारा लिखित *'स्वीट एण्ड नैचुरल'* से लिया गया है)

6) क्रीमी लेमन पाइ

1 पाइ के लिये

सामग्री

3 कप अन्ननास का रस

1/3 छोटा चम्मच सेन्धा नमक

1/4 कप प्योर मेपल सिरप

4 बड़े चम्मच अरारोट पाउडर

1 बड़ा चम्मच नींबू का रस

1 छोटा चम्मच नींबू का सत्त्व

2/3 कप काजू (बिना नमक के)

ग्रैनोला क्रस्ट (देखें रेसेपी)

विधि

1. काजू, अन्ननास का रस, सेन्धा नमक, मेपल सिरप, अरारोट पाउडर, और नींबू के रस को ब्लेंडर में ब्लेंड करें।
2. एक पैन में गाढ़ा होने तक हल्की आँच पर पकायें, फिर नींबू का सत्त्व मिलायें।
3. ग्रैनोला क्रस्ट में डालें। सर्व करने से पहले रात भर फ्रिज में ठण्डा होने के लिये रखें।

7) पाइ के लिये ग्रैनोला क्रस्ट

सामग्री

1/2 कप प्योर मेपल सिरप

1/2 कप ऑलिव ऑइल

1/4 कप सेब का रस

1/2 छोटा चम्मच दालचीनी पाउडर

1/2 कप बादाम, लम्बे टुकड़ों में बारीक कटा हुआ

1 छोटा चम्मच वेनिला एसेंस

3 कप ओट्स

विधि

1. ओवन को 170 डिग्री सेल्सियस पर प्रीहीट करें।
2. सभी सामग्री को एक बाउल में मिलायें।
3. एक चिकनाई किये बेकिंग पैन में डाल कर 20 मिनट तक बेक करें।
4. बेक हो जाने के बाद ठण्डा करके तोड़ लें।
5. सेब के रस और तेल का प्रयोग करके इसे दबा कर पाइ के बेस में क्रस्ट के रूप में और किनारों पर भी इसको बिछायें।

मसाले

1) गोमासियो

गोमासियो क्या है? इस विधि में सेन्धा नमक और तिल के बीजों का मिश्रण है। तेल और नमक से प्राप्त खनिज आपके रक्त को अधिक अल्कलाइन रखने में मदद करते हैं और आपको ज़रूरी कैल्शियम देते हैं।

सामग्री

8 छोटे चम्मच तिल को बीज (सफ़ेद या काले)

11/2 छोटा चम्मच सेन्धा नमक

विधि

1. एक छलनी में तिल के बीजों के धो कर पानी निकल जाने दें।
2. मध्यम आँच पर तिल को सूखा भूनें।
3. सेन्धा नमक को किसी ऐसे बर्तन में डालें जिसमें उसे आप हाथ से या इमाम दस्ते से कूट सकें (मिक्सर का प्रयोग ना करें)।
4. सब बीजों से खुशबू आने लगे और वे भुन कर फूटने लगें, तो समझ लें कि वे तैयार हैं (भुनने की प्रक्रिया पूर्ण होने तक लकड़ी के चमचे से लगातार चलाते रहें)।

5. तिल के बीजों को इमाम दस्ते में या जिसमें आप कूट सकें, उस बाउल में डाल कर कूटना शुरु करें, और नियमित चक्राकार रूप में कूटें जब तक कि वो 80 से 85% तक कुट ना जाये।
6. एक काँच की शीशी में भर कर रखें, खाने की सामग्री पर 1/2 से 1 छोटा चम्मच छिड़कें।

2) गाजर मूली का मसाला

2 लोगों के लिये

सामग्री

1 छोटा चम्मच किसी हुई गाजर

1 छोटा चम्मच किसी हुई सफ़ेद मूली

जब भी आप वज़न घटाने का कार्यक्रम बनायें, इसे हफ़्ते में 5 बार भोजन के साथ लें।

हमें ये स्वीकार करना ही होगा की ख़ूबसूरती हमें ख्याति दिलाती है, लेकिन क्या हम सभी स्थायी सुन्दरता को नहीं खोज रहे? समय और उम्र के साथ सुन्दरता कि परिभाषा बदल जाती है। इसलिये मुझे आशा है कि इस किताब ने आपको ना केवल सुन्दर होने से कहीं ज़्यादा का अर्थ समझाया होगा, बल्कि आपको आपके सच्चे सौन्दर्य को हासिल करने के लिये शाश्वत स्वास्थ्य और प्रसन्नता को प्राप्त करने के उपकरण भी प्रदान किये होंगे। मीडिया जो भी दावा करे, उन सब को छोड़ कर सिर्फ़ इतना जान लीजिये कि आप 'Outside in' सादे सरल भोजन के माध्यम से सच्ची सुन्दरता पा सकते हैं और उनका प्रयोग करने का ज्ञान भी प्राप्त कर सकते हैं। अपने जीवन काल में साल दर साल अपने साथ कुछ ऐसा लेकर चलिये जो मात्र अपनी बाहरी सुन्दरता से बढ़ कर हो; अपने सुन्दर, आध्यात्मिक और भावनात्मक व्यक्तित्त्व को साथ लेकर चलिये। मुझे आशा है कि मैंने इस निमित्त आपको सारे उपकरण दे दिये हैं, और इन्हें आप के लिये सरल बनाया है। अपनी सौन्दर्य यात्रा में, आप जैसे भी हैं उसी रूप में अपने आप से प्रेम करें और रोज़ आइने में खुद को देख कर अपने बारे में किसी एक चीज़ की प्रशंसा करें। जैसे ओप्रा ने कभी कहा था, "आप जो सोचते हैं कि आप अपने 20वें या 30वें साल में जानते हैं, हक़ीक़त में वो 40वें साल में सच होता है"। जो आपको आपके हिसाब से आज ख़ूबसूरत बनाता है, वो कल बदल जायेगा और फिर परसों भी। तो इसलिये, उस असली चीज़ को ही थाम के चलिये जो आप को वो बनाती है जो आप वास्तव में हैं।

आभार

सबसे पहले मैं, मुझे मेरे असली मकसद की तरफ़ लाने के लिये, उस दिव्य का धन्यवाद करना चाहूँगी और मेरे ग्राहकों को जिन्होंने मुझ पर भरोसा किया और मेरा साथ दिया।

मेरी सम्पादक मिली—मुझे ख़ुशी है कि हम एक दूसरे से मिले। मेरी किताब और मैक्रोबायोटिक्स को भारत में लाने के मेरे इस किताब से भी बड़े सपने को पूरा करने में मेरा साथ देने के लिये धन्यवाद।

मेरे ग्राहक, जिनकी वजह से मेरा यहाँ होना सम्भव हो पाया।

मेरी माँ को, मुझे खाना पकाने की प्रेरणा देने के लिये और मेरी सबसे बड़ी आलोचक होने के लिये।

ब्रायन को, सब कुछ समेट कर रखने और मुझे बार-बार ख़ुद को ये सिद्ध करने को प्रेरित करने के लिये कि मैं ये काम कर सकती हूँ।

मेरा स्टाफ़, जो इस अद्‌भुत काम का ताना बाना है, और उस वातावरण के अथक निर्माता है जो मुझे मेरी कलात्मकता को बनाये रखने के लिये चाहिये।

राकेश और रेखा झुनझुनवाला और जेरी को, मेरे हर प्रयास में मुझ पर विश्वास करने और मेरा साथ देने के लिये।

हेमाजी, ईशा देयोल, जैकलीन फ़रनैंडिज़, नेहा धूपिया, कैटरीना कैफ़, कबीर बेदी, परवीन दुसंज, शेखर कपूर, विक्रम भट्ट, दलीप ताहिल और मेरे सभी ग्राहकों को, मुझे मेरे काम में सहयोग देने के लिये।

मेरे परिवार के सदस्यों को—मेरा भाई विशाल, बहन शबाना, भाभी पूजा, अजान, जारा, अंकल शिव, आंटी संतोश, अंकल त्रिलोकनाथ सभरवाल, शिब्स, गौतम, निक्की, विलास, और बिमल। लगातार प्रोत्साहन और प्यार के लिये धन्यवाद।

डूड को–मेरे जीवन के पिछले तेरह सालों में तुम्हारे निःस्वार्थ प्यार और साथ के लिये।

लिन और अजय को, मैक्रोबायोटिक्स के छात्र के रूप में मेरे सबसे कठिन समय में जिन्होंने मेरा साथ दिया।

नीलम राय को - एक माँ की तरह मुझे प्यार करने और मेरा इस तरह ख्याल रखने के लिये, जो मेरी ज़िन्दगी को खुशहाल करता है और मुझे मुश्किलों से उबारता है।

मेरे दोस्तों को - उपमा, और चोरारिया परिवार, दिलशाद, पूजा, सुनील, निशा, राधा, सारंग, अनु, राहुल, कमल, शर्मीला, मिनी, सू आँटी, प्रह्लाद और मिताली ककड़। इतने सालों से मेरे साथ रहने और ज़िन्दगी को खुशहाल बनाने के लिये शुक्रिया। मैं तुम सब से बहुत प्यार करती हूँ।

डॉ. रवीन्द्र, डॉ. केशवन, डॉ. नारायणन, कृष्णकुमारजी, और आर्य वैद्य चिकित्सालयम के सारे स्टाफ को, मैक्रोबायोटिक्स की इस यात्रा को मेरे लिये और भी अधिक फलदायी बनाने के लिए धन्यवाद।

कुशी इंस्टिटयूट के स्टाफ़ को—पॉला, ओलाफ़, मीरा, मैथ्यू मेरे टीचर्स बेटीना, लूसी, जॉन, वॉरन, कैरी, क्लाइड, KI से मेरे मित्र मेरी नेल, वेरा कबान, जूली औंग, कॉनी आर्नल्ड और सभी लेवल 4 के विद्यार्थी जिनके साथ मैं थी, मेरे मार्गदर्शक बनने के लिए, और मुझे ये अहसास दिलाने के लिये कि मैं भी किसी दिन कुछ बन पाऊँगी।

और अंत में मेरे पिताजी को—मेरे सबसे बड़े शिक्षक, दोस्त होने के लिये और उसके लिये जो उन्होंने मुझे बनाया।

लेखिका के बारे में

मैक्रोबायोटिक्स के क्षेत्र में शोनाली भारत की एकमात्र व्यवसायिक सलाहकार/शेफ़ और प्रशिक्षक हैं और यही उनका यू एस पी है। वह बॉलीवुड के चुनिन्दा ख़ूबसूरत और फ़िट सितारों की सेलेब्रिटी सलाहकार और शेफ़ हैं। उनके ग्राहकों में हेमा मालिनी, नेहा धूपिया, ईशा देओल, आहाना देओल, जैकलीन फ़रनैडिज़, कैटरीना कैफ़, तब्बू, शेखर कपूर, कबीर बेदी और दलीप ताहिल जैसी हस्तियाँ शामिल हैं।

वो कुशी इंस्टिट्यूट, यू एस ए से स्नातक हैं। मैक्रोबायोटिक्स से उनका परिचय 1998 में शुरु हुआ जब उनके पिता की कैंसर की जाँच हुई, और वो उनके इलाज के लिये कोई वैकल्पिक पद्धति अपनाना चाहती थीं। उन्होंने एक ऐसी डाइट को खोज निकाला जो व्यक्ति को अन्दर से 'कुशलता' का अहसास कराती है, जिसमें रक्त की परिस्थिति पर ध्यान केन्द्रित किया जाता है और भोजन को शरीर और मन के किसी भी प्रकार के असंतुलन में परिवर्तन लाने के लिये एक उपकरण के रूप में प्रयोग किया जाता है। उनके बारे में *'द टाइम्स ऑफ इंडिया', 'वोग', 'एल', 'हिन्दुस्तान टाइम्स', डी एन ए',* जैसे कई समाचार पत्रों और पत्रिकाओं में लेख छपे हैं।

वो अपने ग्राहकों की आवश्यकताओं को केवल स्वास्थ्य सलाह के स्तर तक ही नहीं समझतीं, बल्कि उससे भी आगे जाती हैं, जहाँ वो आपको रेसेपीज़, कुकिंग क्लासेज़, आदि से युक्त करके आपको सामग्री जुटाने में भी मदद करती हैं। जल्दी ही वो 'सोलफ़ूड के नाम से अपना स्वयं द्वारा निर्मित रेडी टू ईट स्नैक्स और ट्रीट्स के रीटेल उत्पादों की शृंखला लांच करने जा रही हैं। ये सभी उत्पाद शाकाहारी, ऑरगैनिक, और डेयरी, ग्लूटेन, यीस्ट, शुगर, वाइट प्रोसेस्ड फ़्लॉर, रहित हैं और जी एम ओ से भी रहित हैं।

वो मुम्बई में रहती हैं। ये उनकी पहली किताब है।

ब्राउन राइस सलाद (देखें पृष्ठ 280)

निशिमे (देखें पृष्ठ 284)

रेड पम्पकिन गार्लिक बेसिल (लहसुन और तुलसी पत्ते के साथ लाल कद्दू) (देखें पृष्ठ 286)

रेड बीन कटलेट (देखें पृष्ठ 296)

प्रेस्ड सलाद (देखें पृष्ठ 298)

ग्रीन स्मूदी (देखें पृष्ठ 311)

ब्रॉकली सूप (देखें पृष्ठ 315)

बेक की हुई नाशपाती (देखें पृष्ठ 326)

नेहा धूपिया को प्रोबायोटिक पेय बहुत पसन्द हैं

नेहा धूपिया अपने भोजन का आनन्द लेते हुये

कबीर बेदी अपनी सुबह की सेहतमन्द ग्रीन टी बनाते हुये

(जैक्लीन शूटिंग के बीच में शोनाली का बताया लंच करते हुए)

(दलिप ताहिल जैव सब्ज़ियों की ख़रीदारी करते हुए)

(दलिप सब्ज़ी बाजार में)

शोनाली अपने भोजन के साथ

शोनाली अपने ग्रैजुएशन दिवस पर मिचिओ कुशी (बाँये से दूसरे), मैक्रोबायोटिक डायट के संस्थापक के साथ द कुशी इंस्टीटयूट, यू एस ए में

शोनाली अपने किचन में भोजन पकाते हुये